北京信息科技大学

BEIJING INFORMATION SCIENCE & TECHNOLOGY UNIVERSITY

年鉴 2015

《北京信息科技大学年鉴》编委会　编

科学普及出版社

·北　京·

图书在版编目（CIP）数据

北京信息科技大学年鉴 2015 /《北京信息科技大学年鉴》编委会编．
—北京：科学普及出版社，2016.3
ISBN 978-7-110-09370-2

Ⅰ. ①北… Ⅱ. ①北… Ⅲ. ①北京信息科技大学— 2015 —年鉴
Ⅳ. ① G649.281-54

中国版本图书馆 CIP 数据核字（2016）第 064571 号

责任编辑 符晓静
责任校对 刘洪岩
责任印制 徐　飞
封面设计 孙雪骊

出版发行 科学普及出版社
地　　址 北京市海淀区中关村南大街 16 号
邮　　编 100081
发行电话 010-62103349
传　　真 010-62103166
网　　址 http://www.cspbooks.com.cn

开　　本 787 毫米 ×1092 毫米　1/16
字　　数 620 千字
印　　张 26.75
彩　　插 16
版　　次 2016 年 5 月第 1 版
印　　次 2016 年 5 月第 1 次印刷
印　　刷 北京京华虎彩印刷有限公司

书　　号 ISBN 978-7-110-09370-2/G・3926
定　　价 128.00 元

《北京信息科技大学年鉴》编委会

《北京信息科技大学年鉴 2015》编辑部

编辑部设在学校办公室

编辑说明

《北京信息科技大学年鉴2015》是学校正式成立后编辑出版的第八本（部）年鉴。本年鉴汲取前人的编辑经验、继承往年的年鉴风格，资料更加权威、内容更加丰富、体系更加完善，重点反映了北京信息科技大学2014年学科建设、教学科研、人才培养、队伍建设、学校管理、交流与合作、校园文化建设、党建与思想政治工作等方面的重要活动和取得的成果等，供全校各单位及校外有关单位了解和研究学校的发展情况时参考使用，同时也是北京信息科技大学历史发展的真实记载。

《北京信息科技大学年鉴2015》是资料性文献汇编，以文章和条目为基本载体，以条目为主。全书包括新闻图片、学校概况、大事记、特载与专文、机构与干部、教育教学与学科建设、科学研究、交流与合作、管理与服务、党建与思想政治工作、教学单位、表彰与奖励、附录等基本栏目。本年鉴选题时间范围为2014年1月1日至12月31日，力求全面、客观、系统记载学校2014年的重大事件、重要活动、重要动态及各个领域的新进展、新成果、新信息，其中收录的统计数据，由学校相关部门审定、提供。

《北京信息科技大学年鉴2015》在学校年鉴编委会主持下，由年鉴编辑部具体开展编纂工作。编辑部以学校办公室人员为主，全校各处级建制单位负责年鉴组稿的同志共同参与编纂。编辑部主任、副主任负责统稿和审定。

《北京信息科技大学年鉴2015》的编辑出版工作得到了学校领导的大力支持以及全校各单位的鼎力协助，在此表示衷心的感谢。年鉴内容涉及面广、工作繁复，加上编辑人员水平所限、经验不足，故问题和疏漏在所难免，敬请全校师生和广大读者批评指正。

《北京信息科技大学年鉴》编辑部

2015年7月

1月2日，召开学校第二次党员代表大会培训会

4月18日，召开学校第二次党员代表大会预备会议

4月19日，学校第二次党员代表大会开幕式

4月19日，学校第二次党员代表大会开幕式

9 月 25 日，市委教育工委常务副书记刘建一行到学校慰问离退休干部

10 月 8 日，学校领导慰问 2015 级新生

12 月，获国家级教学成果二等奖

北京电动车辆协同创新中心正式被认定为 2014 年国家 2011 协同创新中心

1 月 16 日，计算机大类招生培养方案专家论证会

8 月 21 日，剑桥大学 Daping Chu 教授受聘学校荣誉教授

5 月 6 日，柳贡慧校长率团访问加拿大温莎大学，并签署两校合作协议

5 月 7 日，柳贡慧校长率团访问美国奥克兰大学

5 月 29 日，学校与巴黎行政管理学院签署合作协议

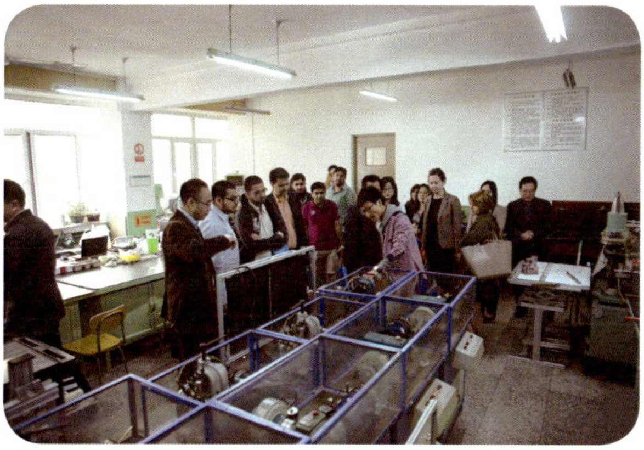

10 月 20 日，中国教育联盟代表团来访

10 月 11 日，承办中国仪器仪表学会第十六届青年学术会议

11 月 13 日，工程教育专业认证会议

12 月 1 日，学校与国营云南机器三厂、长春理工大学校企合作签约仪式

◀2 月 26 日，召开学校 2014 年工作部署会

▶2 月 26 日，召开学校党的群众路线教育实践活动总结大会

◀7 月 2 日，召开学校党的群众路线教育实践活动表彰推进会

9 月 28 日，学习贯彻《中国共产党发展党员工作细则》培训会

3 月 5 日，学生党建工作座谈会

12 月 30 日，学校新任处级干部集体谈话会

6 月 24 日，举办“校园先锋，共筑未来”第十五期校领导邀约日活动

6 月 17 日，2015 年“争做时代先锋”党章党史知识竞赛开幕

4 月 25 日，校运动会开幕

6 月，小营校区气膜结构体育馆正式投入使用

10 月 9 日，2015 年新生开学典礼

9 月 29 日，召开新疆挂职辅导员座谈会

4 月 25 日，开展 2015 年学生党支部书记素质拓展活动

6 月 25 日，2015 年本科生毕业典礼

4 月 18 日，2015 年研究生毕业典礼

我们毕业了

目　录

Contents

党的群众路线教育实践活动专题

四、机构与队伍

五、教育教学

六、科学研究

七、交流与合作

八、管理与服务

九、党建与思想政治工作

十、教学单位

十一、表彰与奖励

十二、附　录

一、学校概况

学校简介

一、学校现状概述

2003年8月，北京市委市政府决定在北京机械工业学院和北京信息工程学院的基础上合并组建北京信息科技大学。经过近5年筹建，2008年3月，教育部批准正式设立北京信息科技大学，2008年5月，北京市委市政府隆重召开北京信息科技大学成立大会。北京信息科技大学步入了新的发展阶段。

2010年1月20日，中共中央政治局委员、北京市委书记刘淇，市委副书记、市长郭金龙，市委副书记、市委教育工委书记王安顺等7位市领导专程到学校调研，对近年来学校发展建设取得的显著成效给予了充分肯定，对学校进一步推进科学发展提出了新的要求。

2011年3月15日，北京市人民政府批准学校新校区建设项目立项，总用地规模78.91万平方米（其中建设用地50.67万平方米）。

二、基本情况

目前，学校有小营、健翔桥、清河、金台路、酒仙桥等5个校区，占地500亩，校舍建筑面积33.17万平方米；固定资产总值9.59亿元、其中教学科研仪器设备4.27亿元。纸质图书107.89万册，电子图书16.27TB。学校设有研究生院、机电工程学院、仪器科学与光电工程学院、信息与通信工程学院、自动化学院、计算机学院、经济管理学院、信息管理学院、政治理论教育学院、公共管理与传媒学院、外国语学院、理学院、国际交流学院、体育部、继续教育学院、计算中心和机电实习中心等17个学院（部、中心）。学校面向全国29个省（自治区、直辖市）招收全日制普通本科生，面向西部5个省（自治区）招收少数民族预科班学生，面向内地新疆高中班和内地西藏高中班招收本科生。学校现有13个专业和1个类别（计算机类）在北京地区一本招生，在京外20个省（区）全部或部分专业进入一本招生。学校现有在校生15084人，其中，硕士研究生1119人，普通本科生10510人，成人教育本专科生3332人，在校留学生123人。

学校现有35个本科专业，覆盖工、管、理、经、文等5个学科门类；现有国家级特色专业建设点4个，北京市特色专业建设点9个；现有一级学科硕士点14个，二级学科硕士点43个；现有工程硕士和工商管理硕士2个专业学位授权种类，8个专业学位授权领域。学校现有教职工1364人、其中专任教师834人，专任教师中，正高级职称124人、副高级职称294人；硕士及以上学位674人，其中博上学位295人；博士生导师22人，硕士生导师213人，校外硕士生导师120人。

学校面向首都经济建设和社会发展需求，以应用研究和科技开发为重点，大力开展科学研究，充分发挥行业特色，在电子信息、现代制造与光机电一体化、计算机应用技术、知识管理与技术经济等领域形成科研优势。

学校坚持开放办学，积极扩大对外交流与合作，与美国辛辛那提大学、奥克兰大学、威斯康星大学、蒙哥马利奥本大学、加州大学河滨分校、圣何塞州立大学等，爱尔兰国立考克大学、格利菲斯都柏林大学、阿斯隆理工大学，德国耶拿应用技术大学，海德堡IBA商学院、柏林HWTK学院，澳大利亚格林菲斯大学、拉筹伯大学、卧龙岗大学、邦德大学、维多利亚大学，英国桑德兰大学、安格利亚鲁斯金大学，法国欧洲商学院，日本冈山大学、福井大学，瑞典中瑞典大学、哈姆斯塔德大学，韩国京畿工业大学、中原大学，我国台湾地区的台北科技大学、朝阳科技大学、建国科技大学、龙华科技大学以及香港理工大学等40余所高校建立了校际合作关系，开展了科研合作、互访讲学、管理人员培训、英语教师和双语教师学习进修，本科生双学位项目以及联合培养硕士和博士研究生合作项目。

学校积极开展引进外国智力活动，2011年以来先后申请到国家外专局高端人才项目和北京市人力资源与社会保障局的重点引智项目等10余项，先后聘请美国哥伦比亚大学1999年经济学诺贝尔奖获得者罗伯特·蒙代尔教授等国外一批高水平专家为学校的荣誉教授，定期或不定期来校进行讲学和开展学术交流活动。同时，还聘请爱尔兰考克大学校长Michael Murphy教授、美国奥本大学蒙哥马利校区校长John G. Veres教授等一批合作大学的校长作为学校的荣誉学术委员会委员。

在积极发展对外交流的同时，学校加大吸引来华留学生步伐，进一步扩大学校知名度，提高来华留学生的层次和数量，提升来华留学生的教育教学管理水平。2012年6月7日，学校筹建国际交流学院，经过一年多的时间，国际交流学院在办学规模扩充、管理制度完善、基础设施改造等方面取得显著成效，于2013年10月22日正式成立。

三、发展成果

（一）人才培养质量不断提高

近年来，学校获得国家级教学成果奖特等奖1项，一等奖1项、国家级特色专业建设点4个、国家级实验教学示范中心1个、国家级大学生校外实践教育基地1个、国家级工程实践教育中心建设单位1个、国家级规划教材选题18本、国家级优秀教学团队1个；获得北京市教育教学成果奖24项、北京市特色专业建设点9个、卓越工程师教育培养计划专业3个、教育部专业综合改革试点项目1个、市级实验教学示范中心4个、市级精品教材27本、市级教学名师9人、市级优秀教学团队8个、市级校外人才培养基地3个。学校应届本科毕业生一次就业率保持在95%以上，毕业生受到用人单位好评。学校以本科生为主的代表队在4年中型机器人足球世界杯赛中3次荣获冠军，为国家争得荣誉；学校学生“捷能”车队在第七届现代（HONDA）中国节能竞技大赛上荣获“最吸引眼球奖”，此前六届大赛中四次蝉联“最佳技术奖”、一次折桂“最佳节能奖”、一次斩获“最佳设计奖”；学校奇才丰华FSC车队在第二届中国大学生方程式汽车大赛（FSC）的最佳高速避障项目中勇夺国内第一。

（二）学科建设成绩显著

学校不断强化学科建设为龙头的意识，

加强学科建设，初步形成以工管为主体、多学科协调发展的学科体系。学校现有3个北京市重点学科、9个北京市重点建设学科；1个省部共建教育部重点实验室，5个北京市级重点实验室，2个部级重点实验室，2个机械工业重点实验室，1个北京市哲学社会科学研究基地，1个北京市高校工程技术研究中心；具有开展推荐优秀应届本科毕业生免试攻读硕士研究生工作资格；获批“北京信息科技大学产学研联合研究生培养基地建设”项目，成为拥有北京高校产学研联合研究生培养基地的市属高校之一。

（三）科技工作取得突破

学校立足优势，紧贴需求，把握趋势，以应用研究和科技开发为重点，科技工作保持了持续快速发展的良好势头，取得了以连续3年作为第一完成单位获得4项国家级科技奖励为标志的重大突破，学校科技竞争力明显增强。近年来学校各类科研项目数稳步提高，科研到款额每年以约30%增速稳步上升；科研项目层次不断提高，国家自然基金数目数稳步上升，每年均新增国家科技重大专项、国家科技支撑计划、“863”课题等高水平国家级项目，发明专利数大幅增长。2011年6月15日，由学校参股的北京拓尔思信息技术股份有限公司在创业板成功上市，成为北京市属市管高校中首家上市企业。拓尔思公司的成功上市，标志着学校科研成果转化及产业化工作进入了新的发展阶段。该公司实施2011年度送转股方案后，学校共持有该公司1470.74万股，占总股本的7.21%，按2012年12月20日大股东增持股价12.01元计算，市值约1.77亿元。

2009年7月，学校成为“中关村国家自主创新示范区”首批6家股权激励试点单位之一。2009年10月，学校获批建设北京市大学科技园。2010年12月，学校获批中关村科学城第二批建设项目“北京高端信息产业技术研究院”。

（四）师资队伍建设明显加强

学校依托北京市人才强教深化计划，引进双聘中国工程院院士3人，北京市海外高层次人才2人，特聘教授1人，讲座教授3人，获得市属高校学科首席专家岗位1个。入选国家百千万人才工程1人，北京市新世纪百千万人才工程3人，北京市属高校长城学者2人。现有全国优秀教师2人、北京市优秀教师9人、全国优秀教学团队1个、教育部创新团队1个、北京市优秀教学团队8个、北京市教学名师8人、北京市属市管高校创新团队24个、创新人才15人，青年拔尖人才26人，北京市人才强教深化计划骨干教师107人；通过引进培养和推进改革，基本形成以“双聘院士”、特聘教授、学科首席专家、优势特色学科带头人和创新团队为主体的高层次人才队伍；不断完善和提升接收新教师的标准，规范程序、强化管理，严把入口质量；初步完成了以学科建设为龙头和引领、以建立竞争激励流动机制为导向的教师职务全员聘任改革，促进了队伍结构优化和管理机制完善。

四、发展目标

学校“十二五”期间的发展目标是：高素质应用型人才培养模式改革取得实质性成果，教学质量达到北京市属高校一流水平；博士学位授权点实现零突破，学科布局结构进一步优化，科学研究指标及在校研究生人数翻一番；师资队伍与管理队伍结构进一步优化；对外合作办学与交流规模进一步扩大、水平进一步提升；办学条件得到实质性改善，全面建成新校区；改善民生，教职工收入水平显著提高；契合“人文北京”要求，大学文化建设取得明显成效。

学校发展的长远目标是：努力建设在电子信息、现代制造与光机电一体化、知识管理与技术经济等领域特色鲜明，立足北京、面向全国，培养高素质应用型人才为主，对首都经济社会及行业发展的人才支持及科技贡献力较大，办学实力稳居北京市属高校前列，达到国内同类高校一流水平的教学研究型大学。

二、大事记

大 事 记

【召开第二次党代会代表培训会】1月2日，学校举行第二次党代会代表培训会。学校第二次党代会全体代表参加会议，会议由校党委副书记刘筱毅主持。北京农学院党委副书记高喜军做报告。校党委书记郑君礼做重要讲话。本次党代表培训结合学校党代会工作，采取外请专家集中辅导、提案工作部署与自主学习相结合的方式进行。

【市教委委员黄侃到校视察】1月9日，北京市教育委员会委员黄侃到小营校区视察期末考试工作，对学校严肃考风考纪、坚持多级巡考、考试情况实时通报等做法和良好考试秩序给予肯定。

【后勤改革进入实施阶段】1月15日，后勤服务集团与下属部门签订工作合同，标志着后勤改革进入正式实施阶段。本次改革试运行1年。

【计算机学院大类招生培养方案进行专家论证】1月16日，计算机学院召开大类招生培养方案专家论证会。大类招生是学校教学改革的一项重要举措，即新生入学后1～2年按统一的培养方案培养，再分专业进行培养，使学生有更多机会选择专业方向，优化专业设置。学校确定在计算机学院2014年招生中首先试行大类招生。

【召开学校党的群众路线教育实践活动总结大会】2月26日，学校按照学校教育实践活动总体安排，征得市委督导组同意，召开党的群众路线教育实践活动总结大会。参加大会的上级领导有：市委第30督导组组长孙崇正和督导组成员张瀛、祥静；市委教育工委干部处干部全志。参加会议的校内人员有：学校领导班子成员；近3年退出校级班子的老同志；中层干部；教授代表；全国政协委员；部分校党代会代表和工会教代会代表；青年教师代表等160余人。大会由校长柳贡慧主持。校党委书记郑君礼代表学校党委做了题目为《突出为民务实 强化改革创新 始终保持改进作风的思想自觉和行动自觉》的报告，对学校教育实践活动进行了总结。孙崇正代表督导组对学校教育实践活动进行肯定并提出希望。学校党的群众路线教育实践活动于2013年8月20日正式启动，在活动中，校级班子带头示范，校级干部以上率下，在自己查、上级点、师生帮的基础上，校党委认真查摆出班子“四风”方面存在的15个主要问题，针对这些问题制定了整改方案。方案涉及8大方面28项任务，每一项整改任务都明确了责任领导、主责部门及整改时限，整改情况将及时向广大师生反馈。

【签约华进半导体大学计划】2月26日，通信学院缪旻教授代表学校参加华进半导体大学计划签约仪式。经国务院批准成立的国家级封测/系统集成先导技术研发中心，华进半导体大学计划是该中心与国内封装界领先的11所高校、研究所合作开发前瞻性封装技术的载体，入选该计划的包括北京大学、清华大学、东南大学等著名高校以及中科院微系统所、中科院深圳先进技术研究院等知名研究所。

【召开2013年教师职务常态化聘任工作总结会】3月11日，召开2013年教师职务常态化聘任工作总结会，会议由副校长冯喜春主持，校长柳贡慧出席会议并作重要讲话。本次聘任自2013年11月启动，经过严格工作程序，全校有16人晋升正高级教师职务岗位，37人晋升副高级教师职务岗位，6人晋升中级教师职务岗位。

【组织调研定岗定编工作】3月5日、12日，由校长柳贡慧带队，副校长冯喜春、许宝杰以及相关部门同志参加，分别赴首都经济贸易大学、北方工业大学开展定岗定编相关调研工作。柳贡慧及学校相关领导就考核、聘任、晋升、激励等问题，与两校相关领导进行了深入的交流与探讨。此次调研活动，为学校启动定岗定编工作，科学合理地制定新一轮岗位聘任办法，开展新一轮全员聘任工作奠定了良好的基础。

【举办2014届毕业生春季首场招聘双选会】3月18日，学校与北京信息产业协会联合举办2014届毕业生春季首场大型招聘双选会，共邀请109家用人单位参会，提供岗位需求2000余个，近1800名毕业生参加应聘。

【成立川渝校友爱心基金】3月21日，举行川渝校友爱心基金签约启动仪式。校友会常务副会长、副校长韩秋实和川渝地区校友联谊会秘书长颜艳签署川渝校友爱心基金捐赠协议书，向首批获得资助的3名川渝籍学生颁发爱心基金。川渝校友爱心基金关注母校发展和在校川渝地区学子学习生活，将每年度所募集资金的70%用于资助母校川渝籍家境贫困且表现优异的在校学生，30%用于其他资助或关爱，并帮助川渝地区的在校生寒暑假在川勤工俭学。

【获4项北京市科学技术奖励】3月25日，北京市委、市政府隆重举行2013年度北京市科学技术奖励大会。学校以第一完成单位获得3项北京市科学技术三等奖，包括牟永敏教授申报的“软件变更影响及安全性测试技术与应用”、苏中教授申报的“免标定自补偿弱交耦脉冲式加速度计技术与产业化”、徐小力教授申报的“多类型复杂仪器的可重构系统集成制造技术研发与应用”，祝连庆教授参与申报的“动态测量系统的小样本试验分析与应用技术”获得北京市科学技术三等奖。

【英国机械工程师学会北京信息科技大学学生分会成立】3月30日，英国机械工程师学会北京信息科技大学学生分会举行成立典礼。英国机械工程师学会于1847年成立，是世界顶尖的机械工程师学会，致力于为机械工程师设定专业标准，全球用超过10万名会员。本分会是继中国农业大学、北京科技大学之后，学会在北京成立的第三个学生分会。学会将联合学校举办多项竞赛、定期的项目化活动和培训，组织本校学生会员参加国内各项科技创新大赛，为学生的综合发展提供平台。

【召开“双代会”年会】4月2日，召开学校第一届教职工代表大会第八次会议暨第一届工会会员代表大会第七次会议，会议由校党委副书记、教代会执委会主任、工会主席杨军主持。校党委书记郑君礼做重要讲话。会议听取了校长柳贡慧做的题为《凝心聚力攻坚克难抢抓机遇深化改革为开创学校转型发展新局面而努力奋斗》的工作报告；听取了《学校财务工作报告》、《教代会和工会工作报告》。校工会向大会提交了《工会经费审查报告》和《提案工作报告》。

【计算机学院 2014 年度雨厚奖学金评选】4 月 9 日，计算机学院按照雨厚奖学金管理办法评选出 12 位奖学金获得者。该奖学金由计算机学院校友田雨厚先生捐赠设立，自 2011 年至今已捐款 6 次，约 7 万美元。

【举行研究生毕业典礼】4 月 18 日，举行 2014 届研究生毕业典礼暨学位授予仪式。2014 届共有 315 名硕士研究生毕业。

【召开第二次党代会】4 月 19—20 日，学校召开第二次党代会。这是在学校深入贯彻落实党的十八大和十八届三中全会精神，全面实施“十二五”事业发展规划，进一步谋划学校改革发展的新时期召开的重要会议。这次大会的主题是：高举中国特色社会主义伟大旗帜，以邓小平理论、“三个代表”重要思想、科学发展观为指导，深入贯彻党的十八大、十八届三中全会和习近平总书记系列讲话精神，解放思想，改革创新，凝聚力量，攻坚克难，为建设高水平教学研究型大学而努力奋斗。4 月 18 日下午，召开第二次党代会预备会议，会议由郑君礼同志主持。郑君礼代表学校党委做了《关于中国共产党北京信息科技大学第二次代表大会筹备工作情况的报告》。与会代表一致通过关于代表资格审查情况的报告、大会主席团、党代会提案工作委员会名单、大会议程。召开第二次党代会主席团第一次会议，会议由郑君礼同志主持，确定了党代会日程和主席团常务委员会委员名单、副秘书长名单、列席人员名单。4 月 19 日上午，举行中国共产党北京信息科技大学第二次代表大会开幕式。中共北京市委教育工委常务副书记刘建，中共北京市委教育工委组织处副处长李丽辉出席开幕式。此次大会应出席正式代表 167 人，因事因病请假 7 人，实际出席代表 160 人。柳贡慧同志主持大会并致开幕词。刘建同志代表中共北京市委教育工委、北京市教委对大会的召开表示热烈祝贺，并发表重要讲话。郑君礼同志代表中共北京信息科技大学第一届委员会做了题为《解放思想 改革创新 凝聚力量 攻坚克难 为建设高水平教学研究型大学而努力奋斗》的工作报告。中共北京信息科技大学纪律委员会向大会提交了题为《围绕中心 服务大局 加强反腐倡廉建设 为建设高水平教学研究型大学提供有力保障》的书面工作报告。中共北京信息科技大学第二次代表大会党费收支情况审查小组向大会提交了党费收缴、使用和管理情况的书面报告。4 月 19 日下午，召开第二次党代会主席团第二次会议，会议由杨军同志主持，会议一致通过并同意将《党委工作报告》决议（草案）、《纪委工作报告》决议（草案）、大会选举办法（草案）提交各代表团讨论，将党委委员候选人建议名单、纪委委员候选人建议名单提交各代表团酝酿讨论。随后召开各代表团团长会，由杨军同志主持并布置任务。学校第二次党代会 15 个代表团在各团长的主持下分别讨论审议《党委工作报告》、《纪委工作报告》，并讨论了《党委工作报告决议》（草案）、《纪委工作报告决议》（草案），《大会选举办法》（草案），酝酿了党委、纪委委员候选人建议名单。4 月 20 日上午，学校第二次党代会进行大会选举，选举产生中共北京信息科技大学第二届委员会委员和中共北京信息科技大学纪律检查委员会委员，市委教育工委副调研员赵学智、窦海超莅临选举会场，刘筱毅同志主持大会选举。杨军同志向第二次党代会代表通报大会分组讨论审议《党委工作报告》《纪委工作报告》情况。召开中共北京信息科技大学第二届纪律检查委员会第一次全体会议，选举产生中共北京信息科技大学第二届纪律检查委员会书记、副书记，会议由冯晓春同志主持。召开中国共产党北京信息科技大学第二届委员会第一次全体会议，选举产生中国共产党北京信息科技大学第二届委员会常委和书记、副书记，通过了中国共产党北京信息科技大学第二届纪律检查委员会第一次全体会议选举结果，会议由郑君礼同志主持。举行学校第二次党代会闭幕式，郑君礼同志致闭幕辞，会议由柳贡慧同志主持。会议宣布了党委委员、纪委委员当选结果，当选结果将上报中共北京市委审批。全体代表一致通过了《中国共产党北京信息科技大学第二次代表大会关于党委工作报告的决议（草案）》和《中国共产党北京信息科技大学第二次代表大会关于纪委工作报告的决议（草案）》。5月，北京市委组织部批复同意校第二次党员代表大会和第二届委员会第一次全体会议、纪律检查委员会第一次全体会议选举结果。

【举办2014年大学开放日活动】4月23日，清河小营校区和健翔桥校区同时举行大学开放日活动。相关职能部门和各学院领导、专业老师、工作人员到现场为考生家长介绍学校的基本情况，解答招生咨询。校党委书记郑君礼、校长柳贡慧、纪委书记冯晓春、副校长许宝杰到各咨询点询问和指导工作。同时学校开放了图书馆、实验室及食堂、学生宿舍等场所，便于家长全面了解学校的学习生活条件。

【举行田径运动会】4月25日，举行2014年学校田径运动会。本届运动会共设立98个比赛项目，来自各校区的27支代表队、近千名学生、800多名教职工和270多名离退休老同志参赛。

【完成首批工科类专业评估工作】4月27日，召开首批工科类专业评估答辩会。来自重点大学和知名企业的9名资深专家组成的评估专家组结合汇报答辩，给出各专业综合意见。首批工科类专业评估工作于2013年下半年启动，分为专业自评及报告撰写、校内研讨、专家审阅自评报告、答辩四个阶段进行。学校以工程认证指标体系为依据，构建学校工科类专业评估标准，推进了学校人才培养模式的改革。

【召开“平安校园”创建总结表彰暨2014年安全稳定工作部署会】4月28日，学校召开“平安校园”创建总结表彰暨2014年安全稳定工作部署会。会议由副校长刘勇主持。校党委书记郑君礼发表讲话。校长柳贡慧对2014年维护学校安全稳定工作进行了全面部署。会议对100名“平安校园”创建工作先进个人进行表彰。

【签订校友技术合作协议】4月29日，签订北京信息科技大学校友会校友技术合作协议，校友无偿为校友会提供相关技术和软件。其中黄兴红校友提供校友帮应用程序、王雁茂校友提供校友会网站及校友通讯录校友圈等平台、石玏校友提供微信SAAS服务开发应用，支持校友会信息化建设，为校友提供信息服务。

【举行新校区单体建筑设计征集方案评选活动】4月26—30日，举行“筑梦新家园”——新校区单体建筑设计征集方案评选活动。活动分为专家委员会评议与师生参观投票两个阶段，征求师生及业界专家对各应征设计方案的意见，有近千名师生参与投票。同时，举办新校区建设与学校创新发展论坛，师生、校友代表围绕新校区的建设发展建言献策。系列活动为推进新校区前期各项工作奠定了重要基础。

【赴北京科技大学学习交流】5月13日，纪委书记冯晓春带领相关部门负责人一行，到北京科技大学进行学习交流。双方就党风廉政建设、群众路线、机关作风建设、党员教育活动等主题进行深入交流。

【召开2014年党风廉政建设工作会】 5月15日，召开2014年党风廉政建设工作会议。会议的主题是，深入贯彻落实党的十八届三中全会、十八届中央纪委三次全会精神以及习近平总书记近期系列重要讲话精神，总结2013年学校党风廉政建设和反腐败工作，研究部署2014年主要任务。校级、处级领导干部、党风廉政监督员、二级机构负责人、教工党支部书记、后勤集团部门经理参加会议。校长柳贡慧主持会议。

【举办首届大学生心理情景剧汇演】 5月21日，举办学校首届大学生心理情景剧汇演，主题为“友爱于心善行于微”，各个学院共选送10个代表队参加此次汇演。

【与巴黎行政管理学院签署合作协议】 5月29日，巴黎行政管理学院董事会主席一行到校访问，校长柳贡慧、副校长许宝杰会见，双方签署两校的合作协议并就合作的具体事宜进行会谈。

【获“北京市属高校数字校园示范校”称号】 6月，由学校承担建设的北京市教育委员会“下一代互联网示范应用和教育教学资源搜索引擎”任务顺利通过项目验收，学校获“北京市属高校数字校园示范校”称号。

【10名教师被评为学校2013年度优秀主讲教师】 6月，学校2013年度优秀主讲教师评选工作历时6个月圆满完成，10名教师被评为学校2013年度优秀主讲教师，这是学校首次优秀主讲教师评选。优秀主讲教师是体现教师教学水平的荣誉称号，有助于充分调动教师教学的积极性和创造性，全面提高教学质量。

【小营校区气膜体育馆竣工通过验收】 6月20日，小营校区气膜结构体育馆及附属用房工程竣工，并通过校内9个部门的联合验收。气膜结构体育馆于3月15日破土动工，位于原大学生活动中心，由占地936平方米的体育场和312平方米的附属用房构成，是集体育健身、学生服务、心理疏导、就业服务、校学生会办公及合唱与舞蹈排练等功能为一体，以服务学生为主的综合性场馆。

【举行2014届本科生毕业典礼】 6月25日，举行2014届本科生毕业典礼暨学位授予仪式。

【举行2014届MBA毕业典礼】 6月28日，举行2014届MBA毕业典礼。2014届MBA共有27位毕业生。自2010年获得MBA培养资质后，学校MBA项目发展迅速，2014年的报考人数为125人。

【举行加强党的建设和党的群众教育实践活动推进会】 7月2日，在中国共产党成立93周年之际，学校召开加强党的建设和党的群众路线教育实践活动推进会，贯彻落实学校第二次党代会精神，通报学校党的群众路线教育实践活动整改落实情况，研究部署加强学校基层党建工作。校党委书记郑君礼发表重要讲话，并为首批“示范党支部”授牌。全体在校校领导出席会议，全体处级干部和在职教工党支部书记参加会议。会议由校长柳贡慧主持。

【获北京高等学校党的建设和思想政治工作优秀成果奖】 7月，2012—2013年北京高等学校党的建设和思想政治工作优秀成果评审结果揭晓，由校党委书记郑君礼牵头的《固化于物 内化于心 外化于行——北京信息科技大学建设“勤·信”校本文化取得显著成效》项目荣获优秀成果二等奖。

【成立辽宁校友联谊会】7月12日，辽宁校友联谊会在大连成立，是校友总会成立的第5个地域性校友联谊组织。

【召开校友会2014年第一次常务理事会暨校友企业家联谊会年会】8月9日，校友会2014年第一次常务理事会暨校友企业家联谊会年会在烟台举行。学校党委书记、校友会会长郑君礼致辞，副校长、校友会常务副会长韩秋实和纪委书记、校友会副会长冯晓春分别作校友工作汇报和校友会财务报告，各地区校友联谊会和学院校友联谊会会长汇报各校友联谊会工作开展情况并分享经验。郑君礼代表学校与校友企业家联谊会副会长、山东校友联谊会会长万卫国签订了合作协议。

【剑桥大学Daping Chu教授受聘荣誉教授】8月21日，英国剑桥大学先进光子学与电子技术中心主席Daping Chu教授到校访问，校长柳贡慧、副校长韩秋实会见，授聘Daping Chu教授为荣誉教授。

【举行2014年暑期中层干部培训】8月27日至9月9日，举行中层干部集中培训和三场分批次培训。8月27日，2014年暑期中层干部集中培训在健翔桥校区报告厅举行。此次集中培训是学校深入贯彻党的十八大、十八届三中全会和习近平总书记系列讲话精神，全面落实学校第二次党代会精神的重要举措，对推进学校发展建设具有重要意义。上海理工大学校长胡寿根教授，校长柳贡慧，首都经济贸易大学校长助理、会计学院院长崔也光教授，学校党委书记郑君礼先后作专题报告。全体校领导、中层干部参加培训。培训报告会先后由郑君礼、柳贡慧主持。9月2日，召开教学单位中层干部培训会，全校教学单位党政中层干部参加培训，全体在校校领导出席培训会。培训会由学校党委副书记刘筱毅主持。首都师范大学研究生院院长、数学科学学院院长李庆忠教授和自动化学院李邓化教授分别作报告。9月5日，机关、后勤、教辅、校区等单位中层干部进行暑期培训，校党委副书记杨军做报告，纪委书记冯晓春主持。9月9日，学校各单位主管学生工作的中层干部进行暑期工作培训，听取市委教育工委宣教处处长王达品和中央财经大学校长助理朱凌云做的报告，并围绕如何更好地为学生服务话题展开讨论，校党委书记郑君礼参与讨论并做总结讲话。学校党委副书记杨军主持。

【奥克兰大学Louay M. Chamra博士受聘荣誉教授】9月9日，美国奥克兰大学代表团到校访问，校长柳贡慧、副校长许宝杰会见，双方还就开展“3+1”本科生交流及博士生联合培养方面进行深入磋商。奥克兰大学工程与计算机科学学院院长Louay M. Chamra博士受聘为学校荣誉教授。

【“Water”队在第18届机器人世界杯获多个奖项】7月19—24日，第18届RoboCup机器人世界杯比赛在巴西诺昂佩索阿举行，本次比赛吸引了来自40多个国家和地区的500多支队伍参加。学校机器人“Water”足球队，经过激烈比拼勇夺中型组足球机器人世界杯亚军，规定项目冠军，自选项目季军，取得历史新突破。其中中型组技术挑战赛规定项目冠军是我国自参加该项目以来取得的首个冠军，同时也是中国队伍首次在同一组别的世界杯比赛中取得的最好成绩。

【青年教师社会实践团赴西安社会实践】9月20—24日，校工会组织青年教师社会实践活动，以“践行核心价值观 争做‘四有’好老师”为主题，来自各学院的23名青年教师代表组成青年教师社会实践团，赴陕西西安进行了为期5天的实践。

【原机械部七校就业联盟召开就业工作研讨会】9月22日至23日，学校及哈尔滨理工大学、沈阳工业大学、燕山大学、太原科技大学、西安理工大学、河南科技大学等组成的“原机械部高校七校就业联盟”，在太原科技大学召开2014年毕业生就业工作研讨会，主题为加强协作，共享资源，共谋原机械部7校就业联盟持续发展。

【获批2014—2016年北京市科普教育基地】10月，学校被北京市科委批准为“2014—2016年北京市科普教育基地”，将进一步利用教师学科专业优势与大学生科技创新实践特色，开展针对普通市民特别是广大青少年的科普活动。

【举行2014级新生开学典礼】10月9日，举行2014级新生开学典礼。3200余名2014级本科生、研究生和学校领导、杰出校友代表，各学院、研究生院、部分学校党政职能部门、有关校区领导老师等参加典礼。

【承办中国仪器仪表学会第十六届青年学术会议】10月11日，由中国仪器仪表学会、中国仪器仪表学会青年工作委员会主办，清华大学、天津大学、浙江大学、北京航空航天大学、合肥工业大学、冶金自动化研究设计院、国家自然科学基金委员会协办，学校承办的中国仪器仪表学会第十六届青年学术会议召开。20余位两院院士和200余名仪器仪表行业及学科的知名学者参会，交流学术研究、学科、行业发展问题。校长柳贡慧代表承办方致辞。

【北京学者计划信息与电子专家委员会成立大会在学校召开】10月11日，北京学者计划信息与电子专家委员会成立大会在学校举办，并召开第一次工作会议。校长柳贡慧主持了第一阶段会议，副校长冯喜春被选为专家委员会秘书长。

【中国教育联盟代表团到校访问】10月20日，中国教育联盟项目代表团一行18人到校访问，该代表团成员包括三所波兰公立大学项目官员及来自俄罗斯、英国、马来西亚、印度、菲律宾、尼泊尔等10个国家的招生代表。校长柳贡慧致欢迎词。代表团与国际交流学院就招收学生范围、学历层次、专业设置及奖学金机制等进行了深度交流。

【与黄城根教育集团签订就业实习协议】10月20日，学校与黄城根教育集团签订学生教育实践和就业实习基地合作协议书，为学校外国语学院学生教育实践和就业实习提供了机会和平台。

【启动2014年学校党政管理部门、直属机构、群团组织处职岗位聘任工作】10月22日，举行2014年学校党政管理部门、直属机构、群团组织处职岗位聘任工作动员大会。校党委书记郑君礼作动员报告，对聘任工作进行了整体部署。校长柳贡慧强调换届工作纪律。学校党政管理部门、直属机构、群团组织处级干部，学院（部、中心）党政正职（主持工作副职）和自愿参会人员参加大会。大会由校党委副书记刘筱毅主持。

【举办2015届毕业生秋季首场大型招聘双选会】10月27日，举办2015届毕业生秋季首场大型招聘双选会，共邀请110家用人单位参会，提供岗位需求2000余个。学校党政领导高度重视毕业生就业工作，校党委书记郑君礼、校长柳贡慧、党委副书记杨军到场了解情况。

【举行2014年度“三育人”先进颁奖典礼】11月5日，举行2014年度“三育人”先进颁奖典礼，表彰市级优秀教师、优秀教育工作者、教学名师和学校优秀主讲教师；表彰学校师德标兵、“三育人”先进集体和先进个人；表彰从事教育工作满30年的教职工。学校党委书记郑君礼、校长柳贡慧、党委副书记刘筱毅、副校长冯喜春、韩秋实、刘勇、许宝杰、陶志红等领导出席颁奖典礼并为受表彰者颁奖。受表彰人员代表及教职工代表近200人参加了颁奖典礼。

【测控技术与仪器专业完成认证现场考查】11月12—15日，中国工程教育认证协会专家组对学校测控技术与仪器专业进行认证现场考查。东南大学仪器科学与光电工程学院院长宋爱国教授担任专家组组长。专家组完成了全部现场考察工作后形成考查初步结论，并向学校和学院反馈了考查意见。

【承办华北五省（市、自治区）机器人大赛】11月15—16日，学校承办的华北五省（市、自治区）大学生机器人大赛在小营、清河校区进行比赛。共有51所高校参赛，其中包括台湾地区的建国科技大学，参赛队伍537个。本次比赛吸纳了国际水中机器人的部分项目和ROBCUP中型组项目，得到了国际水中机器人联盟和ROBCUP中型组技术委员会的支持与帮助。北京卫视、《北京日报》等媒体对赛事进行了报道。

【北京信息科技大学文管综合实践教学中心通过专家验收】11月20日，由北京大学实验室与设备管理部部长张新祥教授领衔的北京市教委验收组，对北京市实验教学示范中心——北京信息科技大学文管综合实践教学中心建设情况进行验收。经过考察，专家组一致同意该中心通过验收。

【与云南机器三厂签订校企合作协议】12月1日，学校与云南机器三厂、长春理工大学签订校企合作协议。本次合作总投资2944.5万元，以解决新一代信息技术需求为目标，构建新一代信息技术科研、试制、人才培养体系，将有效提升我校信息技术领域的科学研究、学科建设、基地建设和人才培养水平。

【赴北京邮电大学调研】12月2日，校长柳贡慧、副校长韩秋实一行到北京邮电大学进行学科建设与研究生教育调研。两校达成以下共识：加强合作，取长补短，在学科、科研、人才培养等方面进行全面合作；组织有关学科导师进行交流，推进联合培养博士研究生工作；加强在北京市层面上的各领域合作，促进两校学科及科研的发展。

【与北京雪迪龙科技股份有限公司签订校企合作协议】12月3日，学校与北京雪迪龙科技股份有限公司签订校企合作协议，双方将在教学实习实践、就业实习促进、科研课题合作和员工在职学习培训等方面开展校企合作。

【首获国家级教学成果奖】12月，学校“强化特色，服务首都，提升应用型人才的工程实践和创新能力”教学成果获评为2014年国家级教学成果奖二等奖，这是学校首次以第一完成单位获得的国家级教育教学方面的标志性成果。该成果的主要创新点包括大工程理念指导下的实践教学体系创新，以引导学生主动实践、自主学习为主要特征的实践教学模式创新，激励参与、保障有力的管理制度创新等。

【产学研联合培养研究生基地项目阶段性建设通过验收】12月16日，校机电学院分基地、光电学院分基地、自动化学院分基地和计算机学院分基地等产学研联合培养研究生基地阶段性建设通过专家组验收。专家组组长由北京邮电大学研究生院院长王文博教授担任。

【举行新校区建设工作推进会暨新校区建设奠基】12月28日，学校新校区建设工作推进会在北京振邦承基开发建设有限公司召开。会议由北京市教委主任线联平主持。昌平区区委书记侯军舒、昌平区副区长刘淑华、市发改委副主任刘印春、市教委副主任何劲松、市财政局副巡视员汪钢等相关市、委、办、局领导及校党委书记郑君礼、校长柳贡慧、副校长陶志红、基建处处长刘伟参加了会议。项目推进会后，在校长柳贡慧主持下，与会部分领导、嘉宾、全体校领导、教师及学生代表共同为新校区建设奠基。

【举行新任职处级干部集体谈话会】12月30日，校党委书记郑君礼、校长柳贡慧、纪委书记冯晓春代表学校党委、行政、纪委与新任职处级干部集体谈话。党委副书记刘筱毅主持会议，所有在校校领导参加谈话会。本次学校处级岗位聘任工作中，54人聘任28个正处职岗位，85人聘任40个副处职岗位；有33人提任，其中正处11人，副处22人，8人扩大使用到学院，有13人轮岗。

【国（境）外大学代表团到访】2014年，国（境）外大学代表团到校访问15次。3月4日，瑞典哈姆斯塔德大学代表团一行到校访问，副校长许宝杰会见；3月13日，爱尔兰国立科克大学代表团走访计算机学院；3月20日，美国威斯康星大学帕克赛德分校副校长Fred Ebeid教授一行到校访问，副校长韩秋实会见；3月21日，美国鲍灵格林州立大学副校长兼研究生院院长Michael Ogawa教授一行到校访问，副校长韩秋实会见；4月2日，中瑞典大学校长Anders Söderholm一行到校访问，校长柳贡慧、副校长许宝杰会见；5月26日，加拿大温莎大学校长Alan Wildeman博士一行到校访问，校长柳贡慧、副校长许宝杰会见；5月29日，巴黎行政管理学院董事会主席Patrick Dambron先生一行到校访问，校长柳贡慧、副校长许宝杰会见；6月11日，中国台湾地区的建国科技大学董事长吴联星、校长陈繁兴一行到校访问，校长柳贡慧、副校长许宝杰会见；8月21日，英国剑桥大学先进光子学与电子技术中心主席Daping Chu教授到校访问，校长柳贡慧、副校长韩秋实会见；9月9日，美国奥克兰大学代表团到校访问，校长柳贡慧、副校长许宝杰会见；9月10日，美国蒙哥马利奥本大学校长John G. Veres III一行到校访问，校长柳贡慧、副校长许宝杰会见；9月23日，美国圣何塞州立大学研究生院副院长David Bruck博士一行到校访问，副校长许宝杰会见；11月17日，爱尔兰阿斯隆理工学院校长Ciarán O Catháin教授一行到校访问，校长柳贡慧，副校长冯喜春、许宝杰会见；11月24日，英国安格利亚鲁斯金大学（ARU）常务副校长Richard Andrews教授一行到校访问，校长柳贡慧，副校长冯喜春、许宝杰会见；12月15日，加拿大温莎大学副校长Diana Kao博士一行到校访问，副校长冯喜春会见。

【校工会获北京市教育系统多项表彰】校工会获得北京市教育系统2013年度多项集体和个人荣誉表彰。校工会获北京市教育工会“特色工作奖”、经审工作规范化建设考核优秀单位和财务工作规范化建设考核优秀单位；计算机学院分工会获北京市“模范职工小家”称号和北京市教育工会“先进教职工小家”称号；薛承军获得北京市教育工会优秀工会工作者荣誉称号；计算机学院教师张伟获得北京高校第八届青年教师教学基本功比赛理工类B组二等奖。

【北京高校红色“1+1”示范活动评选获奖】2月，2013年北京高校红色“1+1”活动评选结果揭晓，学校被市委教工委授予“优秀组织奖”，计算机学院党总支学生计科党支部获得二等奖，理学院党总支学生第一党支部、人文社科党总支公共管理系党支部（教师）获得三等奖，人文社科党总支行政管理学生第一党支部等11个学生党支部和机关党委宣传部党支部（教师）获得优秀奖。12月，2014年北京高校红色“1+1”活动评选结果揭晓，10个学生党支部和参与共建的1个教师党支部摘得相应奖项。其中人文社科党总支行政管理专业第二学生党支部获得二等奖，自动化学院党总支第一、第二学生党支部、行政学工教工党支部获得三等奖，计算机学院党总支计算机科学与技术党支部等8个学生党支部获得优秀奖。

【获第三届首都大学生思想政治教育工作实效奖】在中共北京市委教育工作委员会主办的第三届“首都大学生思想政治教育工作实效奖”评审中，学校申报的项目“丰富毕业典礼内涵提升文化育人实效”获得优秀奖。

【获2013年度首都高校社会实践先进单位称号】学校2013年暑期社会实践工作得到中共北京市委宣传部、中共北京市委教育工作委员会、首都精神文明建设委员会办公室、共青团北京市委员会、北京市教育委员会和北京市学联的联合表彰，学校被授予“2013年度首都高校社会实践先进单位”荣誉称号。

【“开心聊天”活动评为北京市高校离退休党支部优秀主题党日一等奖】学校老干部“开心聊天”活动及专题片评为北京高校离退休党支部优秀主题党日一等奖。

【校报多件作品获得北京高校、中国高校好新闻奖】在2013年北京高校好新闻、中国高校好新闻获奖作品评选中，学校校报选送的7件作品获得北京高校好新闻奖，其中一等奖4个、二等奖1个、三等奖2个；4件作品获得中国高校好新闻奖，其中二等奖2个、三等奖2个，获奖档次与获奖率均处市属高校与同类高校前列。

【获北京高校先进基层党组织、优秀共产党员和优秀党务工作者多项表彰】在北京高校纪念中国共产党成立93周年表彰大会上，中共北京市委教育工委对北京高校先进基层党组织、优秀共产党员和优秀党务工作者等进行表彰。其中，学校经济管理学院党总支获“北京高校先进基层党组织”荣誉称号；机电工程学院车辆工程系陈勇教授、信息与通信工程学院副院长朱希安教授获“北京高校优秀共产党员”荣誉称号；党委安全稳定工作部（处）韩俊彦部（处）长获“北京高校优秀党务工作者”荣誉称号。

【完成学生奖助学金评审及发放】完成国家奖学金、助学金评审工作。24名学生获得国家奖学金，331名学生获得国家励志奖学金，1577名学生获得国家助学金，总奖励资助金额达714.6万余元。完成校内2014年度奖学金评定工作，共有728人次荣获校内优秀学生奖学金，122人次获得竞赛单项奖学金，10人获得技术发明奖学金，10人荣获校长奖学金；1503人荣获学习优秀奖学金；320人荣获科技创新奖学金；714人荣获社会贡献奖学金；119人荣获文体优秀奖学金，总奖金额325万余元。

【加大对家庭经济困难学生的帮扶力度】协助近千名学生办理了国家助学贷款或信用助学贷款，贷款金额达456.4万余元；设立勤工助学岗位 560 个，2546 人次参加校内勤工助学活动，发放劳务费 102.7 万余元；为家庭经济困难学生发放各类补贴 71.3 万余元；为 284 名家庭经济困难新生办理绿色通道入学手续。

【完成学生评优工作】5 月，完成校级和北京市级“优秀团员”、“优秀团干部”、“优秀团支部”评比表彰工作，共表彰校级“优秀团员”177 名，“优秀团干部”115 名，“优秀团支部”20 个；北京市“先锋杯优秀团员”17 名，“先锋杯优秀基层团干部”17 名，“先锋杯优秀团支部”16 个。12 月，完成校级和北京市级“三好学生”、“优秀学生干部”“先进班集体”评比表彰工作，共表彰校级“三好学生”415 名，“优秀学生干部”231 名，“先进班集体”32 个；北京市级“三好学生”19 名，“优秀学生干部”7 名，“先进班集体”7 个。

三、特载与专文

第二次党代会专题

第二次党代会综述

【综述】2014 年 4 月 19—20 日，中国共产党北京信息科技大学第二次代表大会隆重举行。这是学校在深入贯彻落实党的十八大和十八届三中全会精神，全面实施“十二五”事业发展规划，进一步谋划学校改革发展的新目标、新任务时期召开的重要会议。柳贡慧同志主持大会并致开幕词。刘建同志代表中共北京市委教育工委、北京市教委对大会的召开表示热烈祝贺，并发表重要讲话。郑君礼同志代表中共北京信息科技大学第一届委员会做了题为《解放思想，改革创新，凝聚力量，攻坚克难，为建设高水平教学研究型大学而努力奋斗》的工作报告。大会选举了新一届党委和纪委。

解放思想 改革创新 凝聚力量 攻坚克难 为建设高水平教学研究型大学而努力奋斗

——党委书记郑君礼在中国共产党北京信息科技大学第二次代表大会上的报告

各位代表，同志们：

现在，我代表中国共产党北京信息科技大学第一届委员会向大会作报告。

中国共产党北京信息科技大学第二次代表大会，是在学校深入贯彻落实党的十八大和十八届三中全会精神，全面实施“十二五”事业发展规划，进一步谋划学校改革发展的新时期召开的一次十分重要的会议。这次大会的主题是：高举中国特色社会主义伟大旗帜，以邓小平理论、“三个代表”重要思想、科学发展观为指导，深入贯彻党的十八大、十八届三中全会和习近平总书记系列讲话精神，解放思想，改革创新，凝聚力量，攻坚克难，为建设高水平教学研究型大学而努力奋斗。

一、五年工作的回顾和总结

五年来，在市委、市政府的正确领导下，学校党委始终坚持以邓小平理论、“三个代表”重要思想为指导，以科学发展观统领工作全局，谋划发展战略，深化改革创新，推进内涵发展，加强党的建设，全面完成了“十一五”规划，有效实施了“十二五”规划，学校各项事业得到快速健康发展，实现了一些领域的重点突破，取得了“1+1>2”的合并成效。学校 2010 年获得北京市普通高等学校党建和思想政治工作先进校提名奖，2011 年荣获“首都劳动奖状”，连续 4 次获得“首都文明单位”称号。

（一）有效发挥党委领导核心作用

加强和改进党对学校工作的领导，健全党的组织体系，全面谋划发展战略，完善学校工作机制，优化内部治理结构，着力推进信心建设，精心组织重大活动，党委领导核心作用得到有效发挥。

组织体系更加健全。针对合并组建新大学的大背景下学校发展建设所面临的新形势新任务，大力加强党的组织体系建设，强化校党委的领导核心作用和基层党组织的政治核心与战斗堡垒作用，充分发挥体制优势和组织优势，有力领导、有效组织、有序推进，保证了各项工作的贯彻落实并取得显著成效。2011 年，自动化学院党总支被评为北京市先进基层党组织；2012 年，机电工程学院党总支荣获全国创先争优先进基层党组织。

发展战略更加清晰。在第一次党代会明确提出“综合办学实力稳居北京市属高校前列，并早日达到国内同类高校一流水平”发展目标的基础上，结合学校发展现状、发展态势和发展潜力，在规划学校“十二五”时期各项事业发展过程中，坚持发扬民主，凝聚师生智慧，优化顶层设计，适时提出了积极推进由教学型向教学研究型大学转型的发展战略。

工作机制更加完善。以制度建设为重点，完善学校各项工作机制，突出党委、行政、学术、民主权力协调机制和党政配合运行机制，构建校院两级管理架构，有力推进了科学决策、民主管理、依法治校。5 年共清理、修订、制定规章制度 426 项，基本形成适应学校发展需要的制度体系。

发展信心更加坚定。高度重视以共同愿景来凝聚师生信心；抓好重大工作，突出连续获得国家级奖励等标志性成果的激励作用，以发展成效增强师生信心；弘扬“勤以为学 信以立身”的校训精神，凝练“笃信、崇学、开放、超越”的大学精神，以精神认同涵育师生信心。信心建设工程的实践成果获得北京高校党的建设和思想政治工作优秀成果二等奖、创新奖。

重大活动成效显著。深入开展学习实践活动，形成“三细三实”的典型做法，凝练出建设六项工程、推进科学发展的工作思路，并以昌平校区整体回迁、推进教师职务聘任制改革等举措，解决了一系列影响和制约学校发展的突出问题。深入开展创先争优活动，“四项工程”的实践举措，入选“全国基层党建理论创新与实践案例库”和全国创先争优优秀主题案例 60 佳。深入开展教育实践活动，认真查摆出了“四风”方面存在的 15 大类 118 个具体问题，有序推进 28 个整改落实项目，并建立跟踪、督查和反馈机制，完成了设立教职工爱心扶助基金、调整增加校内绩效工资等一批惠民实事。

（二）全面推进学校事业发展

根据学校整体发展规划和重点推进的相关领域工作，先后召开了第一次本科教学、科技、人才、学科建设与研究生教育、学生工作会议，谋划思路，细化任务，落实措施，学校事业发展取得显著成效。

学科综合实力不断增强。硕士学位授

权一级学科由3个增加到14个，覆盖面由工学门类扩展到工、管、经、理、法五大门类，二级学科由19个增加到43个；硕士专业学位授权类别由3个增加到7个。5个一级学科参加教育部学科评估，成绩居北京市同类高校前列。新增北京市重点学科2个、重点建设学科4个。新增省部共建教育部重点实验室1个、北京市工程研究中心1个、重点实验室3个、中国机械行业重点实验室2个。

本科生培养特色不断凸显。实现全国18个省市第一批本科招生，生源质量明显提高；新增国家级特色专业建设点3个、市级特色专业建设点9个；国家级专业综合改革试点1个、“卓越人才教育与培养计划”试点专业3个；国家级实验教学示范中心1个、工程实践教育中心1个、大学生校外实践教育基地1个，市级实验教学示范中心4个、校外人才培养基地4个、示范性校内创新实践基地1个、人才培养模式创新试验区1个。获得北京市教育教学成果奖19项。学生在市级及以上学科竞赛中获奖数量大幅增加，达到3584人次，其中在RoboCup机器人足球世界杯比赛三夺桂冠等佳绩社会影响广泛；应届毕业生一次就业率始终保持在95%以上，毕业生受到用人单位好评。

研究生培养规模与质量同步发展。成立研究生院，进一步健全了研究生教育的组织机构和工作机制。在校全日制研究生由604人增加到1119人。新增博士生导师9名（兼职）、硕士研究生导师73名，校外兼职硕士研究生导师达到120名。获批市级产学研联合研究生培养基地建设项目。毕业研究生一次就业率连续多年达到100%。

科技创新实力和水平进一步提升。5年科研总经费近4亿元，环比增长88%，其中2013年度达1.2亿元；公开发表学术论文5046篇，环比增长48%，进入三大检索论文1492篇，环比增长183%。国家、省部级科研立项达61项，特别是获得一批国家“863”计划、科技支撑计划、重大专项等项目和社科基金重大项目、自然基金重点项目；获得国家、省部级和行业科技奖励36项。大学科技园和中关村科学城北京高端信息产业技术研究院正式挂牌成立；获批成为“中关村国家自主创新示范区”首批6家股权激励试点单位之一。参股的拓尔思公司成功在创业板上市，学校成为首家校办企业上市的市属高校。

师资队伍整体素质显著提高。教师中具有硕士及以上学历的比例达到71%，其中具有博士学位的比例为32%，分别增长3.1%和12.4%；新增国家级优秀教学团队1个，北京市级优秀教学团队7个、教学名师6人；新引进“双聘院士”3人，特聘教授2人、讲座教授3人；获得市属高校学科首席专家岗位1个，引进“北京市海外高层次人才”2人；1个科研团队入选教育部长江学者与创新团队培育计划。

国际化办学步伐进一步加快。与27所国（境）外大学新签或续签了合作协议，全校所有学院均有对口合作国（境）外大学。与7所国（境）外高校签署了联合培养博士研究生协议，2013年首次选派优秀硕士毕业生赴福井大学攻读博士学位，实现了零的突破。设立学生公派出国留学奖学金，资助公派留学生116名。“2+2”双学士学位、“3+1+1”本硕连读、“1+1”双硕士学位以及短期交流项目等工作取得新进展。实现引进国外高端人才的突破，获批国家和北京市外专局引智项目13项。聘请6位国外大学校长担任学校学术委员会荣誉委员，聘请诺贝尔经济学奖获得者罗伯特·蒙代尔教授等16位世界知名学者担任荣誉教授。成立国际交流学院，积极扩大来华留学生规模。

办学条件建设取得积极进展。积极推进新校区建设，与市土地整理储备中心签订了现有校区收储协议，落实征地拆迁启动经费，启动并部分完成新校区征地拆迁工作。完成新校区可行性研究报告编制、总体规划设计方案修改完善、校园控制性详细规划调整、修建性详细规划编制和部分单体设计方案编制等工作。积极推进后勤改革，后勤管理与服务保障工作取得较好成效，有效完成了市财政拨款和学校投入经费的各项基础设施改造工程，解决了一些历史遗留问题。此外，投入4.92亿元专项经费用于教学、学科、科研、信息化建设和基础设施改造，办学条件进一步改善。

（三）改革创新党建和思想政治工作

根据上级党组织的新部署，经济社会发展提出的新挑战，学校自身发展提出的新要求，大胆改革，勇于创新，切实加强和改进学校党建和思想政治工作，取得了一系列工作成果。

领导班子和干部队伍建设成效明显。实施能力建设工程，着力提升领导班子和干部队伍整体素质与能力。校级领导班子在定规划、创途径、找资源、办特色、创一流、解民生等方面的实践成果获得北京高校党的建设和思想政治工作优秀成果三等奖。推进干部制度改革，组织实施处职岗位公开竞聘，坚持在市属高校中较早实行的处职干部选拔聘任票决制。在试点的基础上，采用竞争上岗方式选拔产生学院行政领导班子，“公推直选”党的总支部委员会负责人，优化了干部队伍结构，增强了执行力，激发了工作热情。

基层党建工作科学化水平显著提高。召开第一次党建工作会议，明确了基层党建工作的指导思想、整体思路、目标要求、建设任务及主要举措，制定了《党建五年规划》等一批文件制度，形成基层党建工作的指导性体系。大力实施“固基”工程，以“九型”党支部建设和实施“四项工程”推进创先争优常态化，以党员质量年、党员质量深化年、党员质量固化年为抓手，进一步完善学生党员发展质量保证体系，增强基层党组织活力，彰显党员队伍先进性，涌现出一批以机电工程学院党总支、自动化学院党总支和张福学、徐小力等为代表的先进基层党组织与优秀党员。

宣传思想工作针对性实效性不断增强。牢牢把握意识形态工作主导权，以中国特色社会主义理论体系武装师生头脑，以社会主义核心价值体系引领师生思想，坚定理想信念，焕发精神风貌。积极推进思想政治理论课教育教学改革，形成了具有特色的“点、线、面”相结合的社会实践教学体系，实践成果获得北京高校党的建设和思想政治工作优秀成果三等奖。积极构建师德建设长效机制，涌现出一批全国优秀教师、首都劳动奖章获得者、北京市优秀教育工作者和师德标兵。精心培育高品位、多层次和具有特色的和谐校园文化，不断完善党建促校风学风的引领机制，逐步健全校园文化促学风的涵养机制，以“争做时代先锋”为主题加强学生思想政治教育，实践成果获得北京市大学生思想政治教育工作实效奖三等奖。学生志愿服务、社会实践、社会公益等活动影响力强，形成了品牌效应。

党风廉政建设扎实推进。认真落实党

风廉政建设责任制，强化领导干部“一岗双责”意识，建立了权责明确、层层落实的责任体系。共修订完善涉及科学民主决策、权力运行、项目管理等各方面规章制度140余项，健全了惩防体系。不断加强反腐倡廉宣传教育，积极推进廉政文化建设，拒腐防变思想道德防线更加牢固。以制约和监督权力运行为核心，加强对权力运行的监督和对重点领域、关键环节的监督和检查，认真开展教育收费等专项检查工作，廉政风险防范管理工作不断完善。认真贯彻落实中央八项规定，大力加强作风建设，取得了积极成果。

安全稳定大局持续巩固。坚持以党建、思想政治工作统领安全稳定工作，充分发挥各级党组织和党员的作用，积极推进“平安校园”创建，持续维护了学校安全稳定和谐大局，形成了全校统筹、全员参与、齐抓共管的大维稳、大安全工作格局，荣获首都高校第一批“平安校园”示范校称号。学校连续获得首都国家安全先进集体称号。

统一战线、老同志和群团组织作用有效发挥。健全工会教代会、共青团、学生组织、校友会等群团组织，充分发挥统一战线、离退休老同志的积极作用，进一步增强了推动科学发展整体合力。新增全国政协委员1人，北京市政协委员1人；学校老干部工作获得北京市表彰，离退休干部“开心聊天”活动得到上级高度评价；“运动体多模自主导航与控制”工作室获批市级职工创新工作室；涌现出“全国优秀班集体”和一批“北京市优秀学生干部、三好学生和先进班集体”。

在肯定成绩的同时，我们也清醒地认识到，工作中还存在一些不足。一是对学校转型发展的思考不够深入，实施路径有待深入研究；二是党组织和领导干部服务师生的能力和水平须进一步提升；三是不断增强大学生思想政治教育的实效性是我们持续面临的一项重大课题；四是党建理论研究与创新的能力和水平有待进一步提高。

总结五年来的工作实践，为我们提供了许多宝贵经验和启示。一是必须坚持党对学校全局工作的坚强领导，确保正确的办学方向和发展方向。二是必须坚持改革创新，以改革创新解决发展中存在的突出问题。三是必须坚持群众路线，全心全意依靠师生办学，积极汇聚转型发展的智慧与力量。四是必须加强干部人才队伍建设，凸显人才第一资源作用，努力增强学校核心竞争力。五是必须加强学校文化建设，促进和谐稳定，积极营造良好育人环境与氛围，大力提升学校软实力。

二、学校发展建设面临的新形势、新要求

综合分析国家和首都经济社会、高等教育及学校自身发展情况与趋势，学校在未来五年既面临着严峻挑战，更面临着重要的发展机遇，这五年既是学校推进转型发展大有作为的关键期，也是需要努力应对挑战、破解难题的艰苦奋斗期。

从国家发展战略来看，国家实施教育优先发展战略，把教育列为民生之首，作为创新驱动的支撑，通过加大投入等措施，促进高校办出特色，争创一流，这是加快学校发展的难得机遇。落实好党的十八届三中全会全面深化改革的系统部署，办好人民满意的教育，对我们进一步解放思想、推进改革创新提出了新的要求，必须解决好认识不到位、理解不透彻、把握不深刻的问题，必须解决好体制机制不健全、不

合理、不配套的问题。

从教育系统内部来看，全面实施综合改革、大力推进协同创新，为学校扩大办学自主权、完善内部治理结构、充分利用人才资源、不断拓宽社会合作领域带来了难得的机遇，也对学校面向社会依法自主办学，深化内部管理体制改革，建设高水平的人才队伍，提高核心竞争力，提出了新的要求。

近期，习近平总书记在北京调研时明确指出，要坚持和强化首都全国政治中心、文化中心、国际交往中心、科技创新中心的核心功能。北京的城市定位更加清晰，新一轮产业结构调整和大力推进京津冀协作发展的举措为学校拓宽发展领域、强化优势与特色、提高科技创新和服务首都经济社会发展能力、促进国际化办学水平等都带来了难得的机遇。但与此同时，也对学校调整学科专业结构，做大做强优势特色学科，深化人才培养模式改革，强化培养特色，提高培养质量，更好地服务区域发展提出了更高的要求。

多年来，在全体师生员工坚持不懈的努力奋斗下，学校综合实力明显提高，凝聚力显著增强，社会知名度大幅提升，为未来发展奠定了坚实基础。但现有办学空间严重不足，资源紧张和使用效益不高的问题同时存在，新校区建设任务依然艰巨，使得学校在改善办学条件、加快自身发展方面还面临着客观制约和挑战。

面对新形势，如何在激烈的竞争中应对挑战，抢抓机遇？这是摆在全校师生，特别是全校党员干部面前的重大课题。新的时代变革、社会发展、科技突破所带来的机遇是空前的，少有经验可供借鉴和参考，同时机遇对所有高校是公平的，不进则退，如果我们不及时抓住机遇，那么我们就会丧失良好的发展时机，甚至机遇也可能转化为严峻的挑战。因此，我们必须进一步增强紧迫感、责任感、使命感，牢固树立发展意识、忧患意识、竞争意识，深入分析和准确把握发展建设的切入点和着力点，理清发展思路，明确发展任务，落实发展举措，为实现学校中长期发展目标、推进学校由教学型向教学研究型大学转型奠定坚实的基础。

基于对面临形势的分析和研判，今后五年推进学校改革发展的总体思路是：以解放思想为先导，围绕战略转型，更新办学理念，不断强化发展共识；以体制机制为重点，突出问题导向，深化改革创新，切实增强办学活力；以人才队伍为核心，坚持以人为本，凝聚发展力量，努力提升核心竞争力；以党的建设为保证，提振精神状态，着力攻坚克难，推动解决瓶颈和难点问题。

三、今后五年学校发展建设的主要任务

今后五年要全面实现学校“十二五”期间的发展目标，深入谋划和推进“十三五”时期各项事业发展，围绕学校战略转型，重点在六个方面取得新进展、新突破。

（一）强化学科建设龙头地位，整体提升学科建设水平

优化学科发展布局。适应首都经济社会和行业发展需求，立足学校定位及发展目标，进一步优化学科发展布局，推动多学科协调发展；探索建立学科生成及退出机制，着力培育新的学科生长点，支持交叉学科，发展新兴学科；扎实推进电子信息、现代制造与光机电一体化、知识管理

与技术经济等领域形成鲜明的优势与特色；大力加强机械工程、仪器科学与技术、控制科学与工程、计算机科学与技术、信息与通信工程、管理科学与工程等学科建设，整体实力达到博士学位授权水平。

加强学科梯队建设。进一步加大学科带头人的选拔与培养，大力支持中青年学科骨干开展国内外学术合作和交流，着力提高他们的学术能力与水平；加强政策导向，推动广大教师积极投入学科建设，形成可持续发展的学科梯队。

提升学科平台水平。强化学科建设在学校工作中的引领作用，打通学科与本科专业建设相互支撑的发展通道；充分发挥各级别重点学科、重点建设学科、重点实验室、研究室的学科建设作用，为学科发展打造坚实平台；加强学科评估，坚持以评促建，注重绩效，提升绩优学科，限制和淘汰低水平、低绩效学科。

（二）深化教育教学改革，全面提升人才培养质量

创新应用型人才培养模式。深化课程教学改革，探索新的教学方式方法，激发学生学习兴趣，挖掘学生学习潜能；推进大类招生、卓越人才培养计划及专业建设综合改革，进一步凝练专业优势与特色；完善大学生创新实践教学体系，探索模拟工程实践教学改革模式和“校企联动”共建机制；推进创业教育，使专业教育与职业能力培养相结合；完善学生转专业机制，赋予学生更多的学习自主权；全面开展专业评估和认证工作，探索建立专业预警及退出机制，积极发展适应经济社会发展需求的新专业；进一步完善学生身心健康培育与评价机制。

提高研究生教育的规模、层次与水平。着力扩大研究生教育规模，增加硕士学位授予种类，拓宽研究生培养领域；完善自主设置硕士学位授权点管理规定，积极探索、完善专业硕士培养机制；进一步优化硕士研究生培养方案，注重培养研究生的创新意识与能力；加强学位点建设与研究生质量评估，有效提高研究生培养质量；继续加大与国（境）内外合作大学联合培养博士研究生的力度。

提升教育国际化水平。努力争取与更多国（境）外高校建立合作关系，不断丰富本科生交流形式，加大研究生交流及交换比例；扩大留学生学历教育规模，提升留学生教育层次；支持学生参加国际性学科竞赛和国际会议，开阔知识视野；积极举办高水平国际学术活动，努力扩大学校的国际影响。

（三）加大科技工作比重，大力提升科技创新能力

明确科技工作目标。认真贯彻国家和北京市有关政策精神，总结学校工作经验，不断完善科技政策，为科技人员积极投身成果转化和协同创新提供大力支持；紧密依托优势学科和重点研究基地，面向经济社会发展需要，以应用研究和科技开发为重点，凝练方向、集成优势，争取高级别纵向项目和重大横向项目实现新突破；科研奖励聚焦高水平项目和成果，注重提升质量及产出率。

加大基地建设力度。注重发挥重点研究基地的引领作用，带动其他基地协调发展；实现北京市重点实验室、工程中心数量新增长，个别综合实力突出的实验室要按照国家重点实验室、工程中心标准加强建设；加强大学科技园及高端信息产业技术研究院建设，将科研成果及时转化为生

产力和经济效益，贡献社会，反哺学校；加强与企业、科研院所、重点高校及国（境）外科研力量沟通协同，争取在合作申报、承担重大课题及促进成果转化方面取得突破。

建设高水平科技团队。围绕学科方向，依托科研项目，建设规模化的科技创新团队；大力培养具有较高学术造诣和知名度的科研领军人才，形成团队核心力量；创新科技团队建设模式，形成专兼职相结合、校内力量与外聘引智相结合、各学科互为支撑、相互促进的高水平科技队伍。

（四）优化人力资源配置，努力提升学校建设发展的创造活力

加强以师资为核心的队伍建设。专任教师数量达到900人左右，其中具有博士学位的教师比例达到45%以上，高级专业技术职务教师比例达到55%；力争实现国家级优秀教学团队、教育部和北京市学术创新团队的新突破；加强各类人才队伍建设，坚持教师、管理、学工、技术与服务保障队伍协调发展。

加大人才引进和培养力度。立足学科专业建设和科技发展需要，加大培养力度，统筹推进高层次人才队伍建设；实施高端人才引进工程，重点引进高水平学科带头人、中青年学术拔尖人才，提高具有海外学习经历的高水平人才比例；大力支持优秀中青年人才参加国（境）内外学术交流与合作，提升他们的学术水平。

深化人事制度改革。以学校转型发展需要为依据定岗定编，坚持以人为本，公平、公正、公开，完善全员岗位聘任制和分类管理办法；突出以高水平学术成果为导向实施教师专业技术职务晋升聘任和晋级；探索建立高级专业技术职务破格晋升聘任机制，为中青年优秀教师脱颖而出提供制度保障；深化分配制度改革，调整和完善绩效津贴分配方案，逐步提高教职工收入水平，努力改善民生，进一步调动广大教职工的积极性、主动性和创造性。

（五）营造和谐向上的文化氛围，切实提升学校软实力

培育大学精神。进一步引导全校师生积极践行校训精神，不断涵育大学精神；加强校史研究和校情教育，充分挖掘和传承学校优秀文化传统，强化爱校、兴校、荣校意识，为学校大学精神的培育和积淀提供深厚的文化土壤。

加强制度文化建设。抓紧制定大学章程，全面推进校院两级管理，不断完善内部治理体系；强化学术本位，充分发挥学术委员会的重要作用，营造严谨务实、和谐进取的学术环境；强化民主意识，加强教职工代表大会、学生代表大会以及群众团体建设，调动一切积极因素参与学校治理。

推进校园文化建设。进一步办好“勤信文化大讲堂”，为有效传播先进文化提供平台；多方位、多渠道、多视角加强对外宣传、报道，不断扩大学校社会知名度；开展丰富多彩的校园文化活动，不断提升校园文化品位；进一步加强与各地校友的沟通与联系，不断增强广大师生及校友的文化认同感和归属感。

塑造优良校风学风。构建党、政、工、团齐抓共管的校风学风建设格局；大力培养广大教师的学术志趣，促使他们时刻保持对学术的敬畏与追求，坚守大学使命；继续深化良好的学习风气建设，加强诚信养成教育，促进学生全面成长成才；加强机关作风建设，提高机关干部服务师生意

识和水平，使各办公机构成为热忱、高效服务师生的场所。

（六）完成新校区建设工作，根本改善办学条件

进一步争取市委市政府、昌平区委区政府及全校师生的大力支持，多渠道筹措资金，科学规划设计、精心组织施工，建设阳光工程、放心工程，确保在“十三五”期间建成以人为本、功能完善的生态智慧校园；在新校区建成前，继续挖掘潜力，统筹协调，优化配置，加强教学、科研公共资源建设，提高资源综合利用率，最大限度地为师生创造良好的工作、学习和生活条件。

四、全面提高学校党的建设科学化水平

完成好大会提出的各项任务，推进转型发展，关键在于学校各级党组织和党员领导干部。必须以改革创新精神全面加强学校党的建设和思想政治工作，充分发挥各级党组织的领导核心、政治核心、战斗堡垒作用，充分发挥各级领导干部的率先垂范作用和广大党员的先锋模范作用。

（一）着力加强思想理论建设，坚定师生的理想信念和崇高追求

深入开展中国特色社会主义和中国梦宣传教育。实施理论引领工程，充分发挥校院两级理论中心组的示范带动作用，健全党员干部日常理论教育和考评制度，积极开展理论研究，坚持不懈地用中国特色社会主义理论体系武装师生头脑。努力建设学生真心喜爱、终身受益的思想政治理论课，强化中国特色社会主义理论体系进教材、进课堂、进头脑的效果。大力开展中国梦和中国精神宣传教育活动，引导广大师生投身实践，坚定师生对中国特色社会主义的道路自信、理论自信和制度自信。

积极推进社会主义核心价值体系建设。深入开展“三个倡导”主题教育活动，着力培育和践行社会主义核心价值观。加强教师尤其是青年教师的思想政治工作，完善师德建设长效机制，健全学术不端行为惩治预防机制，将政治表现、师德行为作为教师聘用、考核、奖惩的首要标准。注重道德实践和道德养成，推进诚信建设体系化、志愿服务制度化、学雷锋活动常态化。设立“勤信荣誉奖章”，授予为学校发展建设作出突出贡献的师生员工，弘扬校训精神。坚持团结稳定鼓劲、正面宣传为主，把社会主义核心价值体系贯穿到宣传教育、热点引导和舆论监督中。加强校园媒体、研究项目、社团协会等领域管理，积极主动开展网络宣传思想工作，牢牢把握学校意识形态工作领导权和主导权。

（二）切实强化能力素质建设，提高领导班子和干部人才队伍的工作水平

强化校院两级领导班子建设。坚持党委领导下的校长负责制和学院党政联席会议制度，形成党政密切配合、相互支持、协调运转的工作局面，增强领导班子的整体功能与合力。坚持民主集中制原则，健全集体领导和个人分工负责相结合的制度，完善党政议事规则和决策程序，进一步提高领导班子科学决策、民主决策、依法决策水平。加强政策研究和战略思考，大力弘扬理论联系实际的学风，不断增强领导班子谋划、统筹改革发展的能力。始终把作风建设摆在突出位置，健全校级领导带头改进作风、深入基层调查研究机制，有效解决“四风”方面的问题，以领导班子

的优良作风引领师生共同奋斗。

加大干部选拔任用改革力度。坚持党管干部原则，发挥党委的组织领导和把关作用，健全干部选拔任用制度，构建有效管用、简便可行的选人用人机制。按照“信念坚定、为民服务、勤政务实、敢于担当、清正廉洁”标准，注重选拔培养优秀年轻干部和使用后备干部，用好各年龄段干部。建立责任追究制度，营造任人唯贤的选人用人环境。

推进干部教育管理制度创新。完善从严管理干部队伍的制度体系，重点管好单位和部门正职。改进考核评价工作，突出对干部品德、作风及实绩的考核，注重干部在谋划推动工作、完成重点任务、解决困难问题、化解矛盾纠纷、处置突发事件中的表现。切实加强大局意识、规矩意识、底线意识教育，引导干部自觉按照党的组织原则和党内政治生活准则办事。完善理论学习、专题调研、交流研讨和推进工作相互衔接的“四位一体”干部培训体系，加大干部交流和培养力度，全面提升干部素质。

加强党管人才工作。加强党委对人才工作的统一领导，协调各方力量广泛参与，形成整体合力。坚持人才资源为第一资源，实施优先发展战略，既坚持高端引领，又坚持统筹兼顾，推进各支队伍协调发展。完善集聚人才体制机制，以创新政策激活人才队伍，以重大工程引领人才发展，注重分析形势，研究政策，服务需求，营造人才发展环境。探索建立不同层次、不同方面的人才开发和培养项目体系。

（三）大力推进基层组织建设，提升党组织的凝聚力、创造力、战斗力

加强基层基础工作。贯彻落实《北京普通高等学校党建和思想政治工作基本标准》，优化基层党组织设置，推进“示范党支部”创建，强化基层党组织的工作职能。突出“服务”主题，充分发挥基层党组织在凝聚思想共识、坚定改革信心和化解疑惑与矛盾、带领师生干事创业的重要作用。坚持工作重心下移、管理权力下放、经费资源下沉，为基层党组织充分发挥作用创造良好条件。创新党支部书记选拔培养机制，把改革意识强、服务意识好的党员充实到支部书记岗位上来。按照围绕中心、促进发展的要求，努力实现基层党组织活动与本单位中心工作有机结合、齐头并进。

推进组织工作创新。深入推进“固基工程”，创新工作机制，完善责任体系、督导评价体系和教育培训体系，争取在建设服务型党组织、提升工作职能等方面实现重点突破，形成新的实践成果、制度成果和工作亮点。创新活动内容方式，找准开展活动、发挥作用的着力点，扩大党员参与面，提高活动实效性。注重开展党建工作研究，探索建立网络党建阵地，提升基层党建工作效果和水平。

激发党员队伍活力。深化“四项工程”，健全教育、管理、服务党员和立足岗位创先争优的长效机制，继续搭建学习平台、工作平台、实践平台，不断提升党员队伍的整体素质和生机活力。完善党员定期评议基层党组织领导班子制度，保障党员各项民主权利，充分发挥党员在党内政治生活中的主体作用。不断完善发展党员工作，积极吸纳优秀学生、高层次人才和青年教师入党。关心党员发展与成长，努力解决好关系党员切身利益的实际问题。

（四）扎实推进反腐倡廉建设，保证权力在阳光下运行

贯彻中央和市委的反腐倡廉要求。认

真贯彻习近平总书记关于反腐倡廉的重要讲话精神和中央纪委、市纪委工作要求，有效落实中央《建立健全惩治和预防腐败体系 2013 — 2017 年工作规划》，严格落实中央八项规定和《党政机关厉行节约反对浪费条例》、《党政机关国内公务接待管理规定》等一系列文件精神。按照中央《关于实行党风廉政建设责任制的规定》，健全领导体制和工作机制，各级党组织切实担负起主体责任，纪委充分发挥组织协调和督促检查作用。

完善廉政风险防范机制。坚持标本兼治、综合治理、惩防并举、注重预防，着力建立惩戒、防范和保障机制，用制度管权、按制度办事、靠制度管人。健全决策权、执行权、监督权相互制约、相互协调的权力结构和运行模式，加强科技防控工作力度，依法公开权力运行流程，保证权力正确行使。进一步推进廉政风险防控“三个体系”建设，加强重点部门、岗位和环节的监督，加大问责工作力度，做到有错必究、有责必问。

强化领导干部的教育、管理和监督。深入开展理想信念和宗旨教育、党风党纪和廉洁自律教育，持之以恒纠正“四风”，提升领导干部廉洁自律意识。加强党风廉政建设宣传工作，推进廉政文化创建活动，营造风清气正的良好氛围。认真落实党内监督各项制度，加强对领导干部特别是主要领导干部的监督，进一步发挥民主、法律、舆论和群众监督作用，促使领导干部践行“要求别人做到的自己首先做到，要求别人不做的自己坚决不做”。

（五）深入开展学生思想政治教育，促进学生全面成长发展

增强大学生思想政治教育的实效性。有效落实《首都大学生思想政治教育工作规划（2013—2017 年）》，不断提高工作专业化、科学化、精细化水平，充分发挥思想政治教育在人才培养中的重要作用。强化思想政治理论课的主渠道作用，加强形势与政策课建设，健全校院两级网络思想政治教育工作体系。实施“党员先锋工程”，有效发挥党建在学生思想政治教育中的引领作用。完善学生评价、激励、资助和约束等管理制度，加快建设一站式网络服务平台，充分发挥它们在管理育人、服务育人方面的作用。加强社会实践基地建设，不断丰富社会实践的内容和形式。大力加强党团、班级等学生基层组织建设，有效发挥其自我教育、管理、服务作用和学生党员、骨干群体正面带动、积极引领作用。努力建设一支让党放心、受学生欢迎、工作能力强的辅导员队伍。

构建学生发展辅导体系。坚持以促进学生学业发展为统领，努力培养德智体美全面发展的社会主义建设者和接班人。构建思想引领体系，深入开展理想信念、爱国主义、公民道德教育，引导学生不断追求更高目标。构建文化育人体系，开展校风学风建设工程，增强文化育人实效。构建学业指导体系，推进导学助学工作，促进学生学有所得、学有所成。完善科技创新体系，加大投入和支持力度，提升学生创新意识和能力。构建就业创业服务体系，开展创新、创业、就业和职业生涯规划教育，提升学生就业竞争力和创业能力。完善学生帮扶体系，加强人文关怀和救助力度，引导和帮助困难学生群体自强不息、健康成长。

（六）全面加强民主与和谐建设，营造良好的改革发展环境

形成推动学校改革发展的合力。坚持

师生主体地位，尊重师生首创精神，进一步完善政策、拓展渠道、丰富载体，广泛调动师生干事创业的积极性、主动性和创造性。不断强化教代会民主管理、民主监督的职能。积极发挥工会、共青团、学生组织、民主党派、无党派代表人士和专家教授、离退休老同志在扩大民主参与、民主监督等方面的积极作用。继续推进党务和校务公开，健全情况通报制度，畅通信息渠道，扩大师生的知情权、参与权、表达权和监督权。

建设师生员工的和谐家园。高度关注校园民生，坚持把推动学校事业发展与维护好、实现好、发展好师生利益紧密结合起来。深化后勤管理改革，强化服务育人意识，完善服务保障机制，进一步创造良好的工作、学习、生活环境。积极开展体育运动和健身活动，有效提升师生的身体素质和精神状态。进一步落实安全稳定工作责任制，健全校园公共安全防控体系和安全保卫工作长效机制，完善师生的诉求表达、矛盾调处与利益协调机制，加强马克思主义宗教观和党的民族宗教政策教育，巩固“平安校园”创建成果，不断提高安全稳定工作的科学化、规范化水平。我们要做好事、办实事、解难事，让师生员工充满尊严、更加幸福，让学校成为师生员工的和谐家园！

各位代表，同志们：

今后五年是学校转型发展的关键期，在新的历史起点上，征途漫漫，任重道远，我们必须同心协力，展望未来，前程似锦；我们唯有砥砺以行。让我们在上级党组织的正确领导下，解放思想，改革创新，凝聚力量，攻坚克难，为完成本次大会确定的各项任务，建设高水平的教学研究型大学，开创北京信息科技大学更加辉煌灿烂的明天而努力奋斗！

围绕中心 服务大局 加强反腐倡廉建设 为建设高水平教学研究型大学提供有力保障

——中共北京信息科技大学第二次代表大会纪委工作报告

冯晓春

（2014 年 4 月 19 日）

各位代表，同志们：

我代表中共北京信息科技大学纪律检查委员会，向中共北京信息科技大学第二次代表大会报告工作，请予审议。

一、过去五年的工作回顾

过去五年，在上级纪委和学校党委的正确领导下，学校纪委坚持以邓小平理论、“三个代表”重要思想、科学发展观为指导，深入贯彻党的十八大、十八届三中全会和十八届中央纪委三次全会精神，认真贯彻习近平总书记一系列重要讲话精神，全面履行党章赋予的职责，坚持标本兼治、综合治理、惩防并举、注重预防方针，严格执行党风廉政建设责任制，充分依靠学校各级党组织和广大党员群众，发挥“教育、制度、监督、惩处”的作用，着力解决反腐倡廉建设中广大师生反映强烈的突出问题，党风廉政建设和反腐败工作取得显著成效，为学校的健康发展提供了有力保障。

（一）发挥组织协调作用，党风廉政建设责任制有效落实

坚持“党委统一领导，党政齐抓共管，纪委组织协调，部门各负其责，依靠群众的支持和参与”的领导体制和工作机制，积极落实党风廉政建设责任制。学校党委高度重视党风廉政建设工作，党政一把手对党风廉政建设坚持做到重要工作亲自部署、重大问题亲自过问、重点环节亲自协调、重要信访件亲自批阅，并把党风廉政建设列入重要议事日程，纳入领导班子建设，融入学校各项中心任务；每一名校级领导班子成员与分管部门正职和联系学院的党政正职、各部门正职与副职都分别签订《党风廉政建设责任书》，不断强化校院两级班子和处级以上干部“一岗双责”责任意识；按照“一岗双责”的要求，一级抓一级、层层抓落实，坚持将党风廉政建设工作与各项中心工作同步部署、同步落实、同步考核。

学校先后建立了党委专题研究反腐倡廉工作制度、领导干部年度述职述廉制度、党风廉政建设责任制落实情况检查制度等。纪委协助党委每年制定《党风廉政建设和反腐败工作主要任务分工》，召开党风廉政建设工作会议，建立了年初分解任务、年中督促检查、年底集中检查的规范工作程序。几年来，市委教育工委在对市属高校党风廉政建设重点检查中，对学校党风廉政建设工作给予了充分肯定。

（二）开展反腐倡廉教育，党员干部廉洁自律意识明显增强

坚持“预防为主，重在教育”的方针，把加强教育作为反腐倡廉的一项基础性工作常抓不懈，将反腐倡廉宣传教育纳入学校党委宣传教育的总体部署。坚持因材施教、分层分类、注重实效，以贯彻《中国共产党党员领导干部廉洁从政若干准则》为重点，充分利用校园各类宣传媒体，加强领导干部的廉洁从政教育，组织签订《廉洁自律承诺书》，利用短信平台每周发送一条“52个不准”的内容。以重点部门和关键岗位工作人员为重点，开展岗位廉洁教育；以学术带头人、科研项目负责人、评审专家为重点，开展诚信守纪教育；以提高职业道德修养和廉洁自律的自觉性为重点，开展师德师风教育；以诚信教育和毕业生就业教育为重点，开展学生廉洁教育。建立了反腐倡廉宣传教育的长效机制，形成了反腐倡廉“大宣教”工作格局。

五年来举办各类反腐倡廉专题教育和培训20余场次，邀请上级领导和专家学者作关于反腐倡廉建设及增强廉洁自律意识等专题报告5场，编辑、购买和发放《廉政准则学习辅导》、《领导干部廉洁从政教育读本》、《教育系统职务犯罪案例选编》、《高校教职工廉洁教育知识读本》、《大学生廉洁知识读本》等宣传资料10余种。组织党员领导干部和重点岗位人员、科研项目负责人及部分学生观看警示教育片，参观

北京市反腐倡廉警示教育基地和北京市教育系统反腐倡廉预防职务犯罪法制教育展。

积极开展校园廉政文化建设。制定了学校推进廉政文化建设实施方案，协调相关单位和部门开展了形式多样的活动。在新生校情、校规知识竞赛中融入廉洁教育内容、在党章党史知识竞赛中开创廉政短剧表演形式等，在教职工和学生中引起了良好反响。通过多种形式的廉政教育，广大师生尤其是党员干部增强了党性意识、廉洁自律意识和遵纪守法意识，抵御风险拒腐防变能力不断提高。

（三）推进制度建设，反腐倡廉制度体系更加完善

纪委依据有关党纪法规，立足自身实际，扎实推进惩治和预防腐败体系建设，形成了用制度规范行为、按制度办事、靠制度管人、依制度问责的工作机制。

健全反腐倡廉制度体系。根据中央《建立健全惩防体系工作规划》以及《中纪委教育部监察部关于加强高校反腐倡廉建设的意见》等精神，纪委对学校党风廉政建设方面的规章制度进行了认真梳理，协调各相关部门建立健全了校院两级“三重一大”议事制度、党务校务公开制度、干部监督制度、信访监督制度、领导干部经济责任审计联席会议制度、处级干部任前集体谈话制度、处级干部签订党风廉政建设责任书和廉洁自律承诺书制度、党委书记讲党课及讲形势与政策课制度、纪委书记对新入职教职工进行廉洁从业教育以及为学生预备党员上廉洁党课制度等。制定和修订有关党风廉政建设责任制、反腐倡廉宣传教育、规范化管理、监督制约和违纪违法行为惩处等方面制度，编印了《北京信息科技大学惩治与预防腐败体系制度汇编》，形成了体系较为完备的反腐倡廉制度。

扎实推进廉政风险防控管理。根据上级有关精神，按照“突出重点、分步实施、扎实推进、务求实效”的总体要求，学校制定了《关于强化廉政风险防范重点部位和关键环节监督管理办法》、《廉政风险防范管理检查考核办法》，在全校范围内开展了廉政风险防范管理工作。校级领导班子成员围绕“三重一大”事项决策、干部选拔任用、廉洁自律以及落实党风廉政建设责任制等方面查找廉政风险并制定防控措施。学校人财物重点岗位和处级领导干部从思想道德、岗位职责、外部环境、业务流程和制度机制等方面查找廉政风险，制定了防控措施。经过几年的工作，学校的廉政风险防范管理工作实现了两个延伸，即向校领导班子和领导成员延伸、向重点岗位和二级学院延伸。在此基础上，继续推进廉政风险防控管理三个体系建设，指导试点单位根据部门和岗位工作职责，认真梳理权力事项、权力行使对象和范围、主责部门和岗位、协办部门、公开方式和公开内容，确定职权目录，绘制权力运行流程图，明确风险防范内容，实施科学规范管理。

（四）加强重点部门和关键环节监督，权力运行更加规范

加强权力运行的监督和制约是反腐倡廉的关键环节。纪委组织协调，各方密切配合，围绕招生就业、科研经费、教育收费等重点领域和干部任用、教师职务聘任、教职工招聘、基建（修缮）工程等关键环节，认真履行监督职责，促使权力规范行使。严格执行《处级干部竞聘上岗暂行规定》《学院党总支换届试点公推直选暂行规

定》《处级干部经济责任审计实施办法》等制度。在选拔任用干部时，对干部拟提任前以书面形式听取纪委意见，加大了对干部廉政素质的考察力度。

学校认真贯彻落实招生工作“六不准”、“十严禁”。成立了招生监察工作办公室，坚持对招生工作人员进行党风廉政和纪律培训，校长、纪委书记和主管招生工作副校长亲自参加。校长与分管招生工作的领导、招生工作人员层层签订《招生工作责任书》，纪检监察部门对招生实施全程监督。

科研经费管理使用监督得到加强。纪检部门协调相关部门修订完善了学校纵向、横向科研项目管理办法及经费管理细则等制度。加强校内外项目支出验收及绩效考评工作，对重点环节进行规范管理。严格执行招投标规程，做到各环节公开透明，招投标和项目验收监督得到严格实施。认真做好“小金库”治理、公车治理等工作以及教育收费、公款出国（境）等专项检查工作，规范各项收费行为。

（五）做好信访举报查办工作，违法违纪行为得到有效遏制

根据上级关于信访举报工作有关要求，全面规范了信访举报工作流程。对群众来信来访和各类举报，按照相关规定和程序做好接访和约谈，坚持实事求是，扎实细致做好初核工作。坚持信访工作通报和督办制度，协同有关部门对学校信访问题实施定期分析和台账管理，认真做好信访举报受理、上级转办及校内信访件工作，对违犯党纪国法行为严肃查处，坚持“一案两报告”制度。对反映党员干部的一般性问题，通过信访监督方式，防患于未然。五年来，纪委共接收核查信访30余件（次），做到了“事事有结果，件件有落实”。

（六）贯彻落实中央八项规定，专项治理工作取得明显成效

党的十八大以来，学校认真学习贯彻落实中央八项规定精神和中纪委、市纪委一系列反腐倡廉专项整治措施，坚决纠正“四风”问题。在《北京信息科技大学2013年党风廉政建设和反腐败工作任务分工》中，把八项规定及市委市政府的有关要求细化为10个二级指标并落在实处，并发布《北京信息科技大学纪委关于严格执行中央八项规定、六条禁令的通知》，要求全校各级领导干部要带头执行中央八项规定，当好表率，做好示范。在学校有关会议上传达中纪委和市纪委精神，通报北京市纪委公布的典型案例，认真作好贯彻落实八项规定月报告工作。加强对公务接待、公款消费等方面的监督检查，完善“三公”经费公示制度及出国（境）公示制度。针对监督检查中发现的一些不规范现象，及时开展了专项整治工作。

（七）加强队伍建设，纪检监察工作能力不断提升

纪检监察部门不断加强自身建设，注重提升履职能力。建立了纪律检查委员会议事规则、工作职责、工作纪律等制度，并设立了基层党风廉政监督员。坚持每年至少召开两次纪委全委会，传达上级文件，研究相关工作，并分期分批组织纪委委员参加全国教育纪检监察业务知识培训，有针对性地组织调研和检查。积极开展理论研究，《我国高校科研经费管理廉政风险防范研究》一文获2012年全国机械行业纪检监察工作优秀论文一等奖、北京高教纪检

监察工作研究会优秀论文二等奖，《反腐倡廉的理念与视角反思》获2012年北京高教纪检监察工作研究会优秀论文三等奖，《提高高校反腐倡廉建设执行力的途径与方法探索》在《是与非》杂志2013年第2期上发表，并获北京市纪检监察系统优秀调研报告三等奖。

二、主要体会和不足

回顾五年来的工作实践，我们深刻认识和体会到，抓好推进党风廉政建设和反腐败工作必须做到以下四个坚持：

（1）必须坚持反腐倡廉工作的领导体制和工作机制。反腐倡廉是全局性工作，必须坚持“党委统一领导，党政齐抓共管，纪委组织协调，部门各负其责，依靠群众的支持和参与”的领导体制和工作机制，只有明确校院两级党政主要负责人是切实履行党风廉政建设的第一责任人，不断提高干部“一岗双责”意识，才能使责任制落到实处，只有依靠群众的支持和参与，才能真正形成反腐倡廉工作的合力。

（2）必须坚持围绕中心、服务大局。围绕中心、服务大局，是推进党风廉政建设和反腐败工作的重要原则。必须把反腐倡廉工作与学校事业发展统一谋划和统筹推进，必须紧紧围绕学校中心任务，为学校改革发展大局服务，为学校内涵式发展服务，把服务和保障学校中心工作顺利进行作为工作的出发点和落脚点。

（3）必须坚持惩防并举、重在预防。惩治与预防是反腐倡廉工作的两个方面，既要坚持教育在先，警示在前，堵塞漏洞，重在预防，又要充分发挥查办案件的治本功能，维护学校稳定发展的大局，提升师生员工对党风廉政建设和反腐败工作的信心。

（4）必须坚持制度建设、依法治校。推进党风廉政建设，必须构建内容协调、程序严密、有效管用的制度体系，做到用制度管权、按制度办事、靠制度管人，必须加强对制度执行情况的监督检查，坚决查处违反制度的行为，提高制度执行力。

在总结成绩和经验的同时，我们也清醒地认识到，学校党风廉政建设和反腐败工作与上级纪检监察部门和学校党委的要求、与广大师生员工的期望还有差距，主要表现在：一是党风廉政建设工作在校内不同单位和部门之间开展的不平衡，个别领导干部对反腐倡廉建设重视程度不够，“一岗双责”的责任意识不强，廉洁自律的自觉性还有待提高；二是制度的规范性还需要不断完善，制度的执行力有待进一步提升；三是新形势下如何不断提高反腐倡廉教育的针对性和实效性，不断提高重点领域的监督效果还需深入地研究和探索；四是纪检监察队伍自身建设还需进一步加强以适应新形势的要求。这些不足和问题，需要在今后的工作中认真加以解决。

三、对今后工作的建议

今后五年是学校改革发展的关键时期，不断提升学校的核心竞争力，推进学校战略转型，对进一步抓好党风廉政建设和反腐败工作提出了更高要求。我们要深入贯彻党的十八大、十八届三中全会和十八届中央纪委三次全会精神，认真贯彻习近平总书记一系列重要讲话精神，坚持党要管党、从严治党；大力加强反腐倡廉制度建设和领导干部作风建设，扎实推进惩防体系建设，使重点部门、重要工作、权力运行的关键环节得到有效监控；深入开展廉政文化建设，围绕学校中心工作，求真务实，开拓创新，为实现本次党代会所确立的发展目标保驾护航。

（一）严明党的政治纪律，加强和改进党的作风建设

把维护党的政治纪律放在首位，加强党员干部政治纪律教育，引导党员干部坚定理想信念，牢记党的性质和宗旨，牢记党对干部的要求，自觉维护党的路线方针政策和党的纪律，在政治上、思想上、行动上始终与党中央保持高度一致，保证政令畅通。严格执行党的政治纪律、组织纪律、工作纪律、财经纪律和生活纪律等各项纪律，坚决纠正无组织无纪律、自由主义等现象。加强对党的纪律执行情况的检查，严肃查处违反党规党纪的行为。

以思想教育、完善制度、集中整顿、严肃纪律为抓手，深入贯彻落实中央八项规定精神，督促党员干部敢于负责、勇于担当，更加奋发有为、兢兢业业地开展工作。建立健全领导干部作风状况评价机制，持之以恒纠正“四风”，不折不扣落实北京市委提出的“七个严禁”、8个方面39项重点整治要求，把作风建设情况纳入党风廉政建设责任制考核范围，并将考核结果作为选拔任用干部的重要依据。加大对落实党风政风和廉洁自律各项规定的监督执纪力度，及时查处违纪违规行为。

（二）严格执行党风廉政建设责任制，深入推进惩防体系建设工作

认真贯彻落实十八届中央纪委三次全会精神和中央《关于实行党风廉政建设责任制的规定》，进一步强化和完善党风廉政建设领导体制和工作机制，充分发挥组织协调和督促检查作用，认真做好责任分解、责任考核、责任追究三个方面的重要工作。加强督促检查，强化责任落实。重点监督和检查党员领导干部在部门经费运行管理、资产管理、财政专项执行、各类科研经费管理等方面落实党风廉政建设责任制的情况，有效防范廉政风险。紧密结合中心工作，突出重点、突破难点，坚持将党风廉政建设工作检查考核与业务考核相结合，不断完善考核方案。

深入推进惩防体系建设工作。根据中央《建立健全惩治和预防腐败体系2013—2017年工作规划》要求及北京市工作部署，结合学校实际，认真开展调查研究，确定工作重点，明确学校惩防体系建设的新目标和新途径，着力建立起不敢腐的惩戒机制、不能腐的防范机制、不易腐的保障机制，增强反腐倡廉建设的系统性、整体性和协调性。

（三）深化反腐倡廉教育和廉政文化建设，增强宣传教育的针对性和实效性

准确把握社会主义核心价值体系，深入开展理想信念和宗旨教育、党性党风党纪教育、法制教育及诚信教育，加强对领导干部从政道德教育，深化示范教育、警示教育及岗位廉政教育，建立健全分层分类施教机制，着力增强教育的针对性和实效性，督促各级党员干部不断加强党性修养，提高廉洁自律意识。

加强对重要岗位工作人员的廉洁从业教育。继续结合廉政风险防范管理工作，通过法律法规、财经纪律等教育培训，增强重要岗位工作人员遵纪守法观念和抵御风险能力，提高廉洁从业意识，加强对学术带头人、学科带头人、科研项目负责人等人员的教育、管理和监督。把廉洁教育

和诚信教育贯穿于师德建设的各个环节，引导广大教师树立高尚的职业道德和学术道德，做到廉洁从教。加强学生廉洁教育，开展学生诚实守信教育，将诚信教育和学术规范等教育纳入新生入学教育，组织举办廉政教育讲座、学生党员廉政党课，创办学生廉洁社团，夯实学生廉洁从业的思想基础。进一步推进廉政文化建设活动，使廉洁价值理念深入人心，营造风清气正的校园文化环境。

（四）加强对党员干部的管理和监督，强化对权力运行的制约和监督

把落实“三重一大”制度、执行《中国共产党党员领导干部廉洁从政若干准则》情况等作为干部管理工作的重点，坚持将落实党风廉政建设责任制、个人廉洁自律与廉政风险防控工作作为重要内容列入党内民主生活会，完善党员领导干部述职述廉、个人有关事项报告等制度，加强涉及人财物方面监督检查，并定期有重点地开展专项治理。进一步推进党务公开和校务公开，完善公开网络平台，拓展党务公开、校务公开和院务公开的内容和形式，不断提高学校各项工作的透明度，保证师生员工的知情权、参与权和监督权。

强化对重点领域、重点岗位和关键环节的监督，认真落实党内监督各项制度，进一步发挥民主监督和群众监督作用，加强对权力运行的制约和监督，促使权力规范运行。坚持用制度管权管事管人，深入推进廉政风险防控“三个体系”建设，通过科学配置权力、规范权力运行、科技手段防控，建立起科学有效的权力制约和协调机制，不断提高预防腐败的科学化水平。

（五）坚持以零容忍态度惩治腐败，加大查办违纪违法案件力度

畅通拓宽信访举报渠道，加强群众信访举报线索的受理和调查核实工作，建立健全问题线索管理机制。严肃查处党员干部违反党纪政纪行为，严肃查办各类腐败案件。坚持抓早抓小，对苗头性问题早发现、早纠正、早查处，防止小问题变成大问题。进一步完善约谈、诫勉谈话等制度。对查办中发现的新情况新问题，提出建议、完善制度、堵塞漏洞，把查案的过程变成教育和整改的过程。

（六）加强纪检监察队伍自身建设，提高监督执纪能力

党的十八大以来反腐倡廉的新形势、新任务对纪检监察工作提出了新的更高要求。纪检监察队伍要按照“政治坚强、公正清廉、纪律严明、业务精通、作风优良”的要求，不断加强自身内涵建设，充分发挥监督作用，抓好作风建设，带头纠正“四风”。要以更高的标准严格要求纪检监察干部，继续抓紧政治理论和业务知识的学习，切实提高自身素质和履职能力。

各位代表、同志们，党风廉政建设和反腐败工作事关学校的健康发展与和谐稳定。我们要深入学习贯彻党的十八大精神，在上级纪委和学校党委的正确领导下，牢记使命，恪尽职守，开拓创新，锐意进取，为完成学校第二次党代会提出的各项任务而努力工作，以党风廉政建设和反腐败工作的新成效，为学校改革发展和稳定做出新的贡献。

北京信息科技大学第一届教职工代表大会第八次会议暨第一届工会会员代表大会第七次会议专题

第一届教职工代表大会第八次会议暨第一届工会会员代表大会第七次会议综述

2014年4月2日，学校召开了第一届教职工代表大会第八次会议暨第一届工会会员代表大会第七次会议。会议先后听取了校长柳贡慧同志作的题为《凝心聚力 攻坚克难 抢抓机遇 深化改革 为开创学校转型发展新局面而努力奋斗 》的学校工作报告；工会常务副主席卢玲军同志作的题为《主动作为 真抓实干 积极为学校改革建设发展发挥工会组织应有作用》的教代会和工会工作报告；财务处处长姜玉勇同志作的《北京信息科技大学财务工作报告》。工会还以书面形式向大会提交了《工会经费审查报告》和《提案工作报告》。

会上，学校党委书记郑君礼做了重要讲话，从三个方面提出了具体工作要求，强调要以召开学校第二次党代会为契机，进一步凝心聚力，加快学校转型发展；要以学习贯彻党的十八届三中全会精神为重点，进一步攻坚克难，深化学校改革创新；要以固化党的群众路线教育实践活动成果为抓手，进一步依靠群众，充分发挥教职工主力军作用。

本次会议，是在学校深入学习贯彻落实党的十八大和十八届三中全会精神以及习近平总书记系列讲话精神、全面推进学校“十二五”规划落实、即将召开学校第二次党代会背景下举行的一次重要会议，对进一步统一思想、振奋精神、凝聚力量、扎实做好学校各项工作具有积极意义。

凝心聚力 攻坚克难 抢抓机遇 深化改革 为开创学校转型发展新局面而努力奋斗

——校长柳贡慧在北京信息科技大学第一届教职工代表大会第八次会议暨第一届工会会员代表大会第七次会议上的报告

各位代表：大家好！

经学校2014年第6次党委常委会研究决定，召开北京信息科技大学第一届教职工代表大会第八次会议暨第一届工会会员代表大会第七次会议。在此，我代表学校党政领导对大会的召开表示热烈祝贺，向辛勤工作在教学、科研、管理、服务一线的全体代表和全校教职员工致以亲切的问候！

此次大会的主要任务是在全面回顾总结2013年工作的基础上，深入学习贯彻党的十八大和十八届三中全会精神，进一步动员全校师生员工凝聚共识，坚定信心，抢抓机遇，深化改革，全面贯彻落实学校“十二五”事业发展规划，努力开创学校转型发展新局面。

下面，我向教代会报告工作。

一、2013年工作回顾

2013年，在校党委的正确领导下，在全校师生员工的共同努力下，学校进一步强化内涵建设，着力提升人才培养质量、办学水平与综合实力，各项事业取得了积极成效并呈现出良好发展态势，为加快推进学校由教学型大学向教学研究型大学转变奠定了坚实基础。

（一）学科建设与研究生培养成效显著

为加快推动学校由教学型大学向教学研究型大学转型，成立研究生院，并以此为契机实现研究生教育二级管理的改革。以突破博士授权为目标，推动特色优势学科建设，组织完成学校6个引领学科评选工作，新增3个目录外二级学科，完成5个专业学位点申报工作，组织上报3个北京市重点学科与9个重点建设学科的验收工作。

组织完成12项研究生教育教学改革项目立项工作，修订了硕士研究生培养方案，制定了全日制工程硕士培养方案。首次评选出11名优秀硕士生导师。完成研究生学制改革工作。完成产学研联合培养研究生基地阶段性验收总结工作。新增了经济管理、信息管理两个研究生联合培养基地。研究生教育的规模不断扩大，毕业研究生一次就业率连续3年达到100%。

（二）教育教学水平与人才培养质量稳步提升

不断深化人才培养模式改革，进一步加强各项基础环节建设、不断创新教学管理机制，本科教学质量与水平进一步提升。编制本科教学《落实提高人才培养质量意见的实施方案》。完成2013级本科专业培养方案修订与制定工作，启动部分专业评估工作，开展“质量管理工程”新专业设置申请工作。电子信息与控制国家级实验教学示范中心正式挂牌，网络工程专业进入教育部第三批“卓越工程师教育培养计划”试点，自动化专业获批教育部专业综合改革试点，测控技术与仪器专业申请全国工程教育专业认证。计算机学院申报的国家大学生校外实践教育基地成功获批为建设单位。校级大学生创新实践教学基地获批为第一批北京高等学校示范性校内创新实践基地。5本教材被评为市级精品教材。加强青年教师培养，实施青年教师导师制，开展微课教学工作。进一步深化与北京科技大学、北京交通大学等部属高校合作，继续开展本科生交流培养工作，促进学校机械类、信息类相关专业群建设。进一步完善校院两级教学质量监控体系，形成教学质量保障长效机制。启动学校毕业生第三方调查工作，完善人才培养质量反馈体系。

着力强化学生实践创新能力培养，本科生实践创新再创佳绩，学生参加各类学科竞赛8403人次，获省部级以上奖项1056

人次。学校代表队在第17届RoboCup机器人世界杯决赛中第三次获得中型组机器人世界杯冠军，再次为国家争得了荣誉，极大提升了学校的社会形象和影响力。

本科生源质量稳步提高，京外一本招生再次取得突破性进展，2013年招生计划总数2840人，京内和京外生源比例接近1:1。新增3个专业首次招生，在全国18个省份第一批次招生，录取分数线均高出当地一本线。毕业生就业率保持稳定，就业质量进一步提升。2013届共有本科毕业生2519人，宽口径统计一次就业率98.05%，名列市属高校第三名；学校申报的“依托行业，打造信息化的高校就业联盟品牌”获得北京地区高校就业特色工作项目立项。

（三）科研与产业工作继续保持稳定快速发展态势

着力提高科技创新能力和科研成果水平，全面推进科学研究与管理工作，科研工作继续保持稳定快速发展态势，超额完成年度科研工作目标。2013年新增各类科研项目260项，其中纵向项目115项、横向及军工项目145项。新增国家自然科学基金项目15项，并首次以牵头单位获国家自然科学基金重点项目资助；获批北京市哲学社会科学项目10项、教育部人文项目3项、北京市科委科技新星计划初评入选1人。年度科研总经费达11971.4万元，其中实到科研经费8081.4万元。年度科研总经费和实到科研经费历史性地突破1亿元和8000万元，提前2年完成“十二五”规划确定的科研经费年度目标。全校教师共发表学术论文1118篇，其中：北大中文核心期刊208篇，三大检索收录264篇，CSSCI收录31篇，出版学术专著14部；获各类知识产权授权、登记132项，获各类科研成果奖励3项。“高动态导航技术北京市重点实验室”获批建设，参与建设北京实验室1个，参与清华大学及北京理工大学的“协同创新中心”建设申报，获得市教委“2011计划”培育项目1项。

2013年，学校各校办科技产业资产规模达2.84亿元，各科技企业上交学校利润102.5万元。产业技术研究院实体平台完成全部注册手续，正式投入运营。完成15项校内成熟成果筛选、论证工作，依托产业技术研究院平台注册成立新企业3家，1企业获批中关村金种子企业。获得北京市教委产业化项目资助9项。坚持做好国防军工保密工作，正式取得“总装备部装备承制单位资格”证书。顺利通过GJB9001b-2009质量管理体系年审。通过“武器装备科研生产许可证”现场审查，正式获得武器装备科研生产许可证。

（四）师资队伍结构进一步优化

强化“人才强校”战略，加大培养和引进高层次、高水平人才工作力度。入选北京市属高校特聘教授项目1个、长城学者项目1个、青年拔尖人才项目15个，青年英才项目20个，1人入选国家级百千万人才工程人选并获“有突出贡献中青年专家”荣誉称号，1人获第九届北京市高等学校教学名师奖。师资队伍结构进一步优化，高级教师职务教师人数稳步提升，具有博士学位教师比例不断提高。创新用人机制，首次聘用非事业编制人员从事管理工作。组织申报国内访问学者年度骨干项目和一般项目共14人，为北京市属高校最多。举办双语教学师资英国培训班，处级以下教育管理干部赴新加坡培训班，资助教职工在职攻读博士学位76人、在职攻读硕士学位16人，完成继续教育培训80余人次，利用培训经费200余万元完成各类培训学习600多人次。

（五）对外交流与合作取得新突破

通过校际互访，与国外大学新签、续签合作协议8项，达成合作意向6项，与国（境）外7所大学签署了联合培养博士合作协议。全年共52名本科学生赴国（境）外高校进行学习。首次组织以学生为主体的国外实习研修活动。硕士研究生对外交流的比例大幅提升，首次向3所合作大学派出了攻读双学位的研究生，首次与国外大学联合培养博士生。

加快发展留学生教育，留学生人数和来源国数量不断扩大，全年招收各类留学生共160人，实现留学生学历教育突破，新增留学生教学、生活用房2200平方米。

（六）继续教育稳步发展

继续教育坚持规范办学，强化质量标准，加强质量监控与评价。修订继续教育11个招生专业教学计划，两个特色专业为试点市教委继续教育专项教学改革项目。基本建成覆盖工管理经文多学科120余名外聘教师所组成的继续教育师资库。非学历教育工作力度加大，“北信—幸星”校企合作培训项目保持稳定并趋于成熟，项目办学收入达37.14万元。

（七）管理服务体制改革逐步深化

根据“限高、稳中、补低”改革精神，制定绩效津贴调整实施方案，完成绩效津贴的调整和兑现工作。规范人事人才管理，制定教职工考勤、处分、考核办法。完成教师职务岗位聘任有关文件的起草修订工作，为第二轮教师职务岗位聘任工作奠定基础。开展教师职务常态化晋升聘任工作，完成其他专业技术职务岗位的常态化聘任工作，开展工勤技术岗位人员的晋升聘任工作，完成教育管理、思想政治工作专业技术职务任职资格的中级评审工作，完成教育管理高级专业技术职务任职资格的推荐评议工作，完成工勤技能岗位人员职业技能鉴定工作。

积极探索和推进后勤改革，制定后勤人事管理和财务管理办法及其配套文件，与后勤服务集团签订2014年服务合同，推动后勤服务运行机制与模式改革进入实质性阶段。继续加强后勤工作制度化建设，出台10项有关住房公积金、教职工集体宿舍、医疗等方面工作的校级制度。完成40项基础设施改造工程的相关管理工作。完成教职工集体宿舍管理制度改革及腾退工作。开展的“优质服务月”活动，切实为师生提供良好服务。全力开展节能减排工作，强化耗能规范管理。

加强财经工作，提高预算编制水平。配合学校“十二五”规划，积极筹措资金，支持和推进新校区前期建设，支持学校工资、津贴改革。全年安排新校区前期建设资金7.84亿元，支出4.58亿元。稳步推进公务卡改革，提高公务支出透明度。

有序开展各项内部审计，深入开展以财务收支审计、处级干部经济责任审计和基建、修缮工程审计为重点的多种类型的审计监督工作，对11位校内离任处级领导干部开展经济责任审计，对新校区东坨村征地拆迁全过程跟踪审计。全年共完成各类审计项目145项，审计资金总额2.46亿元，提出审计建议247条。

（八）办学条件和育人环境不断改善

竭力推进新校区建设，新校区征地拆

迁、总体规划设计、单体建筑设计、可行性研究报告编制及报审工作取得进展。完成与马池口镇东坨村、沙河镇踩河新村征地安置补偿协议的签署工作，截至2013年年底，东坨村宅基地共签约101宗，补偿金额约2.7亿元，安置人口356人；非宅基地签约21宗，补偿金额约1.2亿元，拆除面积8.1万平方米。完成新校区修建性详细规划方案，完成人防、绿化方案设计及上报审批工作。完成新校区单体校内需求调研工作，形成新校区各类校舍需求统计及分配计划。完成新校区本科生宿舍S1-S4楼、学一食堂方案设计工作。启动新校区相关招标工作，完成一期部分临时围墙的施工招标工作。成立新校区建设指挥部，拟定岗位职责和规章制度。与咨询服务单位北京建筑大学的建达兴公司签订合作协议。

为解决青年教职工住房困难问题，学校积极争取，想方设法筹集资金，收购建设中的沙河高教园区公租房289套，建筑面积达1.8万余平方米。

拓展图书馆教育和信息服务功能，开展“数字教学参考信息资源共享网”项目建设工作，制作完成教学大纲中所有教学参考书目数据。建设硕士研究生论文数据库。组织举办书展，开展“读书改变人生”世界读书日系列活动。

加强信息化建设，成立信息与网络管理中心，推动中心由纯技术支撑部门逐步向信息化建设、管理、运行服务和研发的综合型部门转变。制定整体建设规划作为学校网站群建设的指导性文档，形成网站群建设规范、子网站通用模板等相关文档和技术标准，积极推进学校网站建设工作，完成学校中、英文主网站、新闻网的改版工作，全校各部门完成20余个子网站建设。积极筹备首批市属高校数字校园示范校验收工作。举办“TRS杯北京信息科技大学第一届校园移动应用大赛”。

各位代表，以上只是2013年学校整体工作的一部分，由于时间和篇幅所限，许多工作来不及在此一一列举。总体而言，过去的一年，学校各项事业呈现出良好的发展态势，各方面工作取得了较大成绩。但我们也要清醒地认识到，去年工作与学校战略转型目标，与广大师生员工的期望还存在差距、问题和不足。例如：对以师生为本理念落实的还不够到位，解决校园民生问题的力度还需要进一步加强；争取到的相关委办局的支持力度还不够强大，新校区建设还需要进一步加快推进；校、处（院）领导班子和领导干部视野还不够开阔，开拓创新的意识和能力还需要进一步提升；反映人才培养质量的大学英语四六级通过率、考研率、就业质量等指标还不够理想，人才培养模式改革还需要进一步深化。

二、2014年主要工作设想

2014年，面对新形势、新挑战、新机遇，我们要深入学习贯彻党的十八大和十八届三中全会精神，贯彻落实国家、北京市中长期教育改革和发展规划纲要，全面推进学校“十二五”事业发展规划落实进一步推进重心下移，改进工作作风，推动改革创新，强化内涵建设，全面提升人才培养质量，提升服务国家和首都经济社会发展的贡献率，为学校全面实现“办学实力稳居北京市属高校前列，达到国内同类高校一流水平”的中长期发展目标奠定基础。

（一）促进学科建设工作取得新成效

按照博士学位授权学科的水平和学科评估标准，凝聚6个引领学科实力，加强特色优势学科建设，定期检查、督导，集中精力做好申报博士学位授权点的相关准备工作。推进学科、科研一体化建设，逐步实现队伍、项目、平台紧密结合。修订新增硕士生导师遴选标准和硕士生导师招生条件。出台自主设置硕士学位授权点管理规定。加强研究生导师队伍建设，实施《关于加强导师队伍建设的意见》、《硕士研究生指导教师工作条例》。

（二）推动人才培养工作迈上新台阶

继续做好学情调研工作，以调研数据为依据，探寻问题根源，加强工作统筹，采取有力措施，有针对性地改进教育教学工作。推进人才培养模式改革，开展特长班试点工作。开展专业评估工作，探索现有专业退出机制。全面实施新的学生转专业办法，增强学生学习自主性。加强基础课、双语课工作，完善专业课教学工作。做好市级教学实验中心建设工作。建设创新基地，积极开展创新活动，认真筹备组织华北五省（市）机器人大赛。探索大类招生新机制，加大招生宣传，增加第一批次招生省份数量。积极开展针对本科毕业生的学业帮助与辅导工作，提高学生考研升学率。加强就业指导和服务工作，提升就业质量。开展学生创业教育，成立学生创业教育指导中心。加强青年教师能力培养，提升教师教学能力，完善评价推优体系、教学质量评价体系。做好新一轮本科教学评估准备工作。推动学校研究生教育质量工程建设，完善研究生奖助体系，健全校院两级研究生思想教育与管理机制，扩大非全日制研究生规模，提高培养质量。采取有效措施，扩大对外交流合作，努力增加合作办学院校。深化合作内容，增加与国（境）外大学联合培养博士的数量。加强国际交流学院建设，增加留学生招生专业，提升留学生教育规模和教育水平。扩大继续教育和培训规模，提升质量。

（三）推进科学研究工作再上新高度

健全科技工作评价体系，进一步完善科技工作政策，拓宽科研渠道，加强科研基地、科研队伍建设，加强青年教师科研队伍培养，扩大科研规模，提高科研水平，保证科研质量，增加科研学术活动，营造良好科研氛围。确保实现年度科研总经费1亿元，实到经费7000万元，力争保持持续增长的良好势头。发表学术论文1100篇，努力提高在高层次期刊上发表论文的数量。力争实现国家科学基金立项数量明显增加。落实组织机构，推动协同创新取得实质性进展。加快产业技术研究院建设，推进成果转化，推进项目落地，全面实现产业规范化管理。

（四）推动队伍建设达到新水平

根据学校总体工作安排，启动定岗定编工作，科学合理地制定新一轮岗位聘任办法，开展新一轮全员聘任工作。开展专业技术人员分级常态化工作。加强人才队伍建设工作，坚持人才强校战略，在加强校内高层次人才培养的同时，积极做好高层次人才引进工作，提高对外交流合作水平，加大引智力度。继续补充、改善教职工队伍数量、结构。结合学校建设和发展需要，实施全员培训计划，逐步建立健全系统的培训体系，进一步促进教职工职业发展，提升教职工队伍的素质，提高教学、科研、管理能力和服务保障水平。加强制度建设，完善教职工因公、因私出国进修管理办法、教师延聘、返聘管理办法、教职工办理退休补充规定、教职工人事代理管理办法等规章制度。加强人事管理信息化建设，进一步提高管理工作效率。

（五）深化学校管理服务体制改革

推进校院二级管理体制改革，推动工作重心下移，增加学院自主办学的灵活性，鼓励学院率先转型。开展学院核编核岗工作，完善权责对等机制，加强二级单位（部门）考核，成立学校二级单位（部门）年度综合考核管理办法制定工作领导小组，制定二级教学科研机构和二级非教学科研机构年度工作展示指标及综合考核办法。

优化校内收入分配制度，完善教职工绩效工资调整实施方案配套措施，积极稳妥地推进绩效工资调整后续相关工作，制订管理岗位和工勤技能岗位绩效津贴分档实施方案。

稳步实施后勤改革，进一步提高后勤服务质量和服务水平，提高管理水平和工作效率，逐步降低后勤服务运行成本。切实加强学生公寓管理和服务，严格食品卫生安全管理。加强节能技改工作，提高各类能源使用效益。关注民生，加强房产管理和服务工作，继续推进房改房售房工作，开展学校住宅类房屋资源的摸底调查，努力推进房屋管理信息化建设。规范管理，抓好基础设施改造项目，确保工程质量。积极推进后勤文化建设。

完善财经管理制度，修改现行的预算编制方式、会计核算模式，修订、完善各项财会制度。整理编写财务报销指南。完善校内专项配套管理办法及流程。加强新校区建设资金管理，做好新校区建设资金筹集和支出管理。制定学校“七公经费”管理办法，节约经费使用。加强财务信息化建设，加大财务信息发布力度。完善内部审计工作制度，加强审计质量控制，规范审计程序。深化领导干部经济责任审计，加强内部审计监督。开展单位预算执行和决算审计。加大建设工程和修缮项目审计力度，加强新校区建设项目全过程审计。

（六）推进新校区建设取得新进展

力争完成东坨村所有拆迁工作，启动踩河新村拆迁工作，力争完成踩河新村非宅基地拆迁。完成新校区可行性研究报告的报批工作，完成建筑单体方案设计和一期部分建筑单体的施工图设计工作。年内实现一期部分工程开工建设。

各位代表，2014年是贯彻落实党的十八届三中全会精神和学校第二次党代会精神的开局之年，是实施学校“十二五”规划的攻坚之年，是深化学校转型发展的关键之年。做好今年的各项工作对学校当前发展和今后长远发展都具有重要意义，我们要直面挑战，抢抓机遇，以更加坚定的信心，更加振奋的精神，更加紧迫的责任感，凝心聚力、攻坚克难、求真务实、深化改革，全面推进学校“十二五”事业发展规划落实，为开创学校转型发展新局面而努力奋斗。

以上是我的工作报告，预祝本次会议圆满成功。

谢谢大家！

党的群众路线教育实践活动专题

党的群众路线教育实践活动综述

【综述】自学校党的群众路线教育实践活动正式启动以来，在校党委的正确领导和全校处级以上党员干部及广大师生共同参与下，较好地完成了所有环节的各项工作任务，达到了预期目的。在活动中，校级班子带头示范，校级干部以上率下，在自己查、上级点、师生帮的基础上，校党委认真查摆出班子“四风”方面存在的15个主要问题，针对这些问题制定了整改方案。方案涉及8大方面28项任务，每一项整改任务都明确了责任领导、主责部门及整改时限，整改情况及时向广大师生反馈。2014年2月26日，学校党的群众路线教育实践活动总结大会召开，对教育实践活动进行总结，通报开展教育实践活动的做法和成效，查摆的突出问题、整改措施和今后工作的努力方向。校党委书记郑君礼代表学校党委做题为《突出为民务实 强化改革创新 始终保持改进作风的思想自觉和行动自觉》的总结报告，校长柳贡慧主持会议。

突出为民务实 强化改革创新
始终保持改进作风的思想自觉和行动自觉

——党委书记郑君礼在学校党的群众路线教育实践活动总结会上的讲话

尊敬的孙崇正书记、市委督导组各位领导，老师们，同志们：

按照市委的统一部署，学校参加了第一批党的群众路线教育实践活动。作为市委常委直接联系的13家单位之一，学校党委坚持高标准、严要求，从做好结合上着眼，在取得实效上着力，除了扎实完成“规定动作”外，在“自选动作”方面，积极探索更加有效的途径办法，以更有力的举措、更大的成效，求真务实地开展好教育实践活动。在市领导的关心和市委第三联络组以及市属高校活动领导小组的正确领导下，在市委第30督导组的精心指导帮助下，学校的教育实践活动准备充分、有序推进，扎实开展、逐步深入，较好地完成了所有环节的各项工作任务，达到了预期目的。

下面，我代表校党委对学校开展党的群众路线教育实践活动情况进行总结，并就做好下一步工作，讲四点意见。

一、教育实践活动扎实推进，取得阶段性成果

校党委认真落实市委和市委教育工委工作部署，牢牢把握“照镜子、正衣冠、洗洗澡、治治病”的总要求，着眼于“转作风、强组织、促发展”的工作目标，以校、院两级领导班子和处级以上党员领导干部为重点，以严肃认真的态度、求真务实的作风、真抓实干的精神，扎实推进活动深入开展，真正体现了整风精神，取得了好的效果。

（一）认真开展学习教育，党员干部理想信念和宗旨意识得到增强

党委始终坚持把学习教育、强化思想理论武装摆在首位，采取多种方式深化学习效果，引导党员干部在真学真懂真信真用上下工夫，使党员干部接受了一次深刻的群众路线教育。在活动中，按照分类指导的原则，结合不同党员群体特点，分别明确了学习内容，自行编发了近30万字的学习参考资料。处级以上党员干部利用暑假静下心来，踏踏实实、认认真真地研读了党的群众路线教育学习读本、习近平总书记系列重要讲话精神，集中学习累计达到4.5天。党员干部认真完成了听党课、专题辅导报告，参观反腐倡廉教育基地，观看《周恩来的四个昼夜》、《苏联亡党亡国20年祭》等影像资料的学习任务，通过这些内容丰富、形式生动的学习，思想上受到了更加深刻的触动。校、院两级班子认真组织召开了专题研讨会、“回头看”专题交流会，学校还专门组织了全校性主题交流论坛，分享学习体会和收获，进一步深化认识、凝聚共识。党委注重强调理论联系实际的学风，要求党员干部把学习教育与解决学校、本单位、本人存在的实际问题结合起来，带着问题学，把学习收获落实到行动中，通过学以致用，知行合一，进一步深化了学习效果。通过学习教育，广大党员干部在思想上补了课，党性得到锻炼，进一步坚定了理想信念；对党的群众路线内涵有了更加深刻的领会，对“四风”在高校的具体表现和危害有了更加清醒的认识，对于在本职岗位上践行党的群众路线有了更加深刻的理解，群众观念和宗旨意识得到进一步增强。

（二）深度聚焦“四风”，工作作风明显改进

党委坚持把“四风”问题作为主要矛盾和矛盾的主要方面来抓，聚焦“四风”，深挖“四风”，对“四风”问题进行一次大排查。在听取意见环节中，学校党政主要负责人带头示范，校级班子成员以上率下，为了找准“四风”问题，学校针对师生的现实心理顾虑，在“面对面”听取意见的同时，更加在“背靠背”上下工夫，主动细化自己查摆出来的“四风”问题，并对每一个问题都设置“有、无、轻、重”评价栏目，请基层师生帮助评判。通过召开座谈会、上门访谈、个别约谈、发放征求意见表、设立意见箱、热线电话

和电子邮箱等多种方式，共征集到对校级班子原汁原味的意见建议 1500 条（其中“四风”方面的问题 1199 条），对校级干部的各类意见 72 条（其中“四风”方面的问题 68 条），对二级单位（部门）的各类意见 728 条（其中“四风”方面的问题 348 条），对处级干部的各类意见 139 条（其中“四风”方面的问题 90 条）。为聚焦“四风”，党委对学校存在的“四风”问题进行了认真的归纳和梳理，凝练出校级班子在“四风”方面存在的 12 大项主要问题，梳理出师生反映强烈的具体问题 118 个。根据督导组反馈意见，学校班子又多次召开专门会议进行深入分析，最终归纳整合出班子“四风”方面存在的 15 个方面突出问题。

针对查摆出的“四风”问题，校党委即知即改、立行立改，从集中整治文山会海、严格“三公”经费管理入手，及时回应师生关切。校级班子首先精简会议内容，提倡少开会、开短会，压缩无实质内容的会议，能用其他方式进行工作布置的，不再专门开会部署；党委常委会和校长办公会会议安排，由原来各占用 1 个工作日调整为在 1 个工作日内集中安排；工作部署会和集中学习活动均安排在校内进行；教师节庆祝活动没有按照惯例举办全校性的庆祝大会，而是学校领导深入所联系的学院和教学科研一线走访慰问教师，并听取意见建议；建立文件落实督导、反馈机制，积极推行无纸化办公，所有行文只发电子文档，不再发纸质文件；公务接待安排在学校食堂就餐，今年的接待费预算在 2013 年基础上压缩 50%。在解决师生反映强烈的问题方面，学校实现了教师职务常态化评聘，完善了聘任办法；调整增加了校内绩效工资，体现了向青年教师和低收入群体倾斜；在新学校区周边，积极筹措沙河高教园区青年教师公共租赁房房源，积极争取更多的沙河高教园区安置房房源，切实改善青年教师住房困难；设立了“爱心扶助基金”，深化“送温暖工程”；切实解决了多次反映的家属住宅水暖修缮问题、校园部分道路严重破损问题、部分建筑墙面安全隐患问题以及公共场所长明灯、长流水等修缮问题。目前，对梳理出的 118 个具体问题，已解决 45 个，已作出解释说明的 20 个，已着手解决的 28 个，已明确解决时限的 11 个，已纳入近期规划的 14 个，做到了事事有着落，件件有回声。

（三）以整风精神开展批评和自我批评，领导班子的凝聚力进一步增强

党委坚持以整风精神开展教育实践活动，处级以上党员干部拿起批评与自我批评的武器，进行了积极健康的思想斗争。在查摆问题中，党政主要领导带头把自己摆进去，不避重就轻，敢于触及实质性问题；党员校级干部率先垂范、带头剖析反思，既从工作中找差距，又从思想上、党性上找差距，不把问题归咎于客观原因，从理想信念、群众观念、规矩意识、党性修养和世界观、人生观、价值观的高度，深刻检查剖析产生“四风”问题的思想根源。校级班子成员开展谈心谈话达 164 人次，党员处级干部也结合工作实际开展了谈心活动，达到了沟通思想、增进共识的目的，形成了坦诚相见的良好氛围。校级班子和校级党员干部对照检查材料，大多数都经过七八次的反复修改，甚至有的十几次，市委督导组三次把关，对查找出来的问题都进行了对号入座，深挖了思想根源，

明确了整改措施。在校级专题民主生活会上，书记、校长带头，成员之间敢于动真碰硬，开展批评、互提意见共计56条，真红脸，真出汗。市委督导组孙崇正组长在会后的点评中指出“民主生活会开得既严肃认真，又态度真诚，而且聚焦四风”，联系学校的市委常委、教育工委书记苟仲文同志在讲话时评价认为“剖析到位、批评诚恳，开得很成功，达到了市委的要求和预期的目标”。通过对照检查、相互批评，广大党员干部受到了一次严肃的党内政治生活的洗礼，灵魂受到了触动，认识得到了提高；对自己的问题真正认可，对同志的帮助真心感激，从内心深处达成了共识，使班子更加团结和谐，确实增强了班子的凝聚力。

（四）扎实推进整改落实，学校事业发展的动力更加强劲

校党委坚持把“促发展”作为教育实践活动的重要目标之一，深刻认识“四风”问题和工作问题的辩证关系，以整改“四风”问题带动解决涉及学校事业发展的瓶颈问题、师生关注的重点问题、日常工作中的突出问题。在查找“四风”共性问题基础上，重点查找了推进内涵式发展战略研究不够、推进工作落实措施不力，改革创新主观动力不足、学风教风浮躁，联系和服务基层师生不够，不能坚持勤俭办学等问题。在对应问题制定整改方案过程中，党委按照仲文书记来校全程参加指导校级班子专题民主生活会时的讲话要求，坚持开门抓整改，连续召开了9个不同群体人员座谈会，对整改方案初稿充分听取师生意见，随后再把根据师生意见调整、充实后的修改方案发给每一位参加座谈会的人员再次听取意见建议，同时还通过校园内网面向全校师生公开征求意见，结合学校当前工作实际，反复研究，认真制定整改方案。

整改方案始终凸显问题意识、师生标准、改革精神和实践导向，整改内容涵盖8个方面的28个项目，同时还确定了以改进机关作风为重点的四大类专项整治项目，每个项目均明确了责任领导、主责单位和整改时限。在方案中，围绕战略发展，党委明确了按照学校“十二五”规划及其子规划各项工作分解任务，开展中期检查工作，研究实现路径，找准战略支点，明确各项具体措施，以第二次党代会为契机，完善学校发展重大问题专题研究机制，重点研究学校转型背景下的复杂性、重要性问题，加强对涉及学校办学定位、办学目标、办学思路等战略性问题的研究思考；围绕民生问题，学校将借助4700万元专项资金支持，加强对现有校区学生公寓、教学、科研、实验用房、图书馆、教师办公用房等基础设施改造、修缮，努力改善师生的学习、工作和生活环境，消除校园安全隐患；围绕内涵建设，学校将按照博士学位授权学科水平和评估标准，整合学科资源，找准国家需要，加强特色优势学科建设，做好申报博士学位授权点准备工作；围绕攻坚克难，学校竭力推进新校区建设，全力完成征地拆迁工作，力争2014年开工建设新校区。同时，还要充分发挥学校在学科、区位、资源等方面的优势，鼓励有条件的学院多渠道筹措办学经费。通过这次活动，广大党员干部进一步增强了贯彻落实十八届三中全会精神、推进学校改革发展的主动性和自觉性，更加坚定了走特色发展、内涵发展道路的信心；进一步明确了推进教育教学改革、学科专业建设、

师资队伍建设、办学条件改善、体制机制改革等方面的努力方向和具体举措，为提高办学质量奠定了坚实基础；进一步强化了以人为本的办学理念，提高了领导干部群众观念和履职能力，增强了机关部门的服务意识和服务效能，集中解决了一批涉及群众切身利益的实际问题；进一步激发了党员干部的蓬勃朝气。学校上下的思想和行动进一步统一、智慧和力量进一步汇聚，为加快推进学校战略转型增添了更加强劲的动力。

二、教育实践活动的成功经验和存在的不足

党委把这次教育实践活动当作切实转变作风的有利契机，高度重视，求真务实，无论是从采取总、分模式，精心细化活动方案，到更加注重“背靠背”听到师生实话、心里话，还是从动真碰硬开展批评和自我批评，到开门抓整改，这一系列特色鲜明的“自选动作”，既体现了校党委抓作风建设的真心实意和良苦用心，也是确保活动得以扎实推进并取得阶段性成效的关键。总结经验，主要体现在“五个坚持”。

第一，坚持校级领导要带头。领导带头，是带动广大干部深入转变作风的无声力量，是我们党加强作风建设的重要方法，也是教育实践活动最生动、最有说服力的教材。从活动一开始，党委明确要求校级干部要带头示范，做到以上率下，以树立标杆、向我看齐的态度，带头学习提高、带头调查研究、带头听取意见、带头交心谈心、带头开展批评和自我批评、带头进行整改。班子成员的率先垂范，特别是一把手关键作用的发挥，为扎实开展活动形成了强大的推动力量和示范效应，使整个活动始终保持了高位推进的良好态势。

第二，坚持解决问题要聚焦。师生看教育实践活动，最怕的是形式主义，最盼的是真解决问题。形式主义、官僚主义、享乐主义和奢靡之风是损害党群干群关系的重要根源，其他问题大多与“四风”有关，大多由“四风”衍生而来。着力解决“四风”问题，不仅对解决好师生反映强烈的突出问题，和谐党群干群关系，保持党的先进性和纯洁性具有重要意义，也将为解决好学校历史遗留的老问题和发展中遇到的新问题创造更好的条件。在活动中，党委始终强调要学以致用、知行合一，要聚焦“四风”问题不“走神”、不“散光”，要善于运用党的群众立场观点方法指导工作，要结合对自身存在“四风”问题的认识及原因分析，思考改进工作、解决问题的思路，要从涉及“四风”问题的点点滴滴小事改起，抓一件成一件，集小胜为大胜。只要做扎实做到位，就能够产生好的效果。

第三，坚持听取意见要真诚。要解决“四风”方面存在的问题，必须先找准问题。问题找得准不准，除了自己要认真剖析、深入查摆外，还要真诚听取基层师生意见。俗话说“群众的眼睛是雪亮的”，党员干部身上有什么问题、存在哪些不足，师生看得一清二楚。只有以海纳百川的宽大胸怀，唯真唯实，俯下身子，与师生交朋友，以真心换真心，带着对师生的敬畏和尊重，平等地、面对面地与他们交流，以积极的姿态、健康的心态对待师生的批评、质疑和指责，才能让师生真正说实话、说真心话，知无不言、言无不尽，才能取得“真经”。

第四，坚持开展批评要动真。开展批

评和自我批评是新形势下坚持从严治党、保持党的先进性和纯洁性的必然要求。中央提出的“照镜子、正衣冠、洗洗澡、治治病”是对开展好批评和自我批评要求的突出体现。为了提高专题民主生活会质量，党委坚持在批评和自我批评上动真格、开新风，班子成员相互之间坚持实事求是、出以公心、与人为善，带着感情，以真诚帮助同志的态度开展批评，有肚量、有胸怀地接受别人的批评意见，以对党、对事业、对同志、对自己高度负责的精神，开展积极健康的思想斗争，敢于动真碰硬、揭短亮丑，不搞一团和气，既让人脸上火辣辣，也让人心里热乎乎，赢得彼此间的理解和信任。

第五，坚持整改落实要开门。整改落实见成效是真正赢得民心的关键。党委坚持开门抓整改，广泛倾听师生意见，了解师生愿望，吸纳合理建议，把师生的要求作为改进工作的第一信号，使整改工作更具有针对性和公开性；坚持实干求实效，每一项整改任务都做到责任到人、落实到点，并建立跟踪、督查和反馈机制，把整改落实过程置于师生监督之下，从严从实抓整改。对具备整改条件的问题马上解决；对需要努力才能整改的问题限期解决；对受客观条件限制，一时难以整改的问题，及时向师生说明情况，并制定对策逐步解决；对情况复杂、涉及面广，单靠学校自身或一个部门难以解决的问题，要加强协调，采取综合联动的办法，认真加以解决。

这里需要特别提出的是，在活动中，市委第30督导组认真履职、热情负责、作风严谨，对学校教育实践活动的各个环节、每项工作都给予了非常认真、非常及时的指导帮助，严格把关，保证了教育实践活动的高标准、高质量、不走样。在此，让我们以热烈的掌声向第30督导组全体同志对我们工作的悉心指导和帮助表示衷心的感谢！

当然，学校教育实践活动在取得阶段成效的同时，也存在一些不足和薄弱环节，主要表现在：一是部分党员干部理论学习的深度、思想解放的力度和认识问题的高度还有待进一步增强；二是少数处级党员干部深入基层不够广泛、听取意见不够充分，对照检查材料针对性不强，自我剖析不够深刻，专题民主生活会前谈心不够透彻，会上没能很好开展批评，探讨工作问题多；三是个别干部对师生反映强烈的突出问题认识不足、不深、不透，作风不实、能力不足、精神懈怠的问题还有待进一步解决；四是全校范围内活动开展尚不平衡，有的二级单位的工作与师生的期望有一定距离；五是整改落实任务推进的力度还不够大、速度还不够快、效果还不够好，需要进一步统筹推进整改落实各项任务。

三、强化改革创新，不断巩固扩大教育实践活动成果

党的十八届三中全会吹响了全面深化改革的号角，为推动高等教育事业发展指明的方向。即将召开的学校第二次党代会，势必为加快推进战略转型奠定思想基础、组织保障和精神动力。我们将按照上级党组织要求，始终把作风建设作为一项政治任务常抓不懈，善始善终，善做善成，以“钉钉子”精神巩固扩大已有成果，构建长效机制，确保把教育实践活动办成师生满意工程。

（1）继续抓好整改方案贯彻落实。责任领导和主责单位要按照整改方案要求，

进一步加强组织领导、明确责任分工、把握时间节点，认真落实后续各项整改任务，已经整改的要巩固成果、防止反弹，正在整改的要加大力度、抓紧抓好，尚未整改的要尽快整改、落实到位。要定期开展整改情况检查，确保事事有回应、件件有成效。整改情况及时向师生公布，主动请师生监督，自觉接受师生评判。

（2）继续完善作风建设长效机制。作风问题具有反复性和顽固性，必须经常抓、长期抓，特别是要建立健全促进党员干部坚持为民务实清廉的长效机制。要牢固树立群众立场、群众观点，着力推动密切联系群众、弘扬优良作风的常态化、长效化，积极营造风清气正环境。要继续总结教育实践活动开展过程中积累的好经验、好做法，按照可执行、可监督、可检查、可问责的要求，作好规章制度废改立工作，努力形成用制度管权、按制度办事、靠制度管人的良好格局。

（3）继续加强领导干部队伍建设。领导班子和干部队伍建设是事业发展的基础。我们要按照学校第二次党代会加强干部队伍建设的目标任务，继续深化干部人事制度改革，着力建设高素质的校院两级领导班子，不断增强领导班子谋划、统筹、优化推动改革发展的能力，按照从严管理干部的要求，切实加强对干部的大局意识、责任意识、规矩意识、底线意识的教育，突出敢于担当、敢于“亮剑”的导向，弘扬服务精神、协作精神，积极促进思想深化、作风转变和能力提升。加强和改进年轻干部工作，扎实做好后备干部队伍建设。

（4）继续统筹推动学校内涵发展。教育实践活动的根本目的，是为推动学校事业又好又快发展提供保障。即将召开的学校第二次党代会，将为我们描绘未来5年的发展蓝图。我们要深入贯彻落实党的十八届三中全会全面深化改革的精神，以解放思想为先导，更新理念，凝聚共识，以推进发展转型为目标，加强内涵建设，以发展中的问题为导向，深化各项改革，不断提高人才培养质量，增强协同创新能力，提升社会服务水平，促进文化传承创新，努力办好人民满意的大学。

老师们、同志们！党的群众路线教育实践活动集中开展阶段就要结束了，但贯彻群众路线没有休止符，作风建设永远在路上。全校各级党组织和广大党员干部要深入学习领会习近平总书记系列重要讲话精神，坚定理想信念，增强担当意识，树立为民情怀，始终保持改进作风的思想自觉和行动自觉。以“抓铁有痕、踏石留印”的劲头加快推进人才培养模式、教学科研评价体系、校院两级管理体制以及服务保障体系等方面体制机制改革，加快推进新校区建设，以真抓真改的态度持之以恒巩固扩大教育实践活动整改成果，以更加高昂的政治热情、更加振奋的精神状态、更加扎实的工作举措，迎接第二次党代会的胜利召开，为建设国内同类一流水平的教学研究型大学而努力奋斗！

我就讲这些，谢谢大家！

增强担当意识 树立为民情怀 始终保持改进作风的思想自觉和行动自觉

——北京信息科技大学党的群众路线教育实践活动总结

按照北京市委和市委教育工委的统一部署与要求，北京信息科技大学参加了第一批党的群众路线教育实践活动（以下简称“教育实践活动”）。自开展教育实践活动以来，在市领导的关心和市委第30督导组的精心指导、帮助下，学校党委认真贯彻“照镜子、正衣冠、洗洗澡、治治病”的总要求，以为民务实清廉为主要内容，以校、院两级班子和处级以上党员干部为重点，以推动学校事业发展为实践载体，紧紧围绕阻碍实现学校“十二五”规划目标和推进战略转型的体制机制性问题，围绕人才培养、科学研究、管理服务等方面的薄弱性问题，围绕影响师生员工发展、成长的重点、难点问题，从做好结合上着眼，在取得实效上着力，努力做到“规定动作”扎实到位、“自选动作”突出特色，充分调动党员干部和广大师生两方面积极性，切实加强全校党员马克思主义群众观点和党的群众路线教育。目前，各个环节的工作任务已经完成，取得了好的效果，达到了预期目标，现将开展教育实践活动有关情况总结如下。

一、开展教育实践活动的总体情况

（一）做好前期准备，夯实工作基础

学校党委把开展教育实践活动作为转作风、强组织、促发展的难得契机，对活动高度重视，坚持高标准、严要求，深入谋划、精心组织，在北京市召开动员大会后第一时间，及时学习传达中央和市委的重要精神，全面贯彻落实市委教育工委有关要求，成立了由党委书记任组长、校长任副组长的学校教育实践活动领导小组，领导小组下设办公室及3个联络组。在初步调研的基础上，领导小组采取“1+3”模式，制定了活动总体方案和三个环节具体工作方案，突出指导性、针对性和操作性。7月15日，市委常委、教育工委书记苟仲文同志来到学校进行专题调研，专门听取了学校教育实践活动前期准备情况的汇报，并对开展好教育实践活动提出希望和要求。当日，学校还与市委督导组进行了工作对接。

8月20日，学校召开教育实践活动动员部署会。会上，学校教育实践活动领导小组组长、党委书记亲自作动员报告，以主动找问题的姿态，引导广大党员、干部正确理解开展教育实践活动的重要性和必要性，清醒认识“四风”在学校的表现，牢牢把握“切实转变作风、着力建强组织、有效促进发展”的目标要求，把教育实践活动作为学校当前首要政治任务抓紧抓实抓好。会议期间，学校配合市委督导组开展了对校级领导班子及领导干部的民主测评，为了突出真实性，参加测评的人员除

了处级以上干部，还有老同志代表、教授代表、全国政协委员、党代会代表和工会教代会代表、教师代表，其中一线工作人员占有很大比例。会后，学校还开展了对校内二级单位（部门）及全体党员处级干部的民主测评，发放民主测评票1543张。

（二）抓好学习教育，广泛听取意见

学校始终把思想理论武装放在首位。按照分类指导的原则，紧密结合思想工作实际和党员群体特点，分别明确了学习内容，除按要求发放规定学习书目外，还自行编发了近30万字的学习参考资料；同时把“北京高校党员教师在线”平台上的“党的群众路线教育实践活动”专题作为辅助学习课程；集中播放了《周恩来的四个昼夜》、《苏联亡党亡国20年祭》等教育片；建立了学校教育实践活动专题网站，适时刊发学校以及中央和北京市有关开展教育实践活动的动态，上传相关学习资料，突出教育的实效性。9月4日，学校党委书记为全校处级以上领导干部讲了题为《贯彻执行党的群众路线 全面加强和改进作风建设》的党课，深入阐述了新形势下加强作风建设的重要性，指出了作风在高校的具体表现，并提出了加强和改进作风、做好群众工作的思路和方法。党员干部听后普遍感到深受教育，自觉把报告精神贯穿到各自的本职工作中去，转化为转变作风、改进工作、推进战略转型的强大动力。在专题研讨中，校、院两级理论中心组分别组织党员干部结合撰写心得体会，开展学习马克思主义群众观点和党的群众路线心得交流，党员校级班子成员还深入联系点，参加了处级理论中心组的研讨活动。各党支部纷纷以生活会的方式进行学习交流。经过专题研讨，党员干部进一步明确了“为了谁”“依靠谁”“我是谁”。

学校党委坚持开门搞活动，采取上门访谈、个别约谈、发放征求意见表、设立意见箱、电子邮箱和召开座谈会等多种方式，“面对面”地听取基层师生的意见。与此同时，还采取“背靠背”的方式，把“四风”的表现形式细化后制作成征求意见表，在其中设置“有无”“轻重”等测评栏目，按照不重复听取同一个人意见的原则，面向广大师生发放，共发放纸质表340张，同时为让师生员工更加快捷方便地提出更多更好的意见，学校还在办公网及专题网站上发布了电子表格。通过各种渠道，共征集对校级班子的各类意见1500条，其中属于“四风”方面的意见1199条，属于对工作方面的意见281条，属于对教育实践活动建议的意见3条，属于其他方面的意见17条；对校级干部的各类意见72条，其中属于“四风”方面的意见68条，属于对工作方面的意见3条，属于对教育实践活动建议的意见1条。征集对二级单位（部门）各类意见728条，其中属于“四风”方面的意见348条，属于其他方面的意见380条；对处级干部的各类意见139条，其中属于“四风”方面的意见90条，属于对工作方面的意见49条。校级党员干部除了通过座谈会、个别访谈听取意见、直接查找问题外，还从征求到的工作意见中总结提炼个人在“四风”方面存在的问题。

（三）准确查摆问题，认真开展批评

学校党委通过背靠背、面对面、请进来、走出去、群众提、自己找、上级点、互相帮等多种方式，广泛听取了有关部门和广大师生员工的意见建议，汇总各方面提出的涉及校级班子及成员的意见建议

共有1568条，其中“四风”方面的意见1267条。在梳理师生意见建议的基础上，党委书记亲自组织凝练出校级班子在“四风”方面存在的12大项主要问题，梳理出师生反映强烈的具体问题118个。根据督导组反馈意见，班子又多次召开专门会议进行深入分析，最终归纳整合出班子“四风”方面存在的15个方面突出问题。在查摆问题时，党政主要领导带头把自己摆进去，不避重就轻，敢于触及实质性问题。党员校级干部率先垂范、带头剖析反思，从理想信念、群众观念、规矩意识、党性修养和世界观、人生观、价值观的高度，既从工作中找差距，又从思想上、党性上找差距，不把问题归咎于客观原因，深刻检查剖析了产生“四风”问题的四大思想根源，给处级以下干部树立了标杆。按照把学习贯穿始终的要求，党委再次举办了全校性主题论坛，筛选出一些紧贴实际、领悟深刻、有见地、有碰撞、比较好的学习心得进行交流，增强学习效果。

开展谈心交心活动真诚坦荡，体现了充分性。学校党委书记结合通报校级班子作风建设情况、存在的突出问题以及反馈对班子成员的意见建议，与班子每一名成员进行了不少于2小时的谈心活动，同时听取了每一位被谈话人对自己的批评；班子其他成员之间也都开展了不少于1.5小时的谈心活动，主要是开展深刻的相互批评，特别是平时有隔阂、有误解的同志更是有话讲在当面，力求谈开谈透，取得共识；每一位班子成员还与分管部门主要负责同志进行了不少于1小时的谈心，主要是征求对自己存在的“四风”问题的意见和改进的建议。党员校级班子成员共开展了谈心谈话164次，做到了敞开心扉、坦诚相见，沟通思想、交换意见，互相启发、互相促进，达到了诚恳帮助同志、维护班子团结的目的。党员处级干部也结合工作实际开展了谈心活动。校级班子和校级党员干部对照检查材料，大多数都经过七八次的反复修改，甚至有的十几次，市委督导组三次把关，达到了找准问题，提高认识的目的。

开展批评与自我批评动真碰硬，突出了严肃性。在校级专题民主生活会上，校级班子成员聚焦“四风”，结合分管工作，联系思想实际，对照为民务实清廉主题，按照“照镜子、正衣冠、洗洗澡、治治病”的总要求，以整风精神开展积极健康的思想斗争，真正触及问题、深挖思想根源，清洗思想和行为上的灰尘，对于师生反映、上级点明的突出问题实事求是地做出了回应。党委书记以树立标杆、向我看齐的态度，紧扣主题，突出重点，带头进行对照检查，带头开展自我批评，真诚接受批评意见；班子成员相互之间，本着“实事求是、出于公心、与人为善、不马虎敷衍，不文过饰非，不发泄私愤，不搞突然袭击，不搞无原则纷争”的原则，从推动学校发展、加强班子建设、团结帮助同志出发，直面问题，不躲不绕，进行了严肃认真的批评，做到了既有红红脸、出出汗的紧张和严肃，又有加加油、鼓鼓劲的宽松与和谐。大家彼此之间态度诚恳、敞开心扉，直面问题、踊跃发言，开门见山、动真碰硬地指出了其他同志存在的作风问题。会议期间，校级班子成员相互批评达49人次，提出批评意见共有56条。

全校党员处级干部也都利用专题民主生活会的机会，认真查摆自己身上的“四风”问题，深刻反思产生问题的思想根源，做到有意见、会前提，听意见、有诚意，通过开展批评和自我批评，相互教育、相互启发、相互警醒，在思想交流中深化了认识、凝聚了共识，真正荡涤了灵魂、强化了党性，达到了“团结—批评—团结”的目的，进一步明确了今后的努力方向和整改思路。

（四）抓好整改落实，科学建章立制

学校党委按照市委常委、教育工委书记苟仲文来校全程参加指导校级班子专题民主生活会的讲话要求，认真分析合并遗留下来的历史遗留问题，围绕如何发挥吸引力、增强工作合力和人心凝聚力、提高综合实力，进一步解放思想，加大改革力度，聚焦“四风”抓整改，针对查摆出来的问题，一风一风地改，防止“走神散光”，着力抓好整改落实特别是专项整治，以改革精神抓好正风肃纪、建章立制，发挥体制机制的作用，确保教育实践活动取得师生满意的实效，真正做到善做善成、善始善终。在认真开展“回头看”的基础上，党委书记亲自主持起草领导班子整改方案，广泛听取、吸纳师生对方案的意见建议，党政联席会对方案内容进行了专题研讨。整改方案始终凸显问题意识、群众标准和实践导向，细化出了8个方面的28个整改项目，每个项目均明确了责任单位、责任人和整改时限。其中既有涉及学校顶层设计、战略发展的重大事项，也有事关师生员工工作、学习、生活的民生内容；既有以改革创新精神加强内涵建设、提升人才培养质量的组合拳，也有以主动出击状态破解学校瓶颈难题、争创同类高校一流的助推器。同时，党委坚持从制度层面解决“四风”问题，按照体现群众意愿、体现改进作风、体现提高效率、体现工作规律的要求，以改革创新精神建制度、立规矩，实现作风建设制度化、规范化、常态化，学校现有反对“四风”问题的制度12项、拟修改的9项，领导班子自身建设的制度20项、拟制定的9项。

在整改方案中，围绕战略发展，党委明确了按照学校“十二五”规划及其子规划各项工作分解任务，开展中期检查工作，研究实现路径，找准战略支点，明确各项具体措施，以第二次党代会为契机，完善学校发展重大问题专题研究机制，重点研究学校转型背景下的复杂性、重要性问题，加强对涉及学校办学定位、办学目标、办学思路等战略性问题的研究思考；围绕民生问题，学校将借助4700万元专项资金支持，加强对现有校区学生公寓、教学、科研、实验用房、图书馆、教师办公用房等基础设施改造、修缮，努力改善师生的学习、工作和生活环境，消除校园安全隐患；围绕内涵建设，学校将按照博士学位授权学科水平和评估标准，整合学科资源，找准国家需要，加强特色优势学科建设，做好申报博士学位授权点准备工作；围绕攻坚克难，学校竭力推进新校区建设，全力完成征地拆迁工作，力争2014年开工建设新校区。同时，还要充分发挥学校在学科、区位、资源等方面的优势，鼓励有条件的学院多渠道筹措办学经费。

二、开展教育实践活动的主要成效

（一）思想理论认识有新提高

学校党委牢牢把握“为民务实清廉”这个主题，把学习教育贯穿始终，广大党员干部通过集中学习、党课辅导、专题研讨，对这次教育实践活动的指导思想、目标任务、基本原则有了深刻领会，充分认识到开展党的群众路线教育实践活动，是加强党的先进性、纯洁性建设的根本要求，是实现党的十八大确定的奋斗目标的必然要求，是推动学校综合改革、科学发展的强大动力。广大党员干部进一步统一了思想，达成了共识：要进一步强化建设国内同类一流水平大学必须全心全意依靠全校师生员工的正确观点，全面提高化解复杂矛盾、做好群众工作的能力和水平；要清醒认识形式主义、官僚主义、享乐主义、奢靡之风这“四风”在学校的具体表现和危害，始终保持昂扬向上、奋发有为的精神状态；要用整风精神，切实开展好批评与自我批评，自觉接受师生员工的监督评价，使教育实践活动成为汇聚全校师生员工智慧和力量的凝聚力工程；用贯彻群众路线、整治“四风”的长效机制，保障学校又好又快的发展。

（二）解决“四风”问题有新思路

学校党委紧密结合学校实际，广泛听取基层意见，认真梳理、查摆出学校在“四风”方面存在的18大类30个突出问题。如何有效解决这些问题，是摆在党委面前的一道复杂而艰巨的难题。结合整改方案的制定，学校确立了以思想为行动先导、以改革为重要推手的解决问题的思路，把理论与实践、言论与行动、认识与效果很好地统一起来。解决好“四风”问题，首先还是要解放思想，要努力以开放的思维、创新的理念，积极探索新机制、新措施、新方法，这样才能不断取得新突破、新发展。其次是加大改革力度，找准破解难题的切入点，一是从做好顶层设计、谋划战略发展的问题入手，着力抓好“十二五”规划和近期召开过的几个全校性工作会议任务的落实；二是以壮士断腕精神抓好民生问题，立足当下，花大力气解决一批师生期盼已久的工作生活难题；三是着重做好以改进机关作风为主要内容的专项整治，将机关干部的作风表现纳入工作考核内容，坚决消除“门难进、脸难看、话难听、事难办”的官本位现象。以此带动其他问题的解决。

（三）转变工作作风有新举措

作风好坏直接关乎工作成败和事业兴衰。当前，学校正处于全面深化各项改革、落实“十二五”规划、推进战略转型的关键阶段，加强作风建设，就是要以班子成员的工作作风影响广大党员干部的工作作风，以广大干部作风建设推进广大党员的党风建设，以党风建设带动校风建设，以作风建设的新成效赢得广大师生内心的真正认可、支持和信任，凝聚起推动学校事业发展的强大力量，推动学校持续快速健康发展。从教育实践活动一开始，校级班子首先精简会议内容，提倡少开会、开短会；压缩无实质内容的会议；能用其他方式进行工作布置的，不再专门开会部署；优化党委常委会和校长办公会会议安排，2个会议由原来占用2个工作日减到只占用半个工作日；新学期工作部署会和集中学习活动在校内举办，将推进工作与开展教育实践活动紧密结合，同时压缩没有实质内容的会议；推行无纸化办公，所有行文都在办公自动化（OA）系统内发布，不再发纸质文件；教师节庆祝活动不再按照惯例举办全校性的庆祝大会，而是学校领导深入所联系的学院和教学科研一线走访慰问教师，并听取意见建议，截至2013年12月5日，学校节约会议费30余万元；缩小学校节庆的数量和规模，公务接待原则安排在学校食堂就餐，2014年学校接待费预算比2013年减少50%。在整改方案中，党委明确把完善各类联系基层及通报制度，建立反馈机制、群众评价机制，将干部作风表现纳入干部聘任、考核指标，合理简化行政审批手续，方便师生，提高工作效率，实行首问负责制等内容列入其中。通过这些新举措，大力加强作风效能建设，努力实现工作作风明显改进、服务质量明显优化、办事效率明显提高的整改目标。

（四）解决民生问题有新进展

学校始终坚持把回应师生关切、解决突出问题贯穿于教育实践活动全过程，坚持边学边改、立行立改，做到事事有回声，件件有着落，让师生员工及时看到活动实效。截至 2013 年 12 月底，根据师生意见梳理出的 118 项具体问题中，已解决 45 项，已做出解释说明的 20 项，已着手解决的 28 项，已明确解决时限的 11 项，已纳入近期规划的 14 项。针对青年教师、干部一直反映收入偏低问题，学校出台绩效津贴调整政策，配套资金 4182 万元，从 2013 年 1 月开始调整，讲师岗位的绩效津贴增长额度高于教授岗位的绩效津贴增长额度，科级岗位的绩效津贴增长额度高于处级岗位的增长额度，体现了对青年教师、干部等低收入群体的倾斜。针对离退休老同志反映强烈的住宅水暖修缮问题、师生多次反映的小营校区教学楼洗手间冲水阀失灵和部分道路严重破损问题、清河校区 2 号办公楼和小营校区北门墙面存在安全隐患、健翔桥校区教学楼扶手长期失修、金台路校区 8 号楼排水问题等问题，后勤部门想方设法筹措资金，在国庆节前进行了修补；针对师生多次反映的校园内无线网络覆盖范围小、访问速度慢问题，学校信息与网络管理中心及时进行硬件改造和技术优化，访问效果得到极大改善。同时，学校还在新学校区周边，积极筹措沙河高教园区青年教师公共租赁房房源，积极争取更多的沙河高教园区安置房房源，切实改善青年教师住房困难。

三、开展教育实践活动的主要特点

（一）结合实际务求实效，确保活动高标准严要求

学校党委对市领导亲自联系指导学校的教育实践活动高度重视，无论是制订工作方案的过程中，还是扎实推进活动的过程中，学校始终紧密结合战略转型要求，紧密结合思想工作实际，紧密结合党员群体特点，坚持高标准、严要求，积极探索更加有效的途径办法，以更有力的举措、更大的成效，扎扎实实开展好教育实践活动。在活动的各个环节，始终发挥一把手关键作用，党委书记亲自为党员干部上党课，亲自讲解“四风”的内涵及其在学校的具体表现形式，亲自主笔凝练班子“四风”方面的主要问题，亲自撰写班子对照检查材料，亲自修改班子成员个人对照检查材料，亲自起草班子整改方案。市委督导组评价学校班子对照检查材料在首次上报材料中质量最高，班子成员个人对照检查材料返回修改次数最少。为了贯彻落实中央和市委最新精神和要求，学校在每个环节开始前都制定更加细化的具体工作方案，并对总体方案中 20 个步骤的有关工作单独印发指导性通知，突出细致性；在开展民主测评中，扩大参加测评人员的范围，增加一线人员比例，突出真实性；要求党员干部撰写学习心得既有对理论的深入思考，也有对实际问题的原因分析，还有对改进工作、解决问题的具体思路，做到知行合一，学以致用，突出实效性；党委在“面对面”听取基层意见的同时，还把“四风”的表现形式细化后制作成征求意见表，

在其中设置“有无”“轻重”等测评栏目，让师生评判，突出开放性；开展边学边改，立行立改，集中落实、解决了一批让师生满意的整改项目，突出主动性；从解放思想，推进改革入手，建立完善保障学校各项工作顺利推进的体制机制，落实整改突出长效性。

（二）以校级班子为重点，坚持领导带头引领示范

打铁还需自身硬，这次教育实践活动是以校、院两级班子和处级以上党员干部为重点，目的就是要起示范带动作用。学校党委从活动一开始就明确校级班子和党员校级干部要在活动的各个环节中当好表率，带头学习、带头深入师生、带头听取意见、带头查摆问题、带头剖析自己、带头开展批评、带头整改落实，力争认识高一层、学习深一步、实践先一着、剖析解决突出问题好一筹，以树立标杆、向我看齐的态度敢于自我揭短亮丑，让师生看到学校决策层查找问题的真心、解决问题的决心，从而赢得下级的尊重，赢得师生的信任。分管校领导率先实干、以上率下，带头深入基层、深入联系点，主动接地气，有针对性地开展对基层活动的检查和督导，通过座谈、约谈、访谈等形式，广泛听取基层教师、干部、工人和学生对校级班子及本人“四风”方面的意见，在分管工作系统内，通过上门走访重点听取对本人及分管工作“四风”方面的意见，还通过电子邮件方式在全校范围内进一步听取对本人“四风”方面的意见。在听取意见过程中，主动俯下身子，拿出诚意，做到面对面接触、心贴心交流，让师生看到自己敢于正视并解决问题的决心，看到自己拜师生为师、向师生求教的襟怀，看到自己以身作则、发挥示范带头作用的行动，用自己的务实作风感动师生，让师生愿意讲真话、讲心里话，愿意帮助提意见、找问题，在体察实情的同时，真正培养起对师生的感情，对事业的激情。

（三）着力解决突出问题，真切回应师生期盼

在梳理师生意见过程中，党委注意到其中既有广大师生对学校未来发展的期盼，也有两校合并遗留下来的历史问题，更有近年来新入职青年教师干部对自身成长职业发展的关切，解决好这些问题，既是对学校事业的负责，也是对教师干部成长负责。学校班子在研究制定整改方案时，求真务实，多次专题研讨，整改内容始终凸显问题意识、师生标准、改革精神和实践导向，真切回应师生期盼。面对广大师生期待已久的新校区建设问题，学校前期组织了全校师生（含离退休老同志）参与新校区总体规划方案征集评选，近期又组织基层师生代表到新校区实地参观考察，了解拆迁进展情况，党委在整改方案中明确提出增强主动出击意识，攻坚克难不等不靠，竭力推进新校区建设，铲除制约学校发展的“拦路虎”，积极争取北京市、昌平区的支持，全力完成征地拆迁工作，力争2014年开工建设新校区。针对师生关注的内涵建设和民生问题，整改方案提出了进一步推进院校二级管理体制改革，下移工作重心，增加学院自主办学的灵活性；深化干部人事制度改革，建立健全干部绩效考评机制；深化校内收入分配制度改革，完善工资分配改革方案和绩效工资调整实施方案配套措施；深化人才培养模式改革，引入第三方培养质量评价机制，建立现有专业退出机制，探索大类招生，完善学生

转专业机制；推进“教职工幸福健康工程”，深化“送温暖工程”，设立“爱心扶助基金”（现已筹集资金近57万元），努力解决青年教职工住房、子女入托入学等方面的现实困难；全面落实育人“以学生为本”理念，构建思想引领、文化育人、学业指导、科技创新、就业创业服务、困难群体帮扶“六位一体”的学生发展辅导体系。

四、开展教育实践活动的主要体会

（一）解决问题要聚焦

开展好教育实践活动，首先要加强学习教育，提高思想政治水平。这既是坚持正面教育为主的必须，也是查摆整改问题的基础。只有把中央精神学习好领会透，才能把教育实践活动搞扎实，查摆问题才能有的放矢，整改落实才会积极自觉。学校党委始终坚持把思想理论武装放在首位，始终坚持把学习教育贯穿于活动始终，明确要求广大党员干部要联系实际学、带着问题学、深入思考学，聚焦“四风”问题不“走神”、不“散光”，要善于运用党的群众立场观点方法指导工作，把学习成果转化为坚定的为民务实清廉的宗旨信念，转化为解决“四风”问题、改进作风、服务和联系师生的实际举措和成效。党委要求，全校处级以上党员干部在学习的基础上要对照思想和工作实际，认真撰写学习心得，学习心得不能空谈理论，要结合对自身存在“四风”问题的认识及原因分析，思考改进工作、解决问题的思路。与此同时，党委带头边学边改，从涉及“四风”问题的点点滴滴小事改起，做到学以致用、知行合一，让师生看到变化，看到效果。

（二）听取意见要真诚

要解决“四风”方面存在的问题，必须先找准问题。问题找得准不准，除了自己要认真剖析、深入查摆外，还要真诚听取师生意见。俗话说“群众的眼睛是雪亮的”，处级以上干部有什么问题、存在哪些不足，师生看得一清二楚。要让师生真正说实话、说真心话，知无不言、言无不尽地对校、院班子和处级以上干部反映问题、提意见，就需要我们的各级干部唯真唯实，俯下身子，与师生交朋友，以真心换真心，带着对师生的敬畏和尊重，平等地、面对面地与他们交流，真心实意地听取意见、征求建议。虽然有些意见可能观点偏颇一点、说法生硬一点、听起来有些逆耳，但有助于我们去伪存真，发现并解决问题。因此，作为处级以上干部，都应以海纳百川的宽大胸怀，虚心听取不同意见，对待师生的批评、质疑和指责，以积极的姿态、健康的心态去对待，把师生意见作为找准“四风”问题的镜子。

（三）开展批评要动真

批评和自我批评是我们党的优良传统，是党的建设重要法宝，也是马克思主义政党党内政治生活的一个基本原则。开展批评和自我批评是新形势下坚持从严治党、保持党的先进性和纯洁性的必然要求。中央提出的“照镜子、正衣冠、洗洗澡、治治病”是对开展好批评和自我批评要求的突出体现。为了提高专题民主生活会质量，学校党委坚持在批评和自我批评上动真格、开新风，党委书记以树立标杆、向我看齐的态度检查自己，认真查摆个人和班子作风方面的突出问题，负责任地对班子成员提出批评，有肚量、有胸怀地接受别人的批评意见；班子成员之间坚持实事求是、出以公心、与人为善，带着感情，以真诚帮助同志的态度开展相互批评，以对党、对事业、对同志、对自己高度负责的精神，开展积极健康的思想斗争，敢于动真碰硬、揭短亮丑，不搞一团和气，既让人脸上火辣辣，也让人心里热乎乎，赢得彼此间的理解和信任。以此，才能真正达到“团结—批评—团结”的目的。

（四）整改落实要开门

在制定整改方案时，学校党委始终强调，必须走群众路线，多倾听师生意见，了解师生愿望，把师生的要求作为改进工作的第一信号。方案初稿形成后，学校召开9个不同群体人员的座谈会，充分听取意见，根据师生意见调整、充实后，再次将方案修改稿发到每一位参加座谈会的人员邮箱再次听取意见建议，并通过校园内网面向全校师生公开征求意见，让师生真正参与到整改工作中来，真正看到党委的决心。有了好的方案和措施，关键在于落实，对具备整改条件的问题，抓紧马上整改；通过努力能够解决的问题，限期进行整改；对应该解决但由于受客观条件限制，一时解决不了的问题，及时向师生说明情况，并采取措施逐步解决；对情况复杂、涉及面广，单靠学校自身或一个部门难以解决的问题，要加强协调，采取综合联动的办法，认真加以解决。党委坚信只要我们发扬求真务实精神，扎扎实实解决好师生关心、关注的每一个“不满意”问题，对师生尊重对自身尽责，就一定能够实现“清除作风之弊、荡涤行为之垢”的目的，就能够真正赢得民心。

五、存在的主要问题与努力方向

在市委督导组的精心指导和帮助下，经过各级党组织和广大党员干部的共同努力，学校教育实践活动取得了阶段性成效，达到了预期目标，但与中央和市委的要求，与广大师生的期望相比，我们在工作中还存在一些不足和薄弱环节，主要表现在：部分党员干部理论学习的深度、思想解放的力度和认识问题的高度还有待进一步增强；个别处级党员干部深入基层不够广泛、听取意见不够充分，对照检查材料针对性不强；少数处级党员干部专题民主生活会前谈心不够充分，会上没能很好开展批评，探讨工作问题多，自我剖析不够深刻；全校范围内活动开展尚不平衡，有的单位存在工作调研不够、问题分析不透、改进措施不力等问题；部分党员的学习也需进一步深入和强化。此外，虽然教育实践活动各个环节的期限被适当延长，但从要实现活动目标及要求的效果看，时间仍显紧张，有些整改落实工作刚刚启动，还未来得及深入扎实地开展。

教育实践活动本身即将结束，但贯彻群众路线没有休止符，作风建设永远在路上。北京信息科技大学党委将以召开第二次党代会为契机，带领广大党员干部深入学习领会习近平总书记系列重要讲话精神，坚定信仰追求、增强担当意识、树立为民情怀，始终保持改进作风的思想自觉和行动自觉，牢牢把握世界观、人生观、价值观这个“总开关”，立足当前着眼长远，主动出击攻坚克难，建立健全反对“四风”、改进作风的长效机制，保持力度、保持韧劲，驰而不息地加以推进。进一步增强党性修养和党性锻炼，切实打牢树立优良作风的思想政治基础；进一步增强责任感和紧迫感，主动适应国家和首都经济社会发展的新任务新要求；进一步凝聚共识，以更大的决心和勇气研究解决学校转型发展过程中的重点、难点问题；进一步释放学校发展活力，加快推进新校区建设，加快推进人才培养模式、教学科研评价体系、校院两级管理体制等方面的改革；进一步激发党员干部的积极性、主动性、创造性，总结成功经验，巩固扩大活动成果；进一步凝聚智慧和力量，锐意改革、扎实工作，按照“为民务实清廉”的要求，以作风转变的实际成效取信于民、凝聚力量，推动学校发展迈上新台阶。

2014 年工作要点

2014 年是贯彻落实党的十八届三中全会精神和学校第二次党代会精神的开局之年，是实施学校“十二五”规划的攻坚之年，是深化学校转型发展的关键之年。2014 年学校的总体工作思路是：坚持以科学发展观为指导，深入学习贯彻党的十八大和十八届三中全会精神，贯彻落实国家、北京市中长期教育改革和发展规划纲要，全面推进学校“十二五”事业发展规划落实，巩固党的群众路线教育实践活动成果，进一步推进重心下移，改进工作作风，推动改革创新，强化内涵建设，全面提升人才培养质量，提升服务国家和首都经济社会发展的贡献率，为学校全面实现“办学实力稳居北京市属高校前列，达到国内同类高校一流水平”的中长期发展目标奠定基础。

一、全面提升党的建设科学化水平

（1）深入学习宣传贯彻党的十八届三中全会精神、习近平总书记一系列重要讲话精神。深入学习宣传贯彻党的十八届三中全会精神和习近平总书记一系列重要讲话精神，引导全体师生员工深刻认识党的十八届三中全会的重大历史意义，深刻领会全面深化改革的指导思想、总体目标、基本原则、重大部署和创新举措，重点学习关于教育改革和人才培养的相关论述。结合学校实际，积极探索和破解工作中的热点难点问题，大力推进学校改革发展。

（2）组织召开学校第二次党代会。以邓小平理论、“三个代表”重要思想、科学发展观为指导，全面贯彻落实党的十八大精神，回顾总结第一次党代会以来学校党的建设所取得的主要成果和经验，深刻认识和准确把握新形势下学校党建工作面临的新任务和新要求，进一步明确落实好“十二五”规划，推进内涵建设的思路和举措，动员全校共产党员和师生员工励精图治，开拓进取，为加快推进战略转型提供坚强的思想、政治和组织保证。

（3）认真贯彻落实学校第二次党代会精神。全面学习贯彻学校第二次党代会精神，凝心聚力，多措并举，大力推动学校改革创新。吸纳基层力量，完成新的学校党建五年规划的制定工作。按照好干部“五条标准”，改进和完善处级干部年度工作考核办法，建立健全干部考核、激励机制，组织完成处级干部任期考核工作；认真学习贯彻执行新修订的《干部任用条例》，构建有效管用、简便易行的选人用人机制，着眼于打造适应学校事业发展需要的处级领导班子和信念坚定、为民服务、勤政务实、敢于担当、清正廉洁的干部队伍，启动完成新一轮处职岗位聘任及处级领导班子调整工作；出台从严管理干部的相关规定，充实和完善干部谈心谈话制度；组织开展干部上岗培训，强化干部大局意识、规矩意识、底线意识教育，弘扬担当精神、服务精神、协作精神，进一步提高干部谋划工作、推动工作的能力；按照上级统一部署和要求，开展处级后备干部集中调整工作。深化基层党建工作，完善包括责任体系、督导评价体系、教育培训体系在内的“三个体系”建设，明确具体要求，制定加强服务型党支部建设指导意见，强化基层党组织服务师生功能。加强基层条件保障，推动经费使用、项目安排向党支部倾斜；围绕增强活力、发挥作用，修订基层党组织考核办法，着眼于学习型、服务型、创新型党支部创建，扎实推进示范党支部建设。

（4）加强作风建设和党风廉政建设。落实教育实践活动学校领导班子整改方案，提升工作效能，回应群众关切，切实解决校级班子“四风”方面存在的突出问题，按照学校领导班子整改方案确定的任务分工，全力推进八大方面、28个整改项目落实，建立督查反馈机制，构建践行群众路线的长效机制。认真贯彻落实十八大以来党中央和北京市关于党风廉政建设及反腐败工作的新精神、新要求，加大对作风方面突出问题的整治力度，加强对“八项规定”、“六条禁令”执行情况的监督力度；进一步完善党风廉政建设责任制，深入推进惩治和预防腐败体系建设工作；按照北京市部署，继续推进廉政风险防控管理“三个体系”建设，逐步建立不敢腐的惩戒机制、不能腐的防范机制、不易腐的保障机制；配合处级干部换届聘任，做好签订党风廉政责任书、廉洁自律承诺书以及廉政集体谈话等工作；深化反腐倡廉教育和廉政文化建设，增强宣传教育的针对性和有效性，加强对重要岗位工作人员的廉洁从业教育；针对重点岗位、重点领域和重点环节切实履行监督职能，不断健全权力运行监督机制；严肃查处违纪违法案件，发挥案件惩处的综合效应；根据工作需要，有计划、有重点地开展专项治理工作。

（5）加强安全稳定工作。巩固“平安校园”创建工作成果，全面夯实工作基础，持续深化“平安校园”创建工作，完善以“网格化安全管理，等级化防控响应”为核心的校园综合防控模式，提升安全稳定工作实效和水平。强化消防安全专项整治工作，加大消防安全隐患的排查整改力度。加强学生安全教育工作，探索学生安全宣传教育新模式。加强应急管理，提高突发事件应急处置能力。进一步完善情况信息搜集研判机制，健全校园综合防控和应急管理体系及运行机制，着力构建校园安全稳定工作的长效机制。突出重点，深入开展保密宣传教育和培训工作，强化保密要害部门（位）、涉密设备和涉密人员的保密管理，加大保密督查管理工作力度，确保全年不发生失泄密事故。

（6）扎实开展统战工作、老干部与离退休工作、群众工作、校友工作。提出加强新形势下加强党外代表人士队伍建设的实施意见，进一步完善工作体制机制，加大党外代表人士教育培养和实践锻炼力度。探索建立以校区为依托，集服务老同志与发挥老同志作用为一体的学校离退休工作联合体，完善相关协调会商机制，进一步形成工作合力。做好第二次“双代会”筹备工作，加强两级教代会建设，提高民主管理水平，完善监督保障体系；抓实“教职工幸福健康工程”，开展健康有益的文体活动，促进教职工身心健康；加强青年教师职业发展指导，提高服务教职工水平；管理使用好“教职工爱心扶助金”，加大帮扶解困力度；关注困难职工，推进送温暖工程；完善维护教职工权益机制，及时调解纠纷，化解矛盾，促进校园和谐。加强共青团组织和学生组织的建设，充分发挥其在学生成长成才中的作用。进一步完善校友工作机制，成立学院校友联谊会，继续筹建成立地区校友分会，筹建成立行业校友联谊会；加强与海外校友的联络工作，筹建海外校友分会。

二、进一步落实学校“十二五”规划的各项任务

对学校“十二五”规划及配套子规划的执行情况进行全面检查，在进一步明确今后一段时期需要重点推进工作的同时，着重做好以下工作。

（1）促进学科建设工作取得新成效。按照博士学位授权学科的水平和学科评估标准，凝聚6个引领学科实力，加强特色优势学科建设，定期检查、督导，集中精力做好申报博士学位授权点的相关准备工作。推进学科、科研一体化建设，逐步实现队伍、项目、平台紧密结合。修订新增硕士生导师遴选标准和硕士生导师招生条件。出台自主设置硕士学位授权点管理规定。加强研究生导师队伍建设，实施《关于加强导师队伍建设的意见》、《硕士研究生指导教师工作条例》。

（2）推动人才培养工作迈上新台阶。继续做好学情调研工作，以调研数据为依据，探寻问题根源，加强工作统筹，采取有力措施，有针对性地改进教育教学工作。推进人才培养模式改革，开展特长班试点工作；开展专业评估工作，探索现有专业退出机制；全面实施新的学生转专业办法，增强学生学习自主性。探索大类招生新机制；加大招生宣传，增加第一批次招生省份数量。积极开展针对本科毕业生的学业帮助与辅导工作，提高学生考研升学率；加强就业指导和服务工作，提升就业质量；开展学生创业教育，成立学生创业教育指导中心。推进本科教学改革，加强基础课、双语课工作，完善专业课教学工作。做好市级教学实验中心建设工作；建设创新基地，积极开展创新活动；认真筹备组织华北五省（市）机器人大赛。加强青年教师能力培养，提升教师教学能力。完善评价推优体系、教学质量评价体系，做好新一轮本科教学评估准备工作。推动学校研究生教育质量工程建设，完善研究生奖助体系，健全校院两级研究生思想教育与管理机制，扩大非全日制研究生规模，提高培养质量。采取有效措施，扩大对外交流合作，努力增加合作办学院校；深化合作内容，增加与国（境）外大学联合培养博士的数量；加强国际交流学院建设，增加留学生招生专业，提升留学生教育规模和教育水平。扩大继续教育和培训规模，提升质量。

（3）推进科学研究工作再上新高度。健全科技工作评价体系，进一步完善科技工作政策，拓宽科研渠道，加强科研基地、科研队伍建设，加强青年教师科研队伍培养，扩大科研规模，提高科研水平，保证科研质量，增加科研学术活动，营造良好科研氛围。确保实现年度科研总经费1亿元，实到经费7000万元，力争保持持续增长的良好势头。发表学术论文1100篇，努力提高在高层次期刊上发表论文的数量。力争实现国家科学基金立项数量明显增加。落实组织机构，推动协同创新取得实质性

进展。加快产业技术研究院建设，推进成果转化，推进项目落地，全面实现产业规范化管理。

（4）推动队伍建设达到新水平。根据学校总体工作安排，启动定岗定编工作，科学合理地制定新一轮岗位聘任办法，开展新一轮全员聘任工作。开展专业技术人员分级常态化工作。加强人才队伍建设工作，坚持人才强校战略，在加强校内高层次人才培养的同时，积极做好高层次人才引进工作，提高对外交流合作水平，加大引智力度。继续补充、改善教职工队伍数量、结构。结合学校建设和发展需要，实施全员培训计划，逐步建立健全系统的培训体系，进一步促进教职工职业发展，提升教职工队伍的素质，提高教学、科研、管理能力和服务保障水平。加强制度建设，完善教职工因公、因私出国进修管理办法、教师延聘、返聘管理办法、教职工办理退休补充规定、教职工人事代理管理办法等规章制度。加强人事管理信息化建设，进一步提高管理工作效率。

（5）加强学校文化建设。全面开展中国梦和中国精神宣传教育，弘扬主旋律，传播正能量；进一步引导全校师生深入实践“勤以为学，信以立身”的校训精神，提倡笃信、崇学、开放、超越，强化爱校、兴校、荣校意识，努力创造文明、包容、谦让、和谐的学校文化形态，建设特色鲜明、品味高雅、和谐向上的大学文化。加强制度文化建设，完成学校《大学章程》的起草、核准等程序，并颁布施行。

（6）推进新校区建设取得新进展。力争完成东坨村所有拆迁工作，启动踩河新村拆迁工作，力争完成踩河新村非宅基地拆迁。完成新校区可行性研究报告的报批工作，完成建筑单体方案设计和一期部分建筑单体的施工图设计工作，年内实现一期部分工程开工建设。

三、促进学生全面发展

（1）进一步加强和改进大学生思想政治教育工作。积极开展以“争做时代先锋”为主题的教育实践活动，以社会主义核心价值体系引领学生思想成长，紧密联系社会发展和学生思想实际，解决思想问题和解决实际问题相结合，有效引导学生树立正确的世界观、人生观、价值观；强化学生党建，实施学生党员先锋工程，充分发挥优秀学生党员等的先锋模范作用。

（2）推进学生发展辅导体系建设。以促进学生学业发展为统领，以服务学生成长成才为目标，尊重各有所长，鼓励全面发展，积极开展学生发展辅导工作，继续巩固深度辅导、心理辅导、学业辅导、学业指导、就业指导的已有成果，进一步构建学生骨干能力培养、困难群体学生能力提升、支持院级专项辅导项目等工作机制。

（3）加强校风学风建设。深化“勤学立信 思睿博雅”校风学风建设工程，建立健全工作制度和运行机制，加强学院品牌工作载体的建设。对照学情调研结果，找准现实差距，形成工作合力，着力营造良好学习环境和学习氛围，切实增强学生学习的主动性。加强诚信考试教育和考风考纪教育。大力实施新生引航工程，开展好新生校情校规知识竞赛、新生团体辅导等活动。深入开展毕业逐梦计划，评选毕业生“百名时代先锋”，精心打造活动品牌。推进“笃信崇学报告厅”载体建设，不断提升校园文化品位，有效发挥文化涵育功能。

（4）提高学生事务管理科学化水平。切实发挥学生工作委员会职能，及时研究和解决学生工作问题，推进学生事务管理规范化建设。加强学生事务管理制度改革和机制创新，优化学生思想教育和事务管理工作程序，简化操作环节和步骤。加快推进网络服务建设，有效实现信息资源共享。改革学生评价奖励引导机制，出台学生奖学金新政策。优化学生表彰激励促进机制，梳理调整学生评优表彰办法。探索学生约束救助管理机制，修订现行学生违纪处分规定。完善学生资助工作体系。健全师生沟通反馈机制。大力提升心理健康教育工作水平。

（5）加强学生工作队伍建设。加强辅导员队伍专业化、职业化建设，积极推进专项工作团队化建设，加强专职学生工作干部管理，注重培训和工作交流，进一步发挥班主任在学生班级建设中的重要作用。

四、推进学校管理服务改革创新

（1）深化校院二级管理体制改革。进一步推进工作重心下移，增加学院自主办学的灵活性，试点开展学院核编核岗工作，鼓励学院率先转型；完善权责对等机制，加强二级单位（部门）考核，成立学校二级单位（部门）年度综合考核管理办法制定工作领导小组，制定二级教学科研机构和二级非教学科研机构年度工作展示指标及综合考核办法。

（2）完善校内收入分配制度。完善教职工绩效工资调整实施方案配套措施，积极稳妥地推进绩效工资调整后续相关工作，制订管理岗位和工勤技能岗位绩效津贴分档实施方案。

（3）稳步实施后勤改革。进一步提高后勤服务质量和服务水平，提高管理水平和工作效率，逐步降低后勤服务运行成本。以安全为第一要务，切实加强学生公寓管理和服务。严格食品卫生安全管理，创新服务方式，努力为师生提供优质的餐饮服务。加强节能技改工作，提高各类能源使用效益。关注民生，加强房产管理和服务工作，继续推进房改房售房工作，开展学校住宅类房屋资源的摸底调查，努力推进房屋管理信息化建设。规范管理，抓好基础设施改造项目，全过程加强工程管理工作，确保工程质量。积极推进后勤文化建设。

（4）加强财经、审计工作。学习贯彻新颁布的高校会计制度，修改现行的预算编制方式、会计核算模式，修订、完善各项财会制度。整理编写财务报销指南，提高服务质量。按照财政拨款政策的变化修改校内专项工作程序，完善配套管理办法及流程。加强新校区建设资金管理，做好新校区建设资金筹集和支出管理。制定学校“七公经费”管理办法，节约使用经费，遏制奢侈浪费。加强财务信息化建设，加大财务信息发布力度。完善内部审计工作制度，规范审计程序，加强审计质量控制，提升业务水平；深化领导干部经济责任审计，加强内部审计监督。开展单位预算执行和决算审计。加大建设工程和修缮项目审计力度，加强新校区建设项目全过程审计。

（5）加强资产管理工作。加大政府采购的执行力度，完善物资设备采购程序。建立学校资产的二级管理体制，落实固定资产谁使用、谁管理、谁负责的原则。规范和落实固定资产管理的日常工作程序，加强资产使用的监督力度。

（6）加强图书、信息化建设。加强图书馆特色资源建设，抓好重点资源建设，试点收录优秀本科生论文。加强学校信息化顶层设计和统筹，建立健全学校信息化项目的申报、实施、验收等各个环节的制度。完善工作流程，提高服务全校师生、服务学校各项工作的能力和水平，提高用户满意度。完成首批市属高校数字校园示范校现场验收和挂牌。建设校级数据中心，推进全校各部门信息系统建设、整合和数据共享。进一步推进学校网站建设，完成全校部门子网站向TRS网站群平台的迁移，推动建立网站信息内容及时更新的长效机制。加强学校英文网站建设，扩大对外宣传。

2014年工作总结

2014年，在校党委的正确领导下，学校坚持以科学发展观为指导，深入学习贯彻党的十八大和十八届三中、四中全会精神，贯彻落实国家、北京市中长期教育改革和发展规划纲要，贯彻落实学校第二次党代会精神，组织实施学校“十二五”规划，进一步优化顶层设计、明确发展战略，进一步强化内涵建设、改善条件环境，进一步完善体制机制、激发办学活力，着力提升人才培养质量、综合实力以及对国家和北京市经济社会发展的贡献率，全力推进完成了学校2014年党政工作要点和下半年重点工作确定的各项任务，学校各项事业取得了积极成效并呈现出良好发展态势，为加快推进学校战略转型奠定了坚实基础。

一、聚焦战略转型，学校内涵发展呈现良好态势

（一）学科特色更加鲜明，研究生培养凸显成效

推动特色优势学科建设，加大对机械工程、仪器科学与技术、控制科学与工程、管理科学与工程、信息与通信工程、计算机科学与技术等6个引领学科和一级学科的投入，加强学科平台建设，改善实验条件。完成7个专业硕士学位点申报工作，新增“车辆工程”领域硕士专业学位授予权，专业硕士授权点达9个。学科体系更加完善，学科特色更加鲜明。

新增27名硕士生导师，各类硕士生导师达330人，招收全日制硕士研究生422人。成立研究生教育教学专家组，进一步完善了研究生培养监督体系。新增研究生教育教学改革项目20项，新增两个校级产学研基地建设项目，完成市级产学研联合培养研究生基地阶段性验收工作。与国外大学进行硕士、博士研究生联合培养取得新成效。全年在校研究生以第一作者发表论文460篇，其中北大中文核心期刊116篇，SCI、EI、ISTP、CSSCI检索论文99篇；获得专利和软件著作权21项，其中第一完成人7项；科技竞赛获奖43项，获奖158人次。研究生就业率达到98.9%。在校研究生规模和导师队伍规模进一步扩大，研究生培养质量进一步提升。

积极推进研究生校院两级管理改革，推动研究生日常思想政治教育及管理工作的二级化。落实《首都大学生思想政治教育工作规划（2013—2017年）》，深入开展研究生思想政治教育，开展新生引航工程、

青年骨干引航工程、学生党员先锋工程、朋辈引航工程等思想引领工程系列活动，引领研究生自觉培育和践行社会主义核心价值观，全面健康成长。

（二）教育教学改革继续深化，人才培养质量稳步提升

“强化特色 服务首都 提升应用型人才的工程实践和创新能力”项目获得2014年国家级教育教学成果二等奖，实现学校作为独立完成单位获得国家级教育教学成果奖励“零”的突破。机械工程实验教学中心入选国家级实验教学示范中心，成为学校第二个国家级实验教学示范中心。1人获得第十届北京市高等学校教学名师奖，5套教材入选第二批“十二五”普通高等教育本科国家级规划教材。举办第七届青年教师基本功比赛暨首届教学新星评选，评选首届年度优秀主讲教师。完善校院两级教学督导工作机制，推进完善教师教学效果评价，推进毕业生第三方调查，完善人才培养质量反馈体系。

全面开展专业评估和认证工作，完善专业状态数据分析，探索建立专业预警及退出机制，完成测控专业工程认证专家进校考察工作，完成第一批校内专业评估工作。深化人才培养模式改革，提升人才培养特色，推进大类招生改革，启动大学生创新创业教育，整合学院优势教学资源，探索开办机器人特长班。继续开展与北京交通大学、北京科技大学的本科生交流培养工作，并新增北京邮电大学、北京航空航天大学等高校。组织“卓越计划”试点专业进行阶段性总结，并报送市教委。完成自动化、计算机科学与技术两个专业综合改革试点项目中期检查工作。

深化课程教学改革，推进课程及教材建设，加大课程建设立项数量，2014年度课程建设——教学方式方法改革立项90项。举办“慕课”专题培训讲座，引导教师运用信息技术改革课堂教育教学；推进基础类课程教考分离，提高基础课教学效果；开展本科毕业生基础类课业学习辅导工作，提高学生考研升学率；加大教材建设投入力度，教材建设立项31项，完成第三届校级优秀教材评选工作。

强化实践教学研究与改革，加强校内外实验、实践基地建设，提升实践教学质量。加强校院两级创新实践基地建设，评选出机械类专业大学生创新实践基地、自动化学院创新实践基地、计算机创新实践基地、经管创新实践基地等4个校内创新实践基地建设单位。3个北京市级实验教学示范中心、2个北京市级校外人才培养基地顺利通过验收。“机械工程大学生创新实践基地”获批北京高等学校示范性校内创新实践基地。启动大学生创新创业实践基地建设，开展北京地区卓越工程师联盟开放实验室建设。承办第二届华北五省（市、自治区）大学生机器人大赛，赛事得到国际水中机器人联盟和ROBCUP中型组技术委员会的大力支持，并得到北京电视台、北京晚报等多家媒体报道，有效扩大了学校影响力。

本科第一批次招生工作取得新的突破，生源整体质量稳中有升，学生报到率创历史新高。在全国21个省份第一批次招生，理科最低录取分数比各省平均一本线高22分，文科高13分；在京外第二批次招生，理科最低录取分数比各省平均二本线高69分，文科高58分。计算机类专业首次实行了大类招生，京内和京外生源比例接近1∶1。毕业生就业率保持稳定，一次就业率为98.84%。

（三）科研水平持续提升，产业工作更显成效

科研工作继续保持持续快速发展态势，实现了年度工作目标。新增各类科研项目305项，其中合同额100万元以上的重大横向及军工项目10项，某军工项目合同额达3000万元。新增国家自然科学基金项目20项，立项数创历史新高；新增国家社会科学基金1项；新增其他国家级项目一级子课题5项；新增省部级项目27项。年度科研总经费达14554.5万元，较去年增长21.55%，创历史新高。其中项目经费8549.3万元，较去年增长5.7%。全校教师共发表学术论文1020篇，其中北大中文核心期刊179篇，三大检索收录论文292篇，CSSCI收录23篇，出版学术专著21部；获各类知识产权授权、登记133项，其中发明专利40项，较去年增长超过30%；获各类科研成果奖励5项。

校办科技产业资产总额超过3亿元，各科技企业上缴利润96.5万元。参与5家知名高校牵头的协同创新中心组建工作，其中参与的北京理工大学电动车辆协同创新中心已正式被认定为2014年国家“2011协同创新中心”。完成10项校内成熟成果筛选、论证工作，并获得3项北京市教委创新能力提升计划项目、1项朝阳区产业化项目、1项北京市教委科技园资助项目，计划经费380万元。重点支持了“基于多网融合的自助服务综合支撑系统”和“51MOX个性化智慧网络平台开发”2项产业化成果落地。完成校办科技产业北京意康机械有限公司47.72%股权和北京科信机电技术研究所意康公司100%产权无偿划转到资产公司的产权交易。

修订完成《北京信息科技大学学术委员会章程》，完成学术委员会换届工作，并在科研项目申报、报奖成果推荐、平台项目立项等方面建立校外专家评审机制。继续做好军工科研项目保密管理工作，确保军工科研项目研究顺利开展。

（四）人才工作进一步加强，师资队伍整体素质明显提升

贯彻落实“人才强校”战略，全面落实学校人才工作会议精神，师资队伍整体水平进一步提升。新入选北京市属高校长城学者项目2个、科技北京百名领军人才培养工程1人北京市科技新星计划1人、青年拔尖人才项目7个。共接收教职工总数46人，其中非事业编5人。师资队伍结构进一步优化。

积极开展各类教育培训工作。组织教师申报参加2014年国内访问学者项目，年度骨干项目和一般项目共7人。组织教师申报参加2014年“北京市属高校教师发展基地”培训一年期项目，被录取3人。组织双语教师参加北京市高校教师双语教学国内深化培训项目，年度培训7人。举办第二期处级以下教育管理干部赴台湾培训班，年度培训院系和行政教育管理人员15人。举办第七期双语教学师资加拿大培训班，年度集中培训双语骨干教师10名。落实教职工学历学位进修学习计划，实际资助在职攻读博士学位70人、在职攻读硕士学位10人。完成继续教育培训80余人次。

（五）开放办学稳步推进，对外交流与合作取得新成效

稳步推进开放办学，扩大对外交流与合作。共与国（境）外的11所合作院校开展长、短期合作项目18项，项目参加学生103人，为历年最高。赴日本福井大

学、美国圣何塞州立大学、奥克兰大学、德国耶拿应用技术大学、中国台湾地区的建国科技大学的交流学生数均创历史新高。先后聘请了长短期专家30余名。新增引智项目6项，其中获批国家外专局引智项目3项，北京市人力资源与社会保障局项目3项，在市属高校中名列前茅。与国（境）外大学新签和续签合作协议达6项。全年共访接待国外合作大学的来访达140人次。学校英文网站完成改版，教学、科研、研究生和校友等重要板块的英文内容上线运行。

留学生数量稳步增长，共招收来自11个国家和地区的留学生173人次，其中本科学历生65人次，长、短期汉语言留学生为108人次。积极拓展新的招生渠道，开拓新型合作项目，增加留学生来源国家与地区。收到2份分别来自蒙古国和也门的来学校攻读硕士的留学申请，是学校留学生工作的新突破。

（六）强化规范管理，继续教育稳步发展

在规范办学行为、稳定办学规模的基础上，开展校内夜大教学、京内教学点和外省函授站的教学管理与指导服务。承担北京市教委“本科生培养—教学改革立项与研究（市级）—继续教育教改”项目，针对成人高等教育“动漫设计与制作”、“计算机信息管理”两个特色专业，进行重点课程数字化、网络化建设。新设立广东省汕头市潮阳函授辅导站，与武警特警学院合作开办2014级在职“工程硕士”研究生班，开办“全国企业人力资源管理师”培训班并承办各种考试62场次，与北京幸星国际教育公司“北信—幸星”校企合作培训项目创收48万元，与北京ITET培训中心合作的培训项目创收77.6万元。

2014年成人学历教育毕业生共计1553人，录取2015级新生1980人，其中函授录取1734人。学历教育在籍学生稳定在4600人左右。

二、加强育人服务，学生全面发展成效更加凸显

（一）开展主题教育实践，思想引领有效彰显

积极开展社会主义核心价值观主题教育实践活动，强化思想引领和价值引导，促进大学生对社会主义核心价值观的内在认同和自觉践行。充分发挥学生党建在大学生思想政治教育中的引领作用，以组织红色“1+1”共建活动、开展朋辈教育活动、实施“信息科大·黑苹果 启动职业成长计划”等方式，教育与实践相结合，增强大学生思想政治教育的针对性和实效性，促进学生健康成长。

（二）加强“勤信”文化建设，校风学风持续优化

以“笃信崇学报告厅”、“思睿博雅大观园”建设为抓手，大力加强“勤信”文化建设，提升校园文化品位；以优秀学生基层组织创建展示、课堂失范行为专项整治、考风建设等方式，深入开展“勤学立信 思睿博雅”校风学风建设，引导学生争做“勤奋、诚信、善思、善行、博学、雅致”的高素质人才，校风学风持续优化。

（三）落实服务育人理念，学生日常管理更显成效

立足学生实际，着眼学生成长，突出育人功能，切实做好学生“奖、勤、助、贷、补、免”等日常管理工作，更好地服

务学生成长成才。

（四）丰富工作载体，心理健康教育全面覆盖

进一步健全筛查、干预、追踪一体化工作机制，升级心理健康教育中心硬软件设备，以新生入学心理教育、大学生心理健康节系列活动、学生骨干舞动心理辅导工作坊等丰富载体，促进心理健康教育全面覆盖，提高大学生心理健康教育水平。

三、突出建设长效机制，各项改革积极稳妥推进

（一）着眼完善内部治理体系，管理体制改革继续深化

以开展仪器科学与光电工程学院、信息与通信工程学院，计算机学院、政治理论教育学院等四个学院综合改革试点工作为重点，进一步推进校院两级管理体制改革，取得初步成效。积极将上级有关依法治国、教育综合改革的精神，融入《大学章程》的制定与修改中，并依据《大学章程》精神，开展完善学校制度体系的相关前期工作。

（二）努力促进常态化，人事制度改革平稳推进

完成教学单位的核编、核岗工作，完成教师职务岗位、其他专业技术职务岗位和工勤技能岗位聘期聘任工作，完成教育管理和思想政治工作专业技术职务任职资格推荐评议及评审工作，各类职务聘任趋向常态化。

（三）突出保障功能，财经管理更加规范

认真贯彻新颁布的高校会计制度，着力做好校院两级预算管理，顺利完成新旧会计制度转换，全面推进公务卡结算改革，妥善处理公租房贷款相关工作，有力保障了学校发展。围绕资金运行主线，以基建工程造价审计、经济责任审计和财务收支审计为基础，完成各类审计项目75项，在规范财务管理、防范资金风险、加强廉政建设等方面发挥了积极作用。

（四）注重理顺管理体制，后勤改革有力推进

进行后勤机构调整，撤销后勤服务集团，原后勤服务集团“修缮工程”职能划归基建处，其余职能划归后勤管理处，进一步理顺后勤管理体制，并以后勤改革2个主文件和7个配套文件为指导，制定一系列规章制度，积极推进后勤内部管理改革。

全年完成46项共计4049万元的基础设施改造工程和6项共计749万元设备购置项目。开展教职工集体宿舍维修和规范管理工作，认真做好医疗管理与服务，加强传染病防控和预防保健。规范学生公寓的管理和服务，提升饮食服务质量，物业、供暖、校园、车辆运输及企业管理工作有序进行。开展节能减排工作，顺利通过清洁生产审核，落实减少碳排放指标。后勤管理更加规范，服务更加优化。

四、切实加大工作力度，学校办学条件得到有效改善

（一）努力争取外部支持，新校区建设工作取得新进展

努力争取北京市委市政府和昌平区委区政府支持，全力以赴推进新校区建设工作。12月28日，市教委线联平主任主持召开有市教委和昌平区委区政府领

导，市、区相关委、办、局及镇、村领导参加的新校区建设项目推进会，并举行新校园建设奠基仪式，标志着学校新校园建设取得新的实质性进展。此外，学校稳步推进新校区建设项目前期工作、学生宿舍A组团前期工作、拆迁工作、单体建筑设计工作、项目可行性研究报告编制及报审工作。

完成小营校区气膜结构体育馆工程施工和验收，为体育教学和师生运动健身创造了更为良好的环境。

（二）加强资源建设，拓展图书馆教育和信息服务功能

完成数字图书馆建设项目招标及图书馆全员岗位聘任工作。深入开展馆际互借和原文传递服务，不断提升服务质量和服务水平，获得北京地区高校图书馆文献资源保障体系（BALIS）原文传递服务最佳服务奖及馆际互借服务先进集体三等奖。文献资源招标采购金额525万元，积极探索特色资源建设工作，推动学科联络服务，尝试学科服务，梳理计算机学科的重要文献目录向计算机学院教师进行推送。开展“知识改变命运，阅读点亮人生”世界读书日系列活动，营造校园阅读环境。

（三）加强数字校园建设，信息化建设取得较大进展

加强信息化基础设施、数字校园应用、数字资源等方面建设，通过了首批市属高校数字校园示范校验收，完成校级数据中心建设的前期规划、论证、技术储备、基础数据收集等工作。以用户需求和服务为导向重新构建综合服务工作流程，使信息化手段更好地服务学校的教学、科研、管理、服务工作。

（四）严格制度流程，规范设备招标采购和资产管理

完善制度建设，不断规范采购行为，提高资产管理水平。完成学校各项物资采购任务，公开招标采购立项86个共计14628.4万元、协议采购1346.1万元、零星采购439.3万元。及时组织各类新增资产验收入库登记和落实管理责任，新登记仪器设备9502台（件），新登记图书、软件及电子课件43143册（套，MB）。规范固定资产处置，报废仪器设备3845台（件），报废图书、软件、电子课件3596册（套，MB）。

（五）充分发挥各校区管理办公室的作用，促进工作协调运转

金台路和酒仙桥校区合并成立东部校区，各校区管理办公室围绕学校中心工作，结合各校区具体情况，与有关职能部门密切配合，积极主动地做好校区综合协调、房屋资源调查统计、基础设施修缮改造工作、服务保障工作、学生管理、离退休工作、家委会管理、安全稳定工作、应急事件处置以及属地对外联络协调等相关工作。不断完善工作制度和程序，团结协作，认真履行职责，强化服务意识，提升工作质量，积极推进校区建设和发展，在全校工作中发挥了应有作用。

五、服务改革发展大局，党的建设科学化水平有效提升

（一）成功召开第二次党代会，学校顶层设计更加清晰

成功召开了第二次党代会，选举产生了新一届党的委员会和纪律检查委员会。会议全面系统地回顾和总结了过去5年学

校改革建设发展和党的建设取得的显著成绩和积累的宝贵经验，并立足学校转型发展的战略目标，客观分析了学校改革建设发展面临的机遇和挑战，明确了今后五年学校改革建设发展的总体思路、主要任务和关键举措。第二次党代会的成功召开，为推进学校转型发展、实现中长期发展目标提供了坚强的组织保证，奠定了坚实的政治基础和思想基础。

（二）深化“四风”整治，拓展教育实践活动成果

按照中央和北京市委的有关工作要求，立足学校实际情况，结合开展以“严格党内生活，严守党的纪律，深化作风建设”为主题的校级领导班子民主生活会，认真落实校党委从严治党主体责任，充分认识作风建设的长期性、复杂性、艰巨性，紧盯新变化新问题，跟进新对策新措施，以“回头看”的方式，进行普遍自查，对校院两级整改落实任务进行全面梳理、盘点分析和督促整改，确保各项整改落实任务按期保质完成。认真总结教育实践活动经验，修订或制定了作风建设的相关制度，着眼管长远、成常态、抓长效，推进集中反“四风”、改作风为经常性的作风建设，进一步巩固和拓展了学校教育实践活动成果。

（三）强化干部人事制度改革，干部队伍和党员队伍结构更加优化

为进一步优化组织结构，推进干部制度改革，更好适应学校转型发展需要，在对党政管理部门、直属机构、群团组织处职机构设置进行调整的基础上，完成新一轮党政管理部门、直属机构、群团组织处职岗位聘任工作，共任命28个处级正职和40个处级副职，其中新提任正处级干部11人，副处级干部22人（4个扩大使用到学院），岗位交流13人；完成对部分学院党组织设置的调整工作，在机电工程学院等7个学院设立党的委员会，在政教学院、公管传媒学院分别设立党的总支部委员会；完成计算机学院党总支书记、公共管理与传媒学院院长助理、理学院党总支副书记、计算机学院教学副院长等岗位的选拔任用工作，提前启动并完成理学院行政领导班子换届工作。新一轮处职岗位聘任及相关干部选拔任用工作，既优化了学校党政管理组织体系，明晰了职责职权，更使一批青年优秀干部脱颖而出，进而优化了处级干部队伍结构，激发了干部队伍干事创业活力，为学校转型发展提供坚实的组织保证和人才支持。

校党委统筹领导，以课题立项方式，分别组建了思想建设、作风建设（含干部、人才）、组织建设、制度建设、反腐倡廉建设5个专题小组，在开展调研、集中研讨、广泛征求意见的基础上，制定完成了《北京信息科技大学2014—2018年党的建设五年规划》，梳理今后五年学校党建工作亟须破解的矛盾和难题，并明晰了工作目标，确定了工作任务，细化了工作措施。

制定《教师党支部实施“融入中心，服务发展”工作法的指导意见》、《北京信息科技大学党支部工作考评办法（试行）》和《北京信息科技大学党总支工作考评办法（试行）》等一系列党建工作制度，开展了首批“示范党支部”建设点验收、挂牌工作，推进服务型教师党支部建设。贯彻落实《中国共产党发展党员工作细则》，修订《北京信息科技大学发展学生党员工作规范》，编制《北京信息科技大学发展大学生党员工作程序模板（试行）》，细化党员发展流程，规范发展党员过程材料。全年

共发展党员 675 名，转正党员 686 名。

（四）构建宣传思想工作大格局，宣传思想工作实效性更加凸显

坚持党管宣传、党管意识形态原则，牢固树立大宣传理念，按照围绕中心、服务大局、统筹规划、系统设计、整体推进的要求，进一步健全和完善党委统一领导、党政工团齐抓共管的工作机制，统筹整合校内校外各种资源，统筹协调课内课外、网上网下各方力量，强化思想引领、价值塑造、文化积淀、氛围营造，积极构建宣传思想工作大格局，唱响主旋律，传播正能量。坚持育人为本，以理论宣讲、讲座报告、主题征文等多样化方式，把学习贯彻十八大和十八届三中、四中全会精神，践行社会主义核心价值观，“中国梦”宣传教育等活动引向深入，不断提升广大教师思想政治素质，不断增强青年学生的道路自信、理论自信和制度自信。全年邀请专家教授主办主题报告会 20 余场，收集并上传校园网理论学习资料 50 余万字。围绕学校中心工作、形势与政策、政治理论学习、师生关注的热点问题，做好网络舆情监控工作，切实掌握师生思想动态，思想引领、舆论引导更加具有针对性和实效性。聚焦“勤以为学 信以立身”校训精神，诠释“笃信 崇学 开放 超越”大学精神，谋划富有个性和特色的校园文化顶层设计，围绕教学科研工作、学生科技成果、师生典型人物等工作，以“校园故事”形式更加鲜活地呈现师生“勤信”风采，促进校园文化积淀，提升校园文化品位。着眼提升学校美誉度、鼓舞师生士气、增强发展自信，有效借助校外媒体，加大对外专题宣传力度，北京电视台、《中国青年报》《北京日报》等媒体累计报道学校 70 余次，其中“Water”机器人足球队、“追梦男孩”季逸超、热心公益的杜佳楣老师等成为媒体报道热点，引起社会的高度关注和良好反响。全年共有 7 件作品获得北京高校好新闻奖，其中一等奖 4 个、二等奖 1 个、三等奖 2 个；4 件作品获得中国高校好新闻奖，其中二等奖 2 个、三等奖 2 个，获奖档次与获奖率均处市属高校与同类高校前列。

（五）落实校党委主体责任，党风廉政建设有效推进

深入贯彻落实十八大以来党中央和北京市关于党风廉政建设及反腐败工作的新精神、新要求，认真落实校党委主体责任和校纪委监督责任，有效推进学校党风廉政建设。坚持将党风廉政建设工作同学校各项中心工作一同部署、一同推动、一同检查，召开学校党风廉政建设工作会议，逐级签订《党风廉政建设责任书》，分解工作任务，细化工作措施，落实责任到人。坚持“预防为主，重在教育”的方针，利用优势互补的“大宣教”格局，针对不同群体，确定不同教育目标和内容，形成分层分类、全面覆盖的廉政廉洁教育体系。针对中层干部开展了职务犯罪典型案例及“小官巨腐”典型案例警示教育、“高校典型案例警示教育展板”；针对教师开展了新入职教职工廉洁从教主题报告并配发《高校师德建设规范摘编》；针对青年学生开展了以“廉洁人格养成”为主题的校领导邀约日活动、“诚在当下 廉在未来”的廉洁教育宣传活动以及编印《扬正气·颂清廉——北京信息科技大学廉政文化比赛获奖作品集》等。把廉政风险防范管理与惩防体系制度建设工作相结合，以试点的方式，深入探索廉政风险防控“三个体系”建设，并认真总结经验，逐步推广。加大

对干部选拔任用、本科招生录取工作、物资采购、基建招投标、科研经费使用等重点部门和关键环节的监督检查，认真开展教育收费专项治理工作，认真做好信访举报和案件查办工作，推进权力在阳光下运行。

（六）深化“平安校园”建设，维护学校安全稳定大局

坚定不移地贯彻“稳定压倒一切”的工作方针，围绕学校中心工作，以深化“平安校园”建设成果为主线，持续维护学校安全稳定大局。在学校顺利通过“平安校园”验收并被评为“平安校园示范校”的基础上，对照“平安校园”创建工作机制和任务标准，精心谋划年度目标任务、工作标准和保障措施，有效利用“平安校园”专项引导资金，进一步夯实了安全稳定工作基础，深化“平安校园”创建成效。加强情报信息队伍建设，充分发挥“平安校园”志愿者、特约信息员、校园网络管理员等队伍作用，对涉及师生思想动态、校园网络舆情、涉校矛盾纠纷和涉及国家安全、国际国内热点等问题，坚持定期搜集研判工作。认真落实上级关于各敏感期维稳工作部署，适时开展维稳形势会商研判，制定应对预案，全力做好各敏感节点维稳工作。不断改善校园及周边安全环境与秩序，排查校园安全隐患，对排查出的问题及时进行整治，积极争取市、区两级对校园及周边治安综合治理工作的支持，积极配合属地政府和有关部门，做好校园周边环境秩序的综合治理工作。持续推进科技创安工作，整合各技防资源，投资开发“北京信息科技大学安稳管理系统”，推动安全稳定工作信息化管理，努力构建校园安全技术防范综合平台，实现安全稳定工作基础数据的收集、分析与处理。完成小营、健翔桥和清河三个校区校园交通智能管理系统建设，实行社会机动车辆进校停车收取占用资源费的管理措施，改善了校园交通秩序。加强校园应急处置体系建设，完善应急预警机制和应急预案，加强学校“平安校园”管理服务中心建设，发挥综合防控、应急处置和热线服务功能。实现了全年“不出大事，减少小事，有事及时妥善处置，把危害和后果减小到最低程度”的工作目标，持续维护了学校政治稳定和安全和谐大局。

（七）加强组织领导，推动统战工作、老干部与离退休工作和群团工作共同发展

认真贯彻落实党的统战工作方针政策，推进民主党派搞好自身建设，举荐和培养党外代表人士，充分发挥党外知识分子在推进学校发展建设中的积极作用，突出“同心”引领、促进校园和谐、推进文化建设。加强党外代表人士队伍建设和民主党派基层组织建设，进一步完善统战人员信息库。积极为全国、北京市、区政协委员创造工作条件，更好地履行参政议政任务。

高度重视老干部工作，认真落实离退休干部“两项待遇”，充分发挥离退休干部在学校改革发展和构建和谐校园建设中的作用。加强离退休干部党支部建设、党员队伍建设，发挥离退休党员作用，将“老有所学”与“老有所乐”结合起来，组织党员参观学习，开展丰富多彩的文体娱乐和参观游览活动。建立对离退休干部“空巢家庭”的联系和信息传递机制，开展老干部自愿参加的“开心聊天”活动，该活动已坚持 8 年，得到上级的高度评价。

加强教代会建设，推进学校民主建设。召开第一届教职工代表大会第八次会议暨

第一届工会会员代表大会第七次会议。推进师德师风建设，通过开展“三育人”工作提升师德建设水平，利用青年教师社会实践平台，培育和践行社会主义核心价值观。抓实“教职工幸福健康工程”，关注教职工身心健康，做好送温暖和走访慰问活动，开展各种文体活动，丰富教职工业余生活，面向女职工群体开展特色活动。落实“会家合一”要求，指导“教职工之家”建设，取得较好成效。

各级共青团组织结合学生特点，认真履行组织青年、引导青年、服务青年、维护青年合法权益的基本职能，团结带领全校广大团员青年，开展了形式多样的科技创新、社会实践与志愿服务等活动，切实服务于青年学生的成长成才。17 人被评为北京市“先锋杯优秀团员”，17 人被评为“先锋杯优秀基层团干部”，16 个团支部被评为“先锋杯优秀团支部”。19 人被评为北京市“三好学生”，7 人被评为北京市“优秀学生干部”，7 个班集体被评为北京市“先进班集体”。

坚持“服务校友，服务母校”的宗旨，完善校友工作机制，提高校友工作的水平和质量，成立辽宁校友联谊会，第三届校友工作志愿者协会完成换届。召开校友会 2014 年第一次常务理事会。校友企业家联谊会召开第二届年会暨企业家论坛，增补联谊会副会长，并举办两场沙龙，确立校友企业家联谊会例会制度。宣传优秀校友，为在校生树立学习榜样，开展值年校友返校和走访校友工作。校友和校友企业通过校企合作、校友捐赠、技术支持等不同的方式回馈母校，签订北京信息科技大学与山东校友联谊会部分校友企业校企战略合作框架协议，启动川渝校友爱心基金，校友田雨厚再次向计算机学院捐款 2 万美金支持“雨厚”奖学金，赞助“绿色校园行”活动，捐赠北京信息科技大学数据资源管理平台软件，组织实施校友社区综合管理平台。加强校友会基础性平台建设工作，实施校友信息管理系统，推广校友通讯录、校友帮等应用。

2014 年，学校党委聚焦转型发展，精心谋划顶层设计，凝聚人心智慧，弘扬发展共识，团结和带领全校师生秉持“勤以为学 信以立身”的校训精神，弘扬“笃信崇学、开放超越”的大学精神，推动学校各项事业继续发展，取得较大成绩。但对照党和国家对高等教育提出的新要求、高等教育新一轮综合改革的新趋势、学校转型发展的新方向、广大师生员工的新期待，还存在着以下方面的差距、问题和不足。一是，领导班子及成员联系群众的机制不够健全，深入一线联系师生不到位，与一线师生日常的沟通联系不够广泛，对一些师生反映强烈的实际问题解决不够及时。二是推动一些重要工作的落实不够到位，例如学校战略转型的内涵、动力、支撑等不够细化，有些具体工作还停留在书面上、口头上；落实学校第二次党代会精神的具体措施还要进一步深入研究和细化。三是在推进依法治校、综合改革和解决制约学校发展的瓶颈问题方面，主动出击的意识还需要进一步增强、攻坚克难的力度还需要进一步加大。2015 年，学校将坚持以科学发展观为指导，深入贯彻落实党的十八大精神和十八届三中、四中全会精神，贯彻落实学校第二次党代会精神，全面落实“十二五”事业发展规划，全力以赴实现预定的各项工作目标，为学校战略转型奠定更加坚实的基础。

2014年十大新闻

1. 学校第二次党代会隆重召开

4月19日、20日，中国共产党北京信息科技大学第二次代表大会隆重举行。这是学校在深入贯彻落实党的十八大和十八届三中全会精神，全面实施“十二五”事业发展规划，进一步谋划学校改革发展的新目标、新任务时期召开的重要会议。柳贡慧同志主持大会并致开幕词。刘建同志代表中共北京市委教育工委、北京市教委对大会的召开表示热烈祝贺，并发表重要讲话。郑君礼同志代表中共北京信息科技大学第一届委员会做了题为《解放思想，改革创新，凝聚力量，攻坚克难，为建设高水平教学研究型大学而努力奋斗》的工作报告。大会选举了新一届党委和纪委。

2. 新校园奠基

12月28日10时18分，学校新校园在昌平区马池口镇东坨村破土奠基，这标志着新校园进入实质性建设阶段。市教委主任线联平，市各委、办、局领导，昌平区领导，全体校领导，教师及学生代表百余名共同为新校园奠基。截至目前，新校园建设已经完成了征地工作、总体规划编制、单体建筑方案征集和设计工作、完成了可行性研究报告编制及报审工作、完成了学生宿舍A组团开工前的各项准备工作、完成了东坨村三分之二的拆迁工作，并在已拆迁范围内修建了围合面积300多亩的临时围墙，春节后将正式开工建设。

3. 学校科研经费再创新高

2014年学校科研总经费超过1.455亿元，相比较2013年的1.197亿元，增长21.55%，增长幅度创历史新高。新增国家基金项目21项，创历史新高，首次获得合同额3000万元的重大科研项目；获得40项发明专利，较2013年增幅超过30%。学校科研综合实力稳步增强。

4. 首次以第一完成单位获国家级教学成果奖

今年，学校“强化特色，服务首都，提升应用型人才的工程实践和创新能力”教学成果获评为2014年国家级教学成果二等奖。该成果的主要创新点包括大工程理念指导下的实践教学体系创新，以引导学生主动实践、自主学习为主要特征的实践教学模式创新，激励参与、保障有力的管理制度创新等。这是学校首次以第一完成单位获得国家级教育教学方面的标志性成果。成果主要完成人有：杜林、许晓革、王兴芬、黄民、杨曙辉、米洁、李学华、张健、彭书华。成果体现了学校在教育教学改革方面取得的重大突破。

5. “2011协同创新中心”建设取得进展

充分发挥学校学科、科研优势特色，联合各类创新力量，参与申报建设“2011协同创新中心”。参与建设的北京理工大学发起的“电动车辆协同创新中心”已正式获得2014年度“2011协同创新中心”国家级认定。

6. 领军人才队伍再添新兵

年内，学校通信学院缪旻教授、经济

管理学院侯军岐教授入选北京市长城学者培养计划；高动态导航技术北京市重点实验室范军芳副教授入选2015年度北京市科技新星计划（B类）；自动化学院历虹教授获评为北京市教学名师；12名教师入选北京市青年拔尖人才培育计划。

7. 高考录取成绩喜人，生源质量提升

2014年招生工作取得了新进展，录取成绩喜人，生源质量有了新的提升。其中一本招生取得重大突破，一本招生省份达到21个，文理科全部专业进入一批招生的省份由去年的2个增加到7个，理科全部专业进入一本一批招生的省份由上一年度的5个增加到10个。京内外合计2730名新生中，一本线（含）以上的1821人，占全体新生比例的66.7%。留学生数量稳步增长，全年共招收173人次，其中攻读经济学（国际贸易专业）的本科学历生为65人次，长、短期汉语言留学生为108人次，这些学生分别来自俄罗斯、韩国等11个国家和地区，本科学历生数量获较大幅度提高。

8. 季逸超同学荣获第28届“北京青年五四奖章”

在3月份启动的第28届“北京青年五四奖章”评选中，学校计算机学院2011级本科生季逸超同学作为大学生科研创业代表顺利当选。本届五四奖章获得者分布领域广泛包括教育教学、科研创新、文体卫生、经济管理、新闻媒体、政法管理、农林畜牧、志愿公益等8个领域。

9. “Water”队在第18届机器人世界杯中获奖总数取得新突破

7月19—24日， 第18届RoboCup机器人世界杯比赛中，学校机器人“Water”足球队勇夺中型组足球机器人世界杯亚军，规定项目冠军，自选项目季军，获奖总数取得历史新突破。11月15日、16日，学校第三次承办的华北五省（市、自治区）大学生机器人大赛。参赛队伍、人数创历史新高，比赛吸纳了国际水中机器人的部分项目和ROBCUP中型组项目，得到了国际水中机器人联盟和ROBCUP中型组技术委员会的大力支持与帮助，提升了比赛的水平和影响力。此外，学校学生在其他全国各层次各学科的竞赛中也取得了优异成绩，向社会展示了学校人才培养的优势和特色。

10. 学校本科生、研究生毕业就业质量报告首次公开发布

年末，学校首次公开发布2014届本科、研究生毕业生就业质量报告。就业质量报告从本科、研究生毕业生基本情况、就业情况及分布特点和就业工作的主要举措三个方面，全面总结展示学校2014届毕业生就业情况和就业工作现状。报告显示截至2014年10月31日，本科生宽口径统计一次就业率98.84%，从毕业生就业的单位性质看，国家机关、事业单位和科研院所占7.58%，国有企业占25.68%，民营企业占58.03%。研究生宽口径统计一次就业率98.64%，从毕业生就业的单位性质看，国家机关、事业单位和科研院所占17.68%，国有企业占16.52%，民营企业占30.72%。从行业分布看，接收学校毕业生最多的是信息传输、软件和信息技术服务业、金融业、租赁和商务服务、制造业。

四、机构与队伍

校级党政领导

中共北京信息科技大学委员会

党 委 书 记：郑君礼
党委副书记：杨　军　刘筱毅
党 委 委 员：（按姓氏笔画排序）
王久和　王兴芬（女）卢玲军（女）冯晓春（女）冯喜春
邢济收　刘　勇　刘小河　刘筱毅　苏　中　杜世智　李　宁
李　忱　杨　军　张怀存　林国策　郑君礼　柳贡慧　栾忠权
陶志红（女）葛新权　韩秋实　鲁　雷
党 委 常 委：郑君礼　柳贡慧　杨　军　刘筱毅　冯晓春（女）冯喜春
韩秋实　刘　勇　陶志红（女）

北京信息科技大学校长　副校长　校长助理

校　　长：柳贡慧
副 校 长：冯喜春　韩秋实　刘　勇　彭斌柏　许宝杰　陶志红
校长助理：栾忠权　林国策

中共北京信息科技大学纪律检查委员会

纪 委 书 记：冯晓春
纪委副书记：牛志英
纪 委 委 员：戈新生　牛志英　冯晓春（女）刘永成　孙　晨（女）
徐　燕（女）韩俊彦　谢瑞峰　滕功清

校级领导班子成员分工

姓名	工作分工
郑君礼	主持党委全面工作。侧重联系计算机学院、经济管理学院、信息管理学院、政治理论教育学院、公共管理与传媒学院、理学院
柳贡慧	主持行政全面工作；主管审计工作。侧重联系机电工程学院、仪器科学与光电工程学院、自动化学院、信息与通信工程学院、外国语学院
杨军	负责宣传工作、统战工作、学生工作、就业工作、工会工作、教代会工作、体育工作。分管党委宣传部、党委统战部、党委研究生工作部、学生处、党委学生工作部（武装部）、招生就业工作处（就业工作）、新闻中心、校工会、校团委。联系政治理论教育学院、公共管理与传媒学院、体育部
刘筱毅	负责组织工作、干部工作、老干部与离退休工作、党校工作。分管党委组织部、离退休工作处、党委老干部工作部。联系外国语学院
冯晓春	负责纪律检查工作、监察工作、保密工作、校区工作，协助校长分管审计工作。分管纪委办公室、监察处、保密工作办公室、审计处、健翔桥校区管理办公室、清河校区管理办公室、东部校区管理办公室。联系计算机学院
冯喜春	负责人事工作、外事工作、港澳台事务工作。分管人事处、国际交流合作处、港澳台事务办公室。联系机电工程学院
韩秋实	负责科技工作、学科与研究生教育工作、科技产业工作。分管科技处、研究生院、产业与经营性资产管理办公室。联系仪器科学与光电工程学院
刘勇	负责学校日常综合协调工作、后勤工作、安全稳定工作。分管学校办公室、后勤管理处、安全稳定处、党委安全稳定工作部。联系自动化学院
彭斌柏	借调到教育部工作，暂不负责校内相关工作
许宝杰	负责本科教学工作、本科招生工作、留学生教育工作、继续教育工作、图书馆工作、高教研究工作。分管教务处、招生就业工作处（招生工作）、国际交流学院、继续教育学院、图书馆、高教研究室、发展战略研究室。联系经济管理学院
陶志红	负责修建工作、新校区建设工作。分管基建处、新校区建设办公室。联系理学院
栾忠权	负责财务工作、资产管理工作。分管财务处、资产管理处。联系信息与通信工程学院、机电实习中心
林国策	负责信息化建设工作、校友工作、校史工作、国内合作与法律事务工作、招投标工作。分管信息与网络管理中心、校友校史工作办公室、学校办公室（国内合作与法律事务）；兼任学校招投标工作领导小组办公室主任。联系信息管理学院、计算中心

（2014 年 10 月 10 日）

专门委员会和专门工作组

新校区总体规划工作小组和专家咨询委员会

（校党发〔2010〕16号　2010年6月1日）

一、新校区总体规划工作小组

组　长：校　长

副组长：主管基本建设工作副校长

成　员：学校办公室主任、基建处处长、财务处处长、审计处处长、教务处处长、科技处处长、研究生部主任、图书馆馆长、网管中心主任、后勤管理处处长兼后勤服务集团总经理、体育部主任、监察处处长

（一）协调组

组　长：学校办公室主任

组　员：基建处处长、教务处处长、科技处处长、研究生部主任、后勤管理处处长兼后勤服务集团总经理

（二）招标组

组　长：基建处处长

组　员：财务处处长　审计处处长

（三）监督组

组　长：监察处处长

二、新校区总体规划专家咨询委员会

市国土局分管副局长、昌平区分管副区长、市教委分管副主任、市发改委社会处处长、市发改委环资处处长、市教委基建处处长、市建筑质量安全监督总站站长、市规委相关处处长，另拟聘请国内外有关规划、建筑设计领域专家15人以内

校务公开工作组织机构

校务公开工作领导小组

组　长：书　记　校　长

组　员：学校领导班子成员、党委常委、校长助理

校务公开工作办公室

主　任：书　记　校　长
副主任：学校办公室（党委办公室）主任
成　员：组织部部长、统战部部长、纪委办公室（监察处）主任、教务处处长、科技处处长、研究生部主任、人事处处长、财务处处长、学生工作处处长、招生就业工作办公室主任、资产管理处处长、审计处处长、基建处处长、校工会常务副主席、校团委书记

校友会筹备工作组

（校党发〔2011〕11 号　2011 年 4 月 1 日）

组　长：郑君礼
副组长：韩秋实　冯晓春
成　员：（按姓氏笔画排序）
王　蕾　王　鹰　王志伟　卢　静　田杨萌　回世勇　刘小河　刘永成
孙福友　杜世智　李　健　李　燕　李华涛　林国策　赵　刚　赵晓林
崔仲凯　韩　光　韩俊彦　张怀存　谢瑞峰　谭胜国　滕功清

思想政治理论课建设工作领导小组

组　长：书　记
副组长：负责宣传工作副书记　负责教学工作副校长
成　员：党委办公室（学校办公室）主任、党委宣传部部长、教务处处长、科技处处长、研究生部主任、人事处处长、财务处处长、党委学生工作部部长、校团委书记、政治理论教育学院负责人等
领导小组下设办公室，办公室设在政治理论教育学院

党建和思想政治工作研究会

（校党发〔2011〕21 号　2011 年 5 月 16 日）

理事会

会　长：郑君礼
副会长：杨　军　刘筱毅
秘书长：邵长生
副秘书长：林国策　鲁　雷

成　员：（按姓氏笔画排序）

王　鹰　王兴伟　卢玲军　叶　超　田杨萌　刘小河　刘永成　回世勇
孙　晨　孙福友　张怀存　李　健　李　燕　李华涛　李荣华　赵　刚
郭小兵　郭春燕　崔仲凯　谢瑞峰　韩俊彦　滕功清　谭胜国

秘　书：李　哲

党建工作组

主　任：刘筱毅（兼）
副主任：邵长生
成　员：（按姓氏笔画排序）

李　燕　林国策　姜伟华

秘　书：李　哲

思想政治工作组

主　任：杨　军（兼）
副主任：鲁　雷
成　员：（按姓氏笔画排序）

田杨萌　回世勇　李华涛

秘　书：薛　涛

心理健康教育及心理咨询相关机构

一、成立大学生心理健康教育领导小组

组　长：负责学生工作副书记
副组长：负责后勤工作副校长　负责教学工作副校长
成　员：学生工作部部长、宣传部部长、研究生工作部党总支书记、教务处处长、人事处处长、财务处处长、保卫处处长、后勤管理处处长、心理健康教育中心（心理咨询中心）主任、团委书记、后勤管理处门诊部主任

领导小组下设办公室，办公室与心理健康教育中心（心理咨询中心）合署办公，主任由中心主任兼任

二、成立心理健康教育中心和心理咨询中心

心理健康教育中心和心理咨询中心（以下简称中心）合署办公，是心理健康教育与咨询的专业机构，负责心理健康教育、教学、心理咨询与研究等工作，负责心理健康教育课程的管理与建设工作。中心不设行政级别，挂靠学生工作部，主任由学生工作部分管领导兼任。

党风廉政建设责任制领导小组

（校党发〔2011〕39 号　2011 年 10 月 25 日）

组　长：郑君礼　柳贡慧

副组长：冯晓春

成　员：杨　军　刘筱毅　冯喜春　韩秋实　刘　勇　许晓革　彭斌柏
　　　　许宝杰　邵长生

领导小组办公室设在纪委办公室（监察处）

学校信访工作领导小组

（校党发〔2011〕42 号　2011 年 12 月 5 日）

组　长：郑君礼　柳贡慧

副组长：刘筱毅　冯晓春

成　员：杨　军　冯喜春　刘　勇　许晓革　林国策　李　燕　回世勇
　　　　孙福友　王兴芬

信访工作领导小组下设办公室，办公室设在学校办公室

主　任：林国策

成　员：李丛建　李小平　李蒙丝

党校校务委员会

（校党发〔2011〕43 号　2011 年 12 月 5 日）

党校校务委员会主任：郑君礼

党校校务委员会副主任：刘筱毅　杨　军

党校校务委员会委员：（按姓氏笔画排序）

卢玲军　田杨萌　刘永成　回世勇　孙福友　李　燕　李华涛
杨兴林　邵长生　林国策　姜伟华　崔仲凯　韩俊彦　鲁　雷

党校校长：郑君礼（兼）

党校常务副校长：姜伟华

党校副校长：刘永成（兼）

党校日常工作机构设在党委组织部

人才工作领导小组和工作组

（校党发〔2011〕44号 2011年12月5日）

一、校人才工作领导小组

组　长：郑君礼　柳贡慧

副组长：刘筱毅　冯喜春

成　员：组织部部长、人事处处长、研究生部主任、教务处处长、科技处处长

二、校人才工作组

组　长：刘筱毅　冯喜春

成　员：党委组织部部长、人事处处长、研究生部主任、教务处处长、科技处处长、党委学生工作部部长和各学院（系）院长（主任）

党的建设工作领导小组

（校党发〔2011〕45号 2011年12月5日）

组　长：刘筱毅

副组长：杨　军　邵长生

成　员：林国策　鲁　雷　李　燕　姜伟华　回世勇　田杨萌　韩俊彦　孙福友

学校党的建设工作领导小组办公室设在党委组织部

民族宗教工作领导小组

（校党发〔2011〕46号 2011年12月5日）

组　长：杨　军　刘　勇

副组长：党委统战部部长　学校办公室主任

组　员：党委组织部部长、党委学生工作部部长、党委研究生工作部部长、人事处处长、党委保卫部部长、后勤管理处处长（后勤服务集团总经理）、工会常务副主席、党委老干部工作部部长、团委书记

领导小组下设办公室，办公室设在党委统战部

师德建设领导小组和工作小组

（校党发〔2011〕47 号　2011 年 12 月 5 日）

一、学校师德建设领导小组

组　长：郑君礼　柳贡慧

副组长：冯喜春　杨　军　刘筱毅

成　员：党委组织部、党委宣传部、党委学生工作部、党委研究生工作部、校工会、教务处、科技处、人事处等部门的主要负责人

学校师德建设领导小组办公室设在人事处

二、学校师德建设工作小组

组　长：冯喜春

副组长：刘筱毅

成　员：党委组织部、党委宣传部、党委学生工作部、党委研究生工作部、校工会、教务处、科技处、人事处等部门的主要负责人，各教学单位党总支（直属党支部）负责人

保密委员会成员

（校密发〔2014〕1 号　2014 年 1 月 6 日）

主　任：冯晓春

副主任：韩秋实

委　员：（按姓氏笔画排序）

王久和　王立民　王兴芬　王丽坤　卢　静　吉莉莉　邢济收　李　擎　邵长生
麦　苗　林国策　侯军岐　姜玉勇　栾忠权　高国伟　龚汉明　韩俊彦　鲁　雷

关心下一代工作委员会

（校党发〔2013〕11 号　2013 年 4 月 15 日）

名誉主任：郑君礼　柳贡慧

顾　　问：杨　军　许宝杰　唐树艺　林少岩　张鸣岐　陈　虎　张银增　黄永水

主　　任：甘圣予

常务副主任：孙毓仁　刘筱毅

副 主 任：陈维兴　郝静如　柴鸿斌

副主任单位：学校办公室　组织部　宣传部　人事处　财务处　后勤管理处
委　员：孙福友　回世勇　李祥贵　李华涛　王兰俊　王芹芳　王国华　陈大稳　刘景怀
钱崇越　岳文元　张祖荫　赵平生　甄同树　杜振祁　曹　珺　关桂元　姜长来
李宗生　任立乾　尚德培　肖玉华　刘建兰　陈裕中　梁舒惠
关心下一代工作委员会下设秘书处
秘书长：孙福友　回世勇　李祥贵
秘书处成员：薛承军　甄同树　曹　珺　杨　菁　李伟彪　祁长青
关心下一代工作委员会下设办公室，办公室设在离退休工作办公室

学校老干部工作领导小组

（校党发〔2011〕50号　2011年12月5日）

组　长：郑君礼　柳贡慧
副组长：刘筱毅
成　员：邵长生　林国策　鲁　雷　栾忠权　姜玉勇　王志伟　孙福友
老干部工作领导小组办公室设在党委老干部工作部（离退休工作办公室）

校办企业规范化建设领导小组

（校党发〔2011〕51号　2011年12月5日）

组　长：郑君礼　柳贡慧
副组长：冯喜春　韩秋实　刘　勇
成　员：监察处处长、科技处处长、人事处处长、财务处处长、资产管理处处长、审计处处长、后勤管理处处长（后勤服务集团总经理）
领导小组下设办公室，领导小组办公室挂靠在科技处
办公室主任：钟　玲（兼）

财经工作领导小组

（校党发〔2011〕52号　2011年12月5日）

组　长：柳贡慧
副组长：许宝杰
成　员：财务处处长、审计处处长、监察处处长、资产管理处处长、学校办公室主任

“十二五”事业发展规划编制机构

（校党发〔2011〕56 号　2011 年 12 月 20 日）

一、北京信息科技大学“十二五”事业发展规划编制领导小组（以下简称领导小组）

组　长：郑君礼　柳贡慧

常务副组长：许宝杰

成　员：杨　军　刘筱毅　冯晓春　冯喜春　韩秋实　刘　勇　许晓革　彭斌柏　陶志红　邵长生

职　责：全面领导“十二五”规划的编制工作，组织研究、决策规划编制过程中的重要问题

二、领导小组办公室

主　任：许宝杰

副主任：林国策

成　员：杨兴林　王兴芬　邢济收　王久和　栾忠权　刘　伟

三、规划起草工作组

组　长：柳贡慧

副组长：许宝杰　杨兴林

成员单位：发展战略研究室、学校办公室、宣传部、基建处（新校区建设办公室）

安全稳定工作领导小组

（校党发〔2011〕57 号　2011 年 12 月 30 日）

组　长：郑君礼　柳贡慧

副组长：杨　军　刘　勇

成　员：刘筱毅、冯晓春、冯喜春、韩秋实、许晓革、彭斌柏、许宝杰、陶志红、邵长生，学校办公室、党委宣传部（统战部）、纪委办公室、研究生部、财务处、学生处、国际交流合作处、后勤管理处（后勤服务集团）、保卫处、网络管理中心、离退休工作办公室、工会、团委、继续教育学院以及各校区的主要负责人

国家安全工作领导小组

（校党发〔2011〕57 号　2011 年 12 月 30 日）

组　长：刘　勇

副组长：杨　军
成　员：学校办公室、党委组织部、党委宣传部（统战部）、党委保卫部、人事处、保密办公室、科技处、研究生部、党委学生工作部、团委、国际交流合作处、继续教育学院、网络管理中心的主要负责人
办公室：设在党委保卫部
办公室主任：党委保卫部部长

社会治安综合治理委员会

（校党发〔2011〕57号　2011年12月30日）

主　任：刘　勇
委　员：学校办公室、党委宣传部、保卫处、研究生部、财务处、学生处、后勤管理处（后勤服务集团）、资产管理处、工会、团委、继续教育学院以及各校区的主要负责人，各党总支（机关党委、直属单位党支部）书记
办公室：设在保卫处
办公室主任：保卫处处长

处理“邪教”问题领导小组

（校党发〔2011〕57号　2011年12月30日）

组　长：刘　勇
副组长：杨　军
成　员：校区联合党总支、党委组织部、党委保卫部、研究生部、人事处、党委学生工作部、继续教育学院的主要负责人及相关单位党组织主要领导
办公室：设在党委保卫部
办公室主任：党委保卫部部长

防火安全委员会

（校党发〔2011〕57号　2011年12月30日）

主　任：刘　勇
副主任：保卫处、后勤管理处（后勤服务集团）主要领导
委　员：学校办公室、教务处、科技处、研究生部、学生处、基建处、资产管理处、各校区主要负责人，保卫处安全科科长、派驻健翔桥校区负责人，后勤管理处（后勤服务集团）分管饮食服务和分管学生公寓的负责人
办公室：设在保卫处

办公室主任：保卫处处长

交通安全委员会

（校党发〔2011〕57 号　2011 年 12 月 30 日）

主　任：刘　勇

副主任：保卫处、后勤管理处（后勤服务集团）主要领导

委　员：学校办公室分管车辆的副主任，党委宣传部、学生处、工会、团委和各校区主要负责人，研究生部党总支书记、继续教育学院院长，离退休工作办公室副主任，保卫处安全科科长，后勤服务集团运输部负责人

办公室：设在保卫处

办公室主任：保卫处处长

外来人口管理领导小组

（校党发〔2011〕57 号　2011 年 12 月 30 日）

组　长：刘　勇

副组长：保卫处、后勤管理处（后勤服务集团）主要领导

成　员：人事处、各校区的主要负责人，后勤管理处（后勤服务集团）其他领导，保卫处社会治安综合治理管理岗负责人

办公室：设在保卫处

办公室主任：保卫处处长

学校大学生思想政治教育工作领导小组

（校党发〔2011〕58 号　2011 年 12 月 30 日）

组　长：郑君礼　柳贡慧

副组长：杨　军　刘筱毅　冯晓春　冯喜春　韩秋实　刘　勇　许晓革　彭斌柏　许宝杰　陶志红

成　员：学校办公室主任、党委组织部部长、党委宣传部部长、纪委办公室主任、教务处处长、科技处处长、党委研究生工作部部长、人事处处长、财务处处长、党委学生工作部部长、招生就业工作办公室主任、后勤管理处处长、保卫处处长、校工会常务副主席、校团委书记、人文社科党总支书记、网络管理中心主任

领导小组下设办公室，办公室设在党委学生工作部

党务公开工作组织机构

（校党发〔2012〕19号 2012年3月23日）

党务公开工作领导小组

组　长：刘筱毅

副组长：冯晓春

成　员：党委办公室（学校办公室）、党委组织部、党委宣传部、纪委办公室、保密工作办公室、党委研究生工作部、党委学生工作部、党委保卫部、党委老干部工作部负责人

党务公开工作监督小组

组长：纪委办公室主任（兼）

小组成员：一般党员和学校区人大代表各1人、教代会党员代表1人、民主党派和无党派代表各1人、学生代表1人、离退休干部党员代表1人

学校招标工作领导小组

（校党发〔2014〕22号 2014年7月28日）

领导小组组长由学校党委书记、校长担任；成员由学校分管纪检监察、财务资产、后勤、基建工作的校级领导班子成员组成。领导小组下设办公室、物资采购招标工作组、服务外包招标工作组、修建工程招标工作组。

党的群众路线教育实践活动领导机构和工作机构

（校党发〔2013〕24号 2013年7月9日）

一、领导小组

组　长：郑君礼

副组长：柳贡慧　杨　军　刘筱毅　冯晓春

成　员：冯喜春　韩秋实　刘　勇　陶志红　邵长生　栾忠权　林国策　鲁　雷　牛志英　李祥贵　回世勇　韩俊彦　孙福友

二、领导小组办公室

主　任：刘筱毅（兼）

副主任：邵长生

成　员：林国策　鲁　雷　牛志英

综合组负责人：邵长生
文秘组负责人：林国策
宣传组负责人：鲁　雷
督查组负责人：牛志英

三、教育实践活动联络组

第一联络组组长：李邓化
　　　　副组长：李丛建
　　　　成　员：张金晓、王　鑫
第二联络组组长：甄同树
　　　　副组长：姜伟华
　　　　成　员：李　哲、焦丽华
第三联络组组长：张祖荫
　　　　副组长：赵爱玲
　　　　成　员：薛　涛、谌　兵

中共北京信息科技大学第二次代表大会代表资格审查小组

（校党发〔2013〕42号　2013年11月19日）

组　长：邵长生
成　员：（按姓氏笔画排序）
　　牛志英　刘　莹　李相务　姜伟华　郭银辉

学校定密小组成员

（校密发〔2011〕1号　2011年3月29日）

组　长：侯军岐
组　员：（按姓氏笔画排序）
　　王丽坤　李　擎　麦　苗　林国策　栾忠权　高国伟

申请保密资格审查认证工作机构

（校密发〔2011〕4号　2011年5月25日）

一、保密资格审查认证领导小组

组　长：韩秋实
副组长：麦　苗　侯军岐

成　员：（按姓氏笔画排序）
王丽坤　李邓化　林国策　高国伟　龚汉明　韩俊彦

二、保密资格审查认证工作小组

（一）管理工作小组

组　长：麦　苗
成　员：（按姓氏笔画排序）
王立民　吴细宝　张　伟　张京华　徐　铭

（二）技术工作小组

组　长：侯军岐
成　员：（按姓氏笔画排序）
吴细宝　张　伟　郑小博　龚汉明　韩俊彦

教学督导组

（校发〔2009〕1 号　2009 年 3 月 4 日）

组　长：陈维兴
副组长：郝静如
成　员：（按姓氏笔画排序）
于惠庄　毕万全　刘伟霞　孟庆昌　佟丽娟　姜长来　郭　钦　铁慧琴　梁福平

教师职务聘任争议调解处理委员会

（校发〔2009〕3 号　2009 年 3 月 30 日）

主　任：刘　勇
委　员：（按姓氏笔画排序）
卢玲军　李　萍　李　燕　邵长生　韩俊彦　鲁　雷
委员会下设办公室，办公室设在校工会
主　任：范秀华
秘　书：于　洋

毕业生就业工作领导小组

（校发〔2009〕6 号　2009 年 5 月 18 日）

组　长：书　记　校　长

副组长：分管毕业生就业工作的校领导、分管教学工作的校领导
成　员：招生就业办主任、研究生部主任、学生处处长、教务处处长、宣传部部长、团委书记
毕业生就业工作领导小组下设办公室，办公室主任由招生就业办主任兼任

新生入学资格审查工作领导小组

组　长：负责教学工作副校长
副组长：负责学生工作校领导
成　员：招生就业办主任、教务处处长

应届毕业生入伍预征工作领导小组

组　长：校　长
副组长：负责学生工作校领导
成　员：学生处处长、宣传部部长、招生就业办主任、学生处副处长、各学院党总支副书记
入伍预征工作领导小组下设办公室，办公室设在学生处
成　员：学生处有关工作人员

现代测控技术教育部重点实验室学术委员会

（校发〔2009〕12号　2009年6月22日）

主　任：高金吉（院士　北京化工大学）
副主任：张福学（教授　北京信息科技大学）
　　　　韩秋实（教授　北京信息科技大学）
委　员：（按姓氏笔画排序）
　　　　王子才（院士　哈尔滨工业大学）
　　　　戈新生（教授　北京信息科技大学）
　　　　卢秉恒（院士　西安交通大学）
　　　　石照耀（教授　北京工业大学）
　　　　高金吉（院士　北京化工大学）
　　　　张钟华（院士　中国计量科学研究院）
　　　　张福学（教授　北京信息科技大学）
　　　　徐滨士（院士　装甲兵工程学院）
　　　　徐春广（教授　北京理工大学）

徐小力（教授　北京信息科技大学）
韩秋实（教授　北京信息科技大学）
褚福磊（教授　清华大学）
樊尚春（教授　北京航空航天大学）
秘书长：王红军（教授　北京信息科技大学）

科技园管理委员会

主　任：校　长
常务副主任：负责科研工作副校长
副主任：负责人事工作副校长　负责后勤工作副校长
委　员：财务处处长、人事处处长、科技处处长、产业与经营性资产管理办公室主任
管委会下设科技园管理办公室，负责大学科技园日常事务管理，挂靠科技处
办公室主任：产业与经营性资产管理办公室主任（兼）

公费医疗管理委员会

一、公费医疗管理委员会

主　任：负责后勤工作副校长
成　员：学校办公室主任、监察处处长、学生处处长、审计处处长、离退休工作办公室主任、工会常务副主席、后勤管理处处长、人事处主管劳资工作副处长、财务处副处长、后勤管理处副处长、门诊一部主任、门诊二部主任

二、公费医疗管理委员会办公室

办公室设在后勤管理处
办公室主任：后勤管理处副处长（兼）
副主任：门诊一部主任、门诊二部主任

大学英语四六级考试管理工作领导小组

（校发〔2013〕46号　2013年6月5日）

组　长：许宝杰
副组长：王兴芬
成　员：林国策　鲁　雷　牛志英　回世勇　王志伟　韩俊彦　任维平　王朝晖　张　健

住房补贴工作领导小组

（校发〔2011〕1 号　2011 年 1 月 11 日）

组　长：许宝杰

成　员：后勤管理处处长、学校办公室主任、监察处处长、财务处处长、离退休工作办公室主任、工会常务副主席、健翔桥校区主任、清河校区主任、金台路校区主任、酒仙桥校区主任、人事处主管劳资工作副处长、后勤管理处副处长

住房补贴工作领导小组办公室设在后勤管理处（后勤服务集团），办公室主任由后勤管理处处长兼后勤服务集团总经理兼任。住房补贴工作领导小组监察办公室设在监察处，办公室主任由监察处处长兼任

抗震加固协调工作领导小组

（校发〔2011〕4 号　2011 年 3 月 21 日）

组　长：冯喜春

副组长：刘　勇　孙百生　许晓革　许宝杰　冯晓春

成　员：学校办公室、党委宣传部、监察处、教务处、科技处、研究生部、财务处、学生处、审计处、后勤管理处（后勤服务集团）、基建处、离退办、工会、团委、继续教育学院、清河校区、酒仙桥校区以及各学院的主要负责人

高端信息产业技术研究院建设工作领导小组

（校发〔2011〕12 号　2011 年 10 月 31 日）

组　长：韩秋实

副组长：冯喜春　许宝杰

成　员：科技处处长、产业与经营性资产管理办公室主任、财务处处长、资产管理处处长、基建处处长

领导小组办公室设在产业与经营性资产管理办公室，负责高端信息产业技术研究院建设工作的日常协调及运转工作，办公室主任由产业与经营性资产管理办公室主任兼任

学校公务用车问题专项治理工作领导小组

（校发〔2011〕21 号　2011 年 12 月 2 日）

组　长：刘　勇

副组长：冯晓春

成　员：林国策　李　燕　姜玉勇　郑召义　徐　燕　王志伟　英树志　侯吉成

公务用车问题专项治理工作领导小组办公室设在学校办公室，领导小组办公室主任由学校办公室主任林国策兼任

学校公用房屋使用管理工作领导小组

（校发〔2011〕22号　2011年12月2日）

组　长：柳贡慧

副组长：韩秋实　刘　勇　许晓革　许宝杰

成　员：学校办公室主任、教务处处长、科技处处长、研究生部主任、资产管理处处长、后勤管理处处长

领导小组下设办公室，办公室设在学校办公室，领导小组办公室主任由学校办公室主任兼

学校经营性资产管理委员会和大学科技园管理委员会

（校发〔2011〕23号　2011年12月2日）

主　任：柳贡慧

副主任：韩秋实　许宝杰

成　员：科技处处长、产业与经营性资产管理办公室主任、财务处处长、后勤管理处处长、审计处处长

学校经营性资产管理委员会办事机构是产业与经营性资产管理办公室

大学科技园管理委员会下设科技园管理办公室，科技园管理办公室与产业与经营性资产管理办公室合署办公

学校信息化建设工作组织机构

（校发〔2011〕25号　2011年12月30日）

组　长：柳贡慧

副组长：冯喜春　杨　军　许宝杰

成　员：学校办公室主任、宣传部部长、教务处处长、科技处处长、研究生部主任、人事处处长、财务处处长、学生处处长、资产管理处处长、后勤管理处（后勤服务集团）处长（总经理）、基建处处长、保卫处处长、图书馆馆长、网络管理中心主任

学校法律事务工作小组

（校发〔2011〕26 号　2011 年 12 月 30 日）

组　长：柳贡慧

副组长：杨　军　冯喜春　韩秋实　刘　勇　许晓革

许宝杰　陶志红

成　员：学校办公室主任、教务处处长、科技处处长、研究生部主任、人事处处长、学生工作处处长、基建处处长（新校区建设办公室主任）

学校法律事务工作小组办公室设在学校办公室，办公室主任由学校办公室主任兼任

全日制普通高等教育本科招生工作领导小组及相关机构

（校发〔2012〕7 号　2012 年 4 月 5 日）

一、学校招生工作领导小组

组　长：柳贡慧

副组长：许宝杰　冯晓春

成　员：杜世智　李　燕

二、招生工作领导小组办公室

主　任：杜世智（兼）

三、招生工作领导小组监察办公室

主　任：李　燕（兼）

二级及以上专业技术职务分级与评定委员会

（校发〔2012〕12 号　2012 年 6 月 8 日）

主 任 委 员：郑君礼　柳贡慧

副主任委员：冯喜春

委　　　员：叶声华（天津大学 中国工程院院士）

王文举（首都经济贸易大学二级教授）

周明全（北京师范大学二级教授）

蒋毅坚（北京工业大学二级教授）

北京信息科技大学预算管理委员会

（校发〔2012〕14 号　2012 年 6 月 21 日）

主　　任：柳贡慧
副 主 任：许宝杰
委　　员：林国策　姜玉勇　栾忠权　王兴芬　邢济收　王久和　回世勇　王志伟
　　　　　刘　伟　卢玲军　杨兴林　戈新生　葛新权　张志凤　李　宁
办公室主任：郑丽珠
秘　　书：郑彩云

三级及以下专业技术职务分级与评定委员会

（校发〔2012〕16 号　2012 年 6 月 25 日）

主任委员：柳贡慧
副主任委员：冯喜春
委　　员：张福学　徐小力　唐五湘　施水才
　　　　　张曙光（北京师范大学二级教授）
　　　　　阮秋琦（北京交通大学二级教授）
　　　　　宗光华（北京航空航天大学二级教授）

其他专业技术职务分级与评定委员会

（校发〔2012〕17 号　2012 年 6 月 26 日）

主任委员：冯喜春
副主任委员：栾忠权
委　　员：才秀芬　王吉芳　王兴芬　卢　静　侯军岐　高国伟　康　劲

校园网络与信息安全事件应急处置领导小组

（校发〔2012〕23 号　2012 年 11 月 6 日）

组　　长：负责信息化工作和宣传工作的校领导
小组成员：学校办公室、宣传部、保卫处、网络管理中心等部门主要负责人

北京信息科技大学教职工集体宿舍清理工作小组

（校发〔2013〕5号 2013年5月13日）

组　长：刘　勇　杨　军

成　员：学校办公室、人事处、财务处、后勤管理处、校工会、监察处等部门负责人

审计工作领导小组

（校发〔2013〕6号 2013年5月22日）

组长由校长担任，分管审计、组织、资产、财务等工作的校领导任副组长，成员为组织部、纪委办公室（监察处）、审计处、财务处、资产处等部门主要负责人

第二届学校其他专业技术职务聘任委员会和学校其他专业技术职务聘任考核推荐组

（校发〔2013〕7号 2013年7月1日）

一、学校其他专业技术职务聘任委员会

主任委员：冯喜春

副主任委员：韩秋实　许宝杰

委　　员：（按姓氏笔画排序）

王吉芳　王兴芬　王志伟　邢济收　姜玉勇　栾忠权　康　劲　谢瑞峰

二、学校其他专业技术职务聘任考核推荐组

组　　长：栾忠权

组　　员：（按姓氏笔画排序）

才秀芬　张玉忠　刘桂礼　刘　伟　侯军岐　徐　燕

学校基础设施改造定额管理经费管理使用工作领导小组

（校发〔2013〕11号 2013年10月29日）

组　　长：柳贡慧

副组长：刘　勇　许宝杰

组　　员：（按姓氏笔画排序）

王兴芬　王志伟　牛志英　邢济收　郑召义　林国策　姜玉勇　徐　燕

北京信息科技大学劳动人事争议调解委员会

（校工发〔2013〕10号　2013年6月14日）

主　任：杨　军
副主任：卢玲军
委　员：（按姓氏笔画排序）
王红军　王明涛　张　健　李文杰　李月强　杨孔雨　穆　婕

北京信息科技大学教职工爱心扶助金管理委员会

（校工发〔2013〕11号　2013年6月18日）

主　任：杨　军　刘筱毅
副主任：卢玲军　孙福友
委　员：（按姓氏笔画排序）
牛志英　王志伟　关桂元　杨大利　邵长生　姜玉勇　栾忠权　翟新权

2014年本科招生委员会

（校发〔2014〕2号　2014年7月9日）

主　任：柳贡慧
副主任：杨　军　韩秋实
委　员：（按姓氏笔画排序）
王兴芬　王红军　回世勇　刘小河　杜世智　李　宁　张敬东　傅万峰　葛新权

第六届学校教师职务聘任委员会

（校发〔2014〕3号　2014年9月19日）

主任委员：冯喜春
副主任委员：栾忠权　李邓化
委　　员：（按姓氏笔画排序）
王久和　王兴芬　王丽坤　邢济收　杨兴林　张仰森　祝连庆　唐五湘

大学生物理实验竞赛组织委员会

一、大学生物理实验竞赛组织委员会

主　任：许宝杰
副主任：李祥贵　滕功清
委　员：王兴芬　盛炎平　于肇贤　杨　虹　姜　峰

二、组委会办公室

办公室主任：华树银　董丽萍
办公室工作人员：赵　华　张文格

三、竞赛专家小组

组　长：滕功清
副组长：盛炎平　于肇贤
成　员：杨　虹　姜　峰

毕业设计（论文）工作领导小组

组　长：许宝杰
副组长：王兴芬
组　员：许宝杰　李　东　李邓化　周维真　葛新权　李　忱　郭春燕　肖洪森　李祥贵
胡　滔
秘　书：董丽萍

图书馆工作委员会

主　任：负责图书馆工作副校长
常务副主任：图书馆馆长
副主任：图书馆工作委员会推选产生
成　员：各学院主管教学或科研的院长，图书馆副馆长，资产管理处、教务处、研究生部、科技处、学生处、继续教育学院、高教研究室、财务处、监察处负责人
秘　书：图书馆工作人员

大学生学科竞赛管理委员会

（校教发〔2011〕23号 2011年3月19日）

主 任：许宝杰

副主任：王兴芬

委 员：（按姓氏笔画排序）

于肇贤 王久和 曲 立 回世勇 刘建兰 刘桂礼 李华涛 李学华 邱国旺
陈 昕 陈雯柏 徐晓敏 郭春燕 黄 民 彭书华

秘 书：李忠刚

北京信息科技大学2013年推荐优秀应届本科毕业生免试攻读硕士学位研究生遴选工作领导小组

（校教发〔2013〕70号 2013年9月17日）

组 长：许宝杰

副组长：杨 军

组 员：（按姓氏笔画排序）

王久和 王兴芬 牛志英 回世勇 邢济收 李华涛 周金和 唐五湘

大学生科技创新计划领导小组

（校教发〔2013〕36号 2013年4月19日）

组 长：主管教学校领导

副组长：教务处处长

组 员：学生处处长

校团委书记

机电工程学院教学副院长

仪器科学与光电工程学院教学副院长

自动化学院教学副院长

信息与通信工程学院教学副院长

计算机学院教学副院长

经济管理学院教学副院长

信息管理学院教学副院长

人文社科系教学副系主任

外国语学院教学副院长

理学院教学副院长
教务处主管实践教学副处长

2013 年教师教学效果评价仲裁委员会

（校教发〔2013〕95 号 2013 年 10 月 16 日）

主 任：许宝杰
副主任：王兴芬
委 员：（按姓氏笔画排序）
戈新生 牛志英 王久和 卢玲军 田杨萌 任维平 刘小河 刘永成 张世忠
李 宁 李 忱 苏 中 梁冬梅 葛新权 董明利
秘 书：白 菁

大学生创新创业基地建设领导小组

（校教发〔2014〕98 号 2014 年 10 月 22 日）

组 长：许宝杰
成 员：（按姓氏笔画排序）
王兴芬 回世勇 杜世智 钟 玲 姜玉勇

大学生创新创业基地建设管理工作小组

（校教发〔2014〕99 号 2014 年 10 月 22 日）

组 长：王兴芬
副组长：杜世智 钟 玲
成 员：（按姓氏笔画排序）
王朝晖 牛 健 曲 立 吕 勇 伊 强 李学华 陈 昕 陈雯柏 徐晓敏
黄 民 盛炎平 彭书华 谭祖卫

大学英语四六级考试管理工作领导小组

（校教发〔2014〕137 号 2014 年 12 月 5 日）

组 长：柳贡慧
副组长：王兴芬
成 员：李华涛 王 蕾 牛志英 郭银辉 赵立胜 胡 滔 任维平 王朝晖 闫 健

《北京信息科技大学学报》编委会

（校技发〔2011〕1号　2011年3月28日）

主任委员：韩秋实

副主任委员：徐小力　邢济收　葛新权　施水才　康　劲

委　员：（按姓氏笔画排序）

于肇贤　王丽坤　王久和　戈新生　刘小河　李　宁　李　东　李　忱　李邓化　李祥贵　张仰森　张福学　杨庆东　周金和　施水才　徐小力　唐五湘　高国伟　康　劲　韩秋实　葛新权　邢济收

《北京信息科技大学学报》第二届编委会组成人员

（校技发〔2014〕2号　2014年5月29日）

主任委员：韩秋实

副主任委员：康　劲　邢济收　葛新权　施水才

委　员：（按姓氏笔画排序）

于肇贤　王丽坤　王久和　戈新生　刘小河　李　宁　李　东　李　忱　李邓化　李祥贵　张仰森　苏　中　杨庆东　周金和　施水才　祝连庆　唐五湘　高国伟　康　劲　韩秋实　葛新权　邢济收

主　编：康　劲

学术委员会

（校技发〔2014〕3号　2014年9月19日）

主　任：叶声华

常务副主任：苏　中

副主任：祝连庆　张　健

委　员：（按姓氏笔画排序）

王　斌　王久和　王红军　王丽坤　尹春华　朱希安　任维平　刘永成　牟永敏　李　忱　李邓化　李淑琴　张仰森　张奇志　周金和　侯军岐　施水才　娄小平　黄　民　梁冬梅　谢冬秀

学术委员会下设办公室，办公室设在科技处，邢济收任主任

工程硕士教育指导委员会和工商管理硕士（MBA）教育指导委员会 工商管理硕士（MBA）教育中心

（校研发〔2012〕1号　2012年5月8日）

一、工程硕士教育指导委员会

主　任：柳贡慧
副主任：王久和
委　员：（按姓氏笔画排序）
　　戈新生　王晓林　石镇山　刘仲馨　苏　中　李　东　李　宁　李　忱　李邓化
　　杨孔雨　栾忠权　葛新权
工程硕士教育指导委员会实行任期制，每届任期4年

二、工商管理硕士（MBA）教育指导委员会

主　任：柳贡慧
副主任：王久和　葛新权
委　员：（按姓氏笔画排序）
　　刘　宇　孙宝文　曲　立　张　群　张新民　杨孔雨　林汉川　金春华　侯军岐
工商管理硕士（MBA）教育指导委员会实行任期制，每届任期4年

三、工商管理硕士（MBA）教育中心

工商管理硕士（MBA）教育中心，挂靠经济管理学院
主　任：葛新权
副主任：曲　立　金春华
办公室主任：何　琼
第一届工程硕士教育指导委员会和第一届工商管理硕士教育指导委员会调整后的任期为2012年3月31日至2015年3月30日

研究生奖助工作评审领导小组

（校研发〔2014〕1号　2014年4月3日）

组　长：杨　军
副组长：韩秋实
成　员：（按姓氏笔画排序）
　　王久和　牛志英　刘永成　朱希安　米　洁　张仰森　李祥贵　董明利　蒋文保
　　谢瑞峰，校研究生会主席

领导小组下设研究生奖助工作评审及管理办公室，办公室设在党委研究生工作部

第一届研究生教育教学专家组

（校研发〔2014〕12号　2014年9月23日）

专家组组长：李邓化

专家组成员：（按姓氏笔画排序）

王红军　牟永敏　刘　宇　何深思　杨毅恒　祝连庆

北京信息科技大学校友企业家联谊会

（校友会发〔2013〕6号、7号、8号　2013年6月17日）

北京信息科技大学校友企业家联谊会第一届理事会会长

张敬东

北京信息科技大学校友企业家联谊会第一届理事会常务副会长

刘　博

北京信息科技大学校友企业家联谊会第一届理事会副会长（按姓氏笔画排序）

万卫国　王明华　孙　冰　成　勇　张　晖　张献华　杨海飞　陈　斌　唐济扬　郭　林
熊　平

北京信息科技大学校友企业家联谊会第一届监事会监事长

蔡　兵

北京信息科技大学校友企业家联谊会第一届理事会理事（按姓氏笔画排序）

万卫国　马建明　孔凡东　王大勇　王明华　王振宇　王雁茂　史文禄　刘　铮　刘　博
刘可欣　刘海涛　刘铁峰　刘漾水　孙　冰　孙　勇　孙德玉　成　勇　邢　立　何　辉
宋　军　宋　杰　宋子明　宋国伟　张　晖　张文心　张立新　张敬东　李　川　李　挺
李　斌　李　超　李东辉　李学文　杨　洋　杨海飞　陈　斌　陈士正　陈利君　周庆军
易振金　林春雨　范成先　赵亮亮　唐济扬　郭　林　郭晨东　高周宏　梁振华　梅卫平
韩　野　雷　洪　熊　平　熊　刚　穆东辉

北京信息科技大学校友企业家联谊会第一届监事会监事（按姓氏笔画排序）

王海鹏　李艳波　蔡　兵

教学工作委员会

主　任：许宝杰

副主任：王兴芬

委　员：（按姓氏笔画排序）

于肇贤　刘建兰　张　虹　张　健　张世忠　李学华　杨曙辉　苏　中　邱国旺
周长胜　周维真　郑　军　侯吉成　徐晓敏　高晶敏　梁冬梅　黄　民　彭书华

学校现代测控技术教育部重点实验室建设管理委员会

（校人发〔2011〕38 号　2011 年 12 月 29 日）

主　任：柳贡慧
副主任：韩秋实
成　员：邢济收　栾忠权　姜玉勇　郑召义　王久和
现代测控技术教育部重点实验室建设管理委员会下设办公室，办公室设在科技处
办公室主任：邢济收（兼）

学校学位评定委员会

（校人发〔2012〕18 号　2012 年 12 月 7 日）

主　任：柳贡慧
副主任：许宝杰　韩秋实
委　员：（按姓氏笔画排序）
尹春华　王久和　王红军　白连平　刘　春　牟永敏　何深思　李邓化　李　东
李　宁　李　忱　杨庆东　汪毓铎　肖洪森　邱　钧　谢瑞峰　滕功清
学位评定委员会办公室设在研究生部，负责处理有关学位工作的日常事务

教育管理专业技术职务推荐评议和评审组

（校人发〔2013〕15 号　2013 年 5 月 2 日）

组　长：冯喜春
成　员：韩秋实　许宝杰　唐五湘　王兴芬　邢济收　王久和　栾忠权　杨兴林

思想政治工作专业职务推荐评议和评审组

（校人发〔2013〕16 号　2013 年 5 月 2 日）

组　长：冯喜春
成　员：杨　军　刘筱毅　冯晓春　栾忠权　邵长生　鲁　雷　卢玲军　刘永成　谢瑞峰
郭春燕

教师资格专家审查委员会

（校人发〔2013〕17号 2013年5月6日）

主　任：许宝杰
副主任：冯喜春
委　员：王兴芬　栾忠权　戈新生　苏　中　刘小河　李　宁　葛新权　田杨萌　谭胜国
　　　　王学文　王　雁

北京信息科技大学管理岗位、工勤技能岗位绩效津贴分档工作小组

（校人发〔2014〕13号 2014年6月5日）

（一）处以上岗位分档工作小组
组　长：郑君礼　柳贡慧
成　员：刘筱毅　冯晓春　冯喜春　韩秋实　刘　勇　许宝杰　陶志红　栾忠权　林国策
（二）处以下岗位分档工作小组
组　长：冯喜春
副组长：栾忠权
成　员：林国策　王兴芬　邢济收　牛志英　葛新权　王志伟　孙　晨　叶　超　王兴伟
（三）绩效津贴分档工作小组
办公室设在人事处

征兵工作领导小组

（校学发〔2011〕76号 2011年11月7日）

组　长：杨　军
成　员：武装部部长、招生就业工作办公室主任、宣传部部长、监察处处长、教务处处长、财务处处长、后勤管理处处长、保卫处处长、研究生工作部部长、各学院党总支副书记、人文社科党总支副书记
领导小组下设办公室，办公室设在武装部，武装部部长兼任办公室主任

学校学生申诉处理委员会

（校学发〔2011〕82号　2011年11月17日）

主　任：杨　军

副主任：学生处副处长、教务处副处长

成　员：党委研究生工作部部长、学校办公室副主任、纪委办公室（监察处）纪检员、教师代表2人、学生代表2人

北京信息科技大学学生工作委员会

（校学发〔2013〕8号　2013年3月25日）

主　任：杨　军

副主任：韩秋实　刘　勇　许宝杰

委　员：林国策　王兴芬　王久和　李祥贵　姜玉勇　回世勇　杜世智　王志伟　韩俊彦　李华涛　马铁键（研究生）　李明轩（本科生）　单青梅（本科生）

学生工作委员会办公室设在学生处，回世勇任办公室主任，李祥贵任办公室副主任

北京信息科技大学防汛应急指挥部

（校勤发〔2011〕6号　2011年6月17日）

总指挥：刘　勇

副总指挥：后勤管理处处长、学校办公室主任、保卫处处长

主要成员：党委宣传部部长、财务处处长、基建处处长、后勤管理处副处长、后勤服务集团副总经理、健翔桥校区办副主任、清河校区办主任、金台路校区办主任、酒仙桥校区办主任

防汛应急指挥部下设办公室

办公室主任：后勤管理处处长（兼）

办公室副主任：后勤服务集团副总经理（兼）

学校绿化工作委员会

（校勤发〔2011〕12号　2011年12月25日）

主　任：刘　勇

副主任：后勤管理处处长兼后勤服务集团总经理

成　员：学校办公室主任、党委宣传部部长、教务处处长、学生处处长、保卫处处长、机关党委书记、后勤服务集团副总经理

学校绿化工作委员会办公室设在后勤服务集团，办公室主任由后勤服务集团副总经理兼任

学校爱国卫生运动委员会

（校勤发〔2011〕13号　2011年12月25日）

主　任：刘　勇

副主任：后勤管理处处长兼后勤服务集团总经理

成　员：学校办公室主任、党委宣传部部长、教务处处长、学生处处长、保卫处处长、机关党委书记、后勤服务集团副总经理

爱国卫生运动委员会办公室设在后勤服务集团，办公室主任由后勤服务集团副总经理兼任

学校住房补贴工作领导小组

（校勤发〔2011〕14号　2011年12月25日）

组　长：刘　勇

副组长：后勤管理处处长兼后勤服务集团总经理

成　员：学校办公室主任、监察处处长、财务处处长、离退休工作办公室主任、工会常务副主席、健翔桥校区管理办公室主任、清河校区管理办公室主任、金台路校区管理办公室主任、酒仙桥校区管理办公室主任、人事处主管劳资工作副处长、后勤管理处副处长

住房补贴工作领导小组监察办公室设在监察处，办公室主任由监察处处长兼任

学校成人教育学位评定分委员会

（校学位发〔2014〕1号　2014年12月25日）

主　任：许宝杰

副主任：韩　光

委　员：（按姓氏笔画排列）

王兴芬　王红军　王裕民　吉莉莉　谢瑞峰

秘　书：郁海燕

《北京信息科技大学年鉴》编委会和编辑部成员

（办发〔2011〕14号　2011年10月12日）

一、《年鉴》编委会机构组成

主　任：郑君礼　柳贡慧

副主任：杨　军　刘筱毅　冯晓春　冯喜春　韩秋实　刘　勇　许晓革　彭斌柏　许宝杰

委　员：学校副处级及以上独立设置机构的党政负责人

二、《年鉴》编辑部机构组成

主　　任：林国策

副 主 任：王立民

责任编辑：刘永林

编　　辑：学校副处级及以上独立设置机构具体负责年鉴组稿的工作人员名单（各部门指定）

编辑部设在学校办公室

治理教育乱收费工作机构

（监发〔2008〕1号　2008年6月10日）

一、治理教育乱收费工作领导小组

组　长：校　长

副组长：纪委书记、主管财务工作的校领导

成　员：监察处处长、财务处处长、审计处处长

二、治理教育乱收费工作办公室

主　任：监察处处长（兼）

成　员：财务处处长、审计处处长、学校办公室常务副主任、教务处常务副处长、研究生部主任、学生处处长、招生就业办主任、后勤处长、保卫处处长、图书馆馆长、继续教育学院院长、计算中心主任、网管中心主任、机电实习中心主任、后勤集团总经理、体育部主任

对接沙河高教园区工作组

（校办发〔2014〕1号　2014年2月27日）

组　长：刘　勇

副组长：林国策　姜玉勇　郑召义　刘　伟　吴俊法

成　员：张金晓　刘晓妮　周　竞　麻　力　苏　灿　刘　晔

北京信息科技大学高教研究会领导机构

（校高教发〔2012〕2号　2012年5月4日）

一、名誉理事长、名誉副理事长、名誉理事

名誉理事长：周远清　邬大光

名誉副理事长：龚　放　陈锡章

名誉理事：王秀平

二、理事长、副理事长、秘书长、副秘书长、常务理事

理事长：许宝杰

副理事长：杨　军　冯喜春　韩秋实　许晓革

秘书长：杨兴林

副秘书长：（按姓氏笔画排序）

王久和　王兴芬　王学文　邢济收　林国策　栾忠权　鲁　雷

常务理事：（按姓氏笔画排序）

王久和　王兴芬　王学文　冯喜春　许晓革　许宝杰　邢济收　杨　军　杨兴林　林国策　栾忠权　韩秋实　鲁　雷

机构设置及负责人

一、机关处级机构负责人

部 门	职 务	姓 名
学校办公室	主 任	林国策（1.1–11.21） 李华涛（11.21 任）
	副主任	王立民（1.1–12.4） 王智勇（12.4 任）
		李丛建（1.1–12.4） 许 波（12.4 任）
		英树志
组织部	部 长	邵长生（1.1–3.19） 鲁雷（11.21 任）
	副部长	姜伟华（兼党校常务副校长）
		李相务（5.28–12.4）
宣传部	部 长	鲁 雷（1.1–11.21） 王 蕾（11.21 任）
	副部长	王 蕾（1.1–11.21）（兼新闻中心主任） 赵爱玲（11.21 任）（兼新闻中心主任）
		赵爱玲（1.1–11.21） 谌 兵（12.4 任）
统战部	部 长	鲁 雷（1.1–11.21 兼） 王 蕾（11.21 兼）
纪委办公室	主 任	牛志英（兼）
	纪检员	李小平
保密工作办公室	主 任	王立民（1.1–12.4 兼） 许 波（12.4 兼）
学生工作部	部 长	回世勇（1.1–11.21） 郭银辉（11.21 任）
	副部长	郭银辉（1.1–11.21） 刘云风（12.4）
		马绍辉
		李华涛（1.1–11.21 兼） 贾 斌（12.4 兼）
武装部	部 长	回世勇（1.1–11.21 兼） 郭银辉（11.21 兼）
	副部长	郭银辉（1.1–11.21 兼） 马绍辉（12.4 兼）
安全稳定工作部	部 长	韩俊彦（1.1–9.10） 胡 滔（9.10）
	副部长	樊石生（1.1–12.4） 魏元燃（12.4 任）
		李丛建（12.4）

（续表）

部　门	职　务	姓　名
研究生工作部	部　长	李祥贵
老干部工作部	部　长	孙福友（1.1–11.21）贺　芳（11.21 任）
教务处	处　长	王兴芬
	副处长	杨曙辉（1.1–12.4）金春华（12.4 任）
		张　健（1.1–12.4）闫　健（12.4 任）
		彭书华（1.1–12.4）米　洁（12.4 任）
科技处	处长	邢济收
	副处长	钟　玲（兼产业与经营性资产管理办公室主任）
		侯军岐（1.1–12.4）　曹　林（12.4 任）
		穆　婕
研究生院	院长	韩秋实（兼）
	常务副院长	王久和
	副院长	李祥贵（兼）
		杨孔雨
		崔新红（12.4 任）
人事处	处　长	栾忠权（1.1–11.21）　陈　昕（11.21 任）
	副处长	刘桂礼
		谢新伟（1.1–11.21）　李万福（12.4 任）
财务处	处　长	姜玉勇（1.1–11.21）　谢新伟（11.21 任）
	副处长	郑丽珠（1.1–12.4）　权菊娥（12.4 任）
学生处	处　长	回世勇（1.1–11.21）　郭银辉（11.21 任）
	副处长	郭银辉（1.1–11.21）　刘云风（12.4 任）
		马绍辉
		李华涛（1.1–11.21 兼）　贾　斌（12.4 兼）
招生就业工作办公室（10.22 更名为招生就业工作处）	主　任	杜世智（10.22 任）
	副主任	刘　斌（10.22 任）
招生就业工作处（10.22 由招生就业工作办公室更名）	处　长	杜世智（11.21 任）
	副处长	刘　斌（12.4 任）

（续表）

部　门	职　务	姓　名
国际交流合作处	处　长	卢　静
	副处长	牛　健（12.4 兼）
港澳台事务办公室	主　任	卢　静（兼）
资产管理处	处　长	郑召义
	副处长	邱绪君（1.1–12.4）　艾志刚（12.4 任）
审计处	处　长	徐　燕
	副处长	张　莉（12.4 任）
监察处	处　长	牛志英（兼）
后勤管理处	处　长	王志伟（1.1–11.21）　赵立胜（11.21 任）
	副处长	吴俊法
		王明涛（12.4 任）
		李荣华（12.4 兼）
基建处	处　长	刘　伟
	副处长	金宝东（兼）
新校区建设办公室	主　任	刘　伟（兼）
	副主任	朱亚媛
		麻　力（12.4 任）
		金宝东（12.4 任）
安全稳定工作处	处　长	韩俊彦（1.1–9.10）　胡　滔（9.10 任）
	副处长	樊石生（1.1–12.4）　魏元燃（12.4 任）
		李丛建（12.4 任）
离退休工作办公室（10.22 更名为离退休工作处）	主　任	孙福友（10.22–10.31）　贺　芳（11.21 任）
	副主任	薛承军（10.22–12.4）　周连跃（12.4 任）
离退休工作处（10.22 由离退休工作办公室更名）	处　长	贺　芳（11.21 任）
	副处长	周连跃（12.4 任）

（王鑫）

二、直属单位、校区负责人

单　位	职　务	姓　名
健翔桥校区管理办公室	主　任	麦　苗
	副主任	赵志强（1.1–12.4） 邱绪君（12.4 任）
清河校区管理办公室	主　任	王兴伟（1.1–11.21） 回世勇（11.21 任）
金台路校区管理办公室（10.22 撤销建制）	主　任	孟创立（1.1–10.22）
酒仙桥校区管理办公室（10.22 撤销建制）	主　任	陈义平（1.1–10.22）
东部校区管理办公室（10.22 由金台路校区管理办公室、酒仙桥校区管理办公室合并成立）	主　任	孟创立（11.21 任）
	副主任	陈义平（12.4 任）
高教研究室	主　任	杨兴林
	副主任	王学文
发展战略研究室	主　任	杨兴林（兼）
	副主任	王学文（兼）
图书馆	馆　长	王吉芳
	副馆长	张玉忠
		叶　超（兼）
信息与网络管理中心	主　任	林国策（1.1–11.21 兼） 龚汉明（11.21 任）
	副主任	龚汉明（1.1–11.21） 郑小博（12.4 任）

（王鑫）

三、群团组织负责人

部　门	职　务	姓　名
工　会	主　席	杨　军（兼）
	常务副主席	卢玲军
	副主席	薛承军
团　委	书　记	李华涛（1.1–11.21） 贾　斌（12.4 任）
校友工作办公室（10.22 撤销建制）	主　任	赵晓林
校友校史工作办公室（10.22 成立）	主　任	赵晓林（11.21 任）
	副主任	王立民（12.4 任）

（王鑫）

四、教学科研单位负责人

学院（部、中心）	职　务	姓　名
机电工程学院	院　长	戈新生（1.1–11.21）
	副院长	杨庆东
		黄　民
仪器科学与光电工程学院	副院长	董明利（11.13 主持工作）
		吕　勇
自动化学院	院　长	刘小河
	副院长	张奇志
		陈雯柏
信息与通信工程学院	院　长	苏　中
	副院长	李学华
		朱希安
计算机学院	院　长	李　宁
	副院长	陈　昕（1.1–11.21）　张　伟（12.17 任）
		张仰森
经济管理学院	院　长	葛新权
	副院长	曲　立
		张　健
信息管理学院	院　长	李　忱
	副院长	蒋文保
		徐晓敏
政治理论教育学院	院　长	刘永成
	副院长	刘建华
公共管理与传媒学院	院　长	刘永成（1.1–5.15 兼）
	副院长	梁冬梅
外国语学院	副院长	任维平（主持工作）
		王朝晖

（续表）

学院（部、中心）	职 务	姓 名
理学院	院 长	陶志红（1.1–11.21 兼） 戈新生（11.21 任）
	副院长	田杨萌（1.1–11.21 兼）
		盛炎平
		于肇贤（1.1–11.23）
国际交流学院	院 长	卢 静（1.1–5.15 兼） 牛 健（5.15 任）
	副院长	邱国旺（1.1–5.15）
体育部	主 任	张世忠
继续教育学院	院 长	韩 光
	副院长	李侃卓
		吉莉莉
计算中心	主 任	周长胜
机电实习中心	主 任	郑 军
电子信息与控制国家级实验教学中心	主 任	李邓化
	副主任	高晶敏
国防科技研究院（筹）（11.17 筹建）	院长	韩秋实（11.21 兼）
	常务副院长	田杨萌（11.21 任）

（王鑫）

五、基层党组织负责人

部 门	职 务	姓 名
机关党委	书 记	冯晓春（兼）
	常务副书记	孙 晨
	副书记	林国策（兼）
离退休党总支	书 记	孙福友（1.1–11.21 兼） 贺 芳（11.21 兼）
	副书记	孙毓仁
教辅单位党总支	书记	叶 超
校区联合党总支	书 记	王兴伟
后勤党总支	书 记	李荣华

（续表）

部　门	职　务	姓　名
机电工程学院党总支（11.25 撤销）	书　记	张怀存（1.1–11.25）
	副书记	李相豸（1.1–5.28）
机电学院党委（11.25 设立）	书　记	张怀存（11.26 任）
	副书记	张　艳（12.4 任）
仪器科学与光电工程学院党总支（11.25 撤销）	书　记	滕功清（1.1–11.25）
	副书记	邱明晓（1.1–11.25）
仪器科学与光电工程学院党委（11.25 设立）	书　记	滕功清（11.26 任）
	副书记	邱明晓（11.26 任）
自动化学院党总支（11.25 撤销）	书　记	张虹（1.1–5.15）王　鹰（5.15–11.25）
	副书记	刘云风（1.1–11.25）
自动化学院党委（11.25 设立）	书　记	王　鹰（11.26 任）
	副书记	彭书华（12.4 任）
信息与通信工程学院党总支（11.25 撤销）	书　记	王鹰（1.1–5.15）李　健（5.15–11.25）
	副书记	程立军（1.1–11.25）
信息与通信工程学院党委（11.25 设立）	书　记	李　健（11.26 任）
	副书记	程立军（11.26 任）
计算机学院党总支（11.25 撤销）	书　记	赵刚（1.1–6.22）韩俊彦（9.10–11.25）
	副书记	胡　滔（1.1–9.10）
计算机学院党委（11.25 设立）	书　记	韩俊彦（11.26 任）
	副书记	杨　菁（12.4 任）
经济管理学院党总支（11.25 撤销）	书　记	谢瑞峰（1.1–11.25）
	副书记	曹晋红（1.1–11.25）
		崔　凯（1.1–11.25）
经济管理学院党委（11.25 设立）	书　记	谢瑞峰（11.26 任）
	副书记	曹晋红（11.26 任）
		崔　凯（11.26 任）
信息管理学院党总支（11.25 撤销）	书　记	李健（1.1–5.15）张虹（5.15–11.25）
	副书记	贺　芳（1.1–11.21）

（续表）

部　门	职　务	姓　名
信息管理学院党委（11.25 设立）	书　记	张　虹（11.26 任）
	副书记	张　健（12.4 任）
人文社科学院党总支（11.25 撤销）	副书记	郭春燕（1.1–11.25 主持工作）
		郭严俊（1.1–11.25）
政治理论教育学院党总支（11.25 设立）	书记	郭春燕（11.26 主持工作）
	副书记	于　洋（12.4 任）
公共管理与传媒学院党总支（11.25 设立）	副书记	郭严俊（11.26 主持工作）
		吕丽峰（12.4 任）
外国语学院党总支	书　记	谭胜国（1.1–6.17）
	副书记	李相豸（12.4 任）
	副书记	张艳（1.1–12.4）　王　瑾（12.4 任）
理学院党总支	书　记	田杨萌（1.1–11.21）　戈新生（11.21 兼）
	副书记	张景波（11.24 任）
体育部直属党支部	书　记	郭小兵
计算中心直属党支部	书　记	张曼萍

（王鑫）

六、后勤服务集团（10.22 撤销建制）负责人

职　务	姓　名
总经理	王志伟（1.1–10.22 兼）
副总经理	吴俊法（1.1–10.22 兼）
	陈建伟（1.1–10.22）
	赵立胜（1.1–10.22）

（王鑫）

五、教育教学

本科教育教学

【概况】

教务处是本科教学管理的职能部门，负责全日制普通高等教育本科学生的专业建设与培养方案管理、课程和教材建设、教学改革与教学管理的研究、教学运行管理等工作。

2014年，教务处深入贯彻落实十八大精神，以“提高教育质量、促进内涵发展”为核心，紧密围绕国家和北京市中长期教育改革与发展规划纲要、北京市教委《关于进一步提高北京高等学校人才培养质量的意见》要求，按照学校“十二五”规划的总体要求和2014年党政工作要点的相关部署，着力推动教育教学改革，促进人才培养模式创新，完善教学质量保障体系，进一步提高本科教学质量。

【专业建设与教学计划管理】

（1）迎接测控专业工程认证专家组进校考察。2014年2月，学校测控专业全国工程教育认证的申请被中国工程教育协会受理，经过学校、学院和专业各层面多个月的努力，11月顺利完成了全国工程教育认证专家进校考察工作。专家组听取了专业建设汇报，询问了相关问题，查阅了专业认证相关资料，考查了实验室、实践基地、教学场所和设施等，通报了现场考查结论，并根据认证的7大指标就测控专业办学的不足之处提出了意见和建议。

（2）完成第一批校内专业评估。学校首批工科类专业评估工作，采取自愿报名方式，共有机制、车辆、测控、自动化、通信、电信和计科等7个专业报名参加了此次评估工作，2014年4月，专家组评议会的召开为该项工作画上了圆满的句号。这次评估针对学校各参评专业，在专业基本定位及目标、课程体系设置、支持条件、师资队伍、学生、质量评价与持续改进等方面，进行了全面的分析。对各参评专业办学的基本架构做了一次系统全面的梳理，明确了优势特色所在，问题和差距所在，为下一步的建设发展，提供了一手的信息和科学的依据。

（3）大类招生改革。计算机学院大类招生是学校人才培养模式改革的一项重要工作，其培养方案的配套修订更是该项工作的重点。经过学校、学院、专业各层面多角度充分考虑和论证，最终将计算机学院3个专业（其中软件工程是学校试点专业，网络工程是教育部卓越计划专业）的培养方案有机整合为计算机学院大类招生培养方案，体现了新教育理念，符合专业人才培养要求，切合本校实际，有助于学生实践能力、创新能力和综合素质的全面提高。计算机学院顺利完成了2014年大类招生的工作，为学校进一步推进大类招生改革工作奠定了较好的基础。

（4）启动大学生创新创业教育。学校出台了《北京信息科技大学大学生创新创业基地管理办法》，成立了领导小组和工作小组，标志着学校大学生创新创业教育正式启动，为推进学校大学生创新创业活动、探索构建大学生创新创业教育体系奠定了基础。

（5）开办机器人特长班。学校依托正在建设的卓越工程师联盟开放实验室平台，综合学校优势资源，探索开办机器人特长班，为对机器人研究持浓厚兴趣的学生搭建理想平台，培养一批在机器人的控制、制作以及应用方面有专长的学生。10月24

日上午，召开机电工程学院、仪器科学与光电工程学院、自动化学院、计算机学院、信息与通信工程学院等学院的主管教学副院长、专业负责人、实验室主任以及相关教师参加的机器人特长班务虚会，就机器人特长班的培养目标、开设形式、课程设置等方面进行了研讨，目前正在征求相关单位课程设置的意见。

国家级特色专业建设点

序号	专业名称	所属学院
1	电子信息工程	信息与通信工程学院
2	车辆工程	机电工程学院
3	计算机科学与技术	计算机学院
4	自动化	自动化学院

北京市级特色专业建设点

序号	专业名称	所属学院
1	电子信息工程	信息与通信工程学院
2	通信工程	信息与通信工程学院
3	测控技术与仪器	仪器科学与光电工程学院
4	计算机科学与技术	计算机学院
5	软件工程	计算机学院
6	自动化	自动化学院
7	信息管理与信息系统	信息管理学院
8	车辆工程	机电工程学院
9	机械设计制造及其自动化	机电工程学院

【课程和教材建设】

（1）课程建设。2014 年被批准的课程建设——教学方式方法改革立项项目达 90 项。通过举办慕课专题培训讲座，引导教师运用信息技术改革课堂教育教学。积极推进基础类课程教考分离，提高基础课教学效果。继续开展本科毕业生基础类课业学习辅导工作，提高学生考研升学率。

（2）教材建设。2014 年，共申报 31 项教材建设项目；评选出校级优秀教材一等奖 4 部、二等奖 6 部、三等奖 9 部；《传感器原理及检测技术》《计算机控制系统》《通信原理简明教程（第 2 版）》《数据库系统及应用（第 3 版）》《Linux 教程（第 3 版）》5 本教材入选第二批“十二五”普通高等教育本科国家级规划教材。累计 6 套教材入选“十二五”国家级规划教材。

北京市级精品课程

序号	课程名称	负责人	所属学院
1	机械原理	郝静如	机电工程学院
2	工程制图	王建华	机电工程学院
3	数据库系统基础	崔　巍	信息管理学院
4	数字电路与逻辑设计	王久和	自动化学院
5	高等数学	许晓革	理学院
6	运营管理	曲　立	经济管理学院
7	机械制造技术基础	王红军	机电工程学院
8	软件工程	刘建宾	计算机学院
9	电机与拖动	厉　虹	自动化学院

北京市级高等教育精品教材

序号	教材名称	主编	单位
1	工程制图	高俊亭　毕万全	理学院
2	软件工程导论（第四版）	张海藩	计算机学院
3	信息系统的开发与管理教程（第二版）	左美云　邝孔武	信息管理学院
4	高等数学实验	许晓革	理学院
5	操作系统	孟庆昌	计算机学院
6	电工电子实验教程	王久和	自动化学院
7	电力电子技术实验	栗书贤	自动化学院
8	80×86 汇编语言程序设计	马力妮	计算机学院
9	数据库系统及应用	崔　巍	信息管理学院
10	C++ 面向对象程序设计教程（第二版）	陈维兴	信息管理学院
11	信息系统开发与管理	邝孔武　王晓敏	信息管理学院
12	会计信息系统教程	王永生	经济管理学院
13	矩阵理论与方法	吴昌悫	理学院

（续表）

序号	教材名称	主编	单位
14	傅里叶光学（第二版）	吕乃光	仪器科学与光电工程学院
15	Linux 教程（第二版）	孟庆昌　牛欣源	计算机学院
16	面向对象程序设计实用教程（第二版）	张海藩　牟永敏等	计算机学院
17	金融学	徐文彬　王斌等	经济管理学院
18	汽车测试技术	陈　勇	机电工程学院
19	机械制图与计算机绘图（第二版）	王建华　毕万全	机电工程学院
20	人工智能教程	张仰森	计算机学院
21	C++ 面向对象程序设计教程（第三版）	陈维兴　林小茶	信息管理学院
22	Linux 基础教程	孟庆昌	计算机学院
23	国际贸易理论与实务	李雁玲	经济管理学院
24	电子商务概论	孙若莹	信息管理学院
25	智能检测技术及仪表	李邓化	电子信息与控制国家级实验教学中心
26	计算机控制系统	李　擎	自动化学院
27	数据库系统及应用（第 3 版）	崔　巍	信息管理学院

【教学改革与教学管理】

（1）持续推进数理实验班改革。采取调研和专题研讨的方式，充分征求数理实验班培养方案及运行管理的意见建议，组织修订了 2014 级数理实验班培养方案，调整修订了拟分流专业和专业大类课程。在学生遴选方面，数理实验班 2014 年继续采用招生 1 个班，遴选 1 个班的形式进行，教务处配合理学院，顺利完成了学生报名、考核等遴选工作。

（2）继续开展国内外院校学生交流培养。2014 年继续开展与北京交通大学、北京科技大学的本科生交流培养工作，共组织选拔 22 名 2012 级品学兼优的通信工程、计算机科学与技术、机械设计制造及其自动化、车辆工程等专业本科学生到两校交流学习 1 年。同时，积极加强与央属高校合作，探索拓宽交流院校范围、扩大受益的专业面，新增北京邮电大学、北京航空航天大学等部属高校，其中向北京邮电大学选送 10 名学生，北京航空航天大学选送 1 名学生。积极配合对外交流合作处，完成各类长、短期对外交流项目的组织工作。2014 年学校有 51 名学生按照国外交流项目，以“3+1”“2+2”的形式到国外学习，包括德国、美国、爱尔兰、日本、瑞典、澳大利亚6个国家的高校；全校50余名学生参加了国际机器人大赛、暑期境外研修实践等短期交流。

（3）组织“卓越计划”试点专业进行阶段性总结。学校组织各相关专业对前期卓越计划试点改革实施情况进行了总结，并通过工作研讨会的形式，对阶段性进展情况进行梳理、汇总，形成学校卓越计划2013—2014年进展情况报告和下一步工作计划。

（4）完成专业综合改革试点项目中期检查。学校组织自动化、计算机科学与技术两个专业，就专业综合改革试点项目任务书中建设目标、建设方案、进度安排、预期成果等内容，梳理两年来试点专业在教学团队建设、课程与教学资源建设、教学方式方法改革、强化实践教学环节、教学管理改革等方面的主要改革举措和进展，总结提交了中期检查自查情况表。

（5）加强教学改革专项投入与管理。2014年，中央财政支持地方高校发展专项资金投入600万元加强现有的计算机实验教学中心和文管综合实践教学中心等二个市级实验教学中心以及自动化学院特色实验室建设。2014年，本科教学校内项目经费用于支持加强学校实践教学以及推动学校应用型人才培养改革、提高大学生实践创新能力等，共投入2435.3232万元，建设内容包括专业建设、课程建设与教学改革、实验室建设、实验教学示范中心建设、学科竞赛、开放性实验、毕业设计改革和大学生科技创新计划等。2014年有15项实验室建设项目获批校内专项，投入经费为1112.374万元，同意16项项目申报市财政专项，申报金额1870万元。进一步加强教学专项的绩效考核和验收，对尚未验收的2012—2013年所有本科教学项目，包括教委下达项目和本科教学质量提高经费项目，进行了专项验收与考核，共计592项，涉及金额5185.08966万元。

【教学质量管理与评价】

（1）完善校院两级教学督导工作机制。2014年，校院两级教学督导组按照各自工作计划，在日常听课、教学文档检查、新开课/开新课试讲听课、毕业设计（论文）、实践教学等关键教学环节进行全程化的质量监控。校级教学督导组加大了2014级新生班级的听课力度，并对学校聘请的校外名师和企业名师进行了有针对性的督导听课，同时开展《高等数学》课程、毕业班课程的专项教学督导工作。

（2）继续推进教师教学效果评价。2014年，参加年度评价的教师由两部分组成，一部分是学校按照全校本学期承担本科教学任务教师总数（不包含2012年已经参加过教学评价的教师）的15%比例随机抽取；另一部分是根据教师个人职称晋升、改善提高教学水平等方面的需求自愿申报。学校下发了《关于开展2014年度教师教学效果评价工作的通知》，并对各教学单位的评价结果进行备案。

（3）推进毕业生第三方调查。2014年，学校继续依托“麦可思”公司完成了本科专业、课程、教师、毕业生等信息数据的收集整理工作，编制了《北京信息科技大学社会需要与培养质量年度报告（2014）》。

（4）撰写本科教学质量年报。根据学校办学特点，在充分分析和认真总结提炼的基础上，紧扣本科教学工作，分析教学基本状态，突出教学改革亮点、成就和经验，准确把握存在的问题，编写并向北京市教委上报《北京信息科技大学2013年本科教学质量分析报告》，报告从7个方面具体分析了学校本科人才培养状况和教学质量。

【教学运行管理】

完善教学管理机制。学校进一步完善教学管理机制，2014年转专业工作顺利完成；修订考试管理、成绩管理、大学英语分级教学、教学事故认定等教学管理制度，完善卓越计划及试点改革配套政策，制（修）订大学生实践创新基地管理办法等管理文件。

【学籍与毕业管理】

（1）毕业及学位授予。2014年，学校共有本科毕业生2585人，其中，获得毕业证的人数为2378人，占毕业生总数的91.99%；获得学位证书的为2301人，占毕业生总数的89.01%；结业的学生人数为207人，占毕业生总数的8.01%。

（2）加强改革毕业设计管理。对2014年毕业设计工作进行了大力改革，修订了《毕业设计（论文）工作手册》，进一步明确了校院两级管理模式，全面使用了毕业设计信息管理系统，加强了论文查重，为全校2700名毕业生进行了论文检测。举办了毕业设计总结交流座谈会。

【实践教学环节的建设与管理】

（1）加强校院两级创新实践基地建设。评选出机械类专业大学生创新实践基地、自动化学院创新实践基地、计算机创新实践基地、经管创新实践基地等4个校内创新实践基地建设单位，建设校院两级实践教学基地体系，为广大学生开展创新性实验、科学研究、发明创造、学科竞赛、社会实践等活动提供平台和环境，为学生展示创新成果的提供支撑平台。充分整合利用现有学生创新实践资源，梳理现有各类大学生创新实践项目，加强院级管理自主性，将开放性实验、学科竞赛、毕业设计改革、大学生科技创新等学校开展的大学生创新实践项目任务和经费打包下达各教学单位，2014年，本科教学校内项目经费中共打包下达学生实践创新基地建设经费345万元。

（2）市级实验教学示范中心通过验收。验收专家对学校三个北京市级实验教学示范中心的教学理念和实践教学体系给予肯定，中心在队伍建设、运行机制、设备与环境等方面各具特色，起到了示范中心应有的示范辐射作用。

（3）规范实验室管理。学校加强开放实验室的规范管理，完成了114项2013年开放性实验项目的验收工作。2014年度开放性实验项目经教师申报、学院审核、学生选题后确定。完成了2013年180项大学生科技创新计划项目（40项国家级项目，135项市级项目，5项校级项目）的结题验收工作。组织教学单位申报了2014年大学生科技创新计划项目，经学生本人申请、学院评审、学校审定，共设立了40项国家级项目、159项市级项目，下达总经费220万元。完成了2014年项目的中期检查，目前正在进行结题验收工作。

（4）强化实验室建设专项经费管理。继续加强专项项目建设与管理，召开了2014年本科教学校内项目校级立项论证会，并联合财务、资产等部门召开了2014年本科教学校内项目校级执行论证会。经专家审议，学校批准，有15项实验室建设项目获批校内专项，投入经费为1112.374万元，以上项目用于购置本科教学实验室急需设备和配件，以进一步改善本科实验教学条件，提升实验教学仪器设备水平。

（5）启动大学生创新创业实践基地

建设。学校在马坊村租用500平方米场地，为有创业意向的大学生搭建创业实战实训、互动交流、资源共享平台。教务处组织完成了该基地建设项目的前期研讨、论证、申报和评审工作，有关设备与材料已到位并完成了验收。组织完成了基地场所的清洁及简单修缮工作，使其初步具备入驻使用条件。组织专家成立了大学生创业项目入驻评审委员会，对第一批申请入驻的18项大学生创业项目进行了校级论证评审。

（6）开展北京地区卓越工程师联盟开放实验室建设。完成了卓越工程师联盟开放实验室（I期）建设前期工作，相关设备与材料已全部到位并验收。该项目以模拟智能工厂生产与管理流程为主线，为学校推进“模拟工厂、模拟公司、模拟企业”实践教学模式改革、建立校内实践基地与校外实践基地联动机制，进一步推动校企和校际互动，为大学生提供更广泛的实习实践平台进行了有益的尝试和探索。

（7）承办第二届华北五省（市、自治区）大学生机器人大赛。学校成功承办第二届华北五省（市、自治区）大学生机器人大赛决赛。本次大赛参赛规模上从去年的34所高校、600余名师生报名参赛增加到今年51所高校（含台湾1所）、1000余名师生，参赛队伍537个。本次比赛吸纳了国际水中机器人的部分项目和ROBCUP中型组项目。

国家级教学示范中心

示范中心名称	所属教学单位
电子信息与控制实验教学中心	电子信息与控制国家级实验教学中心

国家级工程实践教育中心建设单位

建设单位名称	共建学校
中兴通讯股份有限公司	北京信息科技大学

北京市级教学示范中心

序号	示范中心名称	所属学院
1	电工电子实验教学中心	自动化学院
2	机械工程实验教学中心	机电工程学院
3	文管综合实践教学中心	经济管理学院、信息管理学院、人文社科系、外国语学院共建
4	计算机实验教学中心	计算机学院

学校实验教学中心、实验室一览表

序号	教学单位	实验教学中心名称	实验室名称
1	机电工程学院	机械工程实验教学中心（院级）	机械设计实验室
2			制造工程实验室
3			机械电子实验室
4			车辆工程实验室
5		工业设计实验室	
6		工业工程实验室	
7		新能源实验室	
8	仪器科学与光电工程学院	光信息技术实验室	
9		测控技术与仪器实验室	
10		现代电子技术实验室	
11	自动化学院	控制工程与智能技术实验教学中心（院级）	自动化实验室
12			电气工程实验室
13			智能科学与技术实验室
14	信息与通信工程学院	通信技术实验室	
15		信号与信息处理实验室	
16	计算机学院	计算机实验教学中心（院级）	
17	经济管理学院	经济管理实验教学中心（院级）	企业管理实验室
18			会计与财务实验室
19			经济与贸易实验室
20	信息管理学院	信息系统与信息安全实验教学中心（院级）	信息系统实验室
21			信息安全实验室
22	理学院	大学物理实验室	
23		理综实验室	
24	公共管理与传媒学院	人文社科综合实验室	
25	外国语学院	英语学习中心	
26	计算中心	计算中心（校级）	计算机实验室
27	电子信息与控制国家级实验教学中心	电子信息与控制实验教学中心	
28	机电实习中心	机电实习中心（校级）	

北京市级校外人才培养示范基地

序号	基地名称	依托单位
1	信息类专业校外实践教学基地	中国电子科技集团公司第十五研究所
2	电子信息与控制类校外实践教学基地	中兴通讯股份有限公司
3	自动化校外人才培养基地	北京研华兴业电子科技有限公司

【获奖情况】

（1）国家级教学成果奖实现“零”的突破。2014年3月，学校以独立完成单位推荐申报了国家级教学成果奖1项。2014年9月，教育部下发了《教育部关于批准2014年国家级教学成果奖获奖项目的决定》（教师〔2014〕8号）。学校推荐申报的《强化特色，服务首都，提升应用型人才的工程实践和创新能力》项目获得2014年国家级教学成果二等奖，这也是学校首次以独立完成单位获得国家级教育教学成果奖。

（2）学生竞赛获奖。2014年，学校共组织学生参加各级学科竞赛46项，共获得省部级及以上奖项279项，其中国际级奖项5项，国家级奖项102项。在巴西诺昂佩索阿举行的第18届RoboCup机器人世界杯比赛中，学校机器人“Water”足球队获得中型组足球机器人世界杯亚军、规定项目冠军、自选项目季军。

【教师教学发展中心建设】

（1）强化青年教师培养。学校继续贯彻实施青年教师导师制，自2013年下半年实施以来，全校各教学单位共有70名新教师接受导师制培养，其中，40名已于上学期末本学期初通过期满考核、正式走上讲台，同时，为了表彰老教师的无私奉献与积极工作，评选出8名优秀导师。2014年分两批完成47名教师的微课教学录制，推动青年教师教学能力提升。4月，邀请国家首批精品视频公开课“从爱因斯坦到霍金的宇宙”的主讲教师、北京师范大学物理系赵峥教授来校进行了主题为“如何搞好课堂教学”和“视频公开课的经验与教训”的培训，并逐一点评了已完成的第一批12位教师的微课视频，取得良好效果。6月底7月初，进行了微课评审，从47名教师的微课作品中评比出7个优良作品，上传到校园网空间，供学习与参考。

（2）加强青年教师队伍建设。联合举办第七届青年教师基本功比赛暨首届教学新星评选，来自外国语学院史学冬老师和机电工程学院彭宝营老师分别摘走A、B组的桂冠。另外，评出了二等奖6名，三等奖8名。完成2013年度优秀主讲教师评选工作，机电工程学院米洁教授等10名教师被评为学校2013年度优秀主讲教师，并启动2014年度优秀主讲教师评工作。积极推选市级教学名师奖候选人，厉虹老师获第十届北京市高等学校教学名师奖。

学科建设与研究生教育

【概况】

研究生院主要贯彻执行国家、学校有关学科与研究生教育工作的政策和规定，负责起草学校学科与研究生工作的规章制度并组织实施；负责学科建设、研究生的招生、培养、学籍、学位、就业和思想教育等方面工作。

2014年，坚持以学科建设为工作重点，按照“优化体系、整合资源、凝练方向、寻求突破”的总体原则，以经济社会发展需要和学科发展前沿为导向，着眼于首都和行业需求，立足学校定位与发展目标，强化优势学科，扶持新建学科，培育新兴学科，鼓励学科交叉、渗透与融合，依托工、管优势学科，发展特色学科为指导思想。重视研究生工作，坚持以科学发展观作为指导，坚持以人为本为核心，引导研究生全面、协调地与不断发展的社会同步前进。

【学科建设】

（1）组织完成专业硕士学位点申报组织工作，车辆工程领域取得工程硕士专业学位授予权。

（2）完成《加强硕士生导师队伍建设的意见》、《硕士生导师管理规定》等文件的制定及修订并正式出台；完成《关于加强学校兼职博士生导师队伍建设的意见》、《北京信息科技大学学位论文作假行为处理办法实施细则》起草工作；为确保学校硕士研究生的培养质量，更好地实现研究生培养目标，明确硕士生导师（以下简称导师）在研究生培养过程中的职责，制定《北京信息科技大学硕士生导师管理规定》；根据国务院学位委员会、教育部相关文件及学校“十二五”事业发展规划精神，结合学校研究生教育现状，制定《北京信息科技大学关于加强硕士生导师队伍建设的意见》。

（3）组织完成新增硕士生导师遴选工作，新增27名硕士生导师。

（4）组织完成2014年北京市人才培养项目和校内专项的申报、评审、下达工作。

【重点学科】

2014年重点学科

序号	学科名称	重点学科类别	带头人
1	机械电子工程	北京市重点学科	徐小力
2	精密仪器及机械	北京市重点学科	祝连庆
3	技术经济及管理	北京市重点学科	唐五湘
4	计算机应用技术	信息产业部重点学科	施水才
5	信号与信息处理	信息产业部重点学科	周金和

2014 年重点建设学科

序号	学科名称	重点学科类别	带头人
1	应用数学	北京市重点建设学科	杨毅恒
2	机械工程	北京市重点建设学科	许宝杰
3	测试计量技术及仪器	北京市重点建设学科	祝连庆
4	信号与信息处理	北京市重点建设学科	周金和
5	控制理论与控制工程	北京市重点建设学科	刘小河
6	检测技术与自动化装置	北京市重点建设学科	李邓化
7	计算机应用技术	北京市重点建设学科	施水才、李宁
8	管理科学与工程	北京市重点建设学科	葛新权
9	企业管理	北京市重点建设学科	侯军岐

【硕士研究生指导教师】

机电工程学院（37 人）

韩秋实　徐小力　戈新生　杨庆东　许宝杰　王科社　黄　民　栾忠权　王红军
王吉芳　郝南海　林慕义　高锦宏　王国权　陈　勇　米　洁　高炳学　贺敬良
孙江宏　张怀存　邢济收　钟建琳　张瑞乾　刘　泉　李天剑　童　亮　龚国庆
郝育新　姜　可　朱春梅　陈秀梅　吴国新　张志强　王立勇　张君华　谷玉海
侯悦民

仪器科学与光电工程学院（20 人）

李　东　祝连庆　董明利　刘桂礼　郭阳宽　刘国忠　王晓飞　吕　勇　马牧燕
娄小平　燕必希　李月强　王艳林　王晓玲　陈青山　张晓青　周哲海　牛春晖
贾豫东　秦　雷

信息与通信工程学院（16 人）

汪毓铎　周金和　苏　中　杨曙辉　缪　旻　朱希安　李红莲　曹　林　焦瑞莉
吴韶波　李学华　罗　倩　崔英花　张月霞　徐　湛　姚彦鑫

自动化学院（25 人）

刘小河　张奇志　白连平　李邓化　王久和　恒庆海　李　擎　高国伟　厉　虹
胡平平　周亚丽　管　萍　马　洁　高晶敏　朱嘉林　杨秀媛　曹荣敏　艾　红

李　娟　张巧杰　付兴建　杨鸿波　彭书华　范军芳　陈雯柏

计算机学院（25 人）

李　宁　牟永敏　刘建宾　徐雅斌　张仰森　李淑琴　施水才　都云程　陈　昕
吕学强　武　装　杨大利　周长胜　殷　旭　肖诗斌　蔡　英　秦奕青　施运梅
侯玲燕　李宝安　侯　霞　张　伟　焦　健　任维平　申闫春

经济管理学院（35 人）

唐五湘　葛新权　谢瑞峰　张志凤　刘　宇　王信东　侯军岐　卢　静　刘　春
曲　立　周脉伏　王　斌　谢　群　黄中文　李雁玲　负晓哲　张　健　李静文
徐文彬　杭建平　梁栩凌　金春华　周秀玲　谭祖卫　黎　枫　周飞跃　周　觉
孙　静　田肇云　程桂枝　岳宝宏　孙玉霞　杨颖梅　崔　瑜　李晓非

信息管理学院（15 人）

李　忱　杨孔雨　王兴芬　尹春华　崔　巍　蒋文保　徐晓敏　康海燕　孙志恒
卢华明　赵　刚　孙若莹　蒋宏伟　朱　阁　张　莉

政治理论教育学院（11 人）

刘建兰　傅正华　杨兴林　何深思　刘永成　王　媛　张云筝　赵爱玲　敖云波
胡　飒　郭春燕

理学院（29 人）

谢冬秀　杨毅恒　李祥贵　侯吉成　盛炎平　李国成　许晓革　其木苏荣　滕功清
张福学　王丽坤　田杨萌　于肇贤　邱　钧　吴秋新　薛春艳　田文杰　朴林华
邹小平　张炳江　杨　虹　冯美强　张　伟　王宏伟　程希明　王灯山　王彩霞
殷树娟　王　昕

【兼职博士生导师】

兼职博士生导师一览表

序号	导师姓名	从事学科门类	所在学科	任兼职博导单位	备注
1	张福学	工学	物理电子学	北京邮电大学	
2	孙百生	工学	机械工程	北京邮电大学	退休
3	韩秋实	工学	机械工程	机械科学研究总院	
4	徐小力	工学	机械工程	北京理工大学	
5	吕乃光	工学	电子科学与技术	北京邮电大学	退休

（续表）

序号	导师姓名	从事学科门类	所在学科	任兼职博导单位	备注
6	刘小河	工学	控制科学与工程	北京交通大学	
7	侯军岐	管理学	农业经济管理	西北农林科技大学	
8	杨毅恒	理学	数学	吉林大学	
9	戈新生	理学	一般力学	北京交通大学	
10	葛新权	管理学	企业管理	北京交通大学	
11	李邓化	工学	交通信息工程及控制	北京交通大学	
12	祝连庆	工学	精密仪器及机械	合肥工业大学	
13	苏中	工学	控制科学与工程	北京理工大学	
14	谢冬秀	理学	数学	湖南大学	
15	王久和	工学	电气工程	北京交通大学	
16	黄民	工学	机械设计及理论	中国农业机械化科学研究院	
17	柳贡慧	工学	石油工程	中国石油大学（北京）	
18	李祥贵	工学	系统工程	辽宁工程大学	
19	杨庆东	工学	机械设计及理论	辽宁工程大学	
20	王丽坤	工学	电子科学与技术	北京邮电大学	
21	卢秉恒	工学	机械工程	西安交通大学	兼职教授
22	王子才	工学	控制科学与工程	哈尔滨工业大学	兼职教授
23	姜　澜	工学	机械工程	北京理工大学	兼职教授

【硕士学位授权点】

学科点情况一览表

序号	一级学科点	序号	二级学科点、专业学位点	相关学院
1	机械工程	1	机械制造及其自动化	机电学院
		2	机械电子工程	机电学院
		3	机械设计理论	机电学院
		4	车辆工程	机电学院
		5	先进装备动力学与控制	机电学院
		6	先进制造设备工业设计	机电学院

（续表）

序号	一级学科点	序号	二级学科点、专业学位点	相关学院
2	光学工程		光学工程（一级学科，下无二级学科）	光电学院
3	仪器科学与技术	7	精密仪器及机械	光电学院
		8	测试计量技术及仪器	光电学院
		9	生物传感与医学仪器	光电学院
4	信息与通信工程	10	信号与信息处理	通信学院
		11	通信与信息系统	通信学院
		12	智慧感知与信息处理	通信学院
5	电气工程	13	电机与电器	自动化学院
		14	电力电子与电力传动	自动化学院
6	控制科学与工程	15	控制理论与控制工程	自动化学院
		16	检测技术与自动化装置	自动化学院
		17	模式识别与智能系统	自动化学院
		18	导航、制导与控制	自动化学院
7	计算机科学与技术	19	计算机系统结构	计算机学院
		20	计算机软件与理论	计算机学院
		21	计算机应用技术	计算机学院
		22	网络信息检索与内容理解	计算机学院
		23	数字文化传播	计算机学院、公管传媒学院
		24	计算语言学	计算机学院、外国语学院
8	软件工程		软件工程（一级学科，下无二级学科）	计算机学院
9	数学	25	基础数学	理学院
		26	计算数学	理学院
		27	概率论与数理统计	理学院
		28	应用数学	理学院
10	电子科学与技术	29	微电子学与固体电子学	理学院
		30	电磁场与微波技术	理学院
		31	物理电子学	理学院

（续表）

序号	一级学科点	序号	二级学科点、专业学位点	相关学院
11	管理科学与工程		管理科学与工程	经管学院、信管学院
		32	信息管理与信息安全	信管学院
		33	资源循环管理工程	经管学院
		34	公共决策与社会管理	经管学院、公管传媒学院
12	工商管理	35	会计学	经管学院
		36	企业管理	经管学院
		37	技术经济及管理	经管学院
13	应用经济学	38	国民经济学	经管学院
		39	金融学	经管学院
		40	数量经济学	经管学院
14	马克思主义理论	41	马克思主义中国化研究	政教学院
		42	马克思主义基本原理	政教学院
		43	中国近现代史基本问题研究	政教学院

专业学位点情况一览表

序号	专业学位点	相关学院
1	机械工程（工程硕士）	机电学院
2	车辆工程（工程硕士）	机电学院
3	仪器仪表工程（工程硕士）	光电学院
4	电子与通信工程（工程硕士）	通信学院
5	控制工程（工程硕士）	自动化学院
6	计算机技术（工程硕士）	计算机学院
7	物流工程（工程硕士）	信管学院
8	工业工程（工程硕士）	经管学院
9	工商管理（工商管理硕士）	经管学院

（李忠刚　阎为民）

【研究生培养】

（1）2014年，研究生教育规模继续扩大、质量稳步提高。2014年共录取全日制硕士研究生422名，比2013年增加3.18%，在校全日制硕士研究生人数已达1122人。

（2）依据研究生所学专业的实际需要开设学位课程，同时也兼顾学生本身的兴趣取向开设选修课程，对学生实行人性化与科学化的教学管理。2014年共开设研究生课程338门，下达相应的开课计划，完成相关课程的排课，组织相应课程的考务工作，录入研究生考试成绩约21000人次。做好研究生日常的教学管理工作，保证教学运行正常有序。保质完成教学管理工作，注意掌握和了解各项教学工作的实施情况。注重研究生教学管理的规范化建设。

（3）为提高研究生培养质量，加强硕士生导师队伍建设，合理配置研究生指导教师力量，依据实际，特制定《北京信息科技大学硕士生导师招生条件与名额分配实施办法》；为充分调动广大师生投身学科建设与研究生教育及教学改革的积极性和创造性，不断提高学科水平和研究生培养质量，奖励在学科建设与研究生教育工作中取得显著成绩的集体和个人，特制定《北京信息科技大学学科建设与研究生教育奖励办法》；为确保硕士生导师资助研究生部分助研补贴按时到位，特制定《北京信息科技大学关于硕士生导师缴纳硕士研究生助研补贴的规定》；为了贯彻国家的教育方针，维护正常的教育教学秩序和生活秩序，加强和完善研究生的学籍管理，不断提高研究生培养质量，特制定《北京信息科技大学研究生学籍管理规定》；为改进和规范研究生课程教学管理，建立和维护良好的研究生课程教学秩序，促进研究生教学质量和培养质量的进一步提高，特制定《北京信息科技大学研究生课程教学管理规程》；为规范学校研究生教学管理，提高教学质量，针对研究生课程考核及成绩管理，特制定《北京信息科技大学研究生课程学习及考核规定》；为规范开展研究生中期考核工作，加强研究生培养过程管理，提高研究生培养质量，结合学校具体情况，制定《北京信息科技大学硕士研究生中期考核办法》。

（4）完成了1122名全日制在校研究生的注册、在校生学籍异动管理、新入学研究生培养计划制定、课程安排、考务工作组织、成绩录入、中期考核、2014届毕业生等年度学籍与培养的日常工作。

（5）2014届全日制硕士研究生毕业生共计369人，2014年12月完成2012级、2013级研究生毕业生图像信息采集工作。

（6）组织完成2014年6月、12月的研究生英语四、六级报名和考试工作；组织完成2014年12月的研究生英语学位统考考务等相关工作。

（7）组织完成20项研究生教育教学改革项目立项工作。

（8）组织完成全校学士、硕士学位信息上、下学年两次年报工作。

（9）组织完成2014届硕士学位论文评审、论文复制和检测、答辩、学位授予等工作，总计授予各类硕士学位372人，其中获学术硕士学位219人，获专业硕士学位150人，以研究生毕业同等学力人员授予硕士学位3人。

（10）组织完成2014届优秀硕士学位论文评选工作，评选出优秀硕士学位论文28篇。

（11）组织完成2012级研究生论文选

题工作。

（12）组织完成同等学力人员参加国家统考资格审核、申请硕士学位工作。

（张华杰　王晋　李忠刚　阎为民）

2014 年全日制硕士研究生录取情况

招生专业	录取人数	录取分数线	录取人数（类别）		录取人数（生源）		男生人数	女生人数	考研满分
			非定向生	定向生	非应届人员	应届本科生			
机械制造及其自动化	8	285	8	0	4	4	7	1	500
机械电子工程	13	285	13	0	8	5	10	3	500
机械设计及理论	9	285	9	0	4	5	6	3	500
车辆工程	6	285	6	0	2	4	6	0	500
先进装备动力学与控制	2	285	2	0	2	0	2	0	500
先进制造装备工业设计	1	285	1	0	0	1	0	1	500
机械工程	35	285	35	0	14	21	25	10	500
光学工程	6	285	6	0	2	4	4	2	500
精密仪器及机械	15	285	15	0	3	12	11	4	500
测试计量技术及仪器	7	285	7	0	3	4	3	4	500
仪器仪表工程	34	285	34	0	16	18	15	19	500
通信与信息系统	3	285	3	0	0	3	3	0	500
信号与信息处理	7	285	7	0	3	4	5	2	500
电子与通信工程	29	285	29	0	9	20	18	11	500
控制理论与控制工程	6	285	6	0	3	3	2	4	500
检测技术与自动化装置	7	285	7	0	1	6	5	2	500
模式识别与智能系统	5	285	5	0	2	3	4	1	500
导航、制导与控制	3	285	3	0	0	3	1	2	500
电机与电器	3	285	3	0	0	3	3	0	500
电力电子与电力传动	4	285	4	0	0	4	3	1	500
控制工程	32	285	32	0	14	18	21	11	500
计算机系统结构	4	285	4	0	1	3	3	1	500
计算机软件与理论	1	285	1	0	0	1	0	1	500

（续表）

招生专业	录取人数	录取分数线	录取人数（类别）		录取人数（生源）		男生人数	女生人数	考研满分
			非定向生	定向生	非应届人员	应届本科生			
计算机应用技术	13	285	13	0	7	6	6	7	500
网络信息检索与内容理解	3	285	3	0	1	2	2	1	500
软件工程	3	285	3	0	1	2	3	0	500
数字文化传播	1	285	1	0	0	1	0	1	500
计算机技术	32	285	32	0	9	23	17	15	500
国民经济学	4	330	4	0	2	2	3	1	500
金融学	4	330	4	0	1	3	0	4	500
数量经济学	4	330	4	0	2	2	2	2	500
管理科学与工程	12	335	12	0	3	9	3	9	500
资源循环管理工程	0	335	0	0	0	0	0	0	500
会计学	4	335	4	0	0	4	1	3	500
企业管理	5	335	5	0	1	4	2	3	500
技术经济及管理	5	335	5	0	4	1	0	5	500
工业工程	13	285	13	0	2	11	8	5	500
工商管理硕士	25	160	25	0	25	0	19	6	250
信息管理与信息安全	2	335	2	0	0	2	1	1	500
物流工程	14	285	14	0	4	10	7	7	500
基础数学	2	285	2	0	1	1	2	0	500
计算数学	2	285	2	0	0	2	1	1	500
概率论与数理统计	2	285	2	0	1	1	1	1	500
应用数学	8	285	8	0	1	7	3	5	500
微电子学与固体电子学	13	285	13	0	2	11	9	4	500
马克思主义中国化研究	11	315	11	0	6	5	3	8	500
合计	422	—	422	0	164	258	250	172	

【研究生思想政治教育】

（1）以主题教育活动为核心，加强研究生理想信念教育，提升思想道德水平。2014年下半年启动了学校第一期研究生骨干培训班，加强研究生骨干培养，以点带面促进研究生全面成长成才。

（2）以志愿服务为重点，引领青年研究生服务奉献社会、勇当社会责任。做好常规性研究生志愿服务活动的同时，2014年暑假期间组织“知·行”研究生志愿服务团第一次远赴四川凉山开展暑期义务支教活动，为大山里的留守儿童带去了山外的精彩世界。

（3）以常规校园活动为主线，以特色品牌活动为抓手，丰富研究生课余文化生活，营造健康和谐校园文化氛围，促进研究生能力提升，全面成长成才。2014年每月都会开展1～2项内容丰富、形式新颖，深受研究生群体欢迎的校园文化活动。

（4）进一步建立和健全研究生心理健康教育四级网络，组织心理讲座、研究生心灵驿站心理知识交流会。

（5）加强研究生科技创新意识和创新能力的培养，支持和引导研究生开展学科竞赛、自主研究以及创新成果项目，组织完成2014年研究生科技创新项目申报、评审工作。

（6）以研究生评奖评优工作为契机，树立正确导向，强化学风建设，鼓励全面发展。2014年，评选出研究生国家奖学金获得者26名；研究生优秀奖学金，一等奖24人，二等奖39人，三等奖60人；研究生学业奖学金，2014、2013级全覆盖，2012级一等奖97人，二等奖256人。35名研究生获评校级优秀毕业研究生，其中17人获评北京市优秀毕业研究生。

（7）2014年度，研究生全年在校研究生以第一作者发表论文460篇，其中北大中文核心期刊116篇，SCI、EI、ISTP、CSSCI检索论文99篇；获得专利和软件著作权21项，其中第一完成人7项；科技竞赛获奖43项，获奖158人次。

（毛江一　阎为民）

【研究生就业】

2014年研究生院大力加强研究生毕业生的就业指导工作，使在就业形势非常严峻的情况下，研究生就业工作继续取得优异成绩，就业率达到98.9 %，并在年底首次发布硕士毕业生就业质量年度报告。

2014年硕士研究生就业情况一览表

学历	专业	毕业生人数	其中：优秀毕业生	其中：结业生	减派：考取研究生	减派：出国	减派：申请不就业	减派：其他减派	可分毕业生	其中待分	其中二分	实际签约	地区分布：北京	其中：京外生源	其中：去远郊就业	地区分布：西部省市区	其中：北京生源	其中：支援西部数	北京生源去外省（市、区）	隶属分布：北京市	隶属分布：其他省市区	隶属分布：中央部门	工作性质：机关	工作性质：军队	工作性质：企业	其中：国有企业	其中：三资企业	其中：其他企业	工作性质：事业	其中：高教	其中：其他教学单位	其中：科研	工作性质：基层
合计	硕士生小计	368	19	5	15	1	0	0	352	4	132	216	138	105	25	1	0	1	5	23	7	186	7	0	171	58	6	107	32	11	0	10	0
合计	博士生小计	0	0	0	0	0	0	0	0	0	0	0	0	0	0	0	0	0	0	0	0	0	0	0	0	0	0	0	0	0	0	0	0
研究生合计	研究生合计	368	19	5	15	1	0	0	352	4	132	216	138	105	25	1	0	1	5	23	7	186	7	0	171	58	6	107	32	11	0	10	0
硕士生毕业	测试计量技术及仪器	16	0	0	1	0	0	0	15	0	5	10	7	6	0	0	0	0	0	1	0	9	0	0	8	4	0	4	2	1	0	0	0
硕士生毕业	车辆工程	7	0	0	0	0	0	0	7	0	2	5	2	2	2	0	0	0	0	0	0	5	0	0	4	0	1	3	1	1	0	0	0
硕士生毕业	电子与通信工程	16	1	0	0	0	0	0	16	0	8	8	5	4	0	0	0	0	0	0	2	6	0	0	8	4	0	4	0	0	0	0	0
硕士生毕业	工商管理	30	0	3	0	0	0	0	30	3	13	14	6	5	0	0	0	0	1	0	0	14	1	0	13	1	0	12	0	0	0	0	0
硕士生毕业	工业工程	14	0	0	0	0	0	0	14	0	6	8	5	1	1	0	0	0	0	0	0	8	0	0	3	3	0	0	4	2	0	1	0
硕士生毕业	管理科学与工程	19	0	0	0	0	0	0	19	0	6	13	11	10	1	0	0	0	0	2	0	11	0	0	10	3	0	7	2	1	0	1	0
硕士生毕业	国民经济学	5	0	0	0	0	0	0	5	0	2	3	0	0	0	0	0	0	0	0	0	3	0	0	3	1	0	2	0	0	0	0	0
硕士生毕业	会计学	5	0	0	0	0	0	0	5	0	0	5	2	1	1	0	0	0	1	1	0	4	2	0	3	0	0	3	0	0	0	0	0

（续表）

学历	专业	毕业生人数	其中		减派				可分毕业生	其中待分	其中二分	实际签约	地区分布							隶属分布			工作性质										
			优秀毕业生	结业生	考取研究生	出国	申请不就业	其他减派					北京	其中		西部省市区	其中		北京生源去外省（市、区）	北京市	其他省市区	中央部门	机关	军队	企业	其中			事业	其中			基层
														京外生源	去远郊就业		北京生源	支援西部数								国有企业	三资企业	其他企业		高教	其他教学单位	科研	
硕士生毕业	机械电子工程	17	0	0	1	0	0	0	16	0	7	9	5	4	2	0	0	0	0	1	0	8	0	0	9	2	0	7	0	0	0	0	0
	机械工程	22	2	1	2	0	0	0	20	1	6	13	5	5	2	0	0	0	0	2	1	10	0	0	10	4	2	4	2	0	0	1	0
	机械设计及理论	5	0	0	0	0	0	0	5	0	3	2	1	1	1	0	0	0	1	0	0	2	0	0	2	0	0	2	0	0	0	0	0
	机械制造及其自动化	8	1	0	1	0	0	0	7	0	3	4	2	2	1	0	0	0	0	1	0	3	0	0	3	1	1	1	1	0	0	0	0
	技术经济及管理	7	1	0	0	0	0	0	7	0	5	2	2	2	1	0	0	0	0	1	0	1	0	0	1	0	0	1	0	0	0	0	0
	计算机技术	13	2	0	0	0	0	0	13	0	2	11	9	6	0	0	0	0	0	1	1	9	0	0	8	2	0	6	2	1	0	1	0
	计算机应用技术	36	1	0	1	0	0	0	35	0	7	28	28	23	3	0	0	0	0	3	0	25	1	0	20	11	0	9	6	1	0	3	0
	检测技术与自动化装置	14	0	1	2	0	0	0	12	0	1	11	6	3	0	0	0	0	0	0	0	11	1	0	8	2	0	6	2	0	0	1	0
	精密仪器及机械	6	2	0	1	0	0	0	5	0	2	3	3	0	2	0	0	0	0	1	0	2	0	0	3	3	0	0	0	0	0	0	0
	控制工程	15	2	0	1	0	0	0	14	0	3	11	7	6	1	0	0	0	0	3	1	7	0	0	11	5	0	6	0	0	0	0	0
	控制理论与控制工程	12	1	0	0	0	0	0	12	0	4	8	2	2	0	0	0	0	1	0	1	7	0	0	7	2	0	5	1	0	0	1	0

（续表）

学历	专业	毕业生人数	其中		减派				可分毕业生	其中待分	其中二分	实际签约	地区分布							隶属分布			工作性质											
														其中			其中									其中				其中			
			优秀毕业生	结业生	考取研究生	出国	申请不就业	其他减派					北京	京外生源	去远郊就业	西部省市区	北京生源	支援西部数	北京生源去外省（市、区）	北京市	其他省市区	中央部门	机关	军队	企业	国有企业	三资企业	其他企业	事业	高教	其他教学单位	科研	基层
硕士生毕业	马克思主义中国化研究	8	1	0	0	0	0	0	8	0	4	4	3	1	1	0	0	0	0	0	0	4	0	0	0	0	0	0	3	1	0	0	0
	模式识别与智能系统	6	0	0	0	0	0	0	6	0	2	4	3	3	1	0	0	0	1	0	0	4	0	0	3	0	0	3	1	1	0	0	0
	企业管理	8	0	0	0	0	0	0	8	0	4	4	2	2	0	0	0	0	0	0	0	4	0	0	3	0	0	3	1	0	0	0	0
	数量经济学	5	1	0	0	0	0	0	5	0	4	1	1	0	0	0	0	0	0	0	0	1	0	0	1	1	0	0	0	0	0	0	0
	微电子学与固体电子学	13	1	0	1	0	0	0	12	0	5	7	3	2	0	0	0	0	0	0	0	7	0	0	6	1	1	4	1	1	0	0	0
	物流工程	11	1	0	2	0	0	0	9	0	7	2	2	1	0	0	0	0	0	0	0	2	0	0	2	2	0	0	0	0	0	0	0
	信号与信息处理	10	1	0	0	1	0	0	9	0	3	6	4	4	0	0	0	0	0	2	0	4	0	0	3	1	0	2	2	0	0	1	0
	仪器仪表工程	30	1	0	0	0	0	0	30	0	13	17	10	8	5	1	0	1	0	4	1	12	0	0	16	4	1	11	1	1	0	0	0
	应用数学	10	0	0	2	0	0	0	8	0	5	3	2	1	0	0	0	0	0	0	0	3	0	0	3	1	0	2	0	0	0	0	0

（张华杰　阎为民）

六、科学研究

科学研究

【概况】科技处是负责学校科技管理、科研基地建设、学术交流、科技产业管理的工作机构。现有工作人员12名，其中含学报编辑部4人。

2014年，科研工作以学校“2011计划”工作为主线，综合考量学校学科、基地建设水平，进一步整合学校创新资源，做大做强优势科研方向，促进学科、科研工作协调发展；加强国家自然科学基金和社科基金申报培训工作，提高教师申报各类科研项目的积极性，提高高级别科研项目立项数量和质量；继续发挥科研政策的导向和激励作用，加大科研基础条件建设经费投入，创造良好的科研氛围和条件。

（张日颖）

【科研项目】全年新增各类科研项目305项，其中纵向项目151项、横向项目136项、军工项目18项。新增国家自然科学基金项目20项；国家社会科学基金1项；新增其他国家级项目一级子课题5项，新增省部级项目27项。

（李彬　王子）

【科研经费】年度科研总经费达14554.5万元，较2013年增长21.55%，达到历史新高。其中纵向项目经费4377.62万元、国防项目经费1310.5万元、横向项目经费2861.2万元、平台建设及科研水平提高经费5920万元。

（王占武）

【科研成果及获奖】2014年，全校教师共发表学术论文1020篇，其中：北大中文核心期刊179篇，被三大检索收录论文292篇，CSSCI收录23篇，出版学术专著21部；获各类知识产权授权、登记133项，其中：发明专利40项；获各类科研成果奖励5项。

（王占武）

【科技产业】截至2014年底，学校校办科技产业资产总额超过3亿元；各科技企业上交学校利润96.5万元。

（王占武）

【学报工作】根据由中国知网、中国科学技术文献评价研究中心、清华大学图书馆共同发布的《中国学术期刊影响因子年报》（2014年），学校的学报在综合性科学技术科技期刊影响因子（大学学报类）中排名119位，影响因子0.547，创近年最好水平。全年共出版正刊6期，共刊登学术论文116篇，其中高质量特约外稿17篇。

（康进）

【其他重要事项】

（1）重点科研项目立项又有新突破。国家自然科学基金立项数创历史新高（20项），再获国家社会科学基金资助1项；首次获得国家级重大科学仪器设备相关专项课题，合同额达到360万元；获得高水平的学术团队与科技人才培养项目：首次获得北京市科技领军人才项目1项，再次获得北京市科技新星项目1项；获得教育部人文项目3项、北京市自然科学基金项目4项，北京市哲学社会科学项目7项；北京市教委科研计划科技重点项目4项。

2014年度新增横向项目136项，其中72项办理免税业务，免除增值税额84.24万元，同比增长86%；新增合同额100万元以上的重大横向及军工项目10项，其中，苏中教授承担的某军工项目合同额达3000万元。

（2）协同创新中心建设取得进展。继续充分发挥学校学科、科研优势特色，联合各类创新力量，参与申报建设“2011 协同创新中心”。已参与 5 家知名高校牵头的协同创新中心组建工作，其中北京理工大学电动车辆协同创新中心已正式获教育部批准建设。

（3）科研成果取得新的进展。高水平学术论文数与专利获权数稳步增长；发明专利 40 项，较 2013 年增长超过 30%；以第一单位获得全国行业奖一等奖 1 项。

（4）科技园、产业技术研究院及科技产业工作取得显著成效。

体制机制创新：结合产业技术书研究院实体平台——北京京信科高端信息产业技术研究院有限公司运营工作，对产业技术研究院内设管理机构职能进行了优化，重新开展了专兼职工作人员岗位职责分工，简化了工作流程，提高了工作效率。完成了 10 项校内成熟成果筛选、论证工作，并组织推荐申报各个渠道的产业化项目资助，获 3 项北京市教委创新能力提升计划项目、1 项朝阳区产业化项目、1 项北京市教委科技园资助项目，计划经费 380 万元。另有 2 项成果获得了学校自有经费立项资助，立项经费 230 万元。

支持 2 项产业化成果落地：①基于多网融合的自助服务综合支撑系统。支持该项目申报了北京市教委成果转化项目，资助经费 50 万元。利用学校自有资金 150 万元支持该项目建立产业化中试环境，正在协调校内有关部门在校内部署自助售货机等自助服务终端，搭建完成后，将实现对已有关键技术的产业化验证，实现物流、金流、信息流的有机整合，完成租赁、系统集成、自营三种模式下的产业运营方案测试。② 51MOX 个性化智慧网络平台开发。2014 年利用自有资金 80 万元支持该平台对原有系统功能进行了补充升级，具体功能点包括：替代传统有线电视的 IPTV 数字电视系统；具有交互式信息推送的智能信息采集系统；更具多元化的人机交互系统。

完成校办科技产业资产划转。根据市教委《关于同意划转产权的通知》，通过北京产权交易所完成了北京意康机械有限公司 47.72% 股权和北京科信机电技术研究所意康公司 100% 产权无偿划转到资产公司的产权交易流程。

（5）校学术委员会章程修订及换届。坚持问计于民，充分发挥学术委员会作用。依据教育部《高校学术委员会规程》完成了《北京信息科技大学学术委员会章程》修订工作，重新调整了学校学术委员会组织结构，界定了职责权限，优化了议事规程。2014 年上半年，按照《章程》规定组织开展了北京信息科技大学学术委员会换届工作。同时，为进一步完善科学决策机制，在科研项目申报、报奖成果推荐、平台项目立项等方面还建立了校外专家评审机制，作为学术委员会制度的有力补充。

（王占武）

一、科研机构

序号	机构名称	机构属性	挂靠学院
1	现代测控技术实验室	省部共建教育部重点实验室	机电工程学院
2	传感器实验室	北京市重点实验室	理学院
3	机电系统测控实验室	北京市重点实验室	机电工程学院
4	网络文化与数字传播实验室	北京市重点实验室	计算机学院
5	光电测试技术实验室	北京市重点实验室	光电学院
6	高动态导航实验室	北京市重点实验室	通信学院
7	生物医学检测技术及仪器北京实验室（参与）	北京实验室	光电学院
8	新能源汽车北京实验室（参与）	北京实验室	机电学院
9	光电信息与仪器工程研究中心	北京高校工程研究中心	光电学院
10	北京知识管理研究基地	北京市哲学社会科学研究基地	经济管理学院
11	信息与通信系统实验室	信息产业部重点实验室（财政部与北京市共建开放实验室）	通信学院
12	信息获取与检测实验室	信息产业部重点实验室	科技处
13	TRS 软件开放实验室	财政部与北京市共建开放实验室	计算机学院
14	计算机系统开放实验室	财政部与北京市共建开放实验室	计算机学院
15	多轴复合机床关键部件研究应用技术实验室	机械工业重点建设实验室	机电工程学院
16	现代测试技术实验室	机械工业重点建设实验室	光电学院
17	应用数学研究所	校级	理学院
18	数据恢复研究所	校级	科技处
19	电磁信息技术与煤层气开发研究所	校级	光电学院
20	知识管理研究所	校级	经济管理学院
21	信息系统研究所	校级	信息管理学院
22	翻译研究所	校级	外国语学院
23	循环经济研究中心	校级	经济管理学院

序号	机构名称	机构属性	挂靠学院
24	数字化设计与制造研究所	院级	机电工程学院
25	精密测试技术与仪器研究所	院级	光电学院
26	信息微系统研究所	院级	通信学院
27	通信新技术研究所	院级	通信学院
28	智能控制研究所	院级	通信学院
29	电力电子技术研究所	院级	自动化学院
30	检测技术研究所	院级	自动化学院
31	虚拟现实与系统仿真研究所	院级	计算机学院
32	智能信息处理研究所	院级	计算机学院
33	企业成长研究中心	院级	经济管理学院
34	公共管理研究所	院级	人文社科学院
35	跨文化研究所	院级	人文社科学院
36	海洋信息与科学计算联合实验室	院级	理学院
37	英语语言研究所	院级	外国语学院
38	应用语言研究所	院级	外国语学院
39	国际教育研究所	院级	国际交流学院
40	工伤保险及其装备研究所	院级	机电工程学院
41	软件工程研究中心	院级	计算机学院

二、2014年著作情况

序号	著作名称	第一作者	所属单位	出版单位	出版时间	著作类别
1	有源噪声与振动控制——原理、算法及实现	周亚丽	自动化学院	清华大学出版社	2014-06-01	专著
2	电能变换器及其无源控制	王久和	自动化学院	科学出版社	2014-01-01	专著
3	新形势下马克思主义大众化问题研究	杨兴林	政教学院	光明日报出版社	2014-08-05	专著

（续表）

序号	著作名称	第一作者	所属单位	出版单位	出版时间	著作类别
4	基于实物期权的研发项目评价与投资决策研究	谷晓燕	信息管理学院	河北科学技术出版社	2014-07-01	专著
5	应急动员联盟伙伴选择研究	胡敏	信息管理学院	河北科学技术出版社	2014-07-01	专著
6	多主体强化学习协作策略研究	孙若莹	信息管理学院	清华大学出版社	2014-08-01	专著
7	应急管理的准备过程研究	于瑛英	信息管理学院	河北科学技术出版社	2014-07-01	专著
8	英汉对比与翻译探究	张广奇	外国语学院	中国书籍出版社	2014-04-01	专著
9	层次分析法及其应用案例	张炳江	理学院	电子工业出版社	2014-01-30	编著
10	基于模糊集距离的质量控制图设计	白莹	经济管理学院	社会科技文献出版社	2014-09-10	专著
11	农民工职业发展路径	梁栩凌	经济管理学院	中国市场出版社	2014-09-01	专著
12	动态视角下的战略网络组织间知识转移机理研究	王莹	经济管理学院	现代教育出版社	2014-09-01	专著
13	大学生就业实验经济学研究	刘伟	经济管理学院	社会科学文献出版社	2014-06-01	专著
14	特殊群体人力资源开发：残疾人精细化就业服务	廉串德	经济管理学院	华夏出版社	2014-05-01	专著
15	文档格式转换的自动化测试技术与方法	牟永敏	计算机学院	清华大学出版社	2014-08-04	专著
16	面向函数调用路径的测试技术与方法	牟永敏	计算机学院	清华大学出版社	2014-08-04	专著
17	开放文档格式标准与互操作基础	李宁	计算机学院	清华大学出版社	2014-10-01	专著
18	社会矛盾化解机制研究	伊强	公共管理与传媒学院	知识产权出版社	2014-02-03	专著

（续表）

序号	著作名称	第一作者	所属单位	出版单位	出版时间	著作类别
19	甲午海战的前世今生	阎建国	公共管理与传媒学院	华夏出版社	2014-01-08	专著
20	行政法学	伊强	公共管理与传媒学院	知识产权出版社	2013-01-10	编著
21	纳米材料与敏化太阳电池	邹小平	传感器实验室	上海交通大学出版社	2014-12-01	编著

（董亮）

七、交流与合作

交流与合作

【概况】国际交流合作处和港澳台事务办公室，是执行涉外政策、协调学校国际交流与港澳台事务的归口管理部门，下设综合办公室、外专和引智管理办公室、对外合作办学办公室、因公派出和英文网站管理办公室。主要职责：起草全校对外交流工作的发展规划；校际合作协议的起草和翻译；校际交流计划的统筹管理，交流项目的协调和落实；牵头组织全校性外事活动，负责重大外事接待活动的策划、组织和实施；外国专家的聘请、申报、来华手续办理和日常管理，以及引智项目的申报和管理；学校因公出国（境）管理办法的起草和落实，因公出国（境）手续的办理，以及护照和港澳台通行证等的保管；学生对外交流项目的联系、协调和管理，学生公派出国（境）学习奖学金的评审和管理等。

2014 年，学校继续坚持扩大对外交流与合作，积极引进外国学者和专家，不断扩大来华留学生规模，积极推进学生因公出国（境）交流学习项目的落实。不断开发新的合作项目，学校先后与英国剑桥大学、加拿大温莎大学、法国巴黎行政管理学院和马来西亚林登大学新签合作协议 4 项，与国（境）外 40 余所合作院校开展了“3+1+1（2）”本硕连读项目、“2+2”本科双学士学位项目、“3+1”本科生交流项目等长、短期合作交流项目，共有 103 名学生获得了学校公派出国（境）奖学金的资助；全年出访团组 28 个，共 130 人次；接待来自美国、德国、英国、瑞典、澳大利亚、加拿大、新西兰、爱尔兰等多个国家的友好合作院校访问团组 30 余个，其中包括首次来访的瑞典中瑞典大学校长 Anders Söderholm、加拿大温莎大学校长 Alan Wildeman、法国巴黎行政管理学院校董事会主席 Patrick Dambron 等。申请并取得国家外国专家局和北京市人力资源与社会保障局的引智项目 6 项，新聘英国剑桥大学初大平教授等一批海外知名学者作为我校的荣誉教授。

（张雅）

【交流与合作办学】2014 年，学校与美国、英国、澳大利亚、日本、德国等国以及中国台湾地区的高校开展了广泛的合作办学。主要的合作院校和合作项目见下表。

国家 / 地区	院校名称	合作形式
美国	加州大学欧文分校	学生、教师交流
	加州大学河滨分校	“3+1+1”本硕连读项目，学生、教师交流
	威斯康星大学帕克赛德分校	“3+1+1”本硕连读项目，学生、教师交流
	威斯康星大学拉克罗斯分校	“2+2”本科双学位项目，“3+1+1”本硕连读项目，学生、教师交流
	奥克兰大学	“2+2”本科双学位项目，“1+1+1”研究生双硕士项目，学生、教师交流，科研合作，博士生联合培养

（续表）

国家 / 地区	院校名称	合作形式
美国	鲍灵格林州立大学	“3+1+1”本硕连读项目，学生、教师交流
	辛辛那提大学	“2+2”本科双学位项目，学生、教师交流
	蒙哥马利奥本大学	“3+1+2”本硕连读项目，学生、教师交流
	圣何塞州立大学	“3+1+2”本硕连读项目，学生、教师交流
	惠特学院	学生、教师交流
加拿大	温莎大学	“3+1+1”本硕连读项目，学生、教师交流
	不列颠哥伦比亚大学	学生、教师交流
英国	剑桥大学	学生、教师交流，科研合作
	曼彻斯特大学	学生、教师交流，科研合作
	安格利亚鲁斯金大学	学生、教师交流，科研合作，博士生联合培养
	桑德兰大学	学生、教师交流
爱尔兰	国立科克大学	“2+2”本科双学位项目，“3+1+1”本硕连读项目，“1+1+1”研究生双硕士项目，学生、教师交流，博士生联合培养
	都柏林格里菲斯学院	“2+2”本科双学位项目，“3+1”本科生交流项目，学生、教师交流
	阿斯隆理工学院	“3+1+1”本硕连读项目，“1+1+1”研究生双硕士项目，学生、教师交流，博士生联合培养
	沃特福德理工学院	学生、教师交流
德国	耶拿应用技术大学	“2+2”本科双学位项目，“3+1”本科生交流项目，学生、教师交流
	IBA 国际大学	学生、教师交流
	柏林经济文化科技大学	学生、教师交流
	莱比锡电信应用科技大学	学生、教师交流
澳大利亚	格里菲斯大学	学生、教师交流
	拉筹伯大学	学生、教师交流
	维多利亚大学	学生、教师交流
	卧龙岗大学	学生、教师交流
	邦德大学	学生、教师交流

（续表）

国家 / 地区	院校名称	合作形式
新西兰	Unitec 理工学院	“3+1+1”本硕连读项目，学生、教师交流
日本	冈山大学	学生、教师交流，科研合作，博士生联合培养
	福井大学	“3+1”本科生交流项目，学生、教师交流，科研合作，博士生联合培养
瑞典	中瑞典大学	“3+1+1”本硕连读项目，学生、教师交流
	哈姆斯塔德大学	“3+1”本科生交流项目，“1+1+1”研究生交流项目，学生、教师交流，科研合作，博士生联合培养
法国	欧洲理工学院	学生、教师交流
	巴黎行政管理学院	学生、教师交流
韩国	中源大学	学生、教师交流
	柳韩大学	学生、教师交流
芬兰	图尔库应用科技大学	学生、教师交流
马来西亚	林登大学	学生、教师交流
中国台湾地区	铭传大学	学生、教师交流
	建国科技大学	学生、教师交流
	台北科技大学	学生、教师交流
	朝阳科技大学	学生、教师交流
	龙华科技大学	学生、教师交流
	世新大学	学生、教师交流

（王琛）

【港澳台事务工作】2014 年，学校继续加强与中国香港、中国台湾等地区高校的交流与合作，有 3 名学生参加了建国科技大学的交流项目；共接待台湾地区合作院校来访团组 2 个，来访人员 22 人次，包括建国科技大学董事长吴联星等，以及参加第二届华北五省（市、自治区）大学生机器人大赛的台湾地区的大学代表团。

（王琛）

【引智与外专】2014 年，学校共取得引智项目 6 项，其中获批国家外专局引智项目 3 项，北京市人力资源与社会保障局项目 3 项。其中，由祝连庆教授牵头的重点项目获得北京市连续 3 年累计资金达 100 万元的支持。

2014 年，学校共聘请长、短期外国专家 30 余名，分别来自美国的南加州大学、奥克兰大学、辛辛那提大学、西北大学、南卡罗莱纳大学，德国的耶拿应用技术大学，日本的冈山大学，瑞典的中瑞典大学、哈姆斯塔德大学和新西兰的奥克兰理工大学等高等院校。

（张雅）

【因公派出】2014 年，学校因公出访团组 28 个，计 130 人次。其中首次向加拿大温莎大学派出了专业教师研修团，对专业教师进行定制化的课堂实践教学培训；首次选派教育管理干部人员赴中国台湾铭传大学进行高等教育管理研修及交流；在出访团组中，教师（含双肩挑干部）参加学术交流和科研合作的团组有 11 个，人数达 64 人次，占出访团组总人数的 72%。

（王俊威）

【学生公派出国（境）交流学习】2014 年，学校加大了与国（境）外合作大学的交流力度，派出总人数创历年新高，其中 103 人获得来学校的学生公派出国（境）学习奖学金资助。2014 年，学校首次向爱尔兰科克大学派出硕士交流学生，首次由计算机学院组团赴瑞典哈姆斯塔德大学参加暑期短期课程学习，外国语学院首次向合作院校派出长期交流学生。组织完成了学生公派出国（境）学习学奖学金的评审、公示和发放等工作，共资助学生 103 名，发放奖学金总金额 163 万元人民币，受资助人数及总金额均创历年新高。

（王琛）

八、管理与服务

办公室工作

【概况】学校办公室（党委办公室）（以下简称学校办）是校党委、行政的合署办事机构，主要职能是落实、协调和服务。具体负责综合协调，文秘，印章和机要管理，信息和办公自动化，档案和综合统计，学校对外联络和接待，接待和协调处理群众来信来访，管理、协调学校法律事务，党务公开、校务公开和信息公开，学校党政机关办公经费和一般办公设备费分配及办公电话管理等工作。办公室现有主任1人，副主任3人，工作人员15人。

2014年，学校办公室坚持以科学发展观为指导，深入学习贯彻党的十八大和十八届三中、四中全会精神，贯彻落实国家、北京市《中长期教育改革和发展规划纲要》，全面推进学校“十二五”事业发展规划落实，紧紧围绕学校2014年党政工作要点和下半年重点工作，强化组织协调，改进工作作风，增强服务意识，提升工作水平，较好地完成了学校赋予的各项工作任务。

【综合协调与服务】在学校各类重大活动中加强与相关职能部门的协调配合，细化工作方案，提升工作水平，积极做好学校重点工作及重大活动的组织、协调与服务。

（1）暑期基础设施改造工程组织协调工作。

2014年暑期基础设施改造中有8项工程涉及清河小营校区、健翔桥校区、清河校区和酒仙桥校区共17个建筑物，与广大师生员工学习生活关系密切。为保障工程顺利进行，在主管校领导的领导下，学校办公室于6月27日召开由全校29个单位和部门参加的暑期基础设施改造工程工作协调会，确定工作方案，明确工作标准，提出工作要求。工程开工前，积极配合后勤管理处做好施工前期准备，确定招标代理公司，请示调整放假开学时间配合施工，协调学生处、研究生院及相关学院做好毕业生离校和行李存放等工作，保证了开工前各项准备就绪。施工过程中，随时联系相关单位和部门，配合后勤管理处和施工单位工作。施工结束后，将有关单位钥匙等及时发放到位，保证了各项工作顺利进行。同时，组织完成清河小营校区图书馆108会议室的装修改造工程。

（林国策　英树志）

（2）华北五省（市、自治区）大学生机器人大赛统筹协调工作。

学校办公室与教务处及有关部门通力配合，在往年工作经验的基础上，拟定详细的工作方案，认真做好大赛组委会名单、参赛学校、日程安排等组织协调工作，精细化安排、落实会场布置、赛场安排和接待方案等会务工作，并积极协调、督促学校相关部门、单位开展工作，保证了大赛的顺利举行。

（林国策　英树志）

（3）学校党政领导集体性日常活动的综合协调，完成校领导的各类日常事务管理和服务工作，包括校领导元旦、春节期间走访慰问各校区活动；完成2014年学校运动会、迎新工作、开学典礼和毕业典礼等活动的综合协调、总体策划和组织工作；完成毕业生离校工作、“平安校园”创建总结表彰会、中国仪器仪表学会第16届青年学术会议等大型会议的会务工作以及其他会议活动的综合协调任务。

（林国策　李华涛　英树志）

（4）全年组织服务学校党委全委会 3 次、党委常委会 41 次、校长办公会 24 次、书记办公会 1 次、党政联席会 1 次。

【机要管理及公文处理】

（1）机要及内部资料等刊物管理工作。认真做好上级党委、行政及其他各类公文的收发、登记、传阅、督办工作。认真做好文件传阅，及时处理领导批示，积极与承办部门沟通协调，督促领导批示落实。认真做好文件的转办、督办、办结和归档工作，确保文件在处理过程中不拖延、不失误。同时，加强密级文件的管理，主动跟踪每一份密级文件，并锁入文件柜集中管理。定期对机要文件进行核对，确保文件账物相符。

全年共接收上级党委类公文 410 件，含机要 208 件，其中密级 109 件，已办结 274 件，共传阅 2375 人次。接收上级行政类公文 387 件，含机要 135 件，其中密级 14 件，已办结 347 件，共传阅 1977 人次。认真做好内部资料等刊物的管理、传阅工作。

全年共接收内部资料 864 件，其中密级 140 件，共传阅 1831 人次。在内部资料等密级资料的传阅过程中，遵循相关保密规定，每日及时收回密级文件，学期末对学校领导及各单位借阅的密级文件进行集中收回，存至机要室。当年清退 2013 年机要（含密级）文件 60 件，共 323 份；秘密件 42 件，共 232 份；机密件 12 件，共 71 份。

（李丝璐）

（2）校内请示报告管理工作。认真做好校内请示、报告的传阅、督办工作。根据请示的类别，及时做好会签、传阅和督办工作，并于年底逐步建立请示类文件的督办台账，进一步完善请示类文件的后续工作流程。全年共办理校内请示 157 件，共传阅 440 人次，已办结 121 件。

（李丝璐）

（3）全年共审核、印制校级文件 508 个，其中党委文件 71 个、行政文件 437 个，印发数约 9000 份，约 80 万字。共印发有关学科建设、人才培养、科技创新、队伍建设以及围绕规范管理秩序等方面的规章制度共 50 个，其中行政类 40 个，党群类 10 个；印发指导性文件 1 个；全年对校内 4 个专门委员会和工作组进行调整，新成立 11 个专门机构。校内制作秘密级文件 2 个、机密文件 1 个，共印发 64 份。

（李蒙丝）

【文秘工作】

文稿起草工作。2014 年，起草了学校 2013 年党政工作总结和 2014 年党政工作要点、2014 年下半年党政重点工作、学校党的群众路线教育实践活动整改方案落实情况自查报告、学校党委党风廉政建设主体责任落实情况自查报告、党委常委会工作报告、教代会校长工作报告等重要文稿；起草了学校主要领导在加强党的建设和党的群众路线教育实践活动推进会上的讲话、在“三育人”表彰大会上的讲话；在教代会开幕式上的讲话、在迎接上级领导视察座谈会上的讲话等重要各类讲话、致辞；整理党委常委会、校长办公会等会议记录 70 份；起草会议纪要 70 份，145200 字；制发会议纪要 1120 份。

起草了学校与秦皇岛北戴河新区的合作协议、学校与北京市昌平区政府、国奥集团的三方战略合作协议；起草了学校《招标管理办法》等重要制度；完成了北京舞蹈学院、首都师范大学、北京外国语大学等兄弟院校的校庆贺信、党代会贺信撰写工作。2014 年，共完成各类报告、讲话、致辞、汇报、贺信、新闻稿件等共计9万余字。

（王鑫）

【依法治校工作】组织协调相关部门共同处理金台路校区火灾事故相关诉讼（汇谷苑、万惠商场）、丁宝成排除妨碍纠纷、李双立房屋拆迁补偿协议纠纷、东坨村委会诉昆达公司与学校拆迁补偿协议无效等诉讼案件5件，部分案件涉及一审、二审和申请强制执行程序。组织协调相关协议的签署和履行，包括与汇佳律师事务所的法律顾问合同补充协议，与海淀兴华农工商公司房屋租赁协议的谈判、签署和履行，与汇海商务酒店房屋租赁协议的履行等。

审核修改学校对外合作合同、出具法律咨询意见书等35份，协调学校重大法律事务的律师会议，协调学校有关部门法律事务的律师咨询。审核各部门发布的有关学科建设、人才培养、科技创新、队伍建设以及围绕规范管理秩序等方面制度规范共50个，保证学校发布的规范文件符合法律规定，避免校内各规定的冲突。

开展北京信息科技大学章程建设的相关工作，在学校各层级征求意见、讨论修改章程草案，校际学习和交流章程建设情况，报送章程核准稿，以有章可依、依章治校，切实提高学校依法治校水平。

【年鉴工作】完成《北京教育年鉴（2014）》北京信息科技大学稿件的工作部署、编辑审核和提交工作，提供文字稿约1万字，图片32张。完成《北京信息科技大学年鉴（2012）》（约55万字）三审三校工作，定样印刷300本发放到全校各单位。完成《北京信息科技大学年鉴（2013）》（约50万字）的编辑、返稿、定稿以及出版服务政府采购工作，与出版服务公司联系进行文稿编印审校工作。进行《北京信息科技大学年鉴（2014）》（约50万字）校内各单位稿件的收集、编辑以及编辑部负责的内容整理等工作。

【综合统计工作】组织全校18个相关单位召开学校2014—2015学年初高等教育事业基层统计报表填报工作会议。在全校统计相关单位报送基础数据的基础上，经过数据整理、录入、校验、统稿、送审等环节，及时报送了高基报表，测算了学校办学条件情况和监测办学条件情况，在学校统计台账中更新录入2014—2015学年统计数据。

（李丛健　李蒙丝）

组织相关部门统计人员参加2014年度海淀统计年报定报工作培训会议；组织指导相关部门统计人员按时完成月报、季报、年报工作；及时与区统计局沟通，协调处理定报工作中出现的问题。组织相关部门共同完成了五大项86个指标的科普统计报表的填报工作。

（李丛健　李蒙丝）

2014年暑期，配合主管领导组织相关单位填写并按时上报了《市属高校基础设施改造调研表》，为相关部门提供了所需统计数据，完成日常统计咨询、统计分析工作。

（李丛健　李蒙丝）

【信访工作】全年共处理群众来信48封，接待群众来访56人次，接听相关电话24次，安排校领导接待35次涉及19项次，总计147项次，办结138项次，有9项正在办理中。开展年度信访工作的总结分析，并呈报全体校领导阅示。

（李丛健　程会敏）

【学校第二次党代会会务工作及党代表联络办公室工作】学校办公室与党委组织部等部门充分沟通，密切配合，就党代会会务工作形成了完备的工作方案，做到了责任到人，无缝衔接，克服参会人员多、会议密集等困难，全力服务学校第二次党代会，圆满完成了会场安排、会议文秘、资料印发、会议用餐等一系列重要工作，确保了学校第二次党代会圆满召开。

党代表联络办公室认真开展党代表提案征集工作，征集提案47件。整理、汇总并经提案工作委员会审议，重大事项复杂事项报党委常委会讨论后，立案21件（其中并案处理5件），转建议21件；发放立案通知书26份，转建议通知书21份；报请主管领导阅示提案办理单26份；领导阅示后，发放提案办理通知书54份；提案的主办、协办部门高度重视，积极落实，做到了提案件件有反馈。经测评，党代表对提案办理工作的满意度为100%。

（李丛健　李蒙丝）

【党务、校务公开、信息公开】2014年，学校办公室秉承“以公开为原则，不公开为例外”的工作理念，加强领导、突出重点、分解责任、注重落实，认真做好上呈下达及协调、督办等协调服务工作，会同全校各部门不断增强学校各项工作的透明度及时效性。通过学校网站、党务公开网站、校报、办公系统、广播、电子屏幕、公开栏、会议、信息平台、文件等形式主动公开各类信息共计2914条。

在党务公开工作实施细则中由党办牵头负责公开的12方面事项、参与的3方面事项，在校务公开工作实施细则中由学校办公室牵头负责公开的5方面事项、参与的9方面事项均根据实际情况进行了公开。公开校级党委文件58个、行政文件333个，公开事项涉及学校概况、领导班子简介及分工、党委行政议事规则、学校重点工作、重要事项、有关规章制度等。完成党务公开网站的日常运行维护更新工作，完成学校基层党组织设置后的网站子站更名工作，全年通过党务公开网站共公开事项1207项。

（李蒙丝）

做好学校办公室网站改版运行，完善网站规章制度模块的功能，完成2008—2012年、总计352份的学校规章制度的上传工作；及时对网站进行日常维护和更新，及时处理办公系统及信箱中各部门、单位发来的文件和信件，及时做好学校相关课题申报、评选展示、会议报送、培训管理等工作。

（程会敏）

【档案管理】积极推进学校档案数字化进程，制定了《北京信息科技大学电子文件归档与电子档案管理暂行办法（征求意见稿）》。及时更新档案室部分设备，如温湿度计、灭火器等，定期放置档案专用杀虫药物，使库房达到防盗、防光、防高温、防火、防潮、防尘、防虫、防鼠“八防”要求。

（徐铭　孙佳秋　英树志）

全年共整理了1960—1980年教学类档案微机补录75条案卷目录、4736条卷内目录；及时、准确地完成了“2013年度综合档案室基本情况”统计、录入、上报工作，12月按时报送“北京信息科技大学2014年档案工作情况汇报”。

（徐铭　孙佳秋　英树志）

认真落实国家和学校有关保密法律法规，在日常管理中，做到涉密档案存放完整、有序和安全，杜绝任何涉密事件的发生。2014年接收涉密档案1卷，现共存放涉密档案243卷。充分利用档案室现有资源，配合学校教学工作，圆满地完成了各类国家级考试试卷的保管工作（包括研究生人学考试、全国大学英语四六级考试、英语八级考试等）。积极支持公共管理与传媒学院行政管理专业学生教学工作的需求，在档案室进行相关课程的实践教学环节。

（徐铭　孙佳秋　英树志）

【其他工作】

（1）党支部工作扎实开展。一是强化学习风气，建设学习型党支部。坚持自学为主，集中学习为辅，鼓励全体党员在业余时间多读报，多了解，多讨论，每月将学习的文件、书目和报上的有关内容印发给党员自学，并要求全体党员先学一步，学深一点，在支部会上组织学习讨论。组织党员、发展对象和入党积极分子观看录像，学习先进榜样事迹，紧跟学习的步伐。及时传达和学习学校精神，并结合学校工作实际贯彻落实好。二是加强组织建设，定期召开组织生活会，会上党员畅所欲言，认真开展批评和自我批评。严格按照党章规定做好发展新党员工作，讲标准，求质量，成熟一个，发展一个，严格把好关口。全年召开支部委员会议5次、全体党员大会2次、民主生活会1次，1名预备党员预备期满转正。

（2）部门工会工作有声有色。认真落实校工会、机关工会下达的各类通知，确保各项工作落实到每一位会员，认真完成运动会及各类活动组织报名、物品团购等，认真完成机关分工会安排的各项任务，充分调动了广大会员的积极性。

（李丛健　李蒙丝）

人事管理

【概况】人事处是学校人力资源管理的重要职能部门，主要负责贯彻执行国家、上级主管部门和学校颁布的有关人事干部、劳动、工资等方面的法律、法规、政策和规定，负责全校人事管理政策的研究与制定；人员编制、岗位设置和校内各种津贴的发放；师资队伍建设与人才引进；行政科级机构设置；人事调配与管理；劳动工资管理；专业技术职务岗位聘任；人才交流和编外人员管理；职工培训、考核、奖惩；办理退休、保险福利等工作。人事处共有处长1人，副处长2人，其他工作人员9人。

2014年是学习宣传贯彻党的十八大精神、实施学校“十二五”事业发展规划、积极推进学校战略转型的关键一年。人事处坚持以科学发展观为指导，深入学习贯彻党的十八大精神，贯彻落实国家、北京市中长期教育改革和发展规划纲要，落实学校“十二五”事业发展规划，不断深化人事制度改革，建立符合时代要求和学校建设发展需要的用人机制。以优化结构和提高水平为重点，不断加强新形势下师资队伍建设，继续规范和完善人事管理制度，平稳推进绩效工资改革，提高人事管理与服务工作水平，为学校建设和发展提供优质人力资源保障。

（孟李辛）

【师资管理】

（1）新教师培训。10月，学校举办新入职教职工岗前培训。校长柳贡慧作重要讲话，有关职能部门负责人分别作专题报告。培训内容主要有学校基本情况，包括历史沿革、发展概况、未来前景，以及教学管理、科研工作等内容，同时组织了骨干教师的教学观摩等活动，参加培训的事业编和非事业编教职工40余人。组织新入职教师参加高师培训中心举办的第67期、

68期岗前培训、教育部全国高校教师网络培训中心举办的“青年教师教学能力与职业规划”等课程培训以及人众人拓展培训公司举办的拓展培训。

（2）教师国内进修培训。2014年，落实全校教职工进修学习工作，学校在职攻读博士学位70人；在职攻读硕士学位15人；新派出国内访问学者7人；组织学校教师参加北京市属高校教师发展基地培训项目，脱产培训教师3人；举办学校骨干教师英语水平提高班，集中培训各学科专业骨干青年教师10人；与教育部全国高校教师网络培训中心联合举办“青年教师教学能力与职业规划”和“高校教师必备教学技能与案例研讨”两个专题培训，总计培训教师100余人次；组织教师参加北京市高校硕士研究生导师高级研修、高校教师双语教学国内深化培训、新入职管理干部培训、高校青年骨干教师教学能力提升培训、高校教师科研能力与师德素养提升高级研修、高校院系领导高级研修、北京市大学英语教师专业化能力发展专题研修、高校教师办公软件及多媒体教学培训、高校教育管理干部通识教育专题研修等各类能力提升培训项目，培训教师80余人。校内80余万元培训经费资助各类上岗培训及岗位继续教育培训160余人次；北京市人才强教深化计划教学技能项目经费50余万元资助学校教师参加北京市高师培训中心及教育部全国高校教师网络培训中心组织的各类精品专业课程、高校教师教学技能等各类培训，培训120余人次；

（3）教师境外进修培训。2014年，组织教师参加北京市高师培训中心国外一般访问学者项目，年度成功出访教师4人；组织教师参加国家留学基金委国外高级访问学者项目，年度出访教师3人；举办学校第二期处级以下教育管理干部赴台湾培训班，年度培训院系和行政教育管理人员15人；举办学校第七期双语教学师资加拿大培训班，年度集中培训双语骨干教师11人。各类培训坚持了学用一致、注重实效的原则，使教师的教学技能、业务能力、管理能力得到大幅提升。

（4）教师资格认定。组织教师参加2014年度春季、秋季两期教师资格认定，共有44人获得高校教师资格证书。

（5）外聘教师审批。2013年完成学校兼职教授的聘任和管理工作，年度聘任兼职教授2人；完成学校外聘参加一线教学工作教师18人。

（冉屏　吕航　孟李辛）

【高层次人才】2014年，组织召开北京学者计划信息与电子专家委员会成立暨第一次工作会议；组织开展北京学者候选人推选工作；组织开展北京市百千万候选人推荐工作。

【评优推荐】2014年，组织开展全国优秀教师候选人推荐工作；组织开展北京市留学人员科技活动项目择优资助项目申报工作；组织开展北京市中青年科技创新领军人才申报工作；组织开展教育部“长江学者奖励计划”人选推荐工作；组织推荐北京市属高校教师发展基地优秀学员候选人工作。

（冉屏　吕航　孟李辛）

【人才强教项目管理】

（1）项目推选工作。开展北京市属高校“长城学者”培养计划、“青年拔尖人才”培育计划等项目的推选工作，学校缪旻和侯军岐2人入选“长城学者”培养计划、“青年拔尖人才”培育计划项目7个。

（2）教师队伍建设项目执行工作。协

调2014年度教师队伍建设“长城学者”培养计划项目2个、“创新团队”项目2个的实施工作，总计涉及经费800万元；具体组织2014年度教师队伍建设项目中由人事处牵头的教学技能、特聘教授、青年拔尖人才、青年英才等项目的实施工作，总计涉及经费461万元。

（3）人才强教深化计划项目结题工作。配合北京市教委对学校2011年度入选的人才强教深化计划项目开展结题工作，所涉及的32个项目全部顺利结题。

（4）教师队伍建设项目经费预算工作。组织开展教师队伍建设项目2015年度经费预算工作，项目包含特聘教授1个、长城学者4个、创新团队2个、青年拔尖人才33个、青年英才20个，总计涉及经费1330万元。

（5）项目中期检查工作。依据北京市教委通知要求，对学校入选的20个青年英才项目开展中期检查工作。

（冉屏　吕航　孟李辛）

【教师职务晋升聘任】

（1）完成2013年教师职务岗位的常态化聘任工作。共有139人晋升申报教师职务岗位，经过聘任工作程序，最终16人晋升正高级岗位，37人晋升副高级岗位，6人晋升中级教师职务岗位。

（2）学校按照工科、理科、经管与文科三大类成立学校高级教师职务岗位晋升聘任学科评议组，发布《关于成立学校高级教师职务岗位晋升聘任学科评议组的通知》（校人发2014〈24〉号），对学校高级教师职务岗位晋升聘任学科评议组成及成员数做出明确规定。

（3）启动2014年教师职务常态化晋升聘任工作。2014年教师职务岗位常态化晋升聘任于11月份进行前期准备工作，12月24日发布《北京信息科技大学2014年教师职务岗位晋升聘任工作的通知》，标志着2014年教师职务岗位晋升聘任工作全面启动。下达正高级岗位4个，副高级岗位16个。共有48人晋升申报教师职岗位，其中11人晋升申报正高级教师职务岗位，25人晋升申报副高级教师职务岗位，12人晋升申报中级教师职务岗位；最终5人通过正高级资格审核，14人通过副高级资格审核，12人通过中级资格审核。

（高俊　孟李辛）

【新一轮全员聘期聘任工作】

完成教师职务岗位聘期聘任工作：10月22日《北京信息科技大学2014年教师职务岗位聘期聘任工作指导意见》发布，标志着学校新一轮全员聘期聘任工作正式展开。参加此次聘期聘任的教师职务岗位人员为765人，其中正高级为118人，副高级为281人，中级及以下为366人。

完成其他专业技术岗位聘期聘任工作：共有119位其他专业技术岗位人员参加新一轮聘期聘任，其中正高级2人，副高级19人，中级74人，初级24人。

完成工勤技能岗位聘期聘任工作：共有88位工勤技能岗位人员参加新一轮全员聘期聘任，其中技师1人，高级工36人，中级工35人，初级工16人。

（高俊　孟李辛）

【完成教育管理及政工系列人员任职资格的评审】

（1）完成了教育管理高级专业技术职务任职资格的推荐评议工作，向北京市推荐教育管理副研究员2人。

（2）完成了思想政治工作专业技术职务任职资格推荐评议及评审工作。评定政工师2人；向北京市推荐高级政工师2人，2人都通过北京市任职资格评审，取得高级政工师任职资格。

（高俊　孟李辛）

【工勤技能岗位聘任】

（1）完成 2014 年工勤技能岗位人员职业技能培训、鉴定工作，共有 54 人申报参加北京市工勤技能岗位人员职业技能培训、鉴定。经工作程序，最终向北京市教委推荐技师 1 人、高级工 8 人、中级工 6 人参加北京市工勤技能岗位培训、鉴定。

（2）启动 2014 年工勤技术岗位人员的晋升聘任工作，参加此次工勤技能岗位晋升聘任的共有 12 人。经聘任工作程序，7 人晋升聘任到高级工岗位，5 人晋升聘任到中级工岗位。

（高俊　孟李辛）

【调配管理】

（1）教职工队伍状况。截至 2014 年 12 月 31 日，学校共有在编教职工 1369 人，其中 42 人不在岗。在岗教职工中：专业技术岗位 983 人，管理岗位 244 人，工勤技能岗位 100 人。按专业技术职务（职称）统计，共有正高级专业技术职务（职称）128 人；副高级专业技术职务（职称）342 人；中级专业技术职务（职称）587 人；初级专业技术职务（职称）85 人。按学位统计，共有博士学位 330 人，硕士学位 512 人，学士学位 260 人。截至 2014 年 12 月 31 日，学校共有退休人员 984 人，离休人员 57 人。其中，2014 年退休教职工 47 人。

（2）人才引进。2014 年接收事业编制人员 41 人，其中以公开招聘的形式引进人员 38 人，包括接收应届毕业生 20 人，含博士 12 人、硕士 8 人，为 18 人办理了进京落户手续；调入 14 人，含博士后 9 人，博士 1 人，硕士 2 人，本科 2 人，具有正高级职称或资格 1 人，具有副高级职称或资格 1 人，中级职称 10 人；接收留学回国人员 4 人，含博士 2 人，硕士 2 人，为 3 人办理留学人员进京落户手续。以政策性安置的形式接收军转干部 3 人，其中工程人员 2 人，卫生人员 1 人。

（3）根据《北京信息科技大学专业技术岗位及管理岗位非事业编制人员管理暂行办法》，学校公开招聘非事业编人员 5 人。非事业编制人员的招聘采取公布岗位信息、简历筛选、笔试、面试、心理测评及体检等程序。

（4）人员调出及校内调动。2014 年从本校调出人员共计 6 人。按人员身份统计：教师 2 人，大学生思想政治工作人员 2 人，管理人员 1 人，工程人员 1 人；按学位统计：博士学位 2 人，硕士学位 4 人。校内调动 7 人。

（5）年度及聘期考核。12 月，学校颁布《北京信息科技大学处级以下教职工 2014 年年度考核实施办法》。依据此办法，人事处组织实施了 2014 年工作考核工作。2014 年工作考核结果为：全校 1152 名处级以下教职工应参加考核，实际参加考核 1152 人，其中考核等次为优秀的教职工 174 人，考核等次为合格的教职工 957 人，考核等次为基本合格的教职工 1 人，参加考核不确定等次的教职工 20 人。

（6）干部报备与因私出境管理。2014 年，向北京市出入境管理局上报备案各类人员 193 名，其中，现任局级干部 12 人，现任处级干部 117 人，涉密人员 21 人和离退休局级干部 43 人。撤销 7 名人员的报备。收集全校报备人员持有的因私护照，管理 84 人共 138 个因私护照及港澳台通行证。按照学校《因私出境管理办法》，设置协议管理制度、委托存档制度，制订因私出国（境）协议书、委托存档协议书、授权委托书等格式文本，为4人办理因私出国（境）手续。

（7）教授延长退休及返聘人员管理。为1名教授办理了延长退休年龄申请。按照《返聘人员管理办法》，明确校内返聘人员的条件和程序，为46人办理返聘手续。

（8）二级机构负责人聘任。3月，学校批准聘任仪器科学与光电工程学院刘刚同志、郎晓萍同志为实验教学中心副主任，聘任机电工程学院李启光同志为机械电子工程系负责人。5月，学校批准聘任王立勇同志为机电系统测控北京市重点实验室副主任。10月，学校批准聘任后勤管理处才秀芬同志任门诊部主任、刘峰同志任门诊部副主任。12月，学校批准聘任政治理论教育学院陈建成同志为中国近现代史教研部主任，聘任外国语学院张晓蔓为研究生外语教学部主任。

（9）二级机构增设。11月，学校批准公共管理与传媒学院增设综合实验室、文化艺术教研部为二级机构，外国语学院增设研究生外语教学部为二级机构。

（10）人力资源管理信息化与数据统计。2014年，人力资源管理信息化项目二期开发和验收完成，并完成与信息门户对接，标志着人事管理向信息化方向迈进了重要一步。7月，完成北京信息科技大学机构和编制核查工作。10月，完成高等教育基础报表中人事方面的数据统计。12月，完成事业单位统计报表。

（李万福　李伟　孟李辛）

【劳动工资和福利管理】

（1）工资与福利。2014年，全年在职职工工资总额17847.4万元，其中在岗职工工资17515.2万元，其他从业人员劳动报酬332.2万元，不在岗职工生活费38.6万元。离休人员离休费739.6万元，退休人员退休费7166.21万元。

（2）社会保险。根据社会保险有关规定，以参保职工本人2013年1月至12月实际发生工资总额（税前）的月平均工资核定2014年度社会保险缴费基数。学校在编正式职工需缴纳医疗保险、生育保险、失业保险和工伤保险。在编合同制职工需缴纳医疗保险、生育保险、养老保险、失业保险、工伤保险。非事业编制职工需缴纳养老保险、医疗保险、失业保险、生育保险和工伤保险。2014年学校共为各类职工缴纳养老保险287.97万元，医疗保险2288.03万元，生育保险124.99万元，失业保险182.49万元，工伤保险78.26万元。

（3）离退休有关工作。截至2014年12月31日，学校共有离退休人员1045人，其中离休人员57人、退休人员988人。2014年学校共为47名职工办理了退休手续。经过校长办公会研究和校内公示等工作程序，提高退休费计发比例人员2人。

（4）残疾人就业保障金。根据《残疾人就业条例》《北京市按比例安置残疾人就业办法》等有关规定，本市各类用人单位，均应按照本单位在职职工总数不少于1.7%的比例安排残疾人就业，未按规定完成安排残疾人就业任务的，应缴纳残疾人就业保障金。学校本年度实际安排9名残疾人就业，实际缴纳残疾人就业保障金70.42万元。通过积极申报和争取，获得安置残疾人岗位补贴6.3万元。

（龙天　孟李辛）

附：高级专业技术职务任职资格人员名单

机电工程学院（42 人）

教　授：王红军　王国权　王科社　孙江宏　杨庆东　陈　勇　林慕义　郝南海　郝育新
贺敬良　高炳学　黄　民　钟建琳　姜　可

副教授：朱春梅　刘　芳　刘　泉　祁志生　严　乐　李天剑　李　乐　李启光　李晓民
杨冬梅　杨　莉　张志强　张怀存　张　艳　张君华　张瑞乾　陈秀梅　赵秋玲
侯悦民　龚国庆　盖雨聆　童　亮　戴丽萍

高级实验师：王雪雁　王　准　刘国庆 邓春芳　黄小龙

仪器科学与光电工程学院（27 人）

教　授：王晓飞　刘国忠　李　东　吕　勇　娄小平　祝连庆　郭阳宽　董明利　滕功清

副教授：马牧燕　王　君　王艳林　王晓玲　刘力双　牛春晖　李月强　张晓青　周哲海
赵　爽　贾豫东　燕必希

副研究员：乔道鄂

高级实验师：刘　刚　陈青山　郎晓萍　郑青玉　赵双琦

信息与通信工程学院（18 人）

教　授：朱希安　苏　中　汪毓铎　杨曙辉　周金和　缪　旻

副教授：李红莲　李学华　吴韶波　罗　倩　张月霞　姚彦鑫　徐　湛　崔英花　焦瑞莉
潘建军　解迎刚

高级实验师：王亚飞

自动化学院（28 人）

教　授：厉　虹　刘小河　白连平　马　洁　张奇志　李　擎　周亚丽　恒庆海　曹荣敏

副教授：王　鹰　艾　红　付兴建　刘丽华　李　娟　李　慧　吴迎年　杨秀媛　范军芳
张巧杰　张　利　陈雯柏　胡平平　彭书华　管　萍

高级工程师：刘文静

高级实验师：白雪峰　关静丽　李　萍

计算机学院（38 人）

教　授：申闫春　刘建宾　牟永敏　李　宁　李淑琴　李宝安　张仰森　徐雅斌　蔡　英

副教授：王铁峰　牛欣源　刘旭红　刘均梅　刘京志　刘城霞　刘雪飞　杨大利　杨　菁
何玉洁　沈美娥　张志华　岳　清　张　伟　胡信裕　胡景凡　侯凌燕　侯　霞
施运梅　秦奕青　殷　旭　彭克勤　徐　莉　焦　健

高级实验师：田英爱　高　卓　黄改娟

研究员：吕学强

副研究员：韩俊彦

经济管理学院（63 人）

教　授：王信东　王　斌　刘　宇　刘　春　贠晓哲　李雁玲　曲　立　张志凤　张　健
黄中文　周脉伏　唐五湘　徐文彬　葛新权　谢瑞峰　谢　群　岳宝宏　侯军岐
副教授：于生生　王建梅　王　慧　王　莹　王　晖　尹洁林　叶小玲　田淑英　田肇云
任丽明　刘文涛　孙玉霞　孙　静　孙　凯　李红娟　李建良　李晓非　李静文
李慧思　杨闻萍　杨颖梅　沈银萱　周飞跃　周秀玲　周　觉　崔　瑜　彭　燕
孟海亮　杭建平　侯风萍　贾香萍　徐　颖　段文军　赵　伟　曹晋红　梁栩凌
程桂枝　韩之怡　廉串德　谭祖卫　黎　枫
高级实验师：王景增　刘　青　刘　伟　陈元凤

信息管理学院（28 人）

教　授：尹春华　李　忱　徐晓敏　崔　巍　蒋文保　康海燕
副教授：王晓敏　于瑛英　卢华明　朱　阁　任俊玲　孙志恒　孙若莹　何文君　卢益清
刘亚辉　吴丽花　陈立南　林小茶　郁红英　施永香　胡　炬　赵庆聪　赵　刚
高　英　蒋洪伟　张　虹
高级实验师：宋燕林

公共管理与传媒学院（13 人）

教　授：王　媛　李　钢　梁冬梅　杨孔雨　杨成虎
副教授：丁　宁　牛新权　伊　强　李　仙　张英杰　郭严俊　谢保杰　阎建国

政治理论教育学院（22 人）

教　授：石冀平　刘永成　胡　飒　敖云波　张云筝　傅正华　何深思
副教授：于　洋　王英红　陈建成　刘建华　齐治兰　杨玉珍　吴慧芳　汪　帆　庞淑萍
舍娜莉　曹　霞　董　术　曾毅红　郭春燕　韩剑英

外国语学院（32 人）

教　授：任维平　李淑琴　肖洪森
副教授：马月英　王朝晖　王　霞　王　瑾　方　元　尹祝辉　刘　颖　李　萍　李伟宏
孙力华　肖　滨　宋　芳　张广奇　张晓蔓　张群星　陈晓飞　陈海涛　陈　燕
郝永辉　贾红霞　赵　彬　郭丽萍　董利晓　程京艳　程　莲　顾　红　赖　瑜
蔡　莉　谭胜国

理学院（51 人）

教　授：于肇贤　齐臣杰　李国成　杨毅恒　邱　钧　侯吉成　戈新生　盛炎平　冯美强
程希明　谢冬秀　薛春艳　其木苏荣
副教授：王宏伟　王爱文　王彩霞　王晶杰　王裕民　王灯山　王小妮　王　昕　龙晶凡
孟祥花　徐茂林　华冬英　庄建红　刘凤敏　刘　玲　李　涵　杨　虹　吴光旭

吴秋新　张丹萍　张炳江　钟新华　闻小永　倪晓明　殷树娟　黄小丽　雷纪刚
解文龙
研究员：王丽坤　田文杰　朴林华
高级实验师：吉　萍　胡纪平
副研究员：　张　伟　谷传欣　邹小平　秦　雷　解炳昊

体育部（7 人）

教　授：王慧丽
副教授：王　睿　刘守君　张世忠　陈永存　席　军　徐　涛

国际交流学院（2 人）

教　授：邱国旺　牛　健

科研单位（25 人）

教　授：李邓化　徐小力　田杨萌　高晶敏　朱嘉林
副教授：王立勇　杨鸿波　张金龙　魏　英
研究员：高国伟　施水才
高级工程师：王弘蔚　王　涛　张京生　汪中夏　肖诗斌　都云程　冯清娟
高级实验师：任小军
副研究员：王小川　王少红　吴国新　李渝勤　谷玉海 左云波

直属单位（30 人）

教　授：王吉芳　杨兴林
副教授：刘梅彦　陈义平　周长胜　贾艳萍　崇美英 方炜炜　董丽萍
副研究员：王学文　郁海燕　马　丁　陈　萍　杨志耘
副研究馆员：马铭锦　江　珊　应红燕　张玉忠　陶靖中
高级工程师：宋利强　郑小博
高级实验师：王　伟　李　沛　李桂芝　郑　军　侯晓霞　胡延平　赵玉双　高　宁
宋晓娜

党政机关（55 人）

教　授：王久和　王兴芬　卢　静　刘桂礼　许宝杰　李祥贵　韩秋实　柳贡慧　金春华
米　洁　陈　昕　赵爱玲
副教授：刘筱毅　邢济收　杨　军　麦　苗　曹　林　刘云风　张　莉　赵晓林　郭银辉
陶志红　倪　海　贺　芳
高级政工师：王立民　卢玲军　冯晓春　何颖利　姜伟华
研究员：冯喜春　郑君礼　栾忠权　鲁　雷
副研究员：王志伟　白　菁　吉莉莉　刘　勇　闫　健　杜世智　张华杰　钟　玲
崔新红　阎为民　彭斌柏　谢新伟　穆　婕

高级工程师：刘　伟　李　旭　黄　芳
主 任 医 师：才秀芬
副主任医师：黄月仙
高级会计师：权菊娥
编辑正高级：康　劲
编辑副高级：黄宁军
高级审计师：包育红

注：1. 以上人员均按姓氏笔画排序，共计 481 人。
2. 人员职称情况统计截至 2014 年 12 月 31 日。

财务管理

【概况】财务处是学校的一级财务机构。主要负责贯彻执行国家和北京市有关法律、法规、财经政策及财务规章制度；依法组织和领导全校财务管理和会计核算工作；根据学校事业发展计划编制年度预算，并协调预算执行、组织编制决算；依照财务制度规定，办理学校各项经费收支核算；建立健全学校财务规章制度，规范校内经济秩序；依法多渠道筹措资金，满足学校运行和发展需要。财务处包含预算管理和会计核算两个主要业务模块：预算管理负责学校预算编制、预算执行监督及决算组织等相关管理工作；会计核算负责学校各项经费收支核算等相关工作；此外，学校的专项经费管理、科研经费及税务管理、公费医疗、工资发放、基本建设财务管理、票据结算、收费管理、财务系统维护建设以及其他各项综合事务等均安排专人负责。财务处现有正式职工 19 人，在两个校区办公，其中处长 1 人，副处长 1 人，高级会计师 1 人。

（刘晓妮）

【财务收支状况】2014 年，全校总收入 123870.19 万元，其中财政拨款收入 110034.24 万元（含政府性基金 50451.90 万元）、事业收入 12645.94 万元、附属单位上缴收入 188.51 万元、其他收入 1001.50 万元。2014 年，全校总支出 84943.60 万元，其中基本支出 46781.82 万元（含人员经费 32846.42 万元、公用经费 13935.39 万元）、项目支出 38161.78 万元（含纵向科研项目支出 267.89 万元、提供其他社会服务科研事业项目支出 4210.84 万元、新校区公租房还贷支出 500 万元）。

截至 2014 年 12 月 31 日，全校资产总额 222320.84 万元，其中流动资产 99897.50 万元、长期投资 423.35 万元、固定资产 104511.70 万元、在建工程 17488.29 万元；全校负债总额 17228.31 万元，其中长期借款 14036.00 万元；全校净资产合计 205092.51 万元，其中事业基金 18660.72 万元、非流动资产基金 122423.33 万元、专用基金 4742.20 万元、财政补助结转 51491.67 万元、非财政补助结转 7774.59 万元。

（郑彩云）

【财务计划管理】
（1）科学编制预算。以“依法理财、

统筹安排、保障重点、勤俭节约、科学精细”为原则，依据2013年预算及执行情况，综合编制2014年预算。在资金安排上保证人员经费、水电气暖费用等各项刚性支出，保证教学、科研等中心工作的需求，保证学校重点工作支出。为新校区建设等学校发展建设的重大事项留有资金。积极做好年度预算分配、调整和追加等工作事项，确保学校预算顺利执行。1月8日下达2014年度校内基本经费预算44892.75万元；全年追加各部门运行经费预算3517.95万元；全年追加各部门创收预算1483.19万元。

（2）组织做好2015年度财政预算申报及校内预算编制工作。9月下旬下发《关于做好2015年度预算编报准备工作的通知》文件，并组织人员参加市财政局2015年预算编报布置会，按照上级部署收集各部门基础数据，及时测算学校收支情况，10月下旬完成2015年度财政预算申报工作。11月4日下发2015年度校内预算编报通知，启动校内预算编制工作；11月中旬至12月下旬，收集、汇总、录入各部门2015年校内预算数据，形成2015年度预算讨论稿，提交预算管理委员会讨论、校长办公会和党委常委会审议通过，完成《2015年度学校事业经费收支预算》编报工作，同时完成《2015年度学院预算分配测算表》中17个二级学院（含有关教学单位）的预算额度测算。

（3）积极做好年度财务决算编制工作。1月上旬，组织填报《2013年度财务决算报表》《2013年度财务决算分析报表》，撰写《2013年度财务决算分析报告》，1月中旬将决算数据上报北京市教委并顺利通过审核，较好的完成2013年度财务决算工作。

完成各项财务管理工作。2014年，学校继续贯彻财政管理的新要求，压缩行政运行成本，严控“三公经费”等7项经费支出。在预算安排上实现“三公经费”等7项经费零增长，督促各部门厉行节约、减少不必要开支，全年“三公经费”等7项经费支出均控制在预算内。

（4）积极开展财务信息公开。2014年，学校落实财政改革的政策要求，健全信息披露制度，拓展信息公开渠道，及时公开财务信息，并接受舆论监督。按照《财务信息公开条例》及时公开财务信息，财务处网站定期公开财务各项制度及管理办法、收费标准、专项经费批复情况、执行进度和考评结果等内容，在学校网站及教代会上公布全年的预决算信息等。

（郑彩云）

【会计核算工作】2014年开始执行新的《高等学校会计制度》，新旧制度转换时间紧、任务重、政策性强，财务处全体同志积极参与、共同努力，顺利完成了新旧制度转换工作，同时全面完成了全年日常管理和各项核算任务。主要完成以下几个方面工作：

（1）暑假期间顺利完成了新旧会计制度转换工作。年初财务处成立了新旧会计制度转换研究小组，认真学习和领会新制度的核心内容，着手准备新旧会计科目对照表。为了解决新制度会计科目数量庞大、记账难的问题，研究小组反复讨论最后采用来源内部控制方式，缩减科目数量。同时在市教委《会计制度手册》基础上，调整和缩减了科目编码，增添了有关日常报销费用的核算科目，完善了账务核算体系。暑假期间，财务处正式实施了新旧制度转换工作，重新设定了系统内部科目、项目、来源、核算模板等关系。新系统检查无误后，财务处全体人员将上半年旧系统发生的15000余张凭证在新系统中按新科目重新录入，全部重新打印、替换并装订成册。按新会计制度的要求，将固定资产分类由16类调整为6类，并与资产管理处完成核对，确保资产分类数据完全相符。

（2）全面推进公务卡结算改革，规范支出结算方式。本年度财务处进一步加大公务卡使用的宣传力度，从4月起严格执行公务卡使用和报销制度，公务卡报销量和报销金额逐月提升。年末全校教职工公务卡持卡量达到1004张，全年报销11561笔，还款金额991.23万元。财务处优化人员内部工作分工，在还款日前加班加点，确保了每月公务卡的及时还款。

（3）落实上级审计整改意见。调整了学校公务用车费用核算方式，按车辆使用单位性质，将车辆使用费直接记入4大类支出中的一般公务用车运行维护费——燃料费，冲减后勤保障支出中的其他公务用车运行维护费——燃料费。年末不再计提各单位奖福利基金的账务处理方法，探讨新的核算方式，对原渠道资金需求纳入预算统筹安排。

（4）优化劳务费、专家咨询费发放管理。随着学校各项经费的增加，劳务费和专家咨询费发放额度不断增加，月均劳务费和专家咨询费的支票量150余张，年发放金额近2000万元。财务处改进劳务费及专家咨询费的记账方式和发放流程，增加了应付劳务费明细科目，较好地解决了专项资金劳务费发放所得税的计提问题，确保核算准确、发放及时。

（5）严格执行政府采购的相关政策。依据资产管理处出台的政府采购文件，加强报销审核，对需要进行政府采购的事项严格按相关规定和流程办理。

（6）往来款清理工作常抓不懈。财务处将往来款的清理任务进行分解，由专人负责清理。实行“前账不清，后款不借”的办法，督促借款人及时报销冲账，对在年终决算前不能报销的款项，与借款人协商进行资金退回处理，基本实现了当年借款全部清零的目标。年末整理打印往来清册，装订存档。

（7）坚持按月与银行对账工作，确保学校资金安全。每月与银行及时核对各账户资金明细账，对每笔未达款项均分析原因并及时处理，按月编制“银行存款余额调节表”，经主管领导签字后装订存档。

（8）坚持凭证交叉复核工作，提高会计核算工作质量。小营校区坚持采用凭证交叉复核方式，每天进行凭证复核；对健翔桥校区的会计凭证每周安排小营校区2人集中复核。

（9）财务档案管理工作。每个工作日对银行返回的汇款回单和支付令回单及时查号并粘贴，保证会计资料完整。及时将记账凭证整理装订成册，全年共装订记账凭证873册，移交档案室凭证1326册。

（10）全年填制会计凭证36981张，会计分录145292条，审核凭证附件90252份。全年现金付款3904万元，现金收款3903万元，签发银行支票和办理汇款9729笔，办理各种收款1985笔。

（秦顺红）

【专项经费管理】2014年，北京市教委下达专项经费69767.62万元，项目中包括财政事业费支持的学校新校区建设经费50000.00万元。2014年专项支出33183.06万元，其中当年项目支出18508.96万元，以前年度项目支出14674.1万元。3月初，财务处下发《关于2014年度专项经费预算指标的批复》，将2014年年初专项经费额度及时下达到各归口管理部门，顺利启动专项经费支出工作。2014年4月，北京市教委组织开展2014年项目绩效考评工作。我校2012年度下达项目“人才强教深化计划——创新团队”接受北京市教委考评，项目金额448.25万元。在财务处和有关单位（部门）的精心准备下，经过事务所初审和专家检查、复审答辩等环节，最终考评成绩为良好。10月中旬，顺利完成2015年专项经费预算申报工作，申报金额共计31828.72万元，共51个项目。

2014年，学校校内项目经费共支出2855.36万元，其中：教学提高项目经费1146.07万元；科研提高项目经费1709.29万元。财务处根据上级新精神制定2014年校内项目实施办法，同时督促各部门制定分管范围的实施细则，严格规范校内项目经费的使用。

（郭慧峰）

【收费管理工作】2014年，按照北京市财政局和市教委的要求，严格执行各项收费标准，开展学生收费工作。2014年2—3月，财务处先后两次完成继续教育学院学生学费批扣工作，共计808人次，金额合计155.31万元。为方便2014年新生按时缴纳学费，7月5—30日，为2014年新生办理北京银行芯片卡，同时在收费系统录入新生相关信息，设定全校学生应收学费标准；2014年10月完成本科生、研究生第一批次扣收费工作，其中本科生学费3664万元，住宿费621.03万元；研究生学费303万元；年末进行收费系统、账务系统和财政局相关系统三个系统的收费数据核对，核对数据完全相符。

全年累计处理收费票据20000余份，累计实现学费、住宿费收入5895.8万元。收费收入及时、全额上交市财政，圆满完成2014年度收费工作。

（王素容）

【科研经费管理】2014年，科研经费的立项、结题及免税工作不断完善。学校全年科研课题共682项，到款金额6879.14万元；实际立项328项，金额5518.40万元（其中横向课题立项222项，纵向课题立项106项）。及时到国家税务局办理各项纳税、免税申报手续，全年共办理免税手续55项，涉及课题经费1476.31万元，免税金额合计为99.21万元。2014年10月积极办理学校由小规模纳税人变更为一般纳税人的相关手续，11月顺利开出增值税普通发票。

积极配合完成科研结题工作。全年完成校内科研结题审签29项，其中北京市自然科学基金课题12项，国家自然科学基金课题8项，重大课题3项，装备承制资格现场审查1项，军工新品验收5项，同时完成国军标体系监督审查等。

（孙淑玲）

【财经制度建设】2014年，财务处在加强财务管理体系建设的同时，结合工作实际制定并发布学校财经管理文件4项，包括《北京信息科技大学2014年校内项目管理办法》《关于公务机票实行政府采购有关问题的通知》《北京信息科技大学差旅费管理办法（试行）》《北京信息科技大学现金管理实施细则》；为方便师生报销，财务处首次发布了《公务卡报销指南》和《差旅费报销指南》。

（刘晓妮）

【获奖情况】2014年全校各项财务管理工作取得一定成效。在2014年评选的2013年决算编报工作先进单位中，学校获得北京市教委高校组一等奖（排名第一）；北京市教委2014年综合绩效评价考核中学校获三等奖；在2015年开展的2014年市属高校预算编制工作奖励中得分 89.77 分，排名北京市教委高校组第二名。

（刘晓妮）

【其他】完成与北京银行贷款事宜，保证学校顺利购置新校区公租房。2013 年 11 月，学校与北京沙河恒大置业有限公司签订《北京信息科技大学公共租赁住房收购合同》及补充协议，金额合计为 24415.956 万元。为解决学校购置公租房资金问题，财务处多次与北京银行就公租房贷款事宜进行沟通，并于 2014 年 6 月与北京银行签订借款合同，贷款金额为 18600 万元，贷款期限为 10 年。同时根据北京市财政局批复，2014 年 6 月至 2017 年 6 月由北京市财政给予学校回购公租房的银行贷款全额贴息支持，贴息年限为 3 年。

（刘晓妮）

本科学生招生就业管理

【概况】招生就业工作办公室承担全校全日制普通高等教育本科学生（简称本科生）的招生工作和归口管理本科生就业的相关工作。招生就业工作办公室下设招生办公室和毕业生就业指导中心，招生办公室负责学校每年本科生招生计划的编制，开展招生咨询和招生宣传，负责本科生录取工作以及其他后续工作；毕业生就业指导中心负责学校应届毕业生的就业指导、就业咨询，举办各种招聘会，及时获取和公布就业信息，形成派遣计划，完成就业派遣以及其他后续工作。招生就业工作办公室有主任 1 人，副主任 1 人，一般工作人员 4 人。

在校党委和主管校领导的正确指导和亲切关怀下，在各学院和相关部门的密切配合和大力支持下，2014 年招生就业工作办公室圆满完成了既定的招生就业工作。招生方面招生计划跟去年持平，无新增专业，计算机类专业首次实行了大类招生。本科第一批次招生工作取得新的突破，生源质量有新的提升，基本实现了“稳定生源规模和结构、提高生源质量”的工作目标。此外学校召开党委常委会、校长办公会专题研究招生工作，成立了 2014 年招生工作委员会，学校招生工作领导小组统筹资源，保证工作顺利高效。就业方面以“稳定就业率，增强就业力，提高就业质量”为目标，面对依旧严峻的就业形势，结合学校实际和学生切实所需，以提升质量为重点，以就业引导为特色，积极构建完善的就业工作体系，开拓就业资源，提升就业服务，各项工作顺利开展，较好地完成了全年就业工作目标。

（夏帆）

【招生工作】2014 年招生计划为 2834 人，其中本科生计划 2730 人，高职升本科计划 104 人。本科生北京招生计划 1390 人（占 50.9%），京外省份招生 1340 人（占 49.1%），京内和京外生源比例接近 1∶1，生源结构比较合理。招生专业上，计算机类专业首次实行了大类招生。本科一本招生的省份增加了四川、新疆、宁夏 3 个省（区），至此学校一本招生的省份已达 21 个；文理科全部专业进入一批招生的省份由去年的 2 个增加到 7 个，理科全部专业进入一批招生的省份由去年的 5 个省增加到 10 个省。招生办精心编印《2014 年报考指南》，加大招生的宣传力度，分别在教育部阳光高考网、新浪网、新华网、腾讯网、北京考试报等近 15 家网站、9 个报刊媒体进行了招生宣传，在北京教育考试网上咨询平台解答了 400 多位考生及家长的 500 多条问题，高考结束后分别到 11 个省（市、区）进行了高招宣传、咨询活动。2014 年录取成绩喜人，生源质量有了新的提升，在京外一、二批录取的省份，学校文理科最低录取分数线均高于各省平均一本线；北京二批文理科录取分数双双创造学校录取成绩的历史新高。2014 年学生报到率创历史最高，报到率为 96.79%，这说明了学校的社会影响力不断在提高，考生对学校的认可度也不断在增强。

（夏帆）

【录取情况】

2014 年理工类普通本科各地录取情况

招生地区	当地控制线		录取批次	最高分	最低分	平均分	招生人数	男生人数	女生人数	高考满分
	一本线	二本线		本科	本科	本科	本科			
北京	543	495	一批	625	543	562	568	381	187	750
			二批	598	519	529	681	415	266	750
天津	516	439	一批	555	532	539	20	14	6	750
			二批	522	506	512	15	11	4	750
河北	573	—	一批	628	607	612	77	35	42	750
			定向扶贫	607	600	602	8	1	7	750
山西	534	462	一批	574	552	557	31	23	8	750
			二批	556	535	540	19	6	13	750
			定向扶贫	552	534	539	10	5	5	750
内蒙古	—	388	二批	563	494	552	15	8	7	750
辽宁	526	—	一批	584	569	573	37	14	23	750
吉林	555	—	一批	603	560	575	32	18	14	750
黑龙江	529	—	一批	587	576	579	25	7	18	750
			定向扶贫	576	534	552	7	4	3	750
江苏	—	312	二批	344	334	339	20	9	11	480
浙江	—	597	二批	612	581	600	20	15	5	810
安徽	489	—	一批	572	521	528	65	54	11	750
福建	506	—	一批	566	543	549	37	25	12	750
江西	526	471	一批	568	551	557	15	14	1	750
			二批	538	522	525	19	15	4	750
			定向扶贫	559	548	552	13	13	0	750

（续表）

招生地区	当地控制线		录取批次	最高分	最低分	平均分	招生人数	男生人数	女生人数	高考满分
	一本线	二本线		本科	本科	本科	本科			
山东	572	489	一批	626	609	614	45	32	13	750
			二批	616	589	600	15	8	7	
河南	547	—	一批	611	574	578	86	53	33	750
			定向扶贫	583	564	570	9	7	2	750
湖北	—	471	二批	552	532	537	20	18	2	750
湖南	—	442	二批	556	525	532	42	23	19	750
广东	—	504	二批	558	537	548	25	23	2	750
广西	—	407	二批	542	500	513	42	29	13	750
海南	606	—	一批	649	626	634	25	22	3	900
重庆	—	455	二批	516	492	506	15	11	4	750
四川	540	475	一批	600	540	552	16	14	2	750
			二批	557	538	544	21	19	2	750
贵州	484	382	一批	550	514	524	16	12	4	750
			二批	505	474	487	16	11	5	750
			定向扶贫	542	516	523	18	15	3	750
云南	525	445	一批	560	540	548	18	13	5	772
			二批	536	510	521	14	8	6	772
陕西	503	—	一批	570	538	548	32	23	9	750
甘肃	516	459	一批	545	519	530	24	18	6	750
			二批	566	497	526	11	5	6	750
			定向扶贫	544	514	521	15	13	2	750
青海	516	—	一批	521	411	468	25	6	19	750
宁夏	473	440	一批	533	477	498	24	22	2	750
			二批	533	469	481	16	13	3	750
新疆	475	405	一批	529	487	497	20	14	6	750
			二批	538	478	495	20	9	11	750
新疆定向	—	—	—	—	—	—	2	1	1	—

（续表）

招生地区	当地控制线		录取批次	最高分	最低分	平均分	招生人数	男生人数	女生人数	高考满分
	一本线	二本线		本科	本科	本科	本科			
预科转入	—	—	—	—	—	—	30	21	9	—
内地新疆班	—	—	—	—	—	—	15	10	5	—
内地西藏班	—	—	—	—	—	—	7	7	0	—
合计	—	—	—	—	—	—	2418	1567	851	—

（夏帆）

2014 年文史类普通本科各地录取情况

招生地区	当地控制线		录取批次	最高分	最低分	平均分	招生人数	男生人数	女生人数	高考满分
	一本线	二本线		本科	本科	本科	本科			
北京	565	507	一批	612	566	575	38	6	32	750
			二批	569	542	551	117	34	83	750
河北	563	—	一批	598	591	594	10	2	8	750
山西	—	478	二批	536	525	528	10	3	7	750
辽宁	—	490	二批	567	554	558	8	1	7	750
吉林	560	—	一批	577	568	572	8	3	5	750
黑龙江	541	—	一批	584	563	574	8	2	6	750
安徽	541	—	一批	555	550	552	10	2	8	750
福建	561	—	一批	586	571	577	8	1	7	750
江西	—	479	二批	528	521	523	8	1	7	750
山东	—	523	二批	589	584	586	10	1	9	750
河南	536	—	一批	568	549	554	10	2	8	750
湖南	—	501	二批	576	569	572	8	1	7	750
广西	—	463	二批	554	541	548	8	1	7	750
四川	—	500	二批	574	548	553	8	2	6	750
贵州	—	489	二批	582	563	569	10	3	7	750
云南	—	500	二批	574	561	566	8	2	6	750

（续表）

招生地区	当地控制线		录取批次	最高分	最低分	平均分	招生人数	男生人数	女生人数	高考满分
	一本线	二本线		本科	本科	本科	本科			
陕西	548	—	一批	587	552	562	8	2	6	750
甘肃	—	499	二批	548	530	537	10	5	5	750
新疆定向	—	—	—	—	—	—	1	1	0	—
预科转入	—	—	—	—	—	—	8	5	3	—
内地新疆班	—	—	—	—	—	—	4	2	2	—
内地西藏班	—	—	—	—	—	—	3	2	1	—
合计	—	—	—	—	—	—	321	84	237	—

（夏帆）

【就业工作】2014年，学校共有本科毕业生2585人，北京生源1627人，占62.94%，京外生源958人，占37.06%。学校就业工作继续推行校院两级“一把手”负责制，积极实施校院两级考核机制，并根据就业统计分析和专业研究结果，构建科学的“招生–培养–就业–考核–投入”联动机制。毕业生就业指导中心全面加强就业指导，引导和鼓励毕业生面向全国、面向基层、面向西部就业，并大力推进入伍义务兵役工作。遵循“稳固已有就业渠道、努力挖掘潜力就业市场”的工作思路，进一步加强与行业的密切合作。通过开设相关课程、举办创业讲座和大学生创业大赛等活动对大学生进行创业教育，培养大学生的创业意识。通过诸如就业网站、短信息平台、QQ群、飞信群等各种形式，为毕业生提供各种就业岗位信息，宣传就业政策，发布就业新闻，提供职业指导。2014年共举办校内大型综合招聘会9场，参会单位950余家，中等规模综合招聘会25场，参会单位90家，专场招聘会360余场，共计为学生提供各种岗位信息接近1.6万余个，需求比为1:6，比2013年略有增加。加强就业研究分析和对就业各种专兼职人员培训，继续实行就业数据周报和公布制度，积极推进目标考核制。截至10月31日，全校一次就业率为98.84%，名列北京市属高校前三名，略高于2013年的一次就业率，圆满完成了年初设定的工作目标。

（夏帆）

【就业情况】见下表。

北京信息科技大学2014届毕业生就业情况一览表

学院	专业	毕业生数	就业情况															就业比例	生源		性别	
			签三方协议		考研		申请出国		志愿服务西部		入伍参军		就业			灵活就业			北京	外地	男	女
			人数	比例	人数	比例	人数	比例	人数	比例	人数	比例	人数	比例	扣除存档的就业率	人数	比例					
机电学院	机械设计制造及其自动化	168	115	68.45%	8	4.76%	9	5.36%	0	0.00%	1	0.60%	142	84.52%	70.24%	24	14.29%	98.81%	89	79	144	24
	车辆工程	51	35	68.63%	6	11.76%	1	1.96%	0	0.00%	0	0.00%	44	86.27%	68.63%	7	13.73%	100.00%	34	17	44	7
	工业工程	43	31	72.09%	2	4.65%	3	6.98%	1	2.33%	0	0.00%	41	95.35%	65.12%	2	4.65%	100.00%	32	11	30	13
	工业设计	50	41	82.00%	2	4.00%	0	0.00%	0	0.00%	0	0.00%	45	90.00%	34.00%	5	10.00%	100.00%	40	10	37	13
	学院合计	312	222	71.15%	18	5.77%	13	4.17%	1	0.32%	1	0.32%	272	87.18%	63.46%	38	12.18%	99.36%	195	117	255	57
光电学院	测控技术与仪器（光机电一体化）	75	32	42.67%	7	9.33%	9	12.00%	0	0.00%	0	0.00%	57	76.00%	73.33%	18	24.00%	100.00%	48	27	45	30
	光信息科学与技术	52	21	40.38%	4	7.69%	5	9.62%	0	0.00%	0	0.00%	36	69.23%	61.54%	14	26.92%	96.15%	34	18	43	9
	学院合计	127	53	41.73%	11	8.66%	14	11.02%	0	0.00%	0	0.00%	93	73.23%	68.50%	32	25.20%	98.43%	82	45	88	39
自动化学院	自动化	137	80	58.39%	11	8.03%	11	8.03%	1	0.73%	0	0.00%	119	86.86%	76.64%	16	11.68%	98.54%	87	50	99	38
	电气工程及其自动化	54	34	62.96%	1	1.85%	1	1.85%	0	0.00%	0	0.00%	42	77.78%	62.96%	9	16.67%	94.44%	32	22	53	1
	智能科学与技术	60	30	50.00%	4	6.67%	9	15.00%	0	0.00%	0	0.00%	47	78.33%	56.67%	12	20.00%	98.33%	38	22	48	12
	学院合计	251	144	57.37%	16	6.37%	21	8.37%	1	0.40%	0	0.00%	208	82.87%	68.92%	37	14.74%	97.61%	157	94	200	51

（续表）

学院	专业	毕业生数	就业情况															就业比例	生源		性别	
			签三方协议		考研		申请出国		志愿服务西部		入伍参军		就业			灵活就业			北京	外地	男	女
			人数	比例	人数	比例	人数	比例	人数	比例	人数	比例	人数	比例	扣除存档的就业率	人数	比例					
通信学院	电子信息工程	137	90	65.69%	7	5.11%	2	1.46%	0	0.00%	0	0.00%	129	94.16%	78.83%	7	5.11%	99.27%	89	48	110	27
	通信工程	120	64	53.33%	11	9.17%	9	7.50%	0	0.00%	0	0.00%	108	90.00%	84.17%	12	10.00%	100.00%	82	38	67	53
	学院合计	257	154	59.92%	18	7.00%	11	4.28%	0	0.00%	0	0.00%	237	92.22%	81.32%	19	7.39%	99.61%	171	86	177	80
计算机学院	计算机科学与技术	178	115	64.61%	7	3.93%	14	7.87%	0	0.00%	0	0.00%	141	79.21%	60.11%	33	18.54%	97.75%	114	64	125	53
	软件工程	85	53	62.35%	2	2.35%	5	5.88%	0	0.00%	0	0.00%	63	74.12%	52.94%	22	25.88%	100.00%	53	32	73	12
	网络工程	76	39	51.32%	2	2.63%	9	11.84%	0	0.00%	0	0.00%	52	68.42%	55.26%	24	31.58%	100.00%	49	27	62	14
	学院合计	339	207	61.06%	11	3.24%	28	8.26%	0	0.00%	0	0.00%	256	75.52%	57.23%	79	23.30%	98.82%	216	123	260	79
经济管理学院	会计学（注册会计师）	113	67	59.29%	6	5.31%	12	10.62%	0	0.00%	1	0.88%	90	79.65%	75.22%	22	19.47%	99.12%	65	48	36	77
	会计学	38	24	63.16%	2	5.26%	3	7.89%	0	0.00%	0	0.00%	30	78.95%	78.95%	8	21.05%	100.00%	24	14	11	27
	财务管理（证券与投资）	28	17	60.71%	1	3.57%	4	14.29%	0	0.00%	0	0.00%	24	85.71%	85.71%	4	14.29%	100.00%	16	12	14	14
	财务管理（公司理财）	61	32	52.46%	3	4.92%	7	11.48%	0	0.00%	0	0.00%	49	80.33%	80.33%	11	18.03%	98.36%	37	24	19	42
	市场营销	50	30	60.00%	3	6.00%	1	2.00%	0	0.00%	0	0.00%	38	76.00%	64.00%	11	22.00%	98.00%	33	17	21	29
	工商管理	74	41	55.41%	0	0.00%	2	2.70%	0	0.00%	1	1.35%	46	62.16%	62.16%	28	37.84%	100.00%	52	22	38	36

（续表）

学院	专业	毕业生数	就业情况															就业比例	生源		性别	
			签三方协议		考研		申请出国		志愿服务西部		入伍参军		就业			灵活就业			北京	外地	男	女
			人数	比例	人数	比例	人数	比例	人数	比例	人数	比例	人数	比例	扣除存档的就业率	人数	比例					
经济管理学院	工商管理（商务管理）	56	24	42.86%	3	5.36%	0	0.00%	0	0.00%	0	0.00%	29	51.79%	41.07%	27	48.21%	100.00%	31	25	28	28
	经济学	56	25	44.64%	1	1.79%	6	10.71%	0	0.00%	0	0.00%	34	60.71%	57.14%	21	37.50%	98.21%	31	25	22	34
	经济学（国际贸易）	64	34	53.13%	1	1.56%	3	4.69%	0	0.00%	0	0.00%	40	62.50%	57.81%	24	37.50%	100.00%	40	24	22	42
	人力资源管理	61	27	44.26%	3	4.92%	3	4.92%	0	0.00%	0	0.00%	37	60.66%	59.02%	24	39.34%	100.00%	24	37	16	45
	学院合计	601	321	53.41%	23	3.83%	41	6.82%	0	0.00%	2	0.33%	417	69.38%	65.56%	180	29.95%	99.33%	353	248	227	374
信息管理学院	信息管理与信息系统	169	108	63.91%	11	6.51%	9	5.33%	1	0.59%	1	0.59%	141	83.43%	70.41%	27	15.98%	99.41%	126	43	69	100
	电子商务	22	9	40.91%	1	4.55%	2	9.09%	0	0.00%	0	0.00%	15	68.18%	45.45%	7	31.82%	100.00%	17	5	12	10
	信息安全	70	30	42.86%	8	11.43%	5	7.14%	0	0.00%	0	0.00%	48	68.57%	55.71%	19	27.14%	95.71%	44	26	49	21
	审计学	34	27	79.41%	2	5.88%	4	11.76%	0	0.00%	0	0.00%	33	97.06%	88.24%	1	2.94%	100.00%	24	10	13	21
	管理科学	24	13	54.17%	0	0.00%	1	4.17%	0	0.00%	0	0.00%	15	62.50%	62.50%	9	37.50%	100.00%	16	8	8	16
	学院合计	319	187	58.62%	22	6.90%	21	6.58%	1	0.31%	1	0.31%	252	79.00%	66.77%	63	19.75%	98.75%	227	92	151	168
公管传媒学院	传播学	59	27	45.76%	2	3.39%	3	5.08%	0	0.00%	0	0.00%	35	59.32%	55.93%	23	38.98%	98.31%	42	17	23	36
	行政管理（办公自动化）	26	12	46.15%	2	7.69%	2	7.69%	1	3.85%	0	0.00%	20	76.92%	69.23%	6	23.08%	100.00%	12	14	7	19

（续表）

学院	专业	毕业生数	就业情况															就业比例	生源		性别	
			签三方协议		考研		申请出国		志愿服务西部		入伍参军		就业			灵活就业			北京	外地	男	女
			人数	比例	人数	比例	人数	比例	人数	比例	人数	比例	人数	比例	扣除存档的就业率	人数	比例					
公管传媒学院	行政管理（电子政务）	31	17	54.84%	0	0.00%	2	6.45%	0	0.00%	0	0.00%	21	67.74%	61.29%	8	25.81%	93.55%	13	18	17	14
	行政管理（专升本）	21	15	71.43%	2	9.52%	0	0.00%	0	0.00%	0	0.00%	17	80.95%	71.43%	4	19.05%	100.00%	13	8	3	18
	学院合计	137	71	51.82%	6	4.38%	7	5.11%	1	0.73%	0	0.00%	93	67.88%	62.04%	41	29.93%	97.81%	80	57	50	87
外国语学院	英语（商务）	70	32	45.71%	5	7.14%	5	7.14%	1	1.43%	0	0.00%	50	71.43%	58.57%	19	27.14%	98.57%	37	33	16	54
	英语（翻译）	24	12	50.00%	0	0.00%	3	12.50%	0	0.00%	0	0.00%	19	79.17%	70.83%	5	20.83%	100.00%	17	7	3	21
	英语（专升本）	12	8	66.67%	0	0.00%	0	0.00%	0	0.00%	0	0.00%	11	91.67%	66.67%	1	8.33%	100.00%	8	4	3	9
	学院合计	106	52	49.06%	5	4.72%	8	7.55%	1	0.94%	0	0.00%	80	75.47%	62.26%	25	23.58%	99.06%	62	44	22	84
理学院	信息与计算科学	53	47	88.68%	3	5.66%	1	1.89%	0	0.00%	0	0.00%	52	98.11%	77.36%	1	1.89%	100.00%	35	18	35	18
	电子信息科学与技术	54	37	68.52%	2	3.70%	0	0.00%	0	0.00%	2	3.70%	48	88.89%	77.78%	5	9.26%	98.15%	31	23	38	16
	统计学	29	22	75.86%	1	3.45%	0	0.00%	0	0.00%	0	0.00%	25	86.21%	79.31%	3	10.34%	96.55%	18	11	13	16
	学院合计	136	106	77.94%	6	4.41%	1	0.74%	0	0.00%	2	1.47%	125	91.91%	77.94%	9	6.62%	98.53%	84	52	86	50
合计		2585	1517	58.68%	136	5.26%	165	6.38%	5	0.19%	6	0.23%	2033	78.65%	66.73%	523	20.23%	98.88%	1627	958	1516	1069

（夏帆）

资产管理

【概况】资产管理处是学校土地、房产和固定资产的产权管理职能部门。主要职责是贯彻执行国家资产管理法规，结合学校实际建立健全相关规章制度，并对国家和学校资产规章制度的落实情况进行监督检查。负责土地和房产管理、资产管理、招投标管理、物资采购管理，负责学校资产信息库的建设和维护等工作。全处现有处长1人、副处长1人、管理干部5人。

（孙旭）

【资产处置】2014年，报废仪器设备3845台（件），原值20383299.34元，报废图书、软件、电子课件3596册（套，MB），原值136426.90元。处置废旧材料收回残值48331.00元，报废固定资产（排椅）收回残值15920.00元，全部上缴财务处。按照市财政局要求指定回收华星公司上交报废电子设备1957台（件），原值1040.61万元。做好设备调剂工作。为提高仪器设备利用率，将校内闲置未达到报废标准设备校内调拨149台，原值294802.00元。

（孙旭）

【资产管理】2014年，新登记仪器设备9502台（件），原值104596206.75元；新登记图书、软件及电子课件43143册（套，MB），原值3162039.03元。及时办理新增资产登记、建账和落实责任人，做好使用维护记录。截至2014年12月20日，全校实有固定资产（房屋及建筑物、土地、仪器设备和图书、软件及电子课件）原值1046964502.07元，与上年同期相比增加10.9%。

（孙旭）

【进口工作】按北京市财政局要求，认真落实京财采购〔2008〕621号文精神，做好学校进口产品采购的申报工作和进口设备的报关工作，完成学校5批次共计2019.813万元的进口产品报批工作。

（孙旭）

【专项采购】全年共采购立项86个项目，项目总金额为14628.4万元，公开招标45次，中标金额14272.8万元，结余金额355.6万元，签订合同268份。校内招标6次，中标金额297.82万元，签订合同9份。完成协议采购1346.18万元，签订合同217份。零星采购439.37万元，签订合同108份。

（孙旭）

【资产汇总】截至2014年12月31日，学校资产种类、价值情况汇总表如下。

资产汇总表

资产种类	期末数量 / 面积	价值（元）
卫生医疗器械	106	5104502.69
土地及植物	279330.71	4046153.41
电子设备	22701	268124880.10
房屋及建筑物	340357.10	355189398.03

（续表）

资产种类	期末数量 / 面积	价值（元）
机电设备	2905	86461117.67
图书	1191639	68617646.08
印刷机械	123	1428916.01
标本模型	241	2649136.00
行政办公设备	1880	16918861.20
文体设备	776	5228986.80
家具	21937	17021394.22
被服装具	131	423349.32
工具、量具和器皿	241	2889220.02
仪器仪表	11260	211013416.78
合计	1873627.81	1045116978.33

（孙旭）

【土地、房屋产权】小营校区、清河校区、金台路校区房产过户手续正在办理中。

（孙旭）

审计工作

【概况】审计处是依照国家法律、法规和政策以及学校的规章制度，对学校及所属部门、单位财务收支及其有关经济活动的真实、合法和效益情况依法实施内部审计监督的专门机构。审计处是学校处级建制单位，现有处长 1 人：徐燕；副处长 1 人：张莉；专职审计人员 3 人：包育红、赵郁茹、曹开东。

2014 年，审计处在北京市教委审计处的指导下，在学校党委和行政的高度重视和直接领导下，在学校各部门的支持下，以“强管理、防风险、促发展”为目标，继续坚持“依法审计、服务大局、围绕中心、突出重点、求真务实”的工作方针，充分发挥内部审计“免疫系统”功能，紧紧围绕学校中心工作，通过深入开展以财务收支审计、处级干部经济责任审计和基建、修缮工程审计为重点的多种类型的审计监督工作，为防范学校经济风险、强化财务管理、提高资金使用效益、促进学校党风廉政建设、保障学校经济活动健康运行发挥了积极的作用。全年共完成各类审计项目 75 项，审计资金总额 2610.92 万元，出具审计报告 27 份，提出审计意见和建议 13 条。较好地完成了 2014 年审计工作计划和学校领导及上级有关部门交给的各项审计任务。

（曹开东）

【预算执行与财务收支审计】实施预算执行与财务收支审计，提高经费管理水平和使用效益。

（1）完成了对学校后勤集团所属饮食服务部2013年1月1日至2013年12月31日财务收支情况和经营状况的审计。

（2）继续加强科研审签工作，进一步规范专项资金支出。2014年审计处共完成科研项目审签48项，审签金额759.12万元。

（曹开东）

【基建、修缮工程审计】 加强基建维修工程审计，提高教育投资效益。

（1）2014年完成工程结算16项，送审金额792.64万元，审定金额775.22万元，审减金额17.42万元。

（2）积极参与新校区建设，开展全过程跟踪审计。完成了对新校区学生宿舍A组团招标工作中的招标文件审核修改、工程量清单、清单预算及招标控制价的编制、核对、审核汇总工作。

（曹开东）

【领导干部经济责任审计】 受学校组织部委托，依据《北京市属高等学校处级领导干部任期经济责任审计操作指南（试行）》及《中共北京信息科技大学委员会、北京信息科技大学处级干部经济责任审计实施办法》，审计处完成了对刘小河等11位处级干部的离任经济责任审计，对11位领导干部任期内履行经济责任情况做出了客观、公正的评价，并提出审计建议9条。

（曹开东）

【完善内部审计工作规章制度】 2014年审计处制定了《北京信息科技大学建设工程项目全过程审计实施办法》校审发〔2014〕1号文件，为规范工程项目全过程审计提供了依据。

（曹开东）

【其他重要事项】

（1）依据《北京市教育委员会内部审计意见书》（京教审意〔2014〕4号）《关于北京信息科技大学2013年度预算执行与决算审计有关问题的审计意见》，配合学校财务、资产、后勤等部门完成了对北京信息科技大学2013年预算执行审计发现问题的整改报告编撰汇总上报工作。

（2）全年参与校内货物采购招议标、基建维修工程招议标等27次，涉及金额1135.90万元。

（3）督促查出问题的整改落实。

1）针对宏利招待所审计查出的问题与后勤集团就整改情况进行沟通协调，促使宏利招待所完善管理制度、规范工作流程，使审计工作落到实处。

2）针对经济责任审计查出的问题，督促相关部门出具了整改工作报告。并且根据校党委常委会的会议决议，对不符合财务开支范围的金额进行了调账处理。

3）针对工程咨询有限公司对健翔桥校区教一楼装修工程全过程审计提出的管理建议，督促基建处出具了整改工作报告。

（4）加强宣传教育。2014年，配合组织部，邀请了首经贸专家对中层干部做了“浅谈高校领导干部经济责任的法律风险”专题报告，提高了处级干部经济责任意识。

（5）结合审计业务，处里的审计人员2014年取得校基金资助立项科研项目1项，在中文核心期刊《财会月刊》及国际会议上公开发表审计论文3篇。

（曹开东）

后勤管理（后勤服务）

【概况】 后勤管理处（后勤服务集团）

〔以下简称“处（集团）”〕兼具两方面主要职责，即负责学校后勤管理工作和学校教学科研、师生员工的后勤服务保障工作。

后勤管理处主要负责制定学校后勤工作发展规划、年度工作计划，建立和完善后勤各项相关管理制度；负责对后勤服务集团的管理工作；完善学校后勤经费预决算管理制度，参与学校对后勤服务集团服务内容、服务标准、服务价格的制定和服务成本的核算，制定和完善后勤服务考核办法，监督检查协议履行情况；负责校园环境、基础设施的规划与改造；负责学校房屋资产日常管理和教职工住房补贴、住房公积金的管理工作及单身教职工住宿安置和管理工作；负责师生员工的医疗卫生保健，公费医疗管理，教工及学生体检、卫生健康知识教育和宣传，疾病预防、健康咨询和妇幼保健工作；负责学校节约能源和环境保护管理工作；负责受理相关工作的投诉、来访和信访工作以及完成学校交办的其他工作任务。

后勤服务集团具体职责：坚持服务育人，改善服务态度，提高服务质量，坚持为学校教学、科研工作和师生员工服务的方向，加强管理，完善制度，提高经济效益，保证学校后勤服务的正常运作，为师生员工提供优质的后勤服务。负责学校基础设施的日常维护；负责学校地下管网、道路的日常巡检、维护。负责建筑给排水、供暖、供电系统的运行管理和维护。负责设备设施日常维护，确保设备设施安全运行。负责全校饮食服务、学生公寓管理、交通运输和校园绿化、卫生的日常管理与维护工作。负责房屋修缮（零修）及应急抢修等运行保障工作。

处（集团）下设12个二级单位，分别是综合办公室（综合办下设财务室，运输办挂靠综合办）、人力资源部、房产科、工程科、节能办公室、门诊部、饮食部、公寓部、物业部、校园部、供暖部、企业部。2014年，有职工457人，包括在编人员130人、外聘人员312人、返聘人员15人。其中副科级（含）以上管理人员24人，党员58人。

（张丽侠　王明涛）

【专项修缮工程】严格执行相关管理制度，妥善落实全年工程管理工作。完成市财政和学校投资的46项4049.55万元的基础设施改造工程的相关管理工作，同时配合资产处完成了市财政投资的6项749.56万元设备购置项目。2014年暑期，完成了涉及4个校区、40余栋建筑的13项专项改造、修缮工程项目的施工管理，保证了学校按期开学。

（张丽侠　胡庆华）

【房屋管理工作】依法依规开展工作，合理维护教职工利益。

（1）完成房改房售房20户；办理已购公有住房上市审批、房屋产权过户、购房标准价改成本价等手续42户；审批职工单位居住证明114人。

（2）办理新职工入住、退宿手续45人，签订集体宿舍入住协议99份。

（3）完成14套空房源的粉刷、维修工作，并安装配备家具22套。

（4）办理完成2014年度供暖费报销1255人次。

（5）启动学校房屋综合管理信息化系统建设工作，已获得北京市专项资金支持。

（张丽侠　赵萍）

【住房补贴与住房公积金管理工作】严格执行相关政策，保障教职工切身利益。

（1）完成2014年度全校教职工住房公积金跨年度基数调整和全校无房职工住房

补贴基数的核定工作。完成 2015 年住房公积金和住房补贴的预算工作。

（2）完成住房公积金和住房补贴的日常缴存、支取以及新调入人员新建账户和退休销户工作，住房公积金汇缴、补交 34448540 元，为 398 人办理支取、变更支取限额及新建账户等手续。住房补贴汇缴补交 7278361 元，为 379 人办理支取、变更支取限额及新建账户等手续。

（3）为 41 名住房未达标人员办理住房补贴开户确认，完成 63 名新入职和漏报职工的无房补贴、住房面积未达标的差额补贴的备案等工作。

（4）历时一个月，联系交通银行到学校为 1260 名教职工免费办理更换住房公积金联名卡。

（张丽侠　符丽芬）

【医疗卫生工作】转变工作重点，有效开展工作。

（1）确保日常门诊医疗：全年共接诊门诊病人 24056 人次，收治留观、输液病人 1200 人次，抢救危重病人 36 人次。

（2）加强传染病防控和预防保健：医保实施后，门诊部工作重点及时转向传染病防控。为 2013 届学生接种麻疹疫苗共计 1200 人，为 2014 级新生体检及结核筛查 3119 人，其中结核密接筛查 100 人次；针对学校职工体检情况，组织撰写科普宣传材料通过校报、后勤部门网站，向教职工宣传预防知识；先后组织开展结核病预防、预防埃博拉出血热、献血等大型宣传活动，共发放宣传品、宣传单 7000 余份，回答咨询 4500 余人次。

（3）认真落实各类人员体检工作。全年与体检中心共同完成各类健康检查近 9800 人次。

（4）先后组织了 11 人次、分别多次外出学习，医护人员均完成年度学习任务，并聘请专家讲课开展校内学术活动，保证了医护人员的业务水平。

（5）医保管理工作：全年教职工门诊手工报销 321 人次，定点医疗机构变更、特种病审批报批、医保异地申报等 266 人次，全年基本医疗审核上传 6358 笔，办理学生公费医疗报销 5383 人次。

（张丽侠　才秀芬）

【节约能源和校园环境保护工作】进一步加大力度，节能宣传、技术改造、节能管理齐头并进。2014 年，学校未出现超额用水情况，顺利通过了清洁生产审核，落实了要减少的碳排放指标。

（1）通过举办节能宣传周活动、在夏季用电高峰到来前发布节约用电温馨提示、利用电子显示屏通报每月学校用能情况等方式加大节能宣传力度。

（2）大面积推广教室照明节电装置，利用红外线感应器对三校区重点教学场所进行节电装置安装、改造，降低了教室照明的用电负荷。联合北京节能环保中心，为学校二级电表大面积更换更新智能计量装置，为后期全市智能能耗数据平台采集工作奠定基础。

（3）加大节能巡视频率检查力度，对违规浪费行为进行通报和处罚，利用电子屏通报每月学校用能情况等手段，强化了节能监管。

（4）2014 年 1—12 月，三校区合计用电量 11400802 度，同比减少 3.62%，用水量 443902 吨，同比减少 5.81%。完成全年水电暖收费共计 308 万元。

（张丽侠　孙伟）

【公寓服务工作】贯彻改革精神，研究落实改革措施，管理服务更规范更专业。

（1）修订完善考核标准，制定并严格

执行各类登记制度，建立执行各级巡检制度、门卫值班、交接班制度等，工作有要求、有检查、有记录，工作实效、工作效率、专业化程度明显提升，管理工作成效明显。

（2）围绕学校重点工作，做好各项保障服务。调研并拟制校区转换方案，配合学校完成三校区1987名学生的校区转换工作；为2918名毕业生办理了离校手续；配合工程部门完成了涉及13个公寓楼的更新改造及粉刷工作，并在开学前两天内配合保洁公司完成了900余间宿舍的垃圾清理、房间保洁工作；为3000余名新生办理了入住手续，为新生办理公交卡2800张。

（3）继续加强公寓文化建设。指导、配合学生公寓自律委员会在公寓内开展各项宣传活动，配合校团委开展“宿舍文化节”活动。

（张丽侠　王彤）

【饮食服务工作】贯彻改革精神，细化工作要求，规范管理，提升服务质量。

（1）严格执行各岗位工作标准、安全操作程序，严格执行工作考核，严把进货关，严防严控各食堂重要入口，加强食堂日常规范的管理。加强防火、防盗、防投毒的“三防”检查，认真修订、演练食堂突发事件应急预案，做好各类安全工作。

（2）认真落实职业道德和工作技能培训，同时组织挖掘新菜品，推出创新菜，增加花色品种，通过调研加大饭菜量，推广实施粗粮细做，提升服务质量。

（3）完成了学校党代会、科技研讨会、电子学会年会、机器人大赛的工作餐保障工作，为学校重点工作做出了贡献。

（4）顺利通过北京市海淀区食品药品监督所春季高校食品安全拉网大检查和北京市教委关于高校学生食堂成本核算的针对性检查。

（5）完成总销售额约2040万元，其中自营基本伙完成销售额680万元。

（张丽侠　杨薇）

【供暖服务工作】确保正常供暖，注意降低能耗。采用劳务派遣用工方式，招录18名供暖季节工，并进行严格的岗前培训，确保符合上岗要求；对三校区13台锅炉进行全面检修、保养，压力表、安全阀送锅检所进行定检，更换三校区锅炉房循环泵、报警器。供暖运行期间，加强室内测温和巡视，及时解决各种问题，并设置24小时值班，保证供暖正常运行；根据气候变化调节出水温度，对寒假期间无人的建筑实施低温运行，降低供热能耗。供暖结束后对部分锅炉进行内检（每两年一次），做到锅炉使用寿命最大化。

（张丽侠　何撼）

【运输服务工作】抓好安全行车和优质服务。加强安全管理，定期开展交通安全教育，重点抓好新聘人员的技术培训，与司机签订安全责任书。坚持车辆月检制度，同时提出服务要求，要求出车准时准点、车容整洁、文明服务。全部车辆通过2014年度检验，全体驾驶员通过2014年度审验，全年共安全行车15.8万千米，无任何甲方责任事故和交通违章。2014年学校被评为北京市交通安全先进单位，2名同志被评为海淀区高教系统交通安全先进个人和优秀驾驶员。现后勤管理车辆18部：大型客车9部，中型客车6部，小型客车2部，目前车辆手续齐全，机件设备良好，工作正常，全部为正常使用中。另有黄标车1部，为2000年购置的28座金龙客车，正在办理报废手续。

（张丽侠　刘伟）

【物业管理工作】贯彻改革精神，细化标准，严格考核。

对各岗位工作标准进行了修订、细化，并坚持严格考核。通过不断推进改革，干部职工进一步明确了自身的工作职责，工作主动性明显增强，维修更加及时高效。全年较好地完成了三校区供电、给排水、教室管理、浴室管理、开水供应以及大量正常的水、电、设施、设备的维修，同时积极配合完成了浴室维修和全校8部电梯的更新工作。雨季到来之前认真做好污水管道清理、化粪池清空等防汛准备工作，完善学校防汛工作应急预案，成立防汛抢险队，落实责任，防汛工作责任到岗到人，保证了学校安全度汛。

（张丽侠　田立柱）

【校园管理工作】优化内部管理，发挥技术设备作用，全力确保校园整洁美观。

（1）认真维护和改善校园环境。加强对外包室内保洁企业的监管，积极做好室内卫生保洁工作。及时做好校内树木、花卉及绿地的日常养护，努力创建美丽校区。积极做好学校重点大型活动及节假日摆花和校园保洁工作；及时进行校园扫雪铲冰工作，维护良好校园环境。全年清运消纳生活垃圾及餐厨垃圾4100余吨，完成校级会议及节日花坛摆花27200盆，修剪、砍伐危树、枯树32棵，完成4347棵树木的冬季保暖涂茎刷白。认真准确收发报纸、刊物、信件420254件。

（2）积极开展创建无烟校园工作，2014年学校控烟工作顺利通过北京高校检查组的检查。

（张丽侠　欧阳波）

【企业管理工作】严格监督指导，保证合法经营，提高服务质量。依法依规加强对所属商业网点的检查、指导，保证其合法经营；及时与承租单位签订合同、收取上交合同款，全年完成上交指标282.3万元（税前）。

（张丽侠　赵齐）

【后勤改革工作】2014年是后勤改革实施的开局之年。后勤管理处着力加大宣传、整章建制和严格考核三个方面全力推进改革。

（1）加大宣传，凝聚共识。学校与后勤、后勤与下属部门分别签订了服务合同，明确了双方的权利与义务。召集各个层面的改革动员部署会，向干部职工宣讲后勤改革的原因及后勤改革的目的和意义。

（2）健全制度，有章可循。围绕学校设定的改革目标及要求，在后勤改革两个主文件和七个配套文件的框架下，制定了各部门考核标准、《职责与职级倒挂人员津贴补助方案》、《部门及员工绩效考核结果兑现办法（试行）》和《外聘员工加值班管理办法（试行）》等一系列规章制度，为改革工作提供了依据。

（3）严格考核，兑现承诺。后勤各部门内部实行月考核，后勤处对各部门实行季度考核的制度。各级各类考核严格按照所制定的考核标准和考核程序进行，并将考核结果进行网上公示，考核结果与工资奖励挂钩。一年来后勤认真落实各季度考核，严肃公正，并按照规定兑现奖励承诺。

（张丽侠　王明涛）

【优质服务月活动】2014年“优质服务月活动”中，各部门围绕“彰显爱心，热情服务”的主题，关注身边小事、解决师生难事、优化有关服务，积极参与业务技能展示评比，成效明显。多个部门组织了校区间同岗位人员交流会和实地观摩活动，部门领导讲评优质服务情况，先进典型谈优质服务体会。业务技能展示共有6项，其中演示的浴室换风自动控制装置、学生宿舍公共场所规范用电装置均系后勤职工自主研制，且在实际应用中取得了明显实效。校园部组织的绿化知识竞赛为技能展示增添了新意。

（张丽侠　王明涛）

【安全工作】抓实抓细，确保安全。后勤系统继续自上而下签订了三级安全稳定工作责任书，与重点部位责任人签订了最小单元格安全责任书42份，明确安全责任，不留死角。日常工作中，通过各种会议和场合，强化设施设备、生产、食品卫生、医疗药品、防火防盗、防汛等领域的安全。同时各部门结合业务实际，举办安全知识培训，强化安全意识和安全防范知识。进入冬季后勤详细化分了各部门、各重点部位的安全工作，下发通知、落实检查。通过努力，后勤安全工作得到了有效落实，全年无重大安全事故发生。

（张丽侠　王明涛）

【增收节支】2014年上交收入8256335.58元，其中水电暖等收入3079776.04元（含水电暖收费、浴室茶炉收费、公寓学生超额电费）、房租收入1315681.51元、供暖补贴款收入800000元、企业收入619250元、公寓部洗衣币收入241628.03元。

（张丽侠　王明涛）

【党建工作】

（1）认真加强组织建设和党员教育管理。督促党员认真完成党员在线学习，并收集学习资料、整理下发，由各党支部组织开展学习并展开讨论。组织全体党员观看了电影《天河》，组织党员及入党积极分子参观了中国人民抗日战争纪念馆、宛平城和卢沟桥遗址，进行爱国教育。后勤各支部也分别组织了主题党日活动。

（2）认真开展党的群众路线教育实践活动整改工作。后勤党总支结合班子整改方案，针对7个整改项目，在整改目标、责任人、责任牵头部门、配合单位和完成时限等方面逐一开展自查，形成了整改自查报告。从整体上看，7个整改项目大部分已经落实，从实际效果看，有的整改与设想目标与上级要求还有差别，有待进一步研究改进。对尚未启动或未完成的整改内容，责成相关部门及人员抓紧开展整改落实，尤其是结合业务工作及后勤改革进行落实。

（3）积极强化党风廉政建设。后勤领导班子高度重视党风廉政建设，在认真做好日常管理和服务保障工作的同时，狠抓落实党风廉政建设责任制、党风廉政规章制度建设、重点领域和关键环节的监督制约、伙食联合采购和农校对接、廉洁自律宣传教育。领导班子严格执行“三重一大”制度，班子成员严格遵守廉洁从政准则，认真履行“一岗双责”和廉政承诺书，没有发现大的违反上级规定的问题。同时也感到，后勤部门廉政建设还需进一步加强，如对后勤有独立财务部门的监管还不够深入，有些制度还需要进一步修订完善，反腐倡廉需要坚持不懈。

（张丽侠　金卫红）

【分工会工作】扎实开展分工会工作。经过多方协调、认真准备，先后组织开展了“三八”妇女节知识答题、北京西山国家森林公园登山健身和冬季健步走等活动，丰富了职工的生活。积极开展后勤患病职工或其直系亲属慰问工作；认真落实校工会关怀，组织暑假期间未休息职工参加教工疗养活动，送去了组织的温暖，增强了后勤队伍的凝聚力。组织编印了后勤先进典型人物事迹宣传册，宣传后勤正能量，后勤职工主人翁精神和责任意识均有了不同程度的提高。

（张丽佚　金卫红）

基本建设与新校区建设工作

【概况】基建处（新校区建设办公室）是在学校党委、行政的领导下，依据国家有关法律法规和学校规章制度，负责校园基本建设和新校区规划与建设工作的职能部门。主要职责是：负责拟订全校基本建设规划和工作计划；负责校园环境、基础设施的规划与改造；工程建设实施工作；工程竣验及固定资产移交工作；建设资金管理工作；建设项目档案管理工作；制度管理工作；负责新校区规划与建设工作；沟通联系和宣传统筹工作等。下设办公室、计划科、工程科、修缮科 4 个科室。现有处长 1 人，副处长 3 人，其他管理人员 9 人，共 13 人，其中高级职称 4 人，中级职称 3 人。

（苏灿）

【新校区建设工作】大力推进新校区建设前期工作，取得实质性成果。

（1）征地工作。在取得昌平国土分局、北京市人民政府、国土资源部关于北京信息科技大学新校区工程建设征收土地的批复基础上，完成了踩河新村、东坨村转非安置工作，完成征地结案工作。

（2）拆迁工作。截至 2014 年年底，东坨村共签约宅基地 115 宗，尚余 33 宗宅基地和 8 宗非宅基地未签约。

（3）新校区总体规划设计工作。在取得新校区控规调整的批复意见和完成控规调整基础上，完成总体规划设计方案人防、园林整体方案报审工作。

（4）新校区单体建筑设计工作。完成新校区单体建筑设计征集评选工作、单体设计方案深化设计工作、单体设计与新校区可行性研究报告编制对接工作。完成了学生宿舍 A 组团施工图设计工作和学生宿舍 A 组团消防报审图、施工外审图等设计文件。完成学生宿舍 A、B 组团勘察、设计招标工作。

（5）可行性研究报告编制工作。完成新校区建设项目可行性研究报告，并上报市教委、市发展改革委。完成新校区建设项目污水处理方案设计委托工作。完成新校区建设项目环境影响评估批文延期工作。

（6）学生宿舍 A 组团相关前期工作。完成学生宿舍 A 组团立项报告、节能评估报告、资金申请报告编制及上报工作。取得了市发改委《关于北京信息科技大学新校区学生宿舍 A 组团项目核准的函》及节能评估报告的批复。完成对学生宿舍 A、B 组团的设计单位和勘察单位招标工作。确定学生宿舍 A 组团项目招标代理单位，配合学校招标领导小组办公室完成了全部比选文件的起草、评审，签订委托合同等工作；完成清单及清单预算编制单位、监理单位、施工单位招标工作。完成学生宿舍 A 组团工程量清单及清单预算编制工作。完成学生宿舍 A 组团所在地块的土地划拨决定书、规划方案复函、人防、园林方案审批工作。取得学生宿舍 A 组团建设工程规划许可证。完成学生宿舍 A 组团消防图纸预审工作。

（7）施工现场准备工作。完成学生宿舍 A 组团施工现场场地清理工作。完成临时围墙的施工和验收工作，围合面积 300 余亩。完成新校区建设指挥部办公用房设计工作。

（8）举行新校园奠基活动。邀请市教委和昌平区委、区政府领导；市、昌平区相关委、办、局及镇、村领导；兄弟院校嘉宾；全体校领导和师生代表共同参加新校园奠基活动，活动圆满完成。

（苏灿）

【现有校区建设工作】按照学校部署，组织实施现有校区各项工程，并做好既往工程收尾及维修工作。

（1）完成小营校区气膜结构体育馆工程施工和结算工作。

（2）完成健翔桥教一楼装修工程结算工作。

（3）完成气膜馆加层设计及预算工作。

（4）多方咨询、了解推进小营南校区空调器厂土地证过户办理工作。

（5）完成健翔桥校区操场北侧平房维修工程、小营报告厅简易通道铺设工作。

（6）完成2015年21项基础设施改造工程前期调研和计划工作。

（苏灿）

【其他重要事项】深入开展群众路线教育实践活动。按照学校党的群众路线教育实践活动整改目标要求，在责任领导的带领下，基建处党支部采取多项措施，积极争取北京市和昌平区的支持，大力推进新校区建设。请市领导组织召开新校区建设工作专题协调会3次，请昌平区领导主持召开新校区拆迁工作协调会1次，召开东坨村剩余拆迁工作会议十余次，请市发改委、市国土局、市教委等部门领导到学校调研5次。各项工作齐头并进，征地、拆迁、可研报告报批、规划许可证办理和单体建筑设计等工作或完成或取得突破性、节点性进展。

通过整改，党支部的向心力进一步提高，党支部的号召力和凝聚力也得到进一步提升。

（苏灿）

健翔桥校区

【概况】健翔桥校区地处朝阳区，位于健翔桥东北角，西临G6高速，南临北四环。占地面积约8.2万平方米，校区现有教一楼、教二楼及教三楼（教二、教三为一体楼）3栋教学楼，校区图书馆设有4个阅览室。学生活动场地有：大学生活动中心，带有300米跑道的足球场地1块，标准篮球场地8块，排球场地3块。校区现有学生2786人，其中研究生为310人。在校区办学的学院有信息与通信工程学院、计算机学院、国际交流学院及其他若干科研机构。

健翔桥校区管理办公室主要负责校区综合协调工作；负责校区内部服务、管理与协调以及与地方政府、当地社区的联系和沟通；负责校区离退休、家委会的日常管理与服务；完成学校交办的其他工作。

（张雨）

【党的群众路线实践教育活动】针对校区师生、离退休老同志以及家属反映比较强烈的问题，校区办积极上报专项改造计划，在年内已有教二、教三楼地下室改造、门球场整修、图书馆更换室外吊顶、车库院内地面整修、修建校区垃圾处理站等多个项目已经实施完毕或正在进行中。对于个别离退休老同志提出的涉及个人切身利益的问题，甚至对于一些历史遗留的例如家属7号楼前违章房屋的拆除等问题，都在学校各方努力下顺利得到解决。

（张雨）

【各类活动的配合工作】做好校区举行活动会务配合工作是校区管理办公室一项非常重要的工作职责。全年，大阶梯礼堂提供场地服务 65 次，图书馆报告厅及多功能厅、第一会议室共提供场地服务 150 余次。每次会议、活动开展过程中，校区管理办公室的工作人员都积极配合，全面协调，与学校相关职能部门进行良好合作，努力做到万无一失。

（张雨）

【迎新接待工作】10 月 8 日，计算机学院和信息与通信工程学院合计 700 余名新生抵达健翔桥校区。校区管理办公室按照学校统一安排，制定工作预案，安排联合办公场地，设计放置校区平面图、指路标志，协调各职能部门和相关学院，对迎新工作进行了较为周密的部署和准备，顺利完成当天校区的迎新工作。

（张雨）

【亚太经合组织（APEC）会议期间安保工作】为积极落实 11 月亚太经合组织会议（APEC）期间校园安全稳定这一重大工作任务，校区办按照学校统一布置组织专人会同学校安稳处等相关职能部门对校区各个区域包括死角地带多次进行周密的安全排查，着力化解各类问题。在此期间，做好宣传动员，协调好与校区师生、居民和地方政府的关系。

（张雨）

【配合做好校区部分家属楼节能改造工程】针对暑期朝阳区政府的惠民工程，对校区 4、6、7 号家属楼住户进行增加保温层及换窗等节能改造工程，校区办积极协调施工方以及学校相关职能部门，就施工用水、用电以及交通配合等问题进行协调并达成一致，确保工程顺利开展。暑假期间，校区办相关工作人员坚守岗位，积极配合施工开展。对于施工期间临时出现的需要协调的以及需要处理的家属与施工方的局部矛盾等问题进行积极协调，合理处置。开学伊始，校区办召集施工方就工程收尾、现场清理以及维保联络等问题进行了协商。

（张雨）

【配合校区学生管理相关工作】做好校区办 6 个勤工助学岗位的上岗管理与日常考核以及每月工资表的制作及发放工作。做好学生借用校区相关场地的申请备案管理工作。积极协调校团委及相关学生社团，确保全年重大节日期间校区国旗的升降工作。配合各职能部门及教学单位在校区举办 2014 年高考开放日准备工作。协助学校安稳处对学生社团办公室的防火安全以及卫生情况进行检查，发现问题及时与校团委沟通，采取针对措施进行合理解决。

（周京华）

【配合属地政府及其他单位工作】热情接待亚运村街道办事处、丝竹园社区和校内外来访人员。积极开展“共建”活动，支持并配合丝竹园社区开展丰富多彩的居民活动，做好场地的协调工作。动员和鼓励家属参加社区举办的各类会议及公益活动。做好下情上传工作，及时反映群众的意见和建议，及时协调并跟进解决。

（杨燕荣）

【校区离退休党支部相关工作】配合离退办党总支组织校区离退休支部参加各类会议，组织参加离退休党支部书记、委员培训班及教育活动，认真组织评选优秀党支部和优秀党员工作，认真组织党总支改选。协助组织老干部参加关工委会议及北京市老干部局工作组座谈会。做好离退休干部兼职辅导员工作和学生党支部建立一对一的活动。

（吴景荣）

【离退休老同志日常服务工作】全年认真做好老同志的福利发放工作，陪同校领导或校区自行看望21人次校区离退休教师和住院生病教职工。组织局级离退休干部赴小汤山医院体检和全体离退休人员体检，组织20名离退休老同志赴教工疗养院疗养。为校区患大病及家庭特别困难的离退休老同志发放特困补助金，为老同志办理和更换医疗证和住院证。

（吴景荣）

【校区离退办特色活动】着力建立开展"开心聊天"活动的长效机制，使其成为校区离退休工作的特色。全年共开展聊天活动10次，截至12月，总共开展聊天活动达76次。继续统计并为离退休结婚满50周年人员发放金婚礼品，为满70周岁老人送生日贺卡，为80周岁老人送生日礼物。组织老同志开展"每周一歌一舞"快乐晚年歌咏活动，组织年轻的离退休人员开展每周健身舞蹈活动并开展书画社活动。鼓励老同志积极参加亚太经合组织会议（APEC）期间校区的维稳工作，协助维护院内秩序。

（吴景荣）

清河校区

【概况】清河校区管理办公室是学校设在清河校区的综合协调管理部门。清河校区位于北京市海淀区清河昌平路南段26号，占地面积43431.19平方米，校区校舍建筑面积48939平方米，其中教学用房8152.26平方米；办公用房2436平方米；学生公寓10014平方米；其他用房8640.58平方米；校区家属楼总建筑面积19696.16平方米。学校在清河校区还设有安稳处办公室、离退休工作处办公室、电教中心、计算中心、信息与网络管理中心、卡务中心、心理健康教育（咨询）中心、家委会和后勤管理处（后勤集团）所属的门诊部、饮食服务、校园管理、公寓服务、物业管理、节能、供暖服务等部门。校区设有图书馆，藏书51000册。校区的教学工作由驻校区各学院统一安排；经济管理学院、外国语学院、公共管理与传媒学院、理学院、研究生院、体育部等院（部）在校区设有教学、管理和学生工作办公室，各类教室、机房、实验室设施齐全。校区内设有塑胶田径运动场，塑胶篮球、排球、羽毛球场，小超市、工商银行和北京银行自助取款机、浴室、报刊服务亭、教一楼、教二楼和各学生公寓楼设有电茶炉16个。各类后勤服务保障设施齐全。

2014年，校区有全日制本科在校生及研究生1711人，在清河校区固定工作的教职工共计100人，其中在编教职工36人（不包括任课教师）；临时工及外聘人员64人；离退休人员170人。

（白兵）

【综合协调工作】

（1）协调配合校内其他相关部门对校区公共建筑和设施及时进行水、电、暖维修和校园绿化及公共卫生的清理。

（2）加强对校区阅报栏、宣传栏的管理，安排勤工助学学生及时更换当日报纸，以便学生和教职工及时了解时事新闻，做好政治宣传工作。

（3）加强对校区公务电话的管理，按时交纳电话费，保障了校区各部门全年办公电话的通畅使用。

（4）按时开启清河校区 2 个校长信箱，及时向相关部门转交信件，协助有关部门完成校区信访工作。

（5）对校区公务车辆严格管理，认真执行学校的车辆管理规定并遵守交通法律法规，安全驾驶，保证了正常通勤。

（6）顺利完成华北五省（市、自治区）大学生机器人大赛清河校区赛区周边环境布置的任务。

（7）按时完成工会会费收集及上缴、组织职工活动等事宜。

（8）重视校区安全维稳，坚持校区巡视，强化各类安全稳定的排查工作，在寒暑假及各种节庆放假前及敏感时期进行校区安全的全面检查并做好假期值班和记录工作。

（白兵）

【学生管理协调】

（1）注意倾听学生意见并及时向学校反馈，积极应对突发事件，化解矛盾，积极配合学生部门开展工作。主动协调教学单位、职能部门为学生服务。

（2）清河校区办作为负责校区迎接 2014 级新生报到总协调部门，事先多次召开协调布置会，落实各部门任务，按学校《迎接 2014 年新生入学工作实施方案》；认真准备，精心组织，提前对数理实验咨询、电教中心、门诊部、安稳处、招就办、经济管理学院、外国语学院、研究生院、学生处、财务处等现场办公位置进行标识设置，摆放桌椅，提供电源，并在校区内安置彩旗，悬挂横幅和校区总平面图，在校区周边和校区内制作安放交通指路标识牌。迎新当天完成对迎新各部门工作人员的饮水补给以及中午工作餐的供应工作。顺利完成 1043 名 2014 级本科生及研究生的入学报到工作。

（白兵）

【其他】

根据协议约定，按时向小营村鲲鹏物业公司缴纳清河校区操场租金。

（白兵）

酒仙桥校区

【概况】酒仙桥校区位于北京市朝阳区酒仙桥地区，占地面积约 3400 平方米，建筑面积 5600 余平方米。近年来，随着一些科研机构和产业单位的入驻，酒仙桥校区已经逐渐发展成为我校一个新的科研基地。目前，在校区内开展工作的科研、产业单位有：光电信息与仪器北京市工程研究中心、信息获取与检测实验室、北京北信华安信息技术有限公司、北京融金教育科技有限公司等。此外，酒仙桥校区也是继续教育学院的教学点，主要承担夜大学生的成人高等学历教育任务，以及开展继续教育学院合作方的教学活动。

校区管理办公室主要履行校区综合协调与管理职能，具体包括：承担校区后勤保障和安全稳定工作，负责校区固定资产的管理，协助学校离退休办公室做好酒仙桥校区离退休人员管理工作，做好与学校各职能部门的协调和沟通，加强与当地政府及相关机构的沟通联系，确保酒仙桥校区工作、学习、生活秩序的正常进行。

2014 年 10 月，根据校党发〔2014〕24 号文件，学校决定将酒仙桥校区与金台路校区合并，成立北京信息科技大学东部校区。

【综合协调工作】

（1）协调与当地政府机构关系，确保

校区周边环境稳定。在校区的基础设施修缮、改造施工过程中，校区办积极做好各方面的协调工作，加强安全排查力度，着力化解各类问题、矛盾和纠纷，与所在地各相关政府部门建立良好关系，保证校区良好的外部环境。

（2）保持完善、高效的信息沟通渠道，及时向校领导和相关管理部门报送校区重大事项、突发事件的信息，及时处理各类具体事项。

（3）积极配合继续教育学院、大学科技园区的科研部门做好工作，搞好服务，提供有关的后勤、物业管理及各项保障工作。

【校区后勤保障、安全稳定工作】

（1）认真贯彻学校“稳定压倒一切”的工作方针，维护创建“平安校园”取得的成果。根据校区实际情况，制定《酒仙桥校区规章制度汇编》，努力做到在校区内的每个岗位和各个领域都有章可循。

（2）树立“安全无小事”的安稳工作思想认识，严格执行“每日巡查，防患于未然”的安稳工作要求，校区重要部位24小时实时监控。

（3）做好日常后勤服务保障工作，及时维护，主动服务，保障校区日常运行。校区基础设施维修保障主要包括：校区内所有建筑物的维护与维修，校区内水、电、暖等设备的巡查与维修。维修服务专人负责，每日巡查，发现问题及时解决，各项维修工作做到随报随修，确保校区教学、科研工作正常进行。做好校区垃圾的清扫与处理，保障校区环境干净整洁。

（4）组织完成2014年节假日值班工作。在2014年亚太经济合作组织会议期间，根据社区政府及学校安稳处的要求，对校区情况进行全面排查，对校区内住户信息进行逐一登记、备案，督促继教院、实验室负责人对住校学生及工作人员进行安全稳定教育，加强校区值班巡查，严格门卫制度，切实做好会议调休期间的值班工作，确保校区安全。

【党支部建设工作】按照学校党委和校区联合党总支的工作部署，努力推进支部工作，加强学习型党支部建设，组织党员学习，提高思想觉悟。

根据学校党委、纪委的工作部署和工作要求，积极推进党风廉政建设和反腐败工作，严格执行中央八项规定。按照党风廉政建设责任制的要求，切实履行“一岗双责”。从执行“三重一大”及科学民主决策、制度建设等方面，从财务管理、资产管理等重点岗位人员廉洁自律方面，从工作程序、岗位职责和执行制度等方面，认真查找存在或潜在的廉政风险防范点，制定和落实有效的防控措施，落实党风廉政建设。

【其他重要事项】

（1）校区所有建筑物外墙粉刷工程。在校领导和后勤处的关心与支持下，校区办申请专项经费，利用整个暑假，将酒仙桥校区所有建筑物的外墙粉刷一新，校区面貌焕然一新。

（2）热情关心老同志，不断提高服务水平。校区现有离退休职工47人，其中离休干部2名，党员31名。校区积极配合离退休办公室，主动关心和热心为离退休职工服务，结合校区老同志的特点，落实上级有关工作部署和具体工作要求。5月中旬，组织离退休人员赴体检中心体检；探视看望住院治疗老同志4人次，国庆节前走访慰问2人次，春节前慰问看望老同志3人次；全年代收代缴离退休党员党费共计5920.60元；协助学校离退休办公室年前为每位离退休人员发放一桶食用油；向患大病和家庭困难老同志发放特困补助金共计4200余元；5月、9月，组织校区离退休人员参加春、秋游；6月、10月组织离退休党员参加党员参观游览活动。

（3）新建自行车棚。随着继续教育学院联合办学大量学生的入住，有许多学生骑自行车上学，而校区内一直没有自行车棚。本着为学生服务的精神，在校区内新建一处自行车棚，既满足了学生所需，又完善了校区环境。

（程飞）

金台路校区

【概况】金台路校区位于朝阳区金台西路2号，毗邻北京中央商务区（CBD）中心区和中央电视台新址。校区占地28000余平方米（42亩），地面建筑面积约30000平方米。校区主要职能是校区综合协调与管理。代表学校和校区与当地街道、社区及地方政府进行联系与沟通；负责校区有关公共设施的管理及使用安排；负责居民房租、水费和出租房房租及水电暖的查收；负责校区办公电话的统一管理及话费的缴纳；负责校区家委会的日常管理及服务；配合学校有关职能部门完成并协调相关工作；及时发现并通报校区有关安全稳定的相关工作。校区现有后勤集团所属宏利招待所、校医务所的医务室、离退休办公室的分点及老干部活动中心以及继续教育学院的夜大教学点和机房实验室。另有320余户居民住户等。

校区现有职工12人，其中管理干部3人、收发员兼绿化员、药库保管员1人；电工3人；水暖工5人。

2014年，在学校党委和行政的领导下，在校区联合党总支的指导下，密切配合学校相关部门和所在地区地方政府工作，校区工作平稳有序，干群团结，教学秩序稳定，居民生活和谐，服务保障工作的质量有所提高，顺利完成了校区的职责任务。2014年10月学校将金台路校区和酒仙桥校区合并为东部校区。

（孟创立）

【综合协调与服务工作】

（1）完成水电暖及房租等的收费工作。

（2）配合学校各相关部门完成临时性任务。配合后勤处、安稳处甄别校区居民身份、房屋归属，建筑物的一些基本情况；完成房屋、上、下水管及电力设施维修等数十项工作。

（3）配合地方政府和行政部门完成门前三包、流动人口普查、节假日及两会期间的红袖标流动巡逻等工作。

（4）保证了校区的安全稳定和消防安全，充分发挥家委会、保安的作用，主动寻求地方政府相关机构部门支持和学校相关部门协助，及时发现和消除隐患，进行宣传教育，网格化管理逐级签署协议，加强责任落实，保证校区日常工作安全、稳定和谐。

（5）主动寻找安全隐患漏洞，修剪高压线附近树枝，更换存在隐患的电器设施若干。

（6）加强与合作办学单位京师世纪教育集团的配合协作，保障各方面的后勤服务。

（孟创立）

【家委会日常管理】

（1）发放校区老年补贴1116人次，走访困难户38余户。

（2）节日以及政府重要会议期间的社区巡查值班38人次。

（3）向校区反映居民的一些实际困难和问题近30件，调节居民矛盾40余次。

（孟创立）

高教研究

【概况】高教研究室是2004年10月组建而成的直属研究性质单位。高教研究室基本职能和任务：负责学校发展规划研究和发展战略研究；负责组织学校教育教学领域的理论研究工作；结合高等教育改革发展形势，根据学校教育教学工作需要开展调查研究，提出对学校教育教学改革具有战略性的意见和建议；负责学校《高等教育研究》、《高教研究资料摘编》、《发展战略研究资料摘编》的编辑、出版和发行工作；负责学校高教研究论文的评优工作等。现有研究人员5人，其中教授1人，副教授1人，副研究员2人，助理研究员1人。2010年11月学校成立发展战略研究室，与高教研究室合署办公，正处级建制，其主要职能是为学校的改革与事业发展提供战略性报告和咨询建议。2014年，高教研究室、发展战略研究室紧紧围绕学校工作要点，稳步推进工作，完成了本年度的各项任务。

【高教信息研究服务】共编辑、印发《高等教育研究资料摘编》12期，总计40多万字，内容涉及大学内部治理、教师发展、教学研究，域外高校情况介绍、大学文化等方面，为学校领导、有关部门、教学院系及时提供了国内外高等教育发展研究的优质信息。共编辑、印发《高等教育研究》2期。高教研究室网页及时向全校师生员工发布《高等教育研究资料摘编》及高等教育各种课题的有关信息等。

【发展战略研究工作】主办《发展战略研究资料摘编》，全年共印发5期。撰写研究报告5份:《国内部分高校“十二五”规划比较》、《“佐治亚理工学院到2035年的发展规划”分析》、《首都市属前列高校比较》、《2011—2013年我校科技成果产出比较》、《大学章程建设研究的重要问题综述》。整理国内大学排行榜的情况，供学校领导参考。作为主要单位之一，参与完成学校大学章程的制定。

【科研组织工作】组织北京市“十二五”期间2014年度高教研究课题的申报工作。完成2012年校内高教研究立项结题工作和2013年度校级高教研究立项的中期检查工作。完成校内高教研究2014年立项工作，经过评审，共有15项课题（重点课题4项，）被确定为校级2014年度高教立项课题。对2012年度的实证类课题11项进行了结题答辩工作，确保课题完成质量。

【高教研究室建设与研究工作】开展研究工作，获得学校高教研究课题立项1项，通过中期检查2项，完成结题1项。公开发表高教研究论文11篇，其中4篇发表在CSSCI来源期刊上，其中《“高考教育的本质是知识的扩大再生产”观点辨证》被中国人民大学复印资料《高等教育》2014年第10卷全文转载。

【其他重要事项】

（1）完成了“北京信息科技大学学情调查”工作。按照清华大学教育科学院“大学生学习性投入调查”课题组的要求，组织了我校学生的抽样调查，发放问卷1600份，回收有效问卷1438份，整体回收率 89.88%。其中，大一回收率 98.75%，大二回收率 86.5%，大三回收率 92.25%，大四回收率 82%。回收问卷交由清华大学指定的数据统计公司进行相关指标统计。

（2）完成了兄弟高校创业教育调查工作。按照主管校长的工作安排，多次与浙江绍兴文理学院、浙江万里学院联系，实地到两校进行创业教育考察，听取两校有关介绍，参访了两校大学生创业园，撰写了相应的调研报告，供学校参考。

（3）完成了北京市优秀高等教育研究机构评选的申报工作。按照北京市高教学会下发《关于开展北京市优秀高等教育研究机构评选的通知》精神，积极组织撰写申报材料，顺利完成申报工作。

图书馆工作

【概况】图书馆是学校文献信息中心，是为教学和科学研究服务的学术性机构，是学校信息化和社会信息化的重要基地。图书馆的工作是学校教学和科学研究工作的重要组成部分。

图书馆的基本职能和主要任务：建设包括馆藏实体资源和网络虚拟资源在内的文献信息资源，对资源进行科学加工整序和管理维护；做好流通阅览、资源传送和参考咨询工作，积极开发文献信息资源，开展文献信息服务；开展信息素质教育，培养读者的信息意识和获取、利用文献信息的能力；组织和协调全校的文献信息工作，实现文献信息资源的优化配置；积极参与文献保障体系建设，实行资源共建、共知、共享，促进事业的整体化发展；开展各种协作、合作和学术活动。图书馆设有办公室、采编部、流通部、图书阅览部、期刊服务部、参考咨询部、特色资源建设部、技术支持部 8 个部门。图书馆在清河小营校区、健翔桥校区和清河校区分别设有流通室和阅览室等。馆舍总面积约 9524.94 平方米，阅览座位 1123 个。小营校区图书馆采用大开间全开架管理模式，集借、阅、藏为一体，设有一个图书借还处和六个阅览室：期刊阅览室、声像阅览室、科技图书阅览室、社科图书阅览室、综合阅览室、电子阅览室；健翔桥校区图书馆设有一个图书借还处、一个研讨室和三个阅览室：外文期刊阅览室，中文期刊、过刊阅览室和电子阅览室；清河校区图书馆设有一个图书借还处、一个图书期刊综合阅览室和一个电子阅览室。

图书馆采购、编目、典藏、流通和检索全部实行计算机管理，采用北京创讯未来软件技术有限公司研发的 MELINETS Ⅱ 现代化图书馆信息管理系统进行自动化、网络化管理。图书馆局域网通过校园网与 CERNET、INTERNET 连通，实现资源共享。

图书馆现有正式教职工 47 人（其中在编 45 人）。馆长 1 人、副馆长 2 人（其中 1 人兼任），办公室 3 人、采编部 8 人、流通阅览部 9 人、图书阅览部 8 人、期刊服务部 4 人、参考咨询部 4 人、特色资源建设部 5 人、技术支持部 4 人。

2014 年，图书馆投入 525 万元用于文献资源建设。其中中外文期刊 100 万元，中外文图书 125 万元，中外文数据库和电子图书 300 万元。图书馆共藏书 94.78 万册，中外文数据库 60 种（其中中文数据库 38 种，外文数据库 21 种，自建数据库 1 种），声像资料 3907 件，实际馆藏电子图书 72.9 万种，拥有使用权的虚拟馆藏电子图书约 118 万种；读者服务方面，图书馆继续大力宣传图书馆的各项服务，举办多种形式的培训和讲座，提供多种形式的咨询，继续编辑印刷《图书馆通讯》，加强与读者的交流，更好地为读者提供服务。

（王吉芳　张玉忠）

【文献资源建设】2014 年，图书馆继续大力建设文献资源，新增中外文图书 2.63 万册，累计馆藏图书达到 94.78 万册；征订中外文期刊 1368 种，1796 册，报纸 96 种，162 份；全年购置、续订中文数据库 38 种，外文数据库 21 种。

（江珊　刘春燕　孟微）

【读者服务】2014 年，图书馆在做好原有读者服务工作的基础上，继续做好各项服务，满足教学和科研的需要。

（1）流通与阅览。2014 年全年的借书量为 53701 册，总还书量为 53525 册。从读者类型分析：2014 年本科生共借书 36947 册，占借书总量的 69%。研究生共借书 12889 册，占借书总量的 24 %，教职工共借书 3865 册，占借书总量的 7%。从读者借阅倾向分析：从 2014 年读者借阅图书的类别来看，前五位的是以下几类：T 工业技术类 23870 册，占总借书量的 44%，I 文学类 7248 册，占总借书量的 14%，H 语言类 7100 册，占总借书量的 13%，F 经济类 4367 册，占总借书量的 8%，O 数理科学与化学类 4028 册，占总借书量的 8%。

（2）异地预借业务。2014 年全年共处理预借请求 2526 册，满足 1811 册，预借归还 1550 册。

（3）原文传递服务工作。12 月 24 日，据统计，在 94 家 BALIS 成员馆中，北京信息科技大学原文传递新注册用户 214 人，位居第 28 位；发送文献请求量 336 篇，位居第 30 位；接收外馆文献请求 34 篇，位居第 29 位；处理外馆文献申请的平均完成时间为 1.29 天，位居第 13 位；文献申请的平均满足率为 75%，位居第 43 位；总评成绩为 76.8 分，位居第 24 位。数据表明图书馆原文传递服务工作的质量和效果在北京地区高校图书馆中属于前列。

（4）馆际互借工作。2014 年图书馆的馆际互借宣传月以“推广阅读，撒播书香”为主题，有系统、有组织地推广阅读。从数据可以看出该项业务总体上呈现稳步上升趋势。2014 年度利用人数是历年最多，申请满足总数也是历年最高。

2014 年，馆际互借适时推出了读者自取自还服务。主要目的在于：一是方便读者更快获取图书。二是减少物流费用。希望学校读者积极响应、踊跃使用 BALIS 馆际互借自取自还服务。

2014 年，两校区馆际互借读者注册人数为 333 人，全年利用人数为 502 人次，发送请求 546 册，满足 330 册。

（5）“读书改变人生”世界读书日系列活动。4—6 月，图书馆与校团委联合举办以“知识改变命运，阅读点亮人生”为主题的世界读书日系列活动。举办“读书——共圆中国梦”主题书展，“期刊寻宝”趣味竞赛，“知识给人力量，阅读引领未来”朗诵比赛，图书漂流、关注健康活动，培训体验及有奖知识竞赛，馆际互借、原文传递服务宣传，读者问卷调查，数字资源试用等特色鲜明、形式多样的主题活动，为读者搭建阅读平台，提供优质服务，营造书香校园。

（6）星光志愿者团队。星光志愿者图书馆团队已经成立一年，团队设计了自己团队的标志，制定并完善了团队的章程和奖惩制度，将团队细化为六个职能部门，建立公众沟通平台。在最近一次招新工作中纳入新成员36名。2014年，团队自发组织与其他高校之间的互动活动3次，总结大会2次。协助图书馆各个部门完成金秋书展、世界读书日系列活动、日常整理等工作，其中完成义务劳动时间满40小时的同学以及表现优秀突出的同学14人，一名同学以突出的表现获得校团委特殊贡献奖学金。

（7）咨询服务。图书馆提供咨询台、电话、邮件、QQ、虚拟咨询等方式解答读者利用图书馆的问题。2014年，图书馆通过QQ回复读者35人、回复邮件20余封，自10月起，通过高校网络图书馆推出的新系统——TQ在线客服系统为读者提供网上咨询服务，截至12月10日，在线咨询量31人次。

（8）文献检索课教学。图书馆按照学校教务处、研究生院要求，完成研2014级硕士研究生397人"信息检索"必修（选修）课的教学任务；完成三校区共208人"文献信息检索与利用"公共选修课、11级会计专业45人"文献信息检索与利用"专业选修课、2014级会计等专业200人"文献信息检索与利用"专业选修课、自控2012、2013级卓越班29人"信息检索与利用"专业选修课、行政管理2012、2013级26人"信息检索与档案管理"专业选修课的教学任务。

（9）读者培训。除进行常规的每周四各校区电子阅览室的专场培训外，2014年图书馆在三校区共举办各类培训讲座12次，包括：原文传递专题讲座、针对世界读书日"图书馆——知识的宝库"有奖知识竞赛活动的赛前讲座，在新生入馆教育活动中，应计算机学院特邀的图书馆利用讲座，针对研一部分学生特请CNKI培训师介绍其资源的专题讲座等，总计参加培训的读者共计500余人次。

（10）研究生论文管理。接收本校2014届硕士研究生学位论文共368本，并进行编目加工，目前在图书馆书刊检索系统中已经可以进行本校自1994年以来共2321本硕士研究生论文的查找。

（11）图书馆研讨室对外开放。2014年，健翔桥校区研讨室共接待理学院、计算机学院、自动化学院、通信学院和国际交流学院等课题组79次。

（12）2014年图书馆共提供EI检索证明300余篇；CPCI检索证明10余篇。

（13）编辑印刷馆刊《图书馆通讯》4期。

（马铭锦　江珊　牛润桃
刘春燕　黄立农）

【图书馆建设】

（1）图书馆信息化建设。2014年图书馆申报的信息化建设项目："数字图书馆基础硬件建设"与"数字图书馆支撑系统建设"批复金额442.93万元，经过前期调研，多次修改技术参数，最终完成项目招标工作，将于2015年进入正式实施阶段。该项目将对学校数字图书馆建设起到积极的推动作用。

（2）主办第十四届北京高校信息服务与创新学术年会筹备暨论文评审与评奖会。11月21日下午，第十四届北京高校信息服务与创新学术年会筹备暨论文评审与评奖会在图书馆108会议室召开。会议由北京高校科技信息服务专业委员会主任赵世华教授主持，来自北京市科学技术协会、北京市社会团体管理办公室、北京大学、北京航空航天大学、北京邮电大学、中国农业大学、北京林业大学等多所高校、科研机构领导、专家参加会议。王吉芳教授做了2014年论文征集情况的报告，此次会议共收到15所高校、科研机构50篇论文。与会专家对征集的论文进行了认真评审和点评，评选出一等奖2名、二等奖4名、三等奖6名。论文评审结束后，与会专家理事共同商讨了论文集正式出版事宜，并讨论2015年度北京高校科技信息服务学术年会召开的相关事宜，确定会议的具体时间。赵世华教授通报了2015年专委会活动计划。

（3）特色资源建设。开展特色文献——中国科学技术发展战略研究院《调研报告》电子版的制作工作。2014年完成纸本《调研报告》1～78期的扫描及上传服务器工作，实现了各年度篇名目录与全文的超链接，并以专题网页的形式在图书馆主页上发布，方便师生随时浏览、学习。

（4）参与“数字教学参考信息资源共享网”项目的建设。图书馆作为该项目的参建馆之一，2014年根据项目中心馆北京工业大学图书馆的要求，提交了北京信息科技大学设置的专业课程信息。北京工业大学图书馆依据各参建馆提交的课程信息选择、引进超星学术视频库中的相关视频课程。目前该项目已正式引进视频课程70余门，5500多集，并在共享网中实现了专业课程信息与课程视频的无缝链接。

（杨伟兵　马铭锦）

【获奖情况】

（1）12月24日，北京信息科技大学图书馆和北京外国语大学图书馆、北京邮电大学图书馆、北京林业大学图书馆、北方工业大学大学图书馆5家单位荣获BALIS原文传递服务最佳服务奖，马铭锦获BALIS原文传递服务先进个人奖。

（2）12月26日，图书馆在BALIS馆际互借中心年度评比中荣获先进集体三等奖，杜广涛同志获馆际互借先进个人二等奖。

（张玉忠　江珊　牛润桃）

信息与网络管理

【概况】信息与网络管理中心的主要职能是全面负责学校信息化建设、网络管理与服务工作。中心下设综合服务部、网络基础条件保障部和系统运行部3个二级机构，现有工作人员21人，其中事业编9人、非事业编6人、外聘6人。2014年，中心按照校党委、行政对信息化建设和信息服务的工作部署，完成学校工作要点中的相关任务，保障了校园网、校园卡和信息系统的安全稳定运行，基本满足了学校教学、科研、管理和服务等方面的信息化需求。

（龚汉明）

【首批市属高校数字校园示范校验收】2014年5月13日，北京市教育委员会发布《关于市属高校数字校园示范校建设项目验收结果的通知》（京教函〔2014〕190号），我校获“北京市属高校数字校园示范校”称号。2010年我校申报成为首批北京市属高校数字校园示范校建设单位，建设期为2010年、2011年、2012年三年。学校高度重视数字校园示范校工作，建设期间信息与网络管理中心等校内多个部门共同沟通协作，集思广益，充分结合学校的实际情况，发挥学校在信息技术领域的学科优势，按照任务要求，扎实细致地推进两个示范项目的建设工作；并积极与上级部门及时沟通，与兄弟院校同行交流，保证了任务的按时完成，并顺利通过市教委的验收。

（龚汉明）

【信息安全】根据公安部、教育部对教育行业信息系统安全等级保护工作的部署，实施信息安全等级保护测评项目，就学校所辖的站群管理系统、信息门户系统、校园一卡通系统、教务管理系统、图书馆信息系统、学工管理系统、财务管理系统、招生信息系统、上网认证计费系统、邮件管理系统、人事管理系统共 11 个系统委托专业公司实施等级测评，识别各系统与国家和教育行业信息安全等级保护标准要求之间的差距，并获得公安局对相应系统的证书，为进一步实施安全等级保护建设提供有效依据及合理的安全建议措施，提升学校的信息安全防范水平。

（龚汉明　杨安）

【校园网建设】

（1）利用 2013 年追加专项实施了覆盖全校学生宿舍的无线网络项目，共部署 2 个思科 $WiSM_2$ 控制器，26 台 POE 交换机，484 个无线 AP，1 套 PI 无线管理系统。通过升级改造，启用了 802.1x 认证方式，实现了用户准入准出的无感知认证；并且把原有教学办公区的无线 AP 全部迁移至新的无线控制器，实现了与原教学办公区的无线网络的无缝融合。通过本项目建设，无线网络已覆盖全校学生宿舍及办公区域，全校师生可以方便地通过校园无线网络访问互联网。

（金培欣）

（2）2014 年上半年实施了健翔桥网络改造、校园网汇聚交换机更新和小营校区学五公寓网络改造共 3 个校园有线网项目，共计购置各类网络交换机 130 余台套，对原有设备设施进行了更新和升级，除小营实验楼、南校区两个网络骨干节点外，全校骨干网络基本实现了万兆互联，健翔桥校区、小营校区学五公寓实现了千兆到桌面的有线网络，惠及健翔桥校区全部用户 2500 余人、小营校区相关楼宇及学生公寓 6000 余名学生、家属楼 300 余户网络用户，清河校区相关楼宇 2000 余名学生、家属楼 100 余户网络用户。项目建设完成后，校园网全面支持 IPv4/IPv6 双栈，设备的连续运转时间得到提高，降低了设备老化造成的用户频繁断网的频率，为接入用户提供平稳、可靠、快速的网络环境，为学校教学、科研、管理等工作的开展提供更为稳定的信息化基础设施条件保障。

（伍银）

（3）2014 年下半年实施网络流量管理平台建设项目，基于校园网现有拓扑结构，实现准确高效管理校园网络和出口链路流量。购置 1 台万兆流控设备，识别包括常见网络应用在内的上 1000 种网络应用协议，保障合理的出口流量分配，实现每 IP 最大带宽限制和基本带宽保障。购置一台流量缓存设备，针对流媒体、HTTP 下载及 P2P 下载数据进行优化，自动判断校园网络中的热点资源，实现热点资源本地化读取，削减重复数据流，节省出口带宽资源。购置一套综合网管系统方便网络呈现、设备故障与性能监控、设备配置变更监视与设备配置管理，通过拓扑图进行自动的布局呈现，高效管理校园网络。项目的实施了提高我校网络管理水平，更好地为多校区搭建统一的基础网络平台，改善用户上网体验，提高用户满意度。

（伍银）

【校园一卡通建设】

（1）2014 年年初校园一卡通与支付宝合作实现了手机支付宝向校园卡充值；与北京银行合作，提供银行 POS 机刷卡向校园卡充值；增加充值方式的冗余度和多元化，提高了充值服务的便捷程度和保障能力。

（郑小博）

（2）2014年7月，在学校资金的支持下，对已经使用了6年的校园一卡通核心业务（三校区食堂、浴室、开水房）线路进行了更新改造。依据6年的使用和维修经验，提出完备的施工方案和详细的线路部署设计图。项目实施后，因为采用更为合理的线路分组方式，使得定位故障速度得到大幅度提高，同时降低维修时间，减少了对用户使用的影响。线路端接采用了专用线路连接器，外部增加防水盒，并提供备用电源，提高了线路在恶劣环境下的耐用性。校园一卡通线路改造工程完工后，经过半年的使用达到预期的效果，改善了系统的稳定性，为校园一卡通商户和全体师生带来良好的用户体验。

（郑小博）

（3）2014年12月，经过3年的辛勤工作，计算机学院凌涛老师牵头实施的基于学校校园一卡通的多网融合教育创新项目上线，自动售卖机可刷校园卡购买物品，成为目前为止全国第一家采用此项技术的自动售卖系统，并且得到了市教委等相关部门的认可。

（郑小博）

【信息技术服务】

积极推进部门转型和治理，提供优质保障服务，不断提高用户满意度，促进中心由纯技术支撑部门逐步向信息化建设、管理、运行服务和研发综合型部门转变。中心以学校信息化项目的申报为切入点，逐步加强了学校的信息化顶层设计和统筹，与学生处密切合作，协助完成“信息化建设——学生教育管理平台建设项目”，建立了学生教育管理系统共享教务处学籍数据的数据流转机制，是校级数据中心建设的关键一步，为推进全校各部门信息系统共建共享提供了参考案例。建立了信息与网络管理中心的综合服务前台，面向全校工作日开放综合服务大厅，以用户需求和服务为导向重新构建部门工作流程，制定综合服务业务规范，包括寒暑假全年为学校师生员工及相关人员提供校园卡、校园网及信息系统等相关的一站式服务。配置Cacti流量监控系统，参考出口流量图及时对出口策略进行调整和优化，保障出口带宽的合理使用和图书馆互联网电子资源的正常访问下载。配合其他部门完成学校伙食补贴发放、运动会奖励发放、刷卡考勤统计等服务工作。

（龚汉明　伍银）

【获奖情况】由信息与网络管理中心指导的学生技术社团——北京信息科技大学网络实践创新联盟选送两个作品参加2014年全国高校移动互联网应用开发创新大赛，面向国内高校的开源移动校园“iCampus”获得二等奖，校园问答平台“知问”获得三等奖。“iCampus”开源应用的微信平台模块已经在华南农业大学、广州大学、安徽工程大学、福建工程学院等院校部署并投入使用，信息与网络管理中心结合教育信息化建设和学生技术实践的模式探索初见成效。2014年年初，郑小博获“2010—2013年度北京市保密工作系统先进个人”。

（龚汉明　郑小博　曾铮）

【其他】完成了2013年追加4个财政专项、2014年度5个财政专项的建设工作，达到了项目预期建设目标；组织开展了全校2015年度专项经费的信息化项目申报工作，共计有5个信息化项目报市经信委审查并函复，涉及经费总额500万元。进一步推进学校网站建设，全年共完成迁移到TRS网站群平台的部门子网站共12个，并对各部门网站管理人员进行了培训，网站信息内容更加丰富。尚有10个部门子网站未完成迁移，力争在2015年完成，并逐步建立网站建设和内容更新的长效机制。保障了中心所管理设备的正常稳定运行，加强值班值守，坚持中心主要机房的24小时值班制度，在敏感期配合党委宣传部做好相关的工作，确保安全稳定。加强信息安全建设，提高中心工作人员的信息安全意识，明确保密、保卫安全责任，2014年全年未发生信息安全事件。

（龚汉明）

九、党建与思想政治工作

组织工作

【概况】党委组织部的主要职能是按照党委的部署和要求，制定学校组织工作计划，对基层党组织建设进行指导和检查；抓好处级领导班子和处级干部队伍建设，负责做好处级干部培养、选拔、任用、教育管理与考核工作；负责基层党组织换届选举工作，做好党员发展和党员教育管理工作；组织开展党建理论的研究工作；负责党费的收缴、管理和使用；负责处级以上干部统计和党员统计工作；受理党员、干部的申诉，做好党员、干部的来信来访工作；办理党员因私出国（境）政审工作；协助党委做好人才工作；配合离退休办公室做好离休干部工作；完成党委、校领导及上级党委组织部门交办的其他工作。党委组织部有部长1人，副部长1人，一般工作人员3人。党员在线工作人员3人。

（李哲）

【重点工作】

（1）圆满完成学校第二次党代会的筹备召开。中共北京信息科技大学第二届委员会第一次全体会议和第二届纪检委员会第一次全体会议顺利召开。

（2）顺利完成2014年党政管理部门、直属机构、群团组织处职岗位聘任工作。根据上级有关文件精神，结合我校工作实际，在充分调研和向上级有关部门请示的基础上，起草制定《2014年党政管理部门、直属机构、群团组织处级机构设置调整方案》（校党发〔2014〕24号）和《2014年党政管理部门、直属机构、群团组织处职岗位聘任工作实施方案》（校党发〔2014〕25号），并于10月22日正式启动聘任工作。在个人报名、资格审查、岗位调整、民主推荐（面试推荐）、确定同级委任意向人选或拟提任考察对象、组织考察（补充考察）、讨论决定等基础上，学校对党政管理部门、直属机构、群团组织28个处级正职和40个处级副职岗位进行了任命。此次聘任工作的顺利完成，是学校深化干部人事制度改革的有益探索和实践，为学校逐步形成有效管用、简便易行、有利于优秀人才脱颖而出的选人用人机制打下坚实基础，初步建立了一支信念坚定、为民服务、勤政务实、敢于担当、清正廉洁的中层干部队伍，为学校的改革建设发展将提供强大的组织保证和人才支持。

（李哲）

【干部工作】

（1）贯彻落实群众路线教育实践活动整改任务。按照学校领导班子群众路线教育实践活动整改方案的有关要求，进一步加强建章立制工作，起草完成《二级非教学科研机构年度综合考核管理办法（试行）》、《中层干部年度考核办法（试行）》、《中层干部谈心谈话的制度（试行）》、《组织系统干部与中层干部、师生党支部书记经常性沟通交流制度（试行）》等文件制度，进一步推进学校内部管理体制改革和干部队伍建设工作。

（2）组织完成了局级领导干部31人次、校级后备干部5人次的调训选学工作。

（3）认真做好2013年度118名处级干部的年度考核和聘期满考核工作。

（4）完成计算机学院党总支书记、公共管理与传媒学院院长助理、理学院党总支副书记、计算机学院教学副院长等岗位的选拔任用工作，起草完成学院行政领导班子换届聘任工作实施方案，提前启动理学院行政领导班子换届工作。2014 年新提任处级干部 36 人，岗位交流 20 人，完成 9 位干部的试用期满考核工作。

（5）认真做好“三个一百”干部挂职锻炼考核工作、第十四批博士服务团成员挂职锻炼考核工作以及新疆挂职干部协调服务工作。完成北京市选调生统计、审核、推荐、组织培训等相关工作。

（6）配合审计处开展对 2014 年离任处级干部经济责任审计工作。

（李哲）

【基层党组织建设】

（1）完成对部分学院党组织设置调整工作。

（2）制定印发《北京信息科技大学党支部工作考评办法（试行）》（党组发〔2014〕4 号）和《北京信息科技大学党总支工作考评办法（试行）》（校党组〔2014〕5 号）。

（3）推进服务型教师党支部建设工作，印发《教师党支部实施“融入中心，服务发展”工作法的指导意见》（党组发〔2014〕3 号）。

（4）开展了首批“示范党支部”建设点验收、挂牌工作。

（5）规范党内经费使用。印发了《北京信息科技大学党费收缴使用及管理规定（试行）》（校党组〔2014〕2 号）、《北京信息科技大学党支部工作和活动经费使用及管理规定（试行）》（校党组〔2014〕3 号）和《北京信息科技大学党员教育培训经费使用及管理规定（试行）》（校党组〔2014〕4 号）。

（6）完成了 12 件第二次党代会党代表提案的答复工作。

（7）参与制定党建五年规划。协调、处理规划起草制定中的沟通、联系、调研、讨论等相关事宜，完成所属课题组的起草任务。

（8）开展了共产党员献爱心、“七一”、春节走访慰问困难党员等帮扶活动。

（9）2014 年 12 月，校党委荣获“2013 年度党内统计报表优秀单位”称号，这是学校连续三次获此殊荣。

（李哲）

【党校工作】

（1）完成学习贯彻习近平总书记系列讲话精神集中轮训工作。2013 年 11 月—2014 年 6 月，通过集中专题学习、网上专题培训（中国教育干部培训网进行专题学习）、开展分组研讨、专题论坛等形式进行，圆满完成了处级干部 5 天轮训。向全体党员发放学习资料，在全校范围内举办三次习近平总书记系列重要讲话专题报告，组织教师党支部书记和教师党员进行集中学习。

（2）开展暑期中层干部集中培训。8 月 27 日—9 月 9 日，以深入贯彻党的十八大、十八届三中全会和习近平总书记系列讲话精神，全面落实学校第二次党代会精神的重要举措为主题开展中层干部培训，集中培训之后，又分别对教学单位、机关后勤教辅校区、学工口干部开展了专题培训和分别研讨。

（3）开展发展党员工作细则专题培训。按照市委教育工委要求，结合工作实际，采取校院两级方式完成全覆盖式的培训，完成了《中国共产党发展党员工作细则》学习计划，确保了《细则》各项规定得到贯彻实施。

（4）发展对象校级党课培训。4 月和 10 月，通过集中培训、网上自学、分组讨论等方式，以加强对发展对象的理想信念教育，进一步端正入党动机为主题，举办了发展对象校级党课培训班，两期共培训900余人。

（5）开展预备党员培训。5月下旬至6月初对学生预备党员进行了集中培训，通过辅导报告、音像教学、分组讨论、综合测试和在线学习五个环节开展培训，校党委郑君礼书记做了题为“培育和践行中国特色社会主义核心价值观的若干问题”的首场报告。

（6）做好新生党员培训。9月至10月，对刚入校的新生（含专升本）党员通过“四个一”即一次座谈、一场讲座、一个参观、一次谈心的方式，增强新生（含专升本）党员的身份意识。

（7）开展毕业生党员培训。4—6月，通过对毕业生党员进行党组织关系接转、党员档案材料、工作期间转正等方面的教育，召开优秀毕业生党员经验交流会，开展学生党员文明离校日活动等方式，教育毕业生党员在离校前发挥示范带头作用，到新的工作岗位上认真履责，主动和党组织保持联系，强化党员意识，增强社会责任感。

（8）开展学生党支部书记培训。10月10日至11日，举办了2014年学生党支部书记培训班，以主题报告、专题讲座、讨论交流等形式进行，全校共有86名学生党支部书记参加了培训。

（李哲）

【党员发展工作】2014年，新发展党员675名，其中本科生党员579名，研究生党员95名，教职工党员1名。教师队伍中党员比例66.59%，35岁以下青年教师党员比例69.19%，本科生党员比例11.48%，研究生党员比例54.9%。

（刘莹）

【其他】

（1）牵头组织完成北京市优秀人才培养资助项目组织申报等工作，共有35名教师申报该项目，2014年优秀人才进展16项，结题12项。

（2）完成党员在线第5期和第6期建设任务，扩展了完善了统计分析系统、视频点播系统以及其他功能，优化了平台整体性能，完成了平台信息安全加固相关工作。在线课程门数超过1200门，“党员在线”大讲堂完成宣讲讲座41场，服务高校干部培训和党员培训工作。推出群众路线主题微课，利用微信公众平台实现信息实时推送。

（李哲）

宣传工作（统战工作、新闻中心）

【概况】党委宣传部（统战部、新闻中心）是学校党委的职能部门，负责全校的思想政治、宣传教育和统一战线工作。主要职能是管理和协调全校的宣传教育与理论学习，掌握教职工的思想动态，开展形势与政策教育，指导和协调全校思想政治理论课的教学与研究工作，加强对内对外宣传及舆论环境建设，进行全校重大活动的宣传报道，搞好精神文明建设和意识形态领域及校园文化宣传阵地的管理；贯彻落实党的统一战线政策，团结各民主党派，推荐党外代表人士；完成党委和校领导交办的其他工作任务。党委宣传部与党委统战部合署办公，新闻中心挂靠党委宣传部。党委宣传部（统战部）有部长1人，副部长2人，宣传干部6人。

（薛涛）

【思想建设和理论学习】按照武装头脑、指导实践、推动工作的要求，把学习贯彻十八大和十八届四中全会精神、践行社会主义核心价值观、“中国梦”等宣讲活动引向深入，全面加强师生的政治理论学习工作。

（1）加强理论宣传与学习组织，在推进工作实效上下工夫。继续坚持和完善学校、院（部处）两级中心组理论学习制度，充分发挥校级中心组的带动和示范作用，全年校级理论中心组分专题组织集中学习12次。结合学校实际，深入开展学习教育的组织工作，全年邀请专家教授主办主题报告会20余场，收集并上传校园网理论学习资料50余万字。先后开展了主题征文、理论宣讲等活动，师生参与踊跃。在《形势与政策》的组织管理工作中，继续落实听课制度、书记讲专题等制度。先后听课5次，从学校层面收集课堂教学基本情况，总结问题与经验，适时开展教学交流活动，推广经验，解决存在的主要问题和普遍性问题。学校党委书记郑君礼、党委副书记杨军就社会主义核心价值观、周边国际关系等专题亲自为学生讲授形势政策课，受到学生欢迎，也让参加观摩的教师得到启发和教诲。

（2）努力构建立体化的宣传阵地，拓展信息传播渠道。整合学校各方资源，搭建立体化的工作格局，发挥校园网、校报、宣传橱窗、电子屏、广播台等媒体的作用，为宣传思想工作把握主流、全面呈现、主动开展、引导舆论奠定坚实的宣教阵地。全年完成了21期近500块专题宣传橱窗；制作主题标语300多条；校园新闻网发布新闻1100余条；广播台完成了全年每天一个半小时的常规播音任务；安排报告厅活动140多次，1.2万余人次参加；通过公开招标环节，完成了各校区电子屏幕更换工作和校园广播站的部分设备更新工作；依托校内传播学专业师生的力量，以栏目化、编播一体化为基础，适时推出每周新闻播报，编辑制作各类视频资料，为师生生活服务等方面提供信息，进一步丰富工作载体，拓展宣教阵地。这些工作的开展，宣传了党和国家的大政方针，宣传了学校中心工作，对于树立方向、凝聚人心、鼓舞士气、团结力量起到了很好的作用。

（3）围绕学校中心工作，保障学校重点任务完成。在学习宣传贯彻十八大精神、习近平总书记一系列重要讲话、践行社会主义核心价值观等工作中担负起重要职责，责无旁贷地全面落实学校的相关工作计划、组织、实施工作。围绕华北五省届机器人大赛、运动会、学生开学（毕业）典礼、招聘会等各种重要活动，完成氛围布置和宣传报道工作。为学校重要工作、大型活动以及有关部门、单位工作提供照相、摄像服务，全面累积照片万余张，发布电子屏内容215条、6000余字，累计视频资料50多小时，为校内各类媒体提供照片2000余张，撰写文字材料35万字。

（薛涛）

【教职工思想政治工作】切实掌握师生思想动态，加强思想政治工作的针对性。定期走访各部门和党总支，做好网络舆情监控工作，围绕形势与政策、政治理论学习、教职工关心的热点问题，适时做好思想状况调研工作。坚持编辑整理、面向全校发布《一周高教要闻》，从高层动态、人民日报、光明日报、中国教育报、重点高校、地方高校、市属高校、网络热议、非常关注等九个角度筛选、整理高教领域中发生的有代表性的新闻事件和主要观点，使师生方便快捷地了解信息、把握动态、开阔视野、共同研讨，全年共计完成35期70多万字，有效推进了学习型组织建设。

（薛涛）

【精神文明建设】牵头组织学校精神文明建设工作，积淀提升大学文化。继续聚焦“勤以为学 信以立身”的校训精神，进一步诠释笃信崇学、开放超越的大学精神，构建富有个性和特色的校园文化顶层设计和具体实践。在文化建设中充分发挥校园媒体的引领、导向和激励作用，切实营造健康和谐、积极进取的舆论氛围。继续以“校园故事”的形式进行“抄底”报道，鲜活地呈现师生“勤信”风采。年内学校“勤信文化大讲堂”邀请领导、专家和知名人士举办报告会4场，全年审批各类学习、讲座活动100余次。

（薛涛）

【对外宣传工作】加强对外宣传，继续提升学校美誉度。针对学校工科背景浓厚、尚未形成深厚传统的现状，大力开展练内功、培育“土特产”活动，邀请校外媒体专家顾问队伍指导工作、培训人员，与各学院、单位一起发现挖掘工作中的经验和师生中的亮点。年内围绕我校教学科研、学生科技成果、师生典型人物等工作，加强对外专题宣传，北京电视台、《中国青年报》、《北京日报》等媒体对学校进行了70余次报道，受到社会公众的高度重视。“Water”机器人足球队、“追梦男孩”季逸超、热心公益的杜佳楣老师继续成为媒体报道的热点人物。

（薛涛）

【校报编辑部工作】2014年，《北京信息科技大学报》紧密结合深入学习贯彻党的十八大、十八届三中、四中全会精神和习近平总书记系列重要讲话精神，认真落实学校各项工作部署，紧密围绕学校中心工作，继续深入开展“走转改”活动，坚持贴近校园生活、贴近师生员工、贴近学校实际，努力体现时代性、把握规律性、富有创造性，切实发挥引导舆论、交流信息、弘扬新风、培育新人、维护稳定和繁荣文化、传承文明的重要作用。全年按期保质出版报纸9期，发行量36000份。在中国高校校报好新闻评奖中，4件作品获奖，其中二等奖2项、三等奖2项；在北京高校好新闻奖评选活动中，7件作品获奖，其中一等奖4个、二等奖1个、三等奖2个，获奖数量尤其是获奖档次处于同类高校前列。校报编辑部以求真务实的态度履行了北京高校校报研究会常务理事单位的职责。

（王肖楠）

【民主党派、党外知识分子工作】学校有民主党派成员45人，其中高级职称30人，中级职称15人。2014年我校统战工作在北京市委教育工委统群处的指导下，在校党委的正确领导下，高举中国特色社会主义伟大旗帜，努力践行社会主义核心价值观，认真学习贯彻党的十八大和十八届三中、四中全会精神，紧紧围绕学校中心工作，推进民主党派搞好自身建设，举荐和培养党外代表人士，充分发挥统战人士的积极性，为实现学校发展贡献力量。

（1）加强理论学习。组织统战人士认真学习党的十八大、十八届三中和四中全会及习近平总书记在第30个教师节的重要讲话精神，学习国务院和北京市《政府工作报告》等会议文件，开展了学习践行社会主义核心价值观活动。

（2）开展征求意见建议活动。通过座谈和谈话谈心、邀请统战人士代表参加学校教代会、职代会、中层干部会、重要工作部署会等方式，使统战人士更加了解学校的工作思路和工作进度。在党内开展群众路线教育实践活动的过程中，面向统战人士，真诚地征求他们对学校领导班子、领导干部的意见和建议，请他们对学校第二次党代会的工作报告发表意见。

（3）抓好党外代表人士队伍建设。积极协助教工委抓好党外代表人士的培训工作；配合学校组织部门，共同做好校内党外实职领导干部的选拔、培养和考核工作。参照学校为人大代表配备工作经费的标准，为全国、北京市、区级政协委员新增了工作经费，积极帮助履行好参政议政任务。

（4）加强民主党派基层组织建设。积极指导和协调各民主党派基层组织按照要求，从自身的实际出发组织好主题教育和实践考察活动，不断提高思想认识水平。为民主党派开展活动提供服务和保障工作。进一步完善和充实了统战人员信息库的建设。

（薛涛）

【民族宗教工作】加强少数民族学生的教育服务工作。认真学习贯彻党的方针政策，不断提高党员领导干部对民族工作的认识，特别是做好与少数民族师生的思想交流和学习生活设施保障工作。关心少数民族学生的学习生活，开展了助学奖学金评定工作，定期检查清真食堂卫生和饮食质量。参与指导学院承办少数民族学生才艺风采展示活动和联欢会。

（薛涛）

【统战宣传信息工作】完成并上报北京市委教育工委《北京高等学校统战工作对象情况统计表》《北京高校港澳学生人数统计表》《北京高校华侨学生人数统计表》《北京高校台湾学生人数统计表》《北京高校外国留学生人数统计表》《北京高校少数民族学生统计表》《北京高校少数民族班统计表》《北京高校在校学生统计表》等。2014年有1名教师加入民主党派。进一步完善和充实了统战人员信息库建设。

（薛涛）

纪检与监察工作

【概况】纪委办公室是学校纪律检查委员会的办事、办案机构，负责纪委的日常工作，主要职责是组织起草纪检监察各类文件、材料；协助党委抓好全校党风廉政建设工作，落实党风廉政各项任务；受理本校党员的控告和申诉，保障党员民主权利；受理本校师生员工对违反党内纪律的党组织、党员的检举、控告；负责校纪委会议，落实纪委全会做出的决定；接待群众的来信来访，按照有关规定进行调查核实，查处违纪案件；负责本部门的网络信息、文件的运转和督办、信访（包括初步核实、立案）材料的立卷与归档、上级纪委要求的报表等其他工作。

监察处和纪委办公室合署办公，主要履行以下职责：对学校行政职能部门及其行政工作人员和学校任命的其他行政负责人进行行政监察；配合校纪委制定并监督实施学校反腐倡廉建设的相关制度；监督检查监察对象贯彻执行国家法律、法规和政策的情况；监督检查学校的决议、决定、规章制度在校内各部门的贯彻执行情况；受理对监察对象违反行政纪律行为的检举、控告；受理监察对象不服政纪处分的申诉；调查处理监察对象违反行政纪律的行为；

协助校领导及有关部门对监察对象进行遵纪守法、履行职责、廉洁从政教育。

2014年，学校深入学习贯彻党的十八大、十八届三中、四中全会精神，坚决落实中央纪委三次、四次全会部署，深入推进党风廉政建设和反腐败工作。不断完善党风廉政建设责任制落实机制，认真贯彻落实廉政准则，切实推进惩治和预防腐败体系建设，大力加强中央八项规定和六条禁令的落实力度，为促进学校管理的规范化、制度化，推进学校发展建设提供了坚强的政治保证。

【党风廉政建设责任制】

（1）分解任务，落实责任，构建层层关联的责任体系。协助党委认真做好学校《2014年党风廉政建设和反腐败工作主要任务分解》。《任务分解》强调党委要落实好五个方面的主体责任，纪委要落实好监督责任。2014年学校反腐倡廉工作有九大任务24项，涉及45个部门和单位，各级领导班子和领导干部的职责划分清晰，任务分工具体，工作要求明确。

（2）5月，协助党委召开党风廉政建设工作会议，党委书记和校长就加强党风廉政建设责任制、完成好本年度反腐倡廉主要任务向全体处级以上领导干部提出明确要求。纪委书记代表学校部署2014年度党风廉政建设和反腐败工作主要任务，并明确了每项工作的牵头单位、协办单位以及主管领导。

（3）11月，学校启动2014年度全校各单位党风廉政建设责任制检查工作。全校所有处级单位认真开展自查并撰写了自查报告。校领导带队分批对各牵头单位和各教学单位进行了工作检查，听取了各单位汇报并进行了点评。

（4）12月，根据上级文件要求，认真做好党风廉政建设责任制自查工作，并就“两个责任”落实情况上报《北京信息科技大学2014年党风廉政建设党委主体责任落实情况自查报告》、《北京信息科技大学2014年党风廉政建设纪委监督责任落实情况自查报告》。

【反腐倡廉宣传教育】

（1）对党员领导干部重点加强作风建设、廉洁从政教育。5月，邀请海淀区检察院预防职务犯罪处处长王燕检察官做“永葆清廉本色 争做廉洁教育人——教育领域职务犯罪防控”主题报告。

（2）12月，对2014年下半年中层干部换届聘任中上任的所有干部进行集体廉政谈话，强化处级干部“知廉、守廉、倡廉、促廉”的意识。

（3）对教职工着重师德师风、廉洁从教教育。加强对重点岗位和关键环节相关人员的反腐倡廉宣传教育。4月，在校内展出了市教育纪工委与首都教育廉政研究中心联合制作的“高校典型案例警示教育”展板，大力弘扬宣传廉政廉洁文化。

（4）6月，在校内展出“规范科研经费管理，净化廉洁校园环境”高校科研经费违法案例，加强对科研项目负责人科研经费规范使用宣传教育。

（5）5月，纪委书记带队赴北京科技大学进行学习交流，就党风廉政建设和群众路线教育等主题进行研讨，进一步开阔了教工廉政教育的工作思路。

（6）11月，纪委书记为新入职教职工作廉洁从教方面的主题报告，并配发了《高校师德建设规范摘编》小册子，加强了新入职教职工的廉洁从教教育。

（7）对学生侧重廉洁品格教育。4月，纪委书记为毕业年级研究生做《增强廉洁意识 助推理想实现》的报告，告诫即将走向社会的硕士毕业生廉洁是立足社会之本。

（8）5月，纪委书记参与校领导邀约日活动，与学生代表共话“廉洁人格养成”。

（9）6月，学校每年举办的党章党史知识竞赛活动中融入廉政短剧表现形式，取得良好的廉政教育效果。

（10）依托学生廉洁社团，开展“诚在当下，廉在未来”大学生廉洁教育宣传活动；在圆明园遗址公园进行了“新青年，倡清廉，我们在路上”定向越野竞赛，为学生廉洁教育注入了新理念。

【廉政风险防范管理工作】

继续推进《关于进一步加强廉政风险防控管理的实施方案》的贯彻落实，资产处、基建处等试点单位廉政风险防控管理“三个体系”建设工作顺利开展。试点单位根据部门和岗位工作职责，认真梳理了权力事项、权力行使对象和范围、主责部门和岗位、协办部门、公开方式和公开内容等，两个部门共确定职权11项，并绘制权力运行流程图。

【贯彻落实中央“八项规定”】

（1）发布《北京信息科技大学纪委关于严格执行中央“八项规定”、“六条禁令”的通知》等，要求全校各级领导干部要带头执行中央八项规定，当好表率，做好示范。根据市纪委要求，认真做好贯彻落实八项规定月报告工作。

（2）及时传达中纪委和市纪委关于“四风”问题整治的工作精神，通过重要会议中通报、网站发布等渠道，将市纪委公布的违反八项规定的典型案例进行宣传，提醒各级干部严格廉洁自律有关规定，做到预防在前，警示在先。

【专项治理工作】

（1）组织开展春秋季教育收费专项检查。制定学校《2014年进一步规范教育收费工作实施意见》；召开治理教育收费工作会议；与财务处、审计处配合，对各收费单位开展检查。

（2）组织开展“慵懒散”专项整治工作、开展借公务之名旅游问题专项整治工作、开展严禁在公务活动中赠送或接受礼品等专项整治工作。

（3）统计上报外逃、出国（境）逾期未归、失踪人员情况。

（4）开展案件线索清理工作，坚持集体研究，严肃线索管理纪律，建立健全案件线索管理长效机制。

【重点部位监督】

（1）与有关部门密切配合，围绕重点部位和关键环节，认真履行监督职责，推进权力在阳光下运行。

（2）加强干部选拔任用关键环节的监督。中层干部聘任工作中，协助党委拟定《北京信息科技大学关于严明换届纪律的通知》，严明干部换届工作纪律；加强对聘任工作的全过程监督，严格考察拟提任人选的党风廉政情况；在校园网发布《中央公布的违反换届纪律的典型案例选编》，对参与聘任人员开展警示教育；在拟提任处级干部考察环节，纪委书面出具对考察对象的廉政意见，全年共出具廉政意见81人次。

（3）全程监督2014年度本科招生工作。参与招生工作领导小组相关工作，集体研究重大事项，在全体招生工作人员培训会上，校长与纪委书记、主管招生工作副校长提出纪律要求。校长与主管招生工作副校长、招生部门负责人、招生工作人员层层签订《招生工作责任书》。北京市高校招生巡视检查组对学校本科招生工作的规范以及监督工作给予了充分肯定。

（4）加强对招聘面试及基建、修缮、物资设备采购等招投标环节的监督。纪检监察按照工作职责监督上述招聘面试及招投标环节是否规范，防止违规操作。参与教职工招聘面试4次，参加校内物资设备、图书、教材、新生生活用品等采购项目和基建工程、修缮工程的招标及工程验收共60余次。

（5）加强对科研经费使用的监督检查力度。针对校内出现的个别科研项目中经费使用不规范现象，及时开展校内项目经费使用的专项检查，推动校内各类专项的规范管理。

（6）为党内评优、“三育人”评选等出具廉洁自律情况报告66人次。

（7）参与国家四、六级英语考试及研究生入学考试、新生报到相关工作，做好相关的监察巡视。

【信访举报工作】保持信访举报渠道畅通，及时受理处理群众来信来访，抓好信访核查环节，切实做到“事事有回音、件件有着落”。对核查信访件过程中发现的问题以及管理上的漏洞，及时向学校汇报，妥善处理，同时加强与相关职能部门的沟通，完善制度，堵塞漏洞。

【其他】作为责任部门，起草学校第二次党代会纪委工作报告，并参与第二次党代会相关工作。组织纪检监察干部参加市教育纪工委组织的业务培训。

保密工作

【概况】学校保密工作办公室是校党委保密委员会的日常办事机构，认真贯彻上级保密工作精神，紧紧围绕学校中心工作，按照学校保密工作要点，认真落实完成了各项保密工作任务。

2014年，学校保密工作围绕学校中心任务做好服务保障工作，在保密宣传教育、技术防范能力建设、监督检查等方面做了大量工作，为学校的改革发展提供了有效的保障。

（张京华）

【保密管理】

（1）涉密文件销毁工作。学校涉密文件及内部文件均到上级指定的销毁中心进行统一集中销毁。2014年共组织2次集中销毁，共销毁文件1000千克。

（2）加强对秘密载体的管理工作。对秘密载体制作、登记、收发、传递、使用、保存与销毁等环节的保密管理严格遵守保密工作流程要求及相关制度，消除涉密载体管理过程中的泄密隐患。

（3）注重对保密要害部门和涉密人员的管理。学校加强对确定的保密要害部门、部位的保密管理工作，国家法定节假日和寒暑假前，坚持对各涉密单位进行保密检查和保密教育制度。加强对涉密人员的动态管理以及检查各项审批审查制度执行情况，认真落实管理责任制。

（4）保密档案管理工作。按照学校保密工作档案管理规定，对保密文件材料进行整理和归档，保密工作档案按照规章制度、保密检查、保密要害部门部位管理、计算机和信息系统、涉密人员管理、涉密载体管理、宣传报道管理等进行分类存档，学校保密工作档案逐步完整、准确、系统和安全。2014年共建立保密档案15卷。

（张京华）

【保密宣传教育】

（1）以国家保密法规条例、学校保密工作相关流程、失泄密案件为基本素材，制作保密教育宣传图片展板，在清河小营校区、健翔桥校区、清河校区学校宣传橱窗展出。保密办协同各保密要害部门部位积极组织涉密人员进行自学、集中学习。开展了涉密人员保密知识测试。通过开展保密工作宣传和保密教育工作，增强了全员的保密意识、责任意识和防范意识。

（2）发挥专业资料作用。把《保密工作》杂志、《北京保密工作》等刊物作为学习保密法律法规的必要载体，每月发放到学校领导以及相关部门，对其中的重要信息和内容加以提示，提醒相关人员重点阅读，掌握保密工作动向及要求。

（3）做好上传下达工作。及时与上级部门沟通保密工作情况，及时传达上级有关保密工作要求。严格按照文件传阅流程将文件送主管校领导审阅，并认真按照领导指示贯彻落实各项保密工作任务。2014年共传阅20份文件。

（张京华）

【保密审查审批】加强各项审查审批工作，对涉密人员实施动态管理，认真做好涉密人员资格审查工作；做好保密责任书签订工作；做好离岗脱密工作，签订离岗保密义务承诺书；做好涉密人员出国（境）的管理工作；做好涉密论文的审查工作，2014年保密审查审批科技论文20篇；抓好审批流程的各环节工作，以确保国家秘密的安全。

（张京华）

【保密监督检查】

（1）开展保密工作自查自评。根据北京市国家保密局关于转发国家保密局《机关单位保密自查自评工作规则（试行）》的通知（京国保发〔2014〕3号）要求，结合学校工作实际，学校保密委员会组织开展了对校内保密工作的自查自评工作。在50项自查内容中，学校实有项目41项，总分82分，自评81.5分。

（2）严格做好各项检查工作。2014年开展了2次专项检查和9次常规检查。保密办每月定期对全校涉密人员自查进行督促和检查，确保涉密人员按规定、按要求进行自查；每月会同信息与网络管理中心对全校涉密计算机及存储载体进行检查，利用审计软件，查看监控审计报告。

（张京华）

【获奖情况】2014年1人获北京市保密工作系统先进个人称号，14人获2012—2013年学校保密工作先进个人称号，4个单位获2012—2013年学校保密工作先进集体称号。

（张京华）

【其他】

（1）上报有关文件。根据北京市武器装备科研生产单位保密资格审查认证委员会办公室要求按时上报学校保密自查报告；按照北京市国家保密局要求，按时完成保密工作统计报表的上报工作。

（2）根据学校工作实际，经研究决定，将信息与通信工程学院动态导航项目保密室更名为高动态导航技术北京市重点实验室保密室。

（张京华）

学生工作（国防教育）

【概况】党委学生工作部（学生处）（武装部）（以下简称学生处）主要职责是负责本校本科生思想政治教育、日常服务管理以及国防教育，心理健康教育中心（心理咨询中心）挂靠党委学生工作部。学生处坚持“以学生为本”，以培育优良校风学风为核心，将学生思想政治教育贯穿于学生培养的全过程，培养和锻炼学生坚韧的意志品质、创新精神和实践能力，服务于学生的全面发展；不断加强学生日常管理工作，努力为学生提供优质服务。

（陈红英）

【思想政治教育】学校日常思想政治教育工作，围绕十八大以来党和国家的一系列方针政策，创新载体，拓展平台，将党的宗旨和社会主义核心价值观深入学生内心，激发学生的爱党爱国热情，坚定为中华民族的繁荣富强而努力奋斗的信心和决心。

（1）校领导邀约日活动。

围绕基础设施改造、廉政人格养成、2014年毕业生十大先锋人物、2014级新生入学等四个方面分别由陶志红副校长、刘勇副校长、纪委冯晓春书记、柳贡慧校长邀约学生代表座谈交流，充分发挥校领导邀约日的育人思想传递和促进学生爱校荣校的作用。

（2）特约学生信息员。

特约学生信息员共报送信息50条，其中有效信息50条，汇总信息50条。信息类型涵盖9个方面，其中有关校风学风建设信息共3条，教育与教学管理5条，学业与就业指导0条，学生工作6条，图书馆与校园网4条，食堂、浴室、宿舍19条，校园治安5条，校园设施与条件6条，其他2条。编辑印制《学生信息》2期，呈报校领导和相关职能部门负责人。

（3）网络思想政治教育。

紧扣时事热点和学校中心工作，围绕学生成长成才，丰富学工部新浪官方微博内容，及时更新学生处官网信息，积极开展网络思想政治教育工作。

1）官方微博。全年发布博文348篇，内容涵盖校内外资讯、大学生活与学习、求职就业指导、校园美景等；利用新浪微博学生处官方平台在线答疑，解答学生普遍关注的问题36个；官微粉丝数量增长到3490人，净增粉丝790人，同比增长29.25%。同时，对我校微信公众号、人人网公共主页、北京信息科技大学百度贴吧、风信子论坛等公众平台做好舆情监控和思想引导工作。

2）学生网络信息化服务基础平台。2014年11月1日，党委学工部（学生思想政治教育）网站、心理健康教育与咨询中心网站正式上线。学生处网站与新上线的党委学工部网站、心理健康教育与咨询中心网站有机结合，基本实现学生思想政治教育、学生事务管理、学生工作队伍建设和学生工作的全面信息化。2014年度，学生处网站发布学生事务管理相关信息101条，其中通知公告类20条、奖助勤贷类81条，此外利用处长信箱平台回复学生来信31封；学工部网站发布思想政治教育相关信息57条；心理健康教育与咨询中心网站发布心理健康教育相关信息51条。

（4）宣传橱窗管理。

共出版9期主题教育、校园活动等宣传专栏。

（5）寒暑假返校学生思想状况调查。

寒暑假结束后，在全校范围内通过宿舍走访、座谈会、主题班会以及组织生活会、个别访谈、问卷、思想汇报等形式开展了学生返校后思想状况调查工作。

（6）《学工信息》编纂。

编辑电子版《学工信息》3期，每期内容刊登于学生处网站，供全校师生下载阅览。

（陈红英　张晓莹　余志超）

【学生党建】学校依据《中共北京信息科技大学委员会关于印发〈北京信息科技大学2014年学生党员先锋工程实施计划〉的通知》(校党发〔2014〕4号)文件要求，立足学生党员实际，扎实推进青年先锋工程实施，加强学生党员的党性与先进性教育，将学生党员要做工作、要做表率、要发挥作用落到实处。

(1)校级党课学习班。

4月、10月举办了两期校级党课学习班。党课采用开班典礼集中辅导、在线学习、讨论交流相结合的方式进行，每期学习40学时，有693名学员完成了学习任务，通过了结业考试，获得党课结业证书。

(2)朋辈教育。

7月，选拔8名学生党支部骨干参加了2014级新生入学朋辈教育活动。活动分健翔桥和小营两个校区进行，每个校区的学生党支部骨干分别针对学业规划，学生事务的办理，学生活动及各学生组织、学校以及周边环境四个专题与广大新生进行了详尽的交流。活动过程中还播放了《2014届毕业生十大先锋人物访谈视频》和写给2014级新生的“信息科大，我来了”视频，有效增强了活动的感召力和示范性。

(3)党支部书记培训班。

10月10日—11日，举办了为期两天的2014年学生党支部书记培训班。培训班安排了《互联网信息传播发展趋势与当代青年社会责任》、《如何做好一名党支部书记》的专题报告，观看了《北京高校学习贯彻〈中国共产党发展党员工作细则〉专题辅导》的录像，还进行了小组讨论与交流发言。

(4)学生党建工作座谈会。

2月27日，3月5、6日，分校区召开了党总支副书记、党建辅导员座谈会和学生党支部书记座谈会。在分享经验，提出建议的同时就如何更好使用《北京信息科技大学学生党员学习与实践活动手册》发表了自己的意见。

(5)学生党支部书记素质拓展。

10月18日，64名本科学生党支部书记在北京拓展训练学校龙门基地参加了素质拓展活动。

(6)百名学习标兵评选。

3—4月，在全校本科学生党员中开展了以“典型引领 共同进步”为主题的“百名学习标兵”评选活动。活动评选出学生党员“百名学习标兵”100名。同时，各学院组织学习标兵在广大学生中广泛开展助学小课堂、一加一、一对一等助学帮困活动。

(7)红色“1+1”活动。

共选拔了32个优秀学生党支部参加了红色“1+1”的共建活动，其中26个学生党支部完成了共建活动。

(8)《党章》、党史知识竞赛。

6月，以十八大、十八届三中全会和习近平总书记重要讲话精神，加强广大学生党员对《中国共产党章程》(以下简称《党章》)、党史、廉政案例等为主要内容，在学院预赛、网上竞答的基础上，开展了党章党史知识竞赛的决赛。决赛现场设置了网上答题、观众投票和观众互动环节。

(陈红英)

【校风学风建设】学风建设是学生工作的核心内容之一，良好的学风是一种潜移默化的精神力量，时时刻刻都会对学生产生强烈的熏陶，激励学生奋发努力，健康成长。

(1)北京高校优秀学生基层组织(本科生)推选。

11月，学校组织开展了北京高校优秀学生基层组织推选工作，经各学院推荐、学校考评工作组评选、学校公示等环节，共评选出北京高校优秀班级推荐对象5个、北京高校优秀宿舍推荐对象3个，并推荐至市委教育工委参加评比。

（2）笃信崇学报告厅2～5讲。

1）5月，举办“笃信崇学”报告厅第二讲——毕业了，我们去哪儿。主讲人：许磊。

2）5月，举办“笃信崇学”报告厅第三讲——大学生征兵政策及流程。主讲人：李雪刚。

3）10月，举办“笃信崇学报告厅”第四讲——构建朝气蓬勃的青春经历。主讲人：袁岳。

4）12月，分校区举办“笃信崇学报告厅”第五讲——领导力构建与魅力培养。主讲人：吴庆。

（3）百名时代先锋评选。

11月，面向2015届本科毕业生，继续开展了百名时代先锋评选活动。本次活动的主题是“争做时代先锋”，评选出“百名时代先锋”100名。评选过程在保持原有先锋称号的基础上，细化了评选条件。同时，基于校团委学生骨干的特殊性，在“奉献服务先锋”类别评选推荐中增加了校团委的直推名额，进一步完善了评选办法。

（4）考风考纪教育。

学期末，下发《关于加强考风考纪教育和诚信考试教育工作的通知》，协同教务处督促学院做好有关工作，印发诚信考试承诺书；四六级考试前，与教务处合作，下发《关于大学英语四、六级考试诚信教育的通知》。

（5）学业指导工作。

4月，与望京科技创业园合作开展“望京创业园创业苗圃计划招募”工作，举办望京科技创业园——北京信息科技大学创业苗圃计划宣讲会，共招募11支学生创业团队参与该计划。

（6）新生引航工程。

10月，以“赢在新起点 共筑家国梦”为主题，按照“建立良好第一印象、学业职业双线并行、三个阶段循序推进、校院班寝四级开展”的工作思路，注重文化引领和形式创新，提高工作实效性。

1）编印《新生入学指南》、《知至 知止》、《留给母校的心里话》、《致新生家长的一封信》，帮助学生尽快适应大学生活，及时确立学业和人生目标。

2）柳贡慧校长邀约10名2014级新生参加校领导邀约日活动，一起探讨关于“青春和梦想”的话题。

3）指导各学院开展新生专业教育和职业生涯规划辅导，帮助新生产生专业归属感，引导新生树立职业生涯规划意识，以科学的方法规划自己的学业和职业生涯。

4）做好校情校规在新生中的普及工作。将《2014年学生手册》制作成题库，并编印笔试试卷统一发放到学院，由学院统一组织全体新生参与答题。

5）继续实施一年级学生晚自习制度，同时安排工作人员做好抽检情况记录和督促整改，强化学生学习的自觉性。

（7）毕业生教育。

3月，启动了以“情系母校 逐梦家国”为主题的2014届毕业生教育工作。

1）开展“母校送祝福”文明离校系列活动。统一定制毕业纪念品、电子纪念册，制作纪念视频短片，发起自媒体互动，举办毕业典礼等形式，帮助毕业生感恩思源，重温大学美好时光。

2）开展“真情留母校”系列活动。通

过组织毕业生座谈会，毕业微心语征集，《留给母校的心里话》征文等活动，引导毕业生弘扬校训精神，传播正能量。

3）开展“逐梦馈母校”系列活动。各学院充分发挥毕业生先锋人物、优秀毕业生党员、四年级优秀基层组织负责人，以及在科技竞赛、志愿活动等方面成绩优异毕业生的榜样示范作用，通过组织召开各类专题宣讲会、交流会，向低年级学生传授先进集体建设的经验、介绍优秀个人逐梦的事迹，切实加强正向“传、帮、带”的力量。

4）优秀毕业生评选。2014 届毕业生中共评选出郑阳等市级优秀毕业生 130 名、校级优秀毕业生 154 名。

（8）毕业典礼。

毕业典礼划分为典礼区、教师区、家长区、毕业生活动区 4 个模块。其中，毕业生活动区设置了勤信果乐园、本科毕业生名录、百米喷绘、投掷网合影区、学院活动区等功能区，在情感共鸣中激发学生眷念母校、感恩师长、立志成才、报效祖国的情感动机。

（9）十大先锋人物评选。

在 2013 年“百名时代先锋”评选的基础上，评选出 2014 年“十大先锋人物”10 名。在第六期校领导邀约日活动中，由柳贡慧校长隆重邀约了首批“十大先锋人物”，向他们颁发了“十大先锋人物”的奖品。以他们的成长成功经历为蓝本，录制了“十大先锋人物 学子成长典范”的视频。在毕业典礼中对他们进行了隆重表彰。

（10）思睿博雅大观园。

3 月，“思睿博雅大观园”首场演出启动，由北京交响乐团为师生带来世界著名作曲家的优秀作品。11 月，北京大学原创话剧 *ROAR!ROAR!* 为学校学子带来“思睿博雅大观园”第二场演出。

（11）课堂行为专项整治。

4 月，学校下发了《北京信息科技大学关于开展学生课堂失范行为专项整治工作的通知》（校学发〔2014〕26 号），对学生课堂失范行为展开了全面的督查和整治工作。同时，以“正心修身”为主题，围绕《北京信息科技大学学生课堂行为规范》开展了“校园新风尚——课堂行为篇”主题教育活动，引导党支部、班级等学生基层组织开展主题党日或主题班日活动，整理主题党日或主题班会的影像资料，共编印主题教育活动工作简报 8 期。做好学生课堂失范行为专项整治联合督导检查组的人员安排和分组工作，并于 5 月 21 日—6 月 6 日开展专项检查。

（张良志　陈红英　马骏　张晓莹）

【心理健康教育】以适应新时期大学生心理健康教育为目的，全面加强心理健康教育队伍建设；以心理教育教学改革为重点，努力加强环境与条件建设；以加强专题宣传教育、提高咨询服务的针对性和实效性为着力点，大力加强危机预防与干预体系建设；以服务学生健康成长为根本，着力构建“全体与个体、课内与课外、教育与咨询、预防与干预”相结合的心理健康教育工作体系。

（1）心理健康教育课程。

心理健康教育课程是面向广大学生进行心理健康教育的主阵地。2014 年，心理健康教育中心、心理咨询中心（以下简称中心）开设的选修课大学生心理学，完成了对 2013 级新生的全覆盖，并覆盖了 2014 级新生 703 名。

（2）中心利用网站、报纸、宣传册、海报和小礼品（笔记本、书签、校历、公交卡套）等多种形式进行心理健康知识宣传。

（3）个体咨询工作。

中心分别在小营、健翔桥、清河校区，开展面向全校学生的个体心理咨询服务。目前，中心每周安排30个心理咨询时段，全年接待来访学生200多人次。中心还随时为军训学生、受处分学生、留级学生以及退学学生等特殊群体以及全体教职工提供心理咨询服务。

（4）团体心理辅导工作。

中心以新生适应为重点，制定新生适应团体辅导工作方案，培训、指导各学院心理辅导员以班级为单位具体实施。此外，中心还制定了针对不同群体的团体辅导工作方案，在全校范围内招募求助者，以期在团体情景下更大范围地解决学生的心理困惑和心理问题。

（5）心理危机排查工作。

3月，中心开展全校学生春季心理危机排查工作，制定筛查标准，指导各学院开展工作。对于筛查出的存在严重心理问题的学生，组织专家进行约谈，为其建立心理危机档案，并给学院下发危机处理单；对于有自杀倾向和严重精神疾病的学生，指导学院进行转介和预后工作。5月，中心全面开展毕业年级学生心理危机排查工作，加强对学业困难学生、家庭经济困难学生、外地女生等群体的关注，指导各学院在排查的同时，更注重对毕业生的情绪疏导和人文关怀。

（6）心理健康节活动。

4月至5月，中心在全校范围内开展以“友爱于心 善行于微”为主题的心理健康节活动。健康节期间，中心举办了名家心理健康知识讲座、心理情景剧会演、心理委员征文以及心理健康知识广场宣传等活动。在心理健康知识广场宣传活动中，回龙观医院心理专家、我校心理教师在活动现场开展了心理咨询、心理测查、音乐减压和穴位调控等服务，“阳光心苑”心理社团以及学院心理辅导员、心理委员组织了心理健康知识有奖问答、心灵涂鸦墙、快乐心墙、爱心树等丰富多彩的活动。

（7）新生心理普查与建档工作。

11月至12月，中心制定新生心理普查工作方案，统筹安排普查工作的具体实施，共普查新生2665名，为每一名新生建立电子心理档案。根据普查的结果，中心向学院发放“关注学生名单”，针对不同问题学生群体，采取不同方式进行干预。其中9名学生，中心将其纳入重点关注名单，与学院密切配合，随时关注和干预。

（8）心理危机干预工作。

除新生心理普查、春季心理危机排查、毕业生心理危机排查外，中心通过课堂、日常咨询、学院报告等渠道监测发生心理危机的学生，进行危机风险评估以及危机干预。本年度，中心共干预心理危机个案28起。此外，为更好地掌握全校学生心理健康动态，中心要求各学院每月填写《学生心理健康信息月报表》上报中心，中心根据情况进行及时反馈、指导和干预。

（9）新生入学心理教育工作。

11月，中心举办了17场新生适应心理讲座，讲座从生活、学习以及人际关系等方面介绍如何更好地适应大学生活，同时介绍了心理咨询中心的咨询范围、保密原则和预约方式等，指导大学生遇到问题及时地寻求专业的心理帮助。

（10）心理社团指导工作。

当前，学校三个校区都设有心理社团，固定成员200多人。中心注重加强对学生心理社团的工作指导，定期对社团骨干进行专业培训。心理社团举办了团体心理工作坊、播放了心理影片、发放了心理健康知识宣传册等，充分发挥了朋辈群体在心理健康教育工作中的重要作用。

（11）心理健康教育工作队伍建设。

学校不断加强对辅导员、班主任、班级心理委员及其他相关人员的专业知识培训。

1）5月，中心邀请北京大学徐凯文博士来我校举办“大学生心理危机预防与干预”讲座。此外，学校还出资支持一名学院党委副书记、两名心理辅导和一名宿舍辅导员参加国家级心理咨询师专业培训。

2）9月，中心组织50多名班级心理委员骨干参加素质拓展训练，并于11月至12月举办了7场，共计400多名学生骨干参加的“舞动身心”工作坊。

（12）心理健康教育中心自身建设。

负责实施的“设备购置——心理健康教育中心建设”项目顺利验收结题。通过项目的实施，建设了团体辅导室、情绪宣泄与减压室，并将心理咨询室的硬软件设备升级更新。

（陈蕾）

【国防教育】认真贯彻落实上级文件精神，结合夏秋季征兵等具体工作，积极开展国防教育活动，取得了突出的成绩。2014年，学校武装部被评为海淀区征兵工作先进单位和海淀区先进武装部称号，被北京市教育委员会高校国防教育协会评为国防教育先进单位称号。

（1）学生军训。

因学校基础设施改造，2014级本科生9月军训推迟到2015年7月进行。

（2）征兵。

本年度，53名学生报名应征，21名学生光荣应征入伍（包括3名女生），圆满完成夏秋季征兵工作。

（3）国防教育协会。

积极参加由北京市教育委员会高校国防教育协会组织的北京高校国防教育研讨会、国防教育网络知识竞赛、北京高校定向越野系列比赛等活动。在国防教育协会主编的《携笔从戎强军梦》一书中，北京信息科技大学聂伟超、郭楠楠、赵玉伍等3名同学的文章发表。

（4）军事爱好者协会。

积极开展国防教育讲座、征兵宣传、军训动员等一系列活动。在广大学生中广泛宣传了军事和国防知识。做好入伍学生欢送工作和退伍学生服务工作。将退伍学生纳入军事爱好者协会统一管理。完成协会换届选举工作。

（5）拥军工作。

召开军转干部座谈会，搭建军转干部自我交流以及与学校交流的平台。召开入伍学生欢送会和退伍学生座谈会，开展入伍和退伍学生教育工作，帮助学生更快适应新的生活。

（马骏）

【学生事务管理】以提升服务意识和学生事务管理工作水平为重点，强化管理育人环节，逐步推进学生事务管理工作的规范化和精细化。

（1）学生平安保险。

共有2318人参加学生平安保险。全年学生理赔总数达1.66万元。

（2）校内奖学金评定。

1）3月，完成学校2010级学生的综合素质测评及奖学金评定工作。全校共有728人（次）荣获校内优秀学生奖学金，122人（次）获得竞赛单项奖学金，10人获得学术创新奖学金，总奖金额68万余元。

2）10月，学校进行奖学金改革之后的首次评定。我校2013—2014学年共有10名同学荣获校长奖学金，1503名同学荣获学习优秀奖学金，320名同学荣获科技创新奖学金，714名同学荣获社会贡献奖学金，119名同学荣获文体优秀奖学金。

（3）对违纪学生的处理、教育。

全校各类违纪学生94人，其中83人因考试违规受到相应处分。经过认真审查，按规定流程报主管校领导审批后，解除18名2014届毕业生在校期间所受处分。同时，认真分析学生违纪成因及学生违纪典型案例，编纂题为《知止》宣传教育材料，充分发挥学生违纪处理工作的教育警示作用。

（张良志　马骏　李伟彪）

【学生助学体系的建设与管理】注重从物质支撑和精神引导“两个层面”给学生成长提供有力支持。

（1）家庭经济困难学生认定。

依据《北京信息科技大学家庭经济困难学生认定工作实施办法》，共认定我校本科生家庭经济困难学生共有2117人，约占全校本科学生总人数的20%。

（2）国家助学贷款。

1）校园地国家助学贷款。2013—2014学年549名学生的校园地国家助学贷款通过银行审批，已发放金额达287.3万元。正在申请2014—2015学年校园地国家助学贷款学生397名，预计申请贷款金额209.2万元。在2014届本科毕业生中，共有212名同学获得了校园地助学贷款，其中78人在毕业前还清了贷款，20人办理了考研延长贴息，其余同学与银行签订了毕业后还款计划。还款签订率达到99%以上。

2）生源地信用助学贷款。完成了本年度423名学生生源地贷款学生网上审核、贷款到账情况核对工作。通过印发《国家开发银行生源地信用助学贷款还款指南》，向69名2014届贷款本科生宣传还款知识和要求。

（3）勤工助学。

共设勤工助学岗位560个，2546人次参加校内勤工助学活动，发放勤工助学劳务费102.7万余元。

（4）本科生资助项目管理。

根据北京市学生资助事务管理中心《关于做好2014年国家奖学金、励志奖学金和北京市国家助学金评审与材料填报工作的通知》（京教助〔2014〕16号）要求及《北京信息科技大学本科生国家奖学金管理办法》（校学发〔2013〕26号），经过严格的评审程序共有24名学生获得国家奖学金，331名学生获得国家励志奖学金，1577名学生获得国家助学金（其中一等631人，二等946人），总奖励资助金额达714.6万元；为1595名家庭经济困难学生发放临时伙补31.90万元；为1028名家庭经济困难学生发放三费补贴19.01万余元；为2014年在校在籍本科学生发放副食补贴683.7万元。

（5）校园爱心工程建设。

本年度，共为17名受突发性事件影响的家庭经济困难学生发放一次性困难补助3.30万元；为10名家庭遭遇重大变故的学生减免学费、住宿费9.10万元；为2名来自贫困地区的学生发放宋庆龄基金会拨付的资助款1万元。共有70名新疆籍少数民族学生享受专项补贴，补贴总额7万元。

（6）新生入学绿色通道。

随录取通知书向每位新生发放《高等学校学生资助政策简介》、《北京信息科技大学国家助学贷款简介》等宣传材料；开通资助咨询电话，做好政策解读工作，新生入学之前共接到各类资助咨询电话 180 余个。共有 282 名本科新生通过“绿色通道”入学，确保每位被录取的新生不会因为家庭经济困难而辍学。

（7）服义务兵役学生学费补偿贷款代偿。

面向 2013 年服义务兵役学生学费补偿贷款代偿资格审核合格的 34 名学生发放学费补偿贷款代偿款 42.61 万元。完成了 2014 年 25 名学生（14 名在校生、10 名应届毕业生、1 名往届毕业生）学费补偿贷款代偿的申报工作，申报金额 29.67 万元。

（8）诚信教育活动。

11 月，配合市资助中心开展“助学 筑梦 铸人”主题征文活动，共收集、整理并报送稿件 96 篇。在市资助中心开展的“国家资助 助我飞翔”励志成长成才典型宣传评选活动中，我校推选的光电学院张雄豹同学被评选为优秀学生，并作为代表在表彰大会上发言。

（李伟彪　万岚）

【学生工作队伍建设】以提高学生工作队伍能力和水平为目标，积极开展辅导员空间站活动，推荐辅导员参加各级各类培训，做好大学生思想政治教育系列教师职务聘任，强化辅导员考核激励工作，努力推动学生工作取得新发展。

（1）辅导员空间站建设。

辅导员空间站先后开展了辅导员工作交流、财务审计及课题经费使用专题培训、辅导员工作经验分享、“当前思想政治理论界关注的主要问题分析”专题报告等 5 次活动。

（2）学工队伍培训。

推荐 11 名学工干部参加了北京高校辅导员研修基地开展的深度辅导、学业辅导、民族、宗教、心理健康危机干预等专题培训，推荐 6 名学工干部参加北京市委教育工委组织的发展辅导与心理咨询专业化培训。

（3）教师职务聘任。

完成 2013 年度大学生思想政治教育系列教师职务聘任工作，2 人晋升为副高级，5 人晋升为中级；完成大学生思政教师 40 人的年度及聘期考核、新聘期聘任工作；启动 2014 年度教师职务晋升聘任，2 人申报副高级，8 人申报中级，稳步推进有关工作。

（4）辅导员、班主任年度考核。

开展了 2013—2014 学年辅导员、班主任考核工作，评选出优秀辅导员 7 名、良好辅导员 12 名，优秀班主任 67 名、良好班主任 98 名。在优秀辅导员评比中，组织了公开答辩会，并首次增加了专家考察环节。

（5）北京高校优秀德育工作者、德育工作先进集体和优秀辅导员推选。

5 人荣获北京高校优秀德育工作者荣誉称号，3 人荣获优秀辅导员荣誉称号，2 个集体荣获德育工作先进集体荣誉称号。

（6）团队化建设。

12 月，先后举办了学工系统联欢会和处级干部座谈会，交流工作、增进感情；进一步推进辅导员专业化团队建设，提升辅导员队伍专业化建设水平。

（7）思政教育课题。

7 月，学校组织开展了 2013 年度校内大学生思想政治教育课题的结题评审工作。经评审专家审议，共有 3 项重点课题，13 项一般课题，22 项支持，共计 38 项课题符合结题条件，准予结题。

（8）辅导员岗位补贴、班主任津贴发放。

2014 年全年发放辅导员岗位补贴 31.7

万元，发放班主任津贴78.89万元，学校优秀辅导员奖励1.44万元，2011—2012年北京高校优秀辅导员、十佳辅导员奖励1万元。

（张良志　陈红英）

【学生骨干管理技能提升计划】通过讲座、素质拓展、社会实践、团体心理辅导、心理测试、竞赛等形式，着力提升学生骨干的理论素养、团队协作及集体观念、实践能力、管理技能、心理健康水平等方面的综合素质。

（1）理论提升计划。

与安稳处合作，面向全校安全委员及宿舍安全员举办了两个场次的“治安防范和防火知识”方面的报告会。以学院为单位，开展了4个场次的讲座，内容分别为优秀学长经验交流会、职业生涯发展报告会、商务礼仪讲座、就业创业知识。

（2）素质拓展计划。

10月18、25日，全校本科学生党支部书记、低年级班长、2014年上半年新发展党员和2014级本科学生班级负责人共600余人参加了分别在校内、校外举办的素质拓展活动。活动共设置了室内团建、高空体验和智力（决策力）攻关三类11个项目。

（3）实践能力提升计划。

暑期，以“青春 梦想 责任”为主题，共计组建了13个团队，有20余名指导教师以及150余名学生骨干奔赴祖国各地，开展了学生骨干暑期社会实践活动。

（4）心理素质提升计划。

11月、12月，面向670余名学生骨干群体，分7个场次，以团队游戏、舞蹈动作、音乐绘画等形式，开展了“舞动身心”团体心理辅导活动。

（5）学生骨干管理技能提升计划。

1）12月6日、13日、27日，邀请了中国青年政治学院吴庆教授，分三个场次为学生骨干讲述了“学生骨干领导力培养和魅力提升”方面的内容。

2）面向学生党支部书记，2012、2013、2014级学生班长，通过学院老师和广大同学，无记名打分的形式，摸清学校学生骨干的基本能力素质状况。

3）由各学院选拔优秀的学生骨干组成学生骨干管理技能剧本大赛的撰写小组，以发生在学院学生当中的学生骨干问题解决案例为蓝本，自行编制剧本41个。

（陈红英）

【学生职业规划与发展助力计划】通过建立职业规划与发展知识普及平台、职业规划与发展个人测试平台、职业技能提升平台，帮助学生进行职业生涯决策，提升就业竞争力。

（1）辅导员职业规划技能系列培训。

开展3场辅导员职业规划技能系列培训，分别为职业规划测评软件认证培训（CAT）、高校职业规划教学认证培训（TTT）、团体辅导GCT认证培训（GCT）。

（2）学生职业规划与发展助力计划系列讲座。

开展11场学生职业规划与发展助力计划系列讲座。分别邀请到企业CEO、产品经理、人力资源管理专家等为同学们讲解行业发展动态和前沿问题，帮助同学们在大学期间就做好走向社会的准备。

（3）“信息科大·黑苹果启动职业成长计划”。

与上海零点青年公益创业发展中心合作“信息科大·黑苹果 启动职业成长计划”，活动惠及百余名学生。

（4）专业类职业资格认证培训资助。

通信学院共有6名学生通过中兴LTE

助理工程师认证，并获得专项资助。

（张晓莹）

【家庭经济困难学生综合能力提升计划】家庭经济困难学生综合能力提升计划旨在探索更具科学性和实效性的家庭经济困难学生资助模式，在满足他们基本经济需求的基础上，关注他们的成长发展，提升自身综合能力。

（1）先后聘请姚裕群、刘翔平等校外专家为我校 500 名家庭经济困难学生举办了专业学术报告、前沿科技学术报告及科技文化讲座 10 余场。

（2）暑假期间，遴选组织 24 名家庭经济困难学生赴内蒙古乌兰察布市进行社会实践。

（李伟彪）

【获集体奖励与表彰】

（1）教职工获奖奖励与表彰。

1）2013—2014 年度北京高校优秀德育工作者、优秀辅导员、德育工作先进集体。毛江一、黄小龙、刘云风、张月霞、王海龙荣获北京高校优秀德育工作者荣誉称号，赵洁、赵勇、马众荣获优秀辅导员荣誉称号，学生工作部、经济管理学院荣获德育工作先进集体荣誉称号。

（2）学生获奖奖励与表彰。

1）北京高校红色“1+1”示范评选活动。人文社科党总支行政管理专业第二学生党支部获得二等奖，自动化学院党总支第一、第二学生党支部、行政学工、教工党支部获得三等奖，计算机学院党总支计算机科学与技术党支部等 8 个学生党支部获得优秀奖。

2）北京高校优秀学生基层组织创建展示。自动化学院自控 1205 班荣获“示范班集体”荣誉称号，经管学院财务 1103 班、理学院统计 1301 班、机电学院能源 1201 班、通信学院电信 1201 班、光电学院学五公寓 1214 宿舍、经管学院学三公寓 527 宿舍、信管学院学三公寓 1402 宿舍荣获“优秀基层组织”荣誉称号。

（陈红英　张良志）

安全稳定工作

【概况】安全稳定工作处（党委安全稳定工作部）是在学校党委、行政的领导下，依据国家有关法律法规和学校规章制度，维护学校政治稳定、治安安定及安全生产秩序，确保师生员工的生命财产及合法权益不受侵害，并为广大师生员工的教学、科研、生活、学习提供安全服务的职能部门。

安稳处（部）工作机构及队伍。安稳处（部）为正处级建制，全员编制 16 名（含处级干部 1 正 2 副）。现有保卫干部 15 名，其中处长 1 人、副处长 2 人；非在编 1 名；保安队员 85 人，全部来自北京市保安服务总公司文安分公司；由勤工俭学学生组成的大学生治安服务队员 37 人；学生班级设立的安全委员、公寓宿舍安全员共计 1930 人；消防安全重点部位管理责任人 158 人；由安稳处和后勤集团共同组建的保洁员兼职安全员队伍 52 人；由安稳处和校工会共同组建的“平安校园”教职工兼职安全员队伍 62 人。

安稳工作规章制度。严格执行学校关于安全稳定工作的规章制度，制定了《北京信息科技大学安稳处停车收费管理办法（试行）》、《北京信息科技大学安稳处处务会制度》、《北京信息科技大学安稳处安保工作先进集体（个人）评选表彰办法》等制度，下发了《2014年学校安全稳定工作要点》。严格执行学校单位组织外出集体活动审批制度，全年审批备案20人以上集体外出活动61批次。理顺了安稳处内部管理制度和工作规程，落实各校区安全信息工作月通报制度、安全检查工作常规化制度。

保卫工作设施。消防设施设备：消防水泵17台，室外消防井33处，消防接合器18处，灭火器3850具，墙壁消防栓、水龙带404套，喷淋泵8台、喷淋头747个，正压风机8台、正压风口36处，卷帘门36个，排烟机1台、排烟口36处，消防电梯4部。交通设施：电动道闸6套、保安岗亭7个，减速带26处，限速标志7块，禁停标志11块，黄网格9处，隔离栏11处，导向牌3块，禁鸣标志6块，自行车棚17处，停车位382个。技术防范设施：消防监控报警主机7台，电子感烟探头3361只，电子感温探头128只，消防手动报警按钮327只。防入侵报警系统7套，防盗报警探头637只。电子巡更系统3套共44个点位。监控室5个，监控电脑15台、监控电视33台、视频监控探头744部。涵盖实验楼、教学楼、办公楼、图书馆、学生公寓、食堂、外国专家公寓、留学生公寓等部位。

（杜平　魏元燃　胡滔）

【巩固和深化“平安校园”创建成果】

2014年，学校通过“平安校园”验收，并被评为“平安校园示范校”。

研究制定深化方案。针对入校达标检查工作组反馈的整改建议，认真对照“平安校园”创建工作机制和任务标准，及时梳理相关问题，研究制定深化措施。

管好用专项引导资金。围绕“夯实工作基础，深化创建成效”指导原则，制订了“平安校园”创建专项引导资金100万元的使用方案和工作措施。

开展安全管理长效化研究。抓好市委教育工委、市教委《首都高校“平安校园”建设长效机制研究》二期课题研究。

4月28日，组织学校“平安校园”创建总结表彰暨2014年安全稳定工作部署会。大会总结了“平安校园”创建工作经验，表彰了在创建和安全稳定工作中表现突出的一线师生员工，明确了2014年度深化“平安校园”建设成果的目标任务、工作标准和保障措施，签订了网格化安全管理责任书。

（杜平　魏元燃　胡滔）

【校园安全稳定工作】

情报信息搜集研判工作。加强情报信息几支队伍的组织建设、教育培训和指导工作，发挥“平安校园”志愿者和特约信息员、校园网络管理员等工作队伍的作用，对涉及师生思想动态、校园网络舆情、涉校矛盾纠纷和涉及国家安全、国际国内热点等问题，坚持定期搜集研判。全年共组织召开9次维稳信息搜集研判会商工作例会。

敏感节点维稳工作。针对重大活动、敏感热点问题，适时开展维稳形势会商研判，制定应对预案。落实上级关于各敏感期维稳的工作部署，做好突出矛盾纠纷事前化解稳控工作和安全隐患的整治消除工作。

校园反恐工作。针对国内出现的几起恐怖事件，健全学校反恐组织机构，明确工作职责和工作内容。依据学校各校区各场所的具体情况，将可能发生恐怖袭击的地域和部位进行等级划分，建立分级台账，制订工作预案。对学校现有安保力量进行整合，优化配置各种专兼职力量，成立应急分队。投资8万元余元，为各个应急分队配置了安保防控现场处置影像记录仪、通信对讲机、强光手电、防刺手套等应急基础物资装备，定期开展应急演练。

应急能力建设。加强应急预警体系建设，鼓励学生积极参与校园安全管理，及时补充了2014级新生班级安全委员和宿舍安全员，并定期开展培训活动。针对学校面临的安全形势，针对性地完善各项应急预案，定期组织演练，增强预案操作性。加强对校园各部位防控及校园网络信息监控工作，确保信息上传下达及时有效。实行平时保卫干部、保安员24小时值班制度，重大活动或敏感期实行安稳处领导带班、保卫干部双值班制度。每月公布安稳处值班表，延长保卫干部在校值班时间。

“平安校园”管理服务中心建设。配齐配强值班人员，定期组织业务考核。发挥“平安校园”管理服务中心“六位一体”综合防控、应急处置和热线服务功能。全年共接警201件，妥善处理187件。

5月22日，组织机关党委、各党总支、直属党支部书记、维稳会商工作例会全体成员、各校区办主任、学工系统、应急分队及相关人员参加了维护校园安全稳定工作部署会暨校园反恐防范工作培训会。邀请北京警察学院冯锁柱教授就维护校园安全稳定工作做了专题培训。

12月11日、12日、17日，分别组织了小营校区、清河校区、健翔桥校区、东部校区（酒仙桥）部分2014级新生学生公寓消防紧急疏散演练。

（杜平　魏元燃　胡滔）

【校园安全管理】

校园安全问题整治。结合暑假期间各校区施工点多的特点，对临时施工人员、进出车辆进行备案管理，对施工动用明火严格按照消防管理规定办理许可证，全年共办理消防许可证20张。按照上级国庆、APEC期间的安全稳定工作要求，制定了学校的工作方案和落实措施，在全校开展了安全隐患排查和治理工作，对突出矛盾和问题进行了集中整改。

校园治安管理。针对学校发生的酒后滋事、偷盗、打架、传销、诈骗等几起案件，妥善进行处理，及时跟进善后，积极做好举一反三、防微杜渐、警示教育工作。全年共驱逐制止非法传教活动共5起20人次，协助抓获违法嫌疑人3人，接警244人次。全年收到上交物品931件，归还失主813件。

环境综合治理。对校园内违规办班、非法传教、游商游贩、制假售假、非法小广告、进入教学办公区和学生宿舍区推销等严重影响校园秩序和环境的问题进行综合治理。配合属地政府和有关部门，做好校园周边环境秩序的综合治理工作。

大型活动安保工作。在学校承办华北五省大学生机器人大赛、中国仪器仪表青年专家论坛，以及“迎新”、英语四六级考试、校园招聘等大型活动期间，制定安保方案，召开工作部署会，落实工作责任和保障措施。全年大型勤务活动共出动安保力量550人次。

安防基础设施建设。投资1万余元，对小营校区东门、小营校区（南区）东门进行了更新；规范和优化了校内道路布局，协调海安公司，对校园交通设施进行了改造，及时对已损坏的隔离柱进行更换和维修。维修了小营、清河校区消防井7口，改造了金台路校区消防井3口，更换了全校灭火器3850具。

5月29日，配合西三旗街道综合防治工作组对小营校区东门外不合规经营餐馆进行了清理。

7月初至12月底，在学校交通管理系统启用后，全年共办理教职员工及与教学、生活有关车辆的新车证1522张。

10月7日，配合西三旗城管对小营、清河校区周边非法经营商户进行了整顿。

10月7日新生报道当天，协调属地城管部门对小营、清河、健翔桥校区周边游商游贩、制假售假、进入教学办公区和学生宿舍区推销等影响校园秩序和环境的问题进行了清理。

10月，针对安全大检查中排查出的女生公寓安全隐患问题，及时协调后勤管理处对存有隐患的窗户、围墙进行了加固和封闭，对存在的监控盲区加装了监控探头。同时，对清河、健翔桥校区存在同样的安全隐患进行了整改。

11月10日，按照《北京市教育委员会关于做好2014年冬季校园安全工作的通知》（京教函〔2014〕525号）通知精神，制定下发了《北京信息科技大学关于深入做好2014年冬季校园安全工作》通知，明确防范重点、工作要求和保障措施。

11月下旬，联合后勤管理处对学五地下室配电柜电缆沟进行了改造，解决了电缆浸水存在的安全隐患；对小营校区（南区）教学楼厕所进行了改造和更换，排除了安全隐患。

（杜平　魏元燃　胡滔）

【深化科技创安工作】

信息资源整合。运用现代网络信息技术手段，对校内“人、地、事、物、组织、网络”等防控对象和防控队伍、防控预案、防控措施、应急处置等进行信息化管理。投资20余万元，开发了“北京信息科技大学安稳管理系统”，实现了涉及学校安稳基础数据的收集、分析与处理。投资38万余元，完成了小营、健翔桥和清河三个校区校园交通智能管理系统建设，实行社会机动车辆进校停车收取占用资源费的管理措施。投资2.6万元，把小营校区（南校区）的监控并入学校安防系统。

系统维修改造。投资5.5万元，对气膜馆和大学生活动中心进行了监控改造，增大了监控的覆盖面。投资3万余元，对金台路校区监控存储进行了升级扩容。投资6万余元，对各校区的监控设备进行了维修。投资5万余元，对小营校区、健翔桥校区、清河校区的学生公寓消防设施进行了维修改造。

（杜平　魏元燃　胡滔）

【安全防范宣传教育】

安全教育。把安全教育纳入学生形势政策课，采取开设安全网站、开展“一生平安”主题班会教育等办法，加强安全工作的预防教育。运用校园网、《平安校园报》、横幅标语、宣传栏、大屏幕、显示屏等载体，大力宣传安全知识。抓好新生入学教育期间的安全防范专题教育，结合学校开学晚的实际，分期分批对2014级新生进行安全教育，安排保卫干部轮流上课，为每名新生发放一本《大学生安全手册》（第4版）。

12月3日，组织了2014年班级安全委员、宿舍安全员培训。

法制教育。开展“六五”普法教育，引导学生牢固树立社会主义法治观念和法制意识，预防和减少违法犯罪。定期开展多种形式的法制宣传教育活动。先后组织了多场次的外请消防干警、治安警察或保卫干部授课，受教育人员涵盖了教职工、大学生、留学生、后勤管理处外聘临时工以及临时在校内施工的工地人员等约8000人次。制作预防电信诈骗、关注消防安全宣传横幅共24条，印刷发放防诈骗提示卡片3000余张。

消防教育。定期开展消防安全知识的宣传教育，多场次多场合组织教职工兼职保卫干部、保洁员兼职安全员、大学生“志愿者”服务队等开展消防培训。根据冬季预防煤气中毒、春节期间燃放烟花爆竹等不同阶段的特点，印制了1000份安全宣传材料，发放到家属楼、临时工宿舍和学生宿舍进行宣传。新生报到期间以及“11·9”消防宣传日，分别组织了消防教育。

交通安全教育。在“3·15”学雷锋活动、交通安全宣传日、世界交通事故纪念日等重要时间，采取制作宣传展板，张贴交通宣传画，利用大屏幕播放交通事故警示视频，利用校区电子屏滚动播放交通宣传标语，组织专题交通讲座，组织学生到校园周边路段协勤等形式，普及交通安全知识，倡导文明出行。在重大活动期间，通过在车辆明显位置放置温馨提示卡、在校内张贴宣传标语、在学校办公系统上发布出行预告等方式，实施不间断的宣传教育。

（杜平　魏元燃　胡滔）

【集体户口管理】2014年，按照学校和公安机关的相关规定和要求，共为在校师生在户籍方面办理各类动迁手续或证明2380人次。

（杜平　魏元燃　胡滔）

【2014年所获奖励】

北京市“2014年度国家安全人民防线建设工作先进集体”

北京市海淀区高校“2014年度交通安全先进单位”

北京市“优秀党务工作者”：韩俊彦

北京市“2014年度国家安全人民防线建设工作先进个人”：魏元燃

北京市“2014年度海淀区高校系统交通安全先进个人”：赵双树

北京市“2014年度国家安全人民防线建设工作先进集体”

北京市海淀区高校“2014年度交通安全先进单位”

离退休工作

【概况】

离退休工作办公室现有工作人员7名。全校现有离退休职工1055人，其中离休干部57人（含代管离休干部1人）、退休干部737人，分别在海淀区和朝阳区的5个校区（清河小营、清河、健翔桥、金台路和酒仙桥校区）。离退休党总支设有19个党支部，党员565名。

2014年11月，校党委常委会议决定，离退休工作办公室更名为离退休工作处，贺芳任处长，周连跃任副处长，下设办公室、离退休教职工活动室，挂靠单位有关工委秘书处。

2014年，在学校党委和行政领导下，以邓小平理论、“三个代表”重要思想、科学发展观为指导，深入学习贯彻党的十八大、十八届三中、四中全会和习总书记系列讲话精神，紧紧围绕学校中心工作，稳中求进。继续全面落实好老干部“两项待遇”，抓好“两项建设”。从“政治上尊重老干部，思想上关心老干部，生活上照顾老干部”，充分发挥离退休干部在学校改革发展和构建和谐校园建设中的作用，努力为广大离退休人员办实事，做好事，促进和谐校园建设。

（祁长青）

【离退休干部管理服务工作】

（1）老干部新年团拜会暨学校情况通报会。1月10日上午，学校在小营校区报告厅召开了老干部新年团拜会暨学校情况通报会，学校离休干部、退休局级干部、校关工委副主任、离退休党支部书记、委员以及相关职能部门、校区主要负责同志约110人参加了会议。校党委副书记刘筱毅主持了会议。学校党委书记郑君礼、校长柳贡慧向与会老同志通报情况。

校领导在讲话中感谢各位老领导、老干部对学校工作的贡献，指出学校的发展离不开老同志的理解、参与和支持。在新春佳节来临之际，他们给学校的全体离退休老同志拜个早年：祝大家节日快乐、身体健康、阖家幸福。校领导的真诚祝福赢得了会场阵阵掌声。

（2）召开老干部工作领导小组会议。3月26日，学校老干部工作领导小组会议在小营校区第一会议室召开。学校老干部工作领导小组组长、校长柳贡慧，老干部工作领导小组副组长、校党委副书记刘筱毅以及老干部工作领导小组的全体成员参加了会议。学校老干部工作领导小组组长、校党委书记郑君礼主持会议。

与会同志认真讨论和研究了学校的离退休工作，提出2014年离退休工作的总体要求是：以邓小平理论、“三个代表”重要思想、科学发展观为指导，深入学习贯彻党的十八大精神，在校党委的领导下，紧紧围绕学校中心工作，稳中求进。继续全面落实好老干部“两项待遇”，抓好“两项建设”，积极开展适合老同志特点的各项有益活动，使老有所学，老有所为，老有所乐落到实处。不断提高离退休工作的科学化水平。

会议审议通过了《2014年学校离退休工作计划》。

（3）特困基金小组会议。6月10日和12月10日，学校离退休特困基金工作小组会议分两次在清河小营校区老干部活动室召开，专题研究离退休老同志困难补助问题，各校区离退休工作人员和离退休老同志代表共计13人参加会议。会议分别由离退休工作办公室主任孙福友和离退休工作处处长贺芳主持。按照《学校离退休职工特困补助实施办法》，各校区离退休工作人员分别汇报本校区老同志申请困难补助的情况。会议在综合分析老同志困难情况的基础上，对全校111名离退休老同志给予不同额度的困难补助。全年特困补助金额共计8万元。

（4）春节、“七一”和国庆节前夕，校党委书记郑君礼，校长柳贡慧，副书记杨军、刘筱毅，纪委书记冯晓春，副校长冯喜春、韩秋实等校领导在相关职能部门负责人陪同下，分别带队走访慰问学校部分离退休老干部、老领导和老党员。学校的关心和照顾使老干部、老党员十分感动，他们衷心感谢学校领导的关心、感谢党的关怀。学校全年走访慰问离退休老干部、老党员和生病住院的离退休老同志共计166名。

（祁长青）

【关心下一代工作委员会工作】

（1）4月30日，学校在清河小营校区第四会议室召开关工委工作会议。校党委副书记、校关工委常务副主任刘筱毅出席，校关工委副主任、副主任单位负责人，校关工委委员等30余人参加，校关工委主任甘圣予主持会议。校关工委常务副主任孙毓仁传达北京市教育系统关工委有关会议精神，向与会人员介绍关工委组织的工作方针、任务等情况。校关工委秘书长孙福友总结学校2013年关工委的工作，提出《学校2014年关工委工作要点》。刘筱毅从三个方面对关工委提出了要求：一是要高度重视关工委工作，这是事关培养合格建设者和可靠接班人的大事；二是要结合新形势的要求，结合学生的特点开展工作；三是要做好关工委工作规划，完善和形成具体的形之有效的工作机制，进一步推进学校关心下一代工作。会议通过了《2014年学校关工委工作要点》。

（2）离退休老教师与研究生携手老少共进活动。11月5日下午，经管学院携手关工委在清河校区二教会议室联合举办了“老少共进—离退休老教师、老干部与研究生谈心”座谈会，退休干部孙毓仁和刘景怀老师与在座研究生分享了自己的工作、人生经历，并叮嘱年轻人要趁年轻时代多学习，扎实做事，稳重做人，将自己的理想和国家的未来结合在一起，为国家的发展进步做出贡献。座谈会结束后2位老同志还与个别学生进行了单独座谈，进一步为学生解疑释惑。

（祁长青）

【老干部活动】

（1）召开庆祝“三八”节茶话会。为庆祝“三八”国际劳动妇女节，3月7日，离退办在各校区分别组织庆“三八”妇女节茶话会，60多位离退休女职工参加。茶话会上，老同志们纷纷发言，从每个人的自身谈感受，从身边人、身边事谈心得，畅谈作为女同志如何处理家庭与工作的关系，离退休女同胞们过了一个健康、和谐、快乐、温馨、难忘而有意义的节日。

（2）离退休老同志参加学校运动会。4月24日，离退办组织离退休老同志参加学校运动会，本着“我运动，我健康，我快乐”的宗旨，共有276名离退休老同志参加。运动会设立保龄球、飞镖、投篮、套圈、投沙包5个趣味比赛项目。

（3）春季参观活动。5月7—9日，离退办分别组织五个校区548名离退休老同志到密云县古北水镇（山水城结合的千年历史古镇）参加春季参观活动。

（4）5月13—16日，离退办组织离退休人员参加学校组织的体检活动。

（5）离退休干部“开心聊天”活动八周年座谈会。6月26日上午，学校在健翔桥校区图书馆会议室举办了离退休干部“开心聊天”八周年总结会议。学校党委书记郑君礼、副书记刘筱毅、纪委书记冯晓春以及35名老同志出席了聊天会。离退休办公室主任孙福友和唐树艺老师分别主持了聊天会。2014年是学校离退休干部举办“开心聊天”活动八周年，唐树艺对“开心聊天”活动进行了总结。学校表彰了在“开心聊天”活动中做出突出奉献的唐树艺、曹宪章、赵文正3位老领导和老教师，郑君礼为他们颁发了纪念品。

（6）党员献爱心和教职工爱心扶助金捐款活动。为构建和谐校园，弘扬中华民族济贫扶危、救急解难的传统美德，“七一”前夕，离退休老同志积极参与学校组织开展的“党员献爱心”和“教职工爱心扶助金”捐款活动，截至6月30日，离退休职工共捐款10430元，体现了老同志团结友爱、互帮互助、奉献爱心的精神。

（7）教工休养院休养活动。7月1—5日，离退办组织100名离退休老同志分两批到北京市教工休养院参加健康休养活动。

（8）秋季参观活动。9月23—26日，离退办分别组织五个校区523名离退休老同志到中国人民抗日战争纪念馆、宛平城和卢沟桥参观活动。

（9）重阳节健步走活动。11月5日，

离退处组织10名离退休老同志参加北京市老教育工作者协会组织的2014年“九九”重阳节健步走活动。

（10）贺金婚活动。12月下旬，离退办对达到金婚的15对离退休老同志表示祝贺，颁发贺信并送去慰问品，以此表达学校对离退休老同志夫妻幸福生活的祝福，老同志收到贺信和慰问品后非常感激，对学校的关怀表示衷心感谢。

（祁长青）

【党建工作】

（1）1月16—17日，祁长青参加在北京市教工休养院举办的北京高校离休干部数据年终统计工作培训会。

（2）2月28日，离退休党总支召开扩大会议，党总支委员、支部书记、各校区老干部工作人员，共计30余人参加了会议。离退休党总支书记孙福友主持会议。会议传达了市老干部会议精神，传达学校2014年工作要点，部署2014年离退休工作任务。

（3）4月15—17日，学校离退休党支部书记、委员刘振霞、张秀金、史观望、田殿云、钟国康、谭鸿儒、陈大稳、甄同树、王金枝、吴景荣参加在顺义顺鑫绿色度假村举办的北京高校（第一期）离退休干部党支部书记培训班。

（4）5月27—29日，学校退休党支部书记、委员关桂元、尚德培、王国华、赵鸿庆、杜振祁、曹珺、钱萍、张清参加了在怀柔区红螺寺老干部党校举办的（第十期）离退休党支部书记培训班。

（5）6月4—6日，周连跃参加在北京市教工休养院举办的北京高校离退休工作办刊培训班。

（6）离退休党员春季参观活动。6月17—18日，离退休党总支组织308名离退休党员分两批到丰台区八一影视基地和北京汽车博物馆参观学习。

（7）举办党支部书记、委员培训班。6月24日上午，离退休党总支在学校国际交流会议室举办离退休党支部书记、支部委员教育培训班。离退休党总支委员、党支部书记、支部委员、关工委和老教协部分成员等共计70余人参加培训班，离退休党总支书记孙福友主持会议。

（8）7月9—11日，祁长青参加在北京稻香湖景酒店举办的北京高校离退休干部工作人员培训班，并在会上做“如何做好老干部工作”的主题发言。

（9）7月14—18日，孙福友参加在清华大学举办的北京高校离退休干部工作人才队伍建设专题研讨班。

（10）离退休党员秋季参观活动。10月21—22日，离退休党总支组织296名离退休党员分两次参观北京市规划馆和世界花卉大观园。

（11）11月24—26日，退休党支部书记王国华、孟庆洲参加在北京市教工休养院举办的北京高校离退休干部党支部书记培训班。

（12）12月3—5日，退休党支部书记刘景怀、肖玉华、曹珺、赵鸿庆、刘振霞、张秀金参加在顺义顺鑫绿色度假村举办的北京高校离退休干部党支部书记培训班。

（祁长青）

【获奖情况】

（1）12月，学校离休干部唐树艺同志荣获“北京市离退休干部先进个人”荣誉称号。

（2）12月25日，在健翔桥校区老干部“开心聊天”活动现场，吴景荣同志荣获“北京市2014年度万名孝星”荣誉称号。

（3）4月28日，祁长青同志荣获学校创建“平安校园”工作先进个人。

（祁长青）

工会教代会工作

【概况】校工会是学校党政联系广大教职工之间的桥梁纽带，是教职工利益的代表者和维护者。工会具有维护、建设、参与、教育四项基本职能。其中维护教职工的合法权益是工会的基本职责。校工会现有主席（兼）1人，常务副主席1人，副主席1人，兼职副主席2人，工会干部2人；现有部门工会17个，部门工会主席17人。

校工会是教代会的工作机构，负责教代会的日常工作。主要承担着教职工代表大会的各项会议筹备、会务工作，负责做好教职工代表大会日常工作，指导二级教代会工作，以及做好教职工代表大会各专门工作委员会的协调工作。

2014年，在北京市教育工会和学校党委的领导下，在校行政的大力支持和广大教职工的积极参与下，学校教代会和工会坚持以中国特色社会主义理论为指导，深入学习贯彻党的十八届三中全会和中国工会十六大精神，围绕学校中心工作，服务学校改革发展稳定大局，积极履行工会四项职能，在推进学校民主管理、加强师德建设、维护教职工合法权益、促进教职工身心健康、丰富教职工文化生活、促进学校和谐稳定等方面发挥了重要作用，为学校改革建设发展做出了积极贡献。

（卢玲军　王红琦）

【“双代会”工作】召开第一届教职工代表大会第八次会议暨第一届工会会员代表大会第七次会议。4月2日，学校召开第一届教职工代表大会第八次会议暨第一届工会会员代表大会第七次会议。120余名代表参加了会议，非正式代表的处级建制单位的主要负责人，全国政协委员、区人大代表和民主党派基层组织负责人应邀列席了会议。代表们听取校长工作报告、学校财务工作报告、提案工作报告、工会经费审查报告和教代会工会工作报告。

（卢玲军　王红琦）

【工会工作】

（1）开展师德标兵和“三育人”先进集体和个人的评选表彰活动。在6月组织开展了学校“三育人”等先进典型的评选活动，并于11月5日举行2014年度“三育人”先进颁奖典礼，表彰了5名师德标兵、8个“三育人”先进集体、62名“三育人”先进个人。学校王雪雁、张奇志2名教师获得“北京市师德先进个人”称号。

（2）开展青年教师社会实践活动。9月20日至24日，开展了以“争做‘四有’好老师 践行社会主义核心价值观”为主题的青年教师社会实践活动，组织23名青年教师先后赴陕西西安地区红色教育基地——渭华起义纪念馆接受红色教育、赴西安理工大学和西安交通大学交流学习、赴西安蓝田县小寨镇下岱峪小学参观考察。10月18日，组织2013年、2014年青年教师社会实践人员以及各部门2014年新入职教师代表，赴延庆参观平北抗日战争纪念馆，开展了以“坚定信念，立德树人”为主题的联谊活动。

（3）开展面向女职工群体的特色活动。“三八”妇女节期间，组织女教职工开展了包饺子比赛、“快乐健身 幸福人生”趣味体育项目体验活动、“养颜调神”知识讲座、《女职工劳动保护特别规定》有奖知识答题、观看电影《北京爱情故事》等。5月12日，举办了“5·12国际护士节”慰问座谈会；5月21日，举办了“畅言亲子关系”专题讲座。

（4）组织教职工开展有益的文体活动。3月，集中为902名教职工办理了北京“文惠卡”。4月，组织教职工学练健美操，并在4月22日的校田径运动会开幕式进行了表演；6月18日，邀请中国新闻摄影协会会员李金泉老师来校举办“数码摄影基础与技巧”讲座，并举办了摄影展；9月10日，在庆祝第30个教师节之际，组织“从教三十年”教职工代表观看大型视听实景秀演出《鸟巢·吸引》；9月26日，组织680多名教职工开展北京奥林匹克森林公园健步走活动。11月，组织参加北京市首届“协会杯”扑克“双升”联赛，我校代表队从北京高校22支代表队中脱颖而出，闯进北京市16强。12月6日，组织参加2014年“海淀驾校杯”学院路高校羽毛球团体赛。12月24日，举办了迎新年教职工扑克牌（双升）团体比赛。

（5）做好教职工体检和休养工作。5月和11月，先后协同后勤管理处组织教职工参加体检。6月、8月，先后分四批组织100多名教职工赴北京平谷教工休养院休养。10月19—23日，组织部分暑期和国庆期间加班、值班累计超过2周以上的教职工和2014年度从事教育工作满30年的教职工共60多人到北京平谷教工休养院休养。

（6）做好送温暖和慰问活动。校领导及工会同志走访和慰问劳模、优秀教师、校医护人员、从教30年的教职工。继续开展“生日送祝福”活动，为1500多名教职工（包括非事业编制职工）送上“蛋糕卡”和生日祝福。继续为教职工联系购买优质大米、烟台苹果、赣南脐橙、办理公园年票等，方便教职工日常生活。

（卢玲军　王红琦）

【工会自身建设】

（1）召开工会干部培训会。5月18至20日，学校工会召开工会干部培训会，组织学习《习近平在同全国劳动模范代表座谈时的讲话》、《中国工会十六大精神学习提纲》、《中共北京市委关于进一步做好工会工作的意见》等。作为北京市工会十三大代表，工会常务副主席卢玲军在会上结合参会的体会，带领参会人员对北京市工会十三大精神进行了学习。同时，还邀请中国农业大学工会常务副主席张士杰做了题为《推进教职工之家建设 促进学校科学发展》的报告，从建家工作的新要求、意义、特色（三级建家）、方法、重点、成果、体会等7个方面介绍了关于如何开展教职工之家建设的经验。

（2）做好工会理论调研工作。5月23日，校工会参加了在清华大学召开的中国高校工会第十七次宣传思想工作会，提交的论文《履行高校工会基本职能 促进青年教师实现体面劳动》被论文集收录。6月，校工会围绕教代会工会工作和教职工关心的热点问题，面向全校教职工开展了2014年理论与调查研究工作，立项15个研究课题，并于12月奖励结题人员。

（3）做好工会经审工作。根据教育工会要求，完成了北京信息科技大学2013年度工会经费审查审计自查报告，并根据自查情况进行工作整改，修订完善《北京信息科技大学工会固定资产管理实施办法》和《北京信息科技大学工会财务管理办法》。

（卢玲军　王红琦）

【获奖情况】2014年度，学校工会获得北京市教育工会2013年度财务工作规范化建设考核先进单位、北京市教育工会2013年度经审工作规范化建设考核优秀单位和北京市教育工会2013年度财务竞赛先进单位。

（王红琦）

【2014年从事教育工作满30年人员】（92名）

于　洋	王吉山	王兴叶	王忠琴
王　欣	王科社	王铁峰	王雪雁
王慧丽	平永团	卢　静	田文生
田文杰	田立柱	田杨萌	师　美
任顺和	庄　军	刘为中	刘均梅
刘京玲	刘　滨	江　珊	许小越
孙　伟	孙会芝	孙建民	牟永敏
苏　萍	李世君	李东雁	李侃卓
杨大利	杨庆东	杨　军	邱绪君
何少军	应红燕	宋　平	宋利强
张志凤	张京生	张贵英	张　莉
陈文祥	陈建伟	陈　玲	陈　莲
陈　犁	林小茶	林乐荣	郁海燕
欧阳波	周京华	周继革	郑　军
郑青玉	赵立胜	赵　萍	胡东风
胡延平	胡燕萍	战　岩	保月明
姜玉勇	娄静平	姚小敏	姚志海
贾红霞	贾艳萍	贾　梅	钱利明
徐茂林	徐雅斌	栾忠权	高　平
高宏山	高炳学	唐梅香	悦　再
符丽芬	盘湘龙	脱建春	阎建国
盖雨聆	梁冬梅	彭永云	韩进田
韩秋实	谢瑞峰	甄岳来	魏宁萍

（王红琦）

共青团工作

【概况】北京信息科技大学各级团组织是学校先进青年的群众性组织，也是学校党委的助手和后备军，担负着服务学校发展建设、服务同学成长成才的工作任务。校团委下设办公室、组织部、宣传部、学习实践部、学术科技部、文化艺术部6个部门。校团委负责指导学生会、研究生会、社团联合会、志愿者联合会、学术科技联合会、红十字会学生分会。校团委现有书记1人，副书记2人，艺术教育中心教师3人，其中艺术教育中心主任由1名副书记兼任。

2014年，北京信息科技大学共青团工作在学校党委和上级团组织的正确领导下，在广大团员青年的积极参与和共同努力下，紧密围绕首都改革发展稳定的大局和学校育人中心工作，坚持“服务同学成长成才，服务学校建设发展”的工作方向，加强团的思想教育功能，加强团的基层组织建设，建设以第二课堂为主体的大学生素质教育体系，为全校团员青年的全面发展，做出了积极的贡献。

校团委充分发挥青年工作与时俱进、善于创新的特点，以“四进四信”主题教育、社会工作岗位锻炼和社会实践为重点带动全局工作，形成了重点突出、全局并进的良好工作局面，在全校同学的就业引导、全面素质发展和思想政治教育等方面发挥了重要的作用。在此过程中，全校共青团工作格局也日渐清晰，初步形成了以主题教育为特色的思想工作平台，以社会工作岗位锻炼为重点的组织建设平台，以社会实践和志愿服务为主体的课外实践教育平台，以“挑战杯”为龙头的课外科技创新创业平台，和以素质拓展计划为主线的素质拓展平台，为构建学生第二课堂培养和教育体系提供了有力的保障和坚实的基础。

（贾斌）

【宣传思想政治教育】

（1）加强团属宣传阵地建设。充分发挥团报、团刊、新闻网等大众传媒和各类团属网站的作用，拓展和完善教育引导青年学生的传媒资源，借助校内外各类传媒组织，及时充分地宣传和展示团的工作，扩大团的影响。加强共青团工作信息化建设，重视和运用信息网络技术，深入推进基层团支部的网络社区建设，以校园网和团委网站为依托，充分利用各种校园媒体特别是微博、微信等新媒体，加强学校、院系、班级三级团组织的网络体系建设，扩大思想政治工作的覆盖面，拓展学生的思想政治教育空间。

（2）探索运用新媒体工作。开通团委微信平台“勤信青年”，带动各个校级组织、各个学院团组织建立相关微信平台，探索运用新媒体开展青年学生思想引领的方式方法，推动学校团组织实现网络化转型。

（3）配合团中央、团市委做好网络宣传工作。根据团中央组建大学生信息员和网络志愿者的指示，成立本校信息员和网络志愿者队伍，队伍成员覆盖各个学院、学生组织。信息员和网络志愿者积极转发、评论团中央、团市委微博，传递正能量。

（贾斌）

【组织建设】

（1）通过开展系列活动打造活力团支部，提升团支部凝聚力和战斗力。5月份在全校范围内开展以“汇聚青春力量，共筑中国梦想”为主题的团日活动公开赛，全校286个本科生团支部参与活动，通过组织有关评选和观摩活动提升了各团支部的参与积极性，有效加强了团支部凝聚力和向心力，是加强团支部建设的重要措施。

（2）继续开展以团校为主要形式的团学干部培训活动，不断提升团学干部的工作水平。举办了第五期初级团校，对校团委部分学生干部、学院团总支副书记及14级本科新生班全体团支部书记进行了系统培训，期间邀请了学校有关部门的领导、老师进行了有关团支部工作方法、学生心理、校园安全稳定等方面的讲座，通过系列培训，有效提升了学生干部的理论水平和实际工作能力。

（3）9月中旬，按照上级有关部门要求，在学校党委统一领导下，校团委积极行动，加大宣传力度，主动协调各职能部处，经过规定程序，选派周海亮、张飞两名同志到新疆县级团委开展为期1年的挂职锻炼工作。

（4）通过评选表彰工作，推进团组织建设和团学干部的成长。5月份，我校团组织开展了校级和北京市级“优秀团员”、“优秀团干部”“优秀团支部”评比表彰工作。共表彰校级“优秀团员”177名，“优秀团干部”115名，“优秀团支部”20个；北京市“先锋杯优秀团员”17名，“先锋杯优秀基层团干部”17名，“先锋杯优秀团支部”16个。12月份，开展了校级和北京市级“三好学生”“优秀学生干部”、“先进班集体”评比表彰工作。共表彰校级“三好学生”415名，“优秀学生干部”231名，“先进班集体”32个；北京市“三好学生”19名，“优秀学生干部”7名，“先进班集体”7个。评选表彰工作达到了“以评促建”的功效。

（郭颖）

【学生科技创新活动】

（1）积极宣传以“挑战杯”首都大学生课外学术科技创新竞赛及“挑战杯”首都大学生创业计划竞赛为代表的大学生课外科技创新、创业活动。

（2）组织举办学校第八届“创新杯”大学生创业计划竞赛，选出优秀作品代表我校参加“挑战杯”首都大学生创业计划竞赛，参赛作品获得北京市金奖 1 项，铜奖 3 项，并有 1 项作品代表北京市参加全国“挑战杯”大学生创业计划竞赛，获全国铜奖。

（3）组织举办学校第五届“新星杯”新生创业创意大赛，旨在鼓励青年学生从入学便开始着手准备创业所需要具备的各项技能和专业知识，增强青年学生创业意识，为青年学生创业提供良好的氛围，并与校外企业建立联系，为青年学生创业提供帮助。

（4）开展各项科技创新活动，举办科技类讲座，与科技类社团加强联系，营造校园科技创新氛围，推动校园文化建设；与此同时，开展第九届“创新杯”课外学术科技作品竞赛暨“挑战杯”首都大学生课外学术科技作品竞赛选拔赛前期宣传工作，为之后的比赛打下了良好的基础。

（郭颖）

【学生会工作】

（1）3 月，学生干部春节返乡交流会在国际交流教室顺利召开。

（2）3 月，第十一届“走下网络，走出宿舍，走向操场”主题宿舍文化节在三个校区同时拉开帷幕。3 月 24 日，宿舍文化节活动第一部分宿舍文明公约、真心话大冒险活动正式开启。以“走下网络，走出宿舍，走向操场”为精神的“宿舍运动会”在 4 月 8 日在小营操场接档展开。4 月 13—21 日，安全知识竞赛初赛，决赛开展，公共管理与传媒学院代表队夺得桂冠。5 月初的时光留影活动经网络平台投票后，5 部影片被分别评为了最佳主题奖，最佳表现力奖等。5 月 28 日闭幕式在小营报告厅举行。闭幕式以时光留影的电影颁奖典礼形式展开。

（3）3 月 6、7 日，北京信息科技大学 2014 年女生节在小营校区学五公寓楼下、健翔桥校区食堂拉开帷幕。本次评选活动共 9 个学院参加，最终第一名为机电学院，创意 DIY 贝壳赢得了女生的芳心。第二名外国语学院，精彩的歌舞表演十分吸引眼球。公管传媒学院和信管学院并列第三。

（4）3 月 12 日，北京信息科技大学 2014 年“信息科大杯”三球联赛在小营校区体育场开赛。本届三球联赛由我校各院的 10 支代表队参加，共分为小组赛、复活赛、半决赛和决赛四个阶段进行。5 月 28 日下午，2014 年“信息科大杯”三球联赛在小营校区体育场完美落幕。最终，篮球方面：机电学院、自动化学院、理学院分别荣获冠、亚、季军；排球方面，计算机学院、通信学院、信管学院分别荣获冠、亚、季军；足球方面：通信学院、理学院、计算机学院分别获冠、亚、季军。本次三球联赛历时两个多月，共进行 63 场比赛，比赛激烈，吸引近万人次学生观赛。

（5）3 月 18 日，北京信息科技大学 2014 年“五四先锋杯”辩论赛在小营校区报告厅拉开帷幕。本次辩论赛由来自我校各学院的 10 支代表队参加，共分为四个阶段：十进六,六进四，半决赛和决赛，决赛将在 5 月下旬举行。大赛主题为“放飞青春理想、争做时代先锋”。最终，自动化学院捧得桂冠，信管学院获得亚军，光电学院与公管传媒学院并列季军。比赛从 3 月份开始，历经近两个多月时间，共 4 轮 19 场的比赛。

（6）4 月 23 日，“知识改变命运，阅读点亮人生”系列活动启动仪式在小营图书馆门前广场上举行。同时公布 2013 年图书馆“借阅之星”读者名单，全校图书借阅量位于前20名的学生当选。

（7）4月23日，“信息科大杯”第一届篮球全明星赛在小营校区篮球场正式开赛。比赛共分为三部分：全明星三分大赛，全明星技巧大赛，全明星正赛，每部分比赛又分为了初赛和决赛。自动化学院代表队陈天宇同学获得冠军。在“全明星技巧大赛”中，经管学院代表队李涛同学获得技巧冠军。在“全明星正赛”中，自动化学院、通信学院、信管学院、光电学院和计算机学院组成绿队，理学院、外国语学院、公管与传媒学院、经管学院和机电学院组成红队。双方队员势均力敌，以34∶34打成平手。通过加时赛，绿队以45∶42赢得第一届全明星正赛冠军头衔。

（8）5月，“做一名奋发有为的勤信青年”誓师大会于国际交流教室顺利召开。督促同学们以“勤以为学，信以立身”的校训精神，规范自身行为，培养主人翁意识，做一名奋发有为的勤信青年，让每一位在场学生感受到作为一名学生干部的责任感，并由学生代表带领大家宣誓并在横幅上签字，会后进行了全校性范围的签字，取得了良好的反响。

（9）5月，十佳歌手大赛在健翔桥礼堂开赛。公管传媒学院金鹏、通信学院张岱薇、机电学院刘一舟分别荣获冠、亚、季军。

（10）11月19日，2014级新生羽毛球大赛在小营校区大学生活动中心成功举办，经过12场团体赛的激烈角逐最终机电学院摘得桂冠。

（11）11月，校学生会2014级内部素质拓展活动在小营校区运动场成功举行。参赛人员来自3个校区、12个部门的全体校会成员。经过紧张有趣的比赛，宣传部、生活部、体育部分别获得一、二、三等奖。

（12）11月24日，北京信息科技大学2013年“金声有你，音动奇迹”第二届主持人大赛初赛在小营校区报告厅拉开帷幕。本次比赛共有三个环节：自我介绍、才艺展示、自选主持。12月12日晚，主持人大赛决赛在小营报告厅顺利举行，取得圆满成功。

（13）12月7日，第三届“青春飞扬 魅力新生”新生风采大赛在小营大学生活动中心拉开战幕。经过激烈角逐，国际交流学院瓦林廷、外国语学院陈子璡等、计算机学院何梓源分别荣获冠、亚、季军。

（14）12月27日，普通话测试工作在小营校区南校区教四进行。测试由北京市语言文字中心提供机器并派专职老师进行监考。27日下午3点整，所有考生考试完毕。

（毋政印）

【学生社团工作】

2014年全校共有注册社团78个，分为学术型、理论型、文艺型、体育型、公益型、实践型六个类型。学生社团在校党委的领导，校团委的指导下，开展丰富多彩的校园文化活动。学校近6000名学生加入不同类型的社团，积极参加社团活动，形成丰富多彩的社团文化。

（1）第七届社团文化节成功举办。3—6月，由校社团联合会主办的“齐绘青春梦，共筑社团情”第七届社团文化节开展一系列的活动。社团文化节开幕式于3月26日在小营小区报告厅顺利召开。文化节中还开展了“敢告白，不羞社”表白墙活动、“微公益，筑梦想”社团公益服务周、“社胆包天，团结集智”趣味运动会、“社彩汇聚”社团培训、“十佳社团”“十佳社团人”“十佳社团精品活动”评选、社团负责人年度述职大会等活动，并完成首都大学生社团信息管理系统信息采集工作。

（2）4—5月，社团联合会承办了第二十一届北京大学生电影节系列活动。在校园内放映组委会提供的参选影片，并在第二十一届北京市大学生电影节暨第四届大学生主持人大赛活动中，学校社团联合会承办北京信息科技大学站的活动，由于组织工作完成出色，被授予“最佳组织奖”，于5月10日受邀参加第二十一届北京大学生电影节暨颁奖典礼活动。

（3）5月初，社团联合会带领乒乓球社团参加了“五四”杯2014年首都青年学生乒乓球赛，经过一系列的对抗，各个组别均取得不错的成绩。

（4）在社团文化节期间，各社团开展众多精品活动。话剧团、相声社、吉他协会等艺术社团举办了精彩的专场演出，其他各社团都举办了有特色的品牌活动，学生信息科技协会举办电脑义诊为同学们免费服务；陶行知研讨社每周的支教、英语联盟的晨读和英语角、热血摄影协会的“印象五月”摄影展等，这些不同类型的活动推动社团工作的进一步加深，也为同学们提供不同的舞台展现自我。

（5）6月下旬，社团联合会组织全校社团完成了换届工作。社团自行推荐候选人，在通过社团联合会组织的统一笔试和面试之后，由社团召开社团换届大会，所有社团票选出最终的新任社长。

（6）10月中旬，全校社团在社团联合会的组织下，进行了招新工作，吸纳了新一批人才，社团展开了新一学年度的文化活动。

（7）11月，在校团委的指导下，社团联合会完成了招新工作和换届工作。社团联合会整合各校区72个社团资源，统一注册管理、活动审批考核，指导社团依据各自章程开展活动；调整校院两级社团，有选择性的给予支持；依据学生社团管理规定，召开培训会，举办社团发展论坛和成果展示大会，对社团定位、发展方向及社团开展活动等相关问题进行培训。

（8）12月14日，社团联合会参加了“汇聚社团正能量，践行核心价值观”第六届北京高校社团工作交流会，与全市近70个高校展开深入交流，对以后的社团工作产生了深远影响。

（郭颖）

【艺术教育工作】

（1）6月11日，校管乐团在小营校区举办了首场“仲夏音乐会”，受到广大师生的好评。

（2）6月，校国标舞团代表学校参加海淀区西三旗社区组织的社区活动，以《舞动青春》荣获舞蹈类一等奖。

（3）10月23、24日，艺教中心主办、社团联合会承办的“民族文化进校园”活动组织全校各院新生前往天桥剧场观看曲剧演出《四世同堂》，同学们反响强烈，重新燃起对民族文化的兴趣，在课余展开广泛交流。

（4）12月7日，校话剧团与著名网剧公司万合天宜合作拍摄了《报告老板》第二季中的“美国队长”一集。话剧团成员在剧中饰演了大众评委，并与制作人员进行了交流。

（5）12月7日，校国标舞团参加在中央民族大学举办的第六届首都高校体育舞蹈（国际标准舞）比赛。队员纪昊丹、付优、王婉约、秦何煜、陈云云、田宇鑫获得六人女子组恰恰第二名；纪昊丹、付优分别获得女子单人恰恰第一名；纪昊丹获得女子单人伦巴第一名；苏家悦和付优获得桑巴单项第三名；同时学校国标舞团还获得最佳团队奖。

（6）12月17日，钢琴艺术团举办了“梦”见未来，“琴”动校园——学生钢琴专场音乐会。

（7）12月25日，校管乐团举办了2015年新年音乐会。

（8）12月30日，团委艺教中心在小营校区大学生活动中心隆重举办了“梦萦冬夜”2015年北京信息科技大学新年晚会，校领导班子成员、各职能部门和各学院有关领导及师生代表和留学生代表400余人观看了演出，校党委郑君礼书记发表新年致辞，各校级艺术团和许多社团参与了晚会的筹备和演出，受到广大师生一致好评。

（9）12月底，话剧团2014学年度小品专场在小营校区报告厅举办。通过三个不同类型的小品紧密衔接，获得了师生的高度评价，一些兄弟高校的话剧团也与我校话剧团进行了交流学习。

（10）岚梦民族舞蹈团在北京市青年艺术节比赛中，以《豆蔻逐梦》荣获舞蹈三等奖。

（11）钢琴艺术团的孙珩尧获“李斯特纪念奖”香港国际公开赛二等奖；李怡蒙获第六届“青春风采”钢琴大赛一等奖。

（郭颖　肖潇　孙豆豆）

【社会实践与志愿服务工作】

学习实践会在学校大学生社会实践规章制度建立、寒暑期社会实践活动组织策划与优秀成果评比等方面发挥着重要作用，为推动理论与实践的有机结合，不断促进学校学生在社会实践中“受教育、长才干、做贡献”，学生们主动深入西三旗等周边社区、企业、学校并多次举办文明礼仪宣讲活动，使大家在社会中得到锻炼，获得收获。获得暑期社会实践先进工作者5人，大学生暑期社会实践先进个人奖共4人。创建了29个暑期社会实践团队，有307人参与，暑期社会实践优秀团队25个，大学生暑期社会实践优秀成果22个。寒暑假鼓励学生个人积极地去参加社会实践，收到了很好的效果，全校参与学生的比例达90%以上。

（1）1—2月下发寒暑假的社会实践通知，负责学校团体社会实践的申报工作，并负责收齐各学院的社会实践报告。再经过严格的评审之后，选出优秀的社会实践作品制成文集，在举办社会实践颁奖典礼的中分发给优秀学员，鼓励成员积极完成学校的社会实践环节。

（2）组织部员参加由志愿者联合会发起的“温暖衣冬”的活动，将收集到的棉衣进行分类，并号召同学积极参与，完成了棉衣的分发与后期的跟进活动。这个活动提高了大学生对弱势群体的关注、并为社会需要帮助的群体送去了温暖。

（3）3月下旬，西三旗街道大学生文明礼仪宣讲团正式成立，开幕式在西三旗社区举行。

（4）4—5月，由西三旗街道邀请的北京师范大学王红老师分多次对文明礼仪宣讲团的成员进行了培训。在最后一次培训上，她也对本次宣讲活动提出了良好的期盼，并祝宣讲团成员能圆满完成本次宣讲活动。

（5）4月起，文明礼仪宣讲团的宣讲活动正式开始，各组成员们兵分多路，为不同职业的人讲解有关文明礼仪的知识，至2014年12月末结束。

（6）7—8月，指导暑期社会实践团队有序的开展社会实践工作，共有29个社会实践团队，307人参加社会实践团队。

（7）9月开展暑期社会实践团队评选

工作，并挑选优秀社会实践团队参加2014年首都大学生暑期优秀社会实践团队评选，还申请了2014年暑期社会实践先进单位，2014年社会实践先进工作者，2015年社会实践优秀成果奖。10月进行了组织开展招新工作，同时进行了暑期个人社会实践的评比工作和社会实践文集的制作。

【志愿者工作】志愿者工作紧紧围绕“项目化，品牌化”工作重心，牢固树立校、院两级志愿服务品牌，积极加强社会公益服务活动，持续加深同业联系和交流，各项工作扎实推进，在公益服务，形象树立，人才培养方面取得了一系列的成绩，获得了多个重要奖项。目前学校有22个志愿类学生社团，参与学生8600多人次。通过举办系列志愿服务活动和品牌队伍的建设，提高广大团员青年对志愿服务的认识，继续完善青年志愿者组织体系和工作机制，深化青年志愿者行动，主动深入西三旗、清河等周边社区，重点加强支教、支边、支农、助残等重点团队的建设，积极与北京市志愿者联合会、北京团市委大学部、青年汇对接工作，努力扩大社会实践和志愿活动的参与面，提高服务层次，使更多的青年学生在社会实践志愿服务活动中受教育、长才干、做贡献，大大提高学生的社会适应能力和就业竞争力。目前，学校已经有石油学院第二附属实验小学、南沙滩小学2个稳定的支教基地，建立了中国科技馆、北京铁路局、小汤山动物保护基地等9个固定的志愿服务基地。

（1）1—2月，志愿者联合会组织本校800名志愿者参加由北京市大学部发起的“温暖衣冬”活动。

（2）1月10日，志愿者联合会参加由顺义西辛第一社区青年汇举行的“碎片时间——课后伴读圈”青年汇品牌活动启动仪式。

（3）2月27日，应西三旗街道邀请，志愿者联合会参与在京北医院前举行的雷锋月街道宣传活动。

（4）3月5日，志愿者联合会与学校保卫科共同举办雷锋月宣传活动——交通协管员。

（5）3月19日，志愿者联合会举办献血车志愿者招募活动。

（6）3月23日，国际标准舞“院校促进杯”公开赛在京举行，志愿者联合会100余名志愿者参与其中。

（7）3月雷锋月，志愿者联合会主办了全校的志愿服务表彰大会暨温暖衣冬工作总结大会。

（8）4月12日，由智学苑社区青年汇举办的定向越野春季运动会在奥林匹克森林公园展开，志愿者联合会20名志愿者参与了本次活动。

（9）4月13日，志愿者联合会参加顺义青年汇植树活动。

（10）4月21日，志愿者联合会组织了大学生志愿服务西部计划西藏专项宣讲会。

（11）5月1日，志愿者联合会参加“I DO”北京动漫游戏嘉年华志愿活动。

（12）5月7日，志愿者联合会奥林匹克公园“蓝立方”长期志愿项目岗前培训。

（13）5月14日，志愿者联合会组织同学集中参与了长期志愿项目——奥林匹克公园“蓝立方”志愿服务。

（14）5月24日，志愿者联合会参加第六届北京市体育大会健美操比赛志愿活动。

（15）6月，受北京马拉松组委会委托，志愿者联合会在全校范围内开展“为北京马拉松加油助威，画出自己的祝福”活动。

（16）6月4日，志愿者联合会组织“2014大学生志愿服务西部计划”志愿者面试工作。

（17）6月4日，志愿者联合会举办2014北京信息科技大学志愿服务交流会。

（18）6月21—22日，志愿者联合会参加北京第十届“舞燃情”国际标准舞、交谊舞全国邀请赛志愿活动。

（19）6月21日、28日，志愿者联合会参加2014年北京市市民游泳公开赛志愿活动。

（20）7月，志愿者联合会参与在清河阳光南里社区举行的暑期社会实践，深入社区进行志愿活动。

（21）10月19日，作为北京马拉松组委会的合作团队，志愿者联合会组织100多名同学参与由中国田径协会、北京市体育局主办的2014北京国际马拉松赛志愿活动。

（22）11月14—16日，志愿者联合会共派出56名志愿者参与在学校举办的华北五省（市、自治区）大学生机器人大赛。

（23）12月5日，第29个国际志愿者日，志愿者联合会联合兄弟社团开展了知识竞猜、横幅签名等丰富多彩的校园活动。

（24）12月10日，志愿者联合会接受西三旗街道“举区域之力·聚万众之志——共创全国文明社区”的主题培训。

（25）11—12月，志愿者联合会在全校开展了面向2014级新生注册“志愿北京”活动。最终达到了新生90%注册率的成绩。

（26）12月20日，志愿者联合会组织全校同学参与2014年“温暖衣冬”活动，完成了大学部分配的700件冬衣的发放工作。

（27）12月，志愿者联合会被评为“2014年度海淀区优秀志愿服务团队”。

（28）12月，志愿者联合会“爱就在身边”支教活动荣获“2014年度海淀区优秀志愿服务项目”。

（29）12月，志愿者联合会手语志愿服务项目荣获“2014年度海淀区优秀志愿服务项目”。

（30）12月，志愿者联合会李卓昊、张健、周泳城同学被评为“2014年度海淀区优秀志愿者”。

【红十字会工作】

（1）11月18—23日，为了宣传和普及有关艾滋病的知识，鼓励更多的人奉献爱心。学校红十字会在12月1日艾滋病日到来之前开展了名为“爱因为在心中”的主题手语培训活动。

（2）12月1日，配合北京市红十字会举办12·1艾滋病系列活动。

（3）12月20日，为唤起身边同伴心灵，增强自我防范意识。邀请首都师范大学红十字会会长在小营校区开展同伴教育课。

（4）12月25日，组织清河、小营以及健翔桥三个校区的献血活动。

（肖潇　孙豆豆）

校友工作

【概况】校友工作办公室成立于2010年12月7日，挂靠学校办公室，副处级建制。2014年10月22日，为适应转型发展，优化组织结构，学校撤销校友工作办公室，成立校友校史工作办公室，正处级建制。主要职能除了原有负责校友会的建设、校友的联系和沟通及校友日常管理工作之外，还负责校史资料和校史档案的收集、整理和服务工作。办公室人员年初情况：主任1人、工作人员3人，其中副高级专业技术职务人员2人，中级专业技术职务人员1人，其他1人；至年底人员情况为：主任1人、副主任1人、工作人员2人，其中副高级专业技术职务人员2人，中级专业技术职务人员1人，其他1人。

2014年，以筹建行业、地方校友联谊会和建设信息化平台为重点，校友办全体工作人员认真履行岗位职责，克服困难、扎实有效地开展了一系列服务校友、服务学校的中心工作，在服务中增强了学校的凝聚力和影响力，增强了校友与学校、校友与校友之间的联系与合作。

（何婕）

【建设校友联谊分会】

（1）7月12日，辽宁校友联谊会在大连成立。大会举手表决通过《北京信息科技大学辽宁校友联谊会章程》，通过辽宁校友联谊会第一届理事会、常务理事会机构人员名单，89级经济管理专业校友谢昕当选为会长。

（2）完成福建校友联谊会前期筹备工作。

（3）与工商管理硕士（MBA）、长春、浙江和上海等地校友沟通联系筹建联谊会。

（4）走访各学院，联系沟通筹建校友联谊会事宜。

（何婕）

【校友会有关会议】

（1）8月9日，召开2014年校友会第一次常务理事会。会议主要听取了校友会2013—2014年上半年的校友工作报告、校友会财务工作报告；听取了校友企业家联谊会工作报告；听取了四川、重庆、山东、广西、广东、辽宁等地方校友联谊会的工作报告；听取了人文社科学院校友联谊会工作报告。同时，提出校友会工作整体设想。

（2）8月9日，召开校友企业家联谊会第二届年会暨企业家论坛。会议通过了增补中信房地产股份有限公司纪委书记、人力资源总经理杨劲为校友企业家联谊会副会长的提议，签订了北京信息科技大学与山东校友联谊会部分校友企业校企战略合作框架协议。校友会向校友企业介绍北京信息科技大学拟转化的科技成果、2015年毕业生信息等基本情况。论坛上，中信房地产股份有限公司纪委书记、人力资源总经理杨劲、中科院研究中心副书记吴剑锋、深圳赛普管理咨询公司总经理李向军3位校友做了讲演。

（3）校友企业家联谊会举办两场沙龙。7月25日，校友企业家联谊会第一次沙龙在国奥集团总部举行，确立校友企业家联谊会例会制度。9月26日，校友企业家联谊会第二次沙龙在中信府举行，初步确定了面向应届毕业生举办校友企业专场招聘及校友企业家联谊会与学校师生联合举办联欢晚会等意向。

（何婕）

【校友讲坛及讲座】

（1）举办“校友大讲坛”活动两期。分别邀请北京景卓腾达商贸有限公司CEO王进福和北京环保之友志愿服务总队队长卢靖做客，继续为校友和在校生提供面对面交流的平台。

（2）光电学院邀请校友返校谈考研经验。

（3）理学院邀请校友企业国奥控股集团公司进行专场校园宣讲

（何婕）

【校企合作】

（1）校友企业文思海辉为在校生提供实习和社会实践机会。

（2）校友企业北京海平科技有限公司、中关村软件园、华云东方公司、国奥集团企业到学校招聘应届毕业生。

（3）8月，签订北京信息科技大学与山东校友联谊会部分校友企业校企战略合作框架协议。

（田甜）

【校友捐赠】

（1）2014年内校友为学校捐赠人民币1.2万元，美金2万元。

（2）2004级电子信息科学与技术专业校友邢君龙为学校捐赠一套北京信息科技大学数据资源管理平台软件。

（3）校友提供技术支持。4月，经管学院校友王雁茂、通信学院校友黄兴红、计算机学院校友石玏与学校正式签订校友技术合作协议，为学校校友会信息化建设提供“校友社区综合管理平台”。该平台是由北京信息科技大学校友组织实施的一套信息系统符合高安全性、高可靠性、高实用性等技术指标。该系统的处理对象是校友及教师日常相互之间交流的信息数据，主要包含校友智能通讯录、智能通知公告、校友圈（及网站）、校友数据库等功能模块。

（4）经管学院校友王雁茂为“绿色校园行”活动赞助1372元。

（田甜）

【值年校友返校】

（1）协助计算机学院组织原北京大学第二分校802班毕业30年值年返校。

（2）协助信息与通信工程学院组织原通信工程专业90311班毕业20年值年返校。

（3）协助经济管理学院组织管9010班毕业20年值年返校。

（4）协助原北京机械工业学院研究生2000级毕业生组织毕业11年返校。该级毕业生由4个专业组成：自动化、精密仪器、机械、工商管理。

（何婕）

【校友会信息化建设】

（1）建设校友信息系统。开发建设了一套校友信息系统，这套系统包含校友会网站、校友数据库和资源共享三大模块，建设完成后已经上线运行，其中网站模块及时上传学校重要新闻和校友动态；数据库模块为每位校友设置时间轴显示方式，记载在校和工作信息等，目前正在对纸质的数据进行批量导入；资源共享为大家提供一个产学研以及校友资源的展示平台。

（2）建立各校友分会QQ群，目前已维护13个校友QQ群。

（3）建立官方微信服务号，每周一次推送校友会信息，并设置微信服务开发功能，微信关注校友进一步增加。

（4）撰写虚拟校史馆建设方案，做好三维虚拟校史馆建设的准备。

（田甜）

【校友通讯】《校友通讯》是校友会为海内外校友编辑发行的内部会刊，目前已出版6期，涵盖专题报道、母校新闻、校友工作、校友活动、分会动态、校友风采、学院巡礼、校友讲坛、校友献礼和校友来鸿等多个栏目，图文并茂。每期在校友会网站发布电子期刊，供广大师生员工和校友阅读。

（何婕）

【校友工作联络员】6月20日，举行2014届毕业生校友工作联络员聘任仪式，聘任126名2014届毕业生为校友工作联络员，并建立2014届联络员QQ群，使校友办和校友的联系成为常态。

（田甜）

【校友工作志愿者】

（1）校友工作志愿者协会于10月底顺利完成换届，招募在校学生志愿者共26名，涵盖清河小营、清河、健翔桥三个校区在校学生。第三届校友工作志愿者协会现有成员共43名。

（2）继续开展“寻访校友足迹，展现校友风采”活动。由校友工作志愿者组成的学生记者队伍目前已采访校友近50位，为了进一步凝聚校友文化，宣传榜样的力量，从已采访到的优秀校友中筛选出首批杰出校友制作成校友赠言墙悬挂在教一楼大厅。

（何婕）

【学生活动】

（1）利用学校毕业典礼开展主题活动。为2014届毕业研究生设计感恩手印树纪念墙，同时赠送印制有学校教学楼和学校、校友会标志的水晶魔方。向所有2014届本科毕业生赠送水晶印章，同时授予校友会会旗和校友徽章。邀请校友企业家联谊会副会长，92级工业电气自动化专业校友、中信房地产股份有限公司副总裁杨劲出席毕业典礼并讲话。

（2）利用学校新生入学开展主题活动。邀请93级计算机软件专业校友、北京科维能动信息技术有限公司首席执行官詹国勇出席开学典礼并讲话。校友会为2014级新生准备纪念品——爱心水杯，并制作欢迎视频，将校友工作关口前移至新生。

（3）协助中关村软件园孵化服务有限公司企业营业部副经理董燕丽校友，协调组织计算机学院、通信学院大三、大四学生参加2014全国高校IT人才详历大赛，并取得优异成绩。共有6名学生进入“2014最具价值的百名高校IT精英”，且全部排名在前50位，学校整体排名居所有参赛高校中第六，在同类高校中排名第一。

（何婕　田甜）

机关党委及工会工作

【概况】机关党委（机关工会）于2004年9月成立，是在学校党委领导下、建立在学校党政机关职能部门的基层党组织（群众组织）。机关党委在2014年的工作中，面对新形势、新任务、新要求，在学校党委的领导下，在机关各党支部、各部门行政领导的大力支持下，团结带领机关全体党员和职工，坚持以科学发展观为指导，深入学习贯彻党的十八大和十八届三中全会精神，巩固党的群众路线教育实践活动成果，按照学校2014年党政工作要点的部署与要求，强化内涵建设，健全体制机制，创新理念思路，切实加强党的建设和思想政治工作，加强机关作风建设，全面提高机关管理人员队伍综合素质和能力，切实发挥机关党委的政治核心作用、党支部的战斗堡垒作用和共产党员的先锋模范作用，为学校的转型奠定基础。

截至2014年12月20日，机关党委设置基层党支部18个，覆盖机关22个处级部门，党员181名，其中预备党员1名。机关工会挂靠机关党委，现有工会会员246名，基层工会小组18个，覆盖2个党总支、23个处级部门。

（孙晨）

【党建工作】

（1）深入学习宣传贯彻党的十八届三

中全会精神和习近平总书记系列讲话精神，践行社会主义核心价值观。

1）精心组织，周密部署。《机关党委处级干部、党员、职工理论学习计划》，突出十八届三中全会精神以及习近平总书记系列讲话精神等学习专题。在实施过程中，机关党委采取定期或随机参加各党支部学习活动，检查抽查支部学习、活动记录和考勤，检查首都高校党员在线学习学分获得情况等方式，确保学习宣传任务的落实到位。

2）重视处级干部理论中心组学习，将机关所有处级干部分为四组，根据校党委组织部的工作部署，开展研讨学习。

3）坚持全面系统学习与专题重点学习相结合，坚持个人自学和集体研讨相结合。

4）组织处级干部学习习近平总书记在河南省兰考县调研指导党的群众路线教育实践活动时的讲话，自觉践行“三严三实”，同自身对照，查摆自身存在的问题。

5）组织处级干部参加我校组织的贯彻习近平总书记系列重要讲话精神及十八届三中全会精神的专题网络培训，完成了培训的三个环节：课程学习、交流互动、心得撰写。

6）根据学校总体部署，积极组织机关处级干部参加暑期中干会，围绕“提高工作责任感，为师生服好务”、“党的工作如何更好地为学校中心工作服务”、“如何更好地服务基层、服务师生”、“如何更好地为学校中心工作提供条件保障”等四个主题进行了研讨。

7）9月，组织机关部分党员参观焦庄户地道战遗址。

8）10月，组织党员学习新修订的《中国共产党发展党员工作细则》，观看《北京高校学习贯彻〈中国共产党发展党员工作细则〉专题辅导》录像。

9）11月，根据学校党委宣传部和组织部《关于组织观看重大现实题材影片〈天河〉的通知》要求，组织党员观看电影《天河》。

（2）认真学习贯彻落实学校第二次党代会精神。

1）认真组织机关参加第二次党代会党员代表开好党代会。代表们遵守大会纪律，在分组讨论审议中，围绕学校的发展战略、学科建设、教学改革、科技发展、人才培养、师资队伍、人文氛围、新校区建设等各方面工作，结合自身和所在单位实际，积极建言献策。

2）认真贯彻落实学校第二次党代会精神，通过多种形式，深入传达、学习、落实，重点组织学习校党委书记郑君礼在第二次党代会上所做报告的主要精神。

（3）扎实推进党建各项工作。

1）加强机关党委自身建设，发挥政治领导核心作用。

2）按照新要求，适应新形势，积极推进党支部建设。

选配素质高、能力强的处级干部担任党支部书记；深化“示范党支部”创建活动。机关党委宣传部党支部被定为学校首批“示范党支部”建设点，在“七一”前通过了验收，学校授予“示范党支部”称号。在2013年北京高校红色“1+1”示范活动评选中，宣传部党支部获得优秀奖；参照学校《教师党支部实施“融入中心 服务发展”工作法的指导意见》的通知精神，组织支部积极实施党支部工作法。

（4）加强党员队伍建设，提升党员队伍素质。

1）认真贯彻新修订的《中国共产党发展党员工作细则》，进一步巩固“党员质量建设年”、“党员质量深化年”和“党员质量固化年”成果，加强在青年教师中发展党员工作，2014 年发展党员 1 名，转正 2 名。

2）加强党员教育，增强党员的宗旨意识和服务本领。举办了“机关人员写作培训班”，机关共有 40 多人参加了培训。培训结合机关工作实际，共有五讲，分别是：新闻写作基础知识和技巧、新闻摄影技巧与实践、PPT 设计与构思、党政公文处理工作、理论学习与论文写作等内容。

3）党员先锋模范作用发挥良好。韩俊彦同志被评为北京市优秀党务工作者。

4）机关党委组织党员参加学校“共产党员献爱心”活动，机关 162 名党员、1 名积极分子、9 名群众参加了捐款，累计数额 5160 元。

5）在学校开展“在职党员到社区报到为群众服务”活动，党员们根据自身特长，主动认领义工服务岗位和服务项目，有 31 名党员报名参加。

（5）加强作风建设和党风廉政建设。

1）认真落实教育实践活动整改方案，组织召开了“加强机关作风建设工作会”。

2）在纪委书记冯晓春的带领下，纪委办公室（监察处）、机关党委、组织部、人事处等相关部门负责人，就党风廉政建设、群众路线、机关作风建设、党员教育活动等主题，到北京科技大学进行学习交流。

3）认真贯彻落实《建立健全教育、制度、监督并重的惩治和预防腐败体系实施纲要》精神，严格执行学校贯彻《实施纲要》的具体办法，贯彻落实中央“八项规定”和《廉政准则》，切实转变领导干部作风，加强反腐倡廉教育和廉政文化建设，坚持全面贯彻落实党风廉政建设责任制，严格遵守廉洁从政各项规定，规范从政行为，在加强教育、完善制度、加强监督上下工夫。

在制定年度工作计划时，将党风廉政建设纳入工作的重要内容，认真组织并积极参加学校组织的有关党风廉政建设的各种会议和讲座，制定理论中心组和党员、群众学习计划涵盖党风廉政建设内容，召开机关全体处级干部会，传达学习中共中央办公厅、国务院办公厅印发《关于贯彻执行中央八项规定情况的报告》等。

（6）深化“平安校园”建设，确保校园和谐稳定。

1）重视维护安全稳定和“平安校园”深化工作，落实学校“平安校园”创建工作的工作部署和要求，巩固平安校园创建成果。在 2014 年的“平安校园”创建工作总结大会上，机关有 15 人获得学校“平安校园”创建工作先进个人。

2）5 月，加大消防安全隐患的排查和整改力度，成立“机关党委控烟工作小组”，将责任落实到办公室和具体的人。

（孙晨）

【工会工作】进一步发挥分工会干部在和谐校园建设中的组织、协调和融合作用，在组织职工参政议政、维护职工合法权益、化解矛盾、凝聚人心等方面做了大量工作。支持机关工会围绕学校中心工作和自身建设，组织职工参加或开展有利于和谐校园建设和增进身心健康的实践活动，调动广大职工围绕中心、服务大局的积极性。

（1）职工活动和重大经费使用，需经机关工会委员会集体讨论决定。

（2）关心教职工的工作和生活，对生病、生活困难的职工，积极争取各种补助并及时探望，全年为机关 21 人送去了慰问金。

（3）4月，积极组织教职工参加学校运动会，机关工会获得教工团体总分第一名。

（4）9月，在2014年的学校“三育人”先进集体、先进个人的评选工作中，党委宣传部、招生就业工作办公室、基建处三个部门被评为“三育人”先进集体，7人获得“三育人”先进个人称号。

（5）25人被评为学校2014年“工会工作积极分子”。

（6）10月，组织工会会员到八达岭红叶岭森林公园开展登山健身活动。

（7）12月，参加校工会组织的2014年“迎新年教职工扑克牌（双升）团体赛”，机关二队获得冠军。

（8）12月，由机关党委、机关工会联合举办的“点赞2014 笑迎2015”机关迎新年联欢会，圆满成功。

（孙晨）

校区联合党总支及工会工作

【概况】校区联合党总支于2010年9月成立，由健翔桥校区党支部、健翔桥校区科研党支部、酒仙桥校区党支部、金台路校区党支部、清河校区党支部组成，共有正式党员20名。校区联合工会在校工会和党总支领导下开展工作，设5个工会小组，共有工会会员65人。

2014年校区联合党总支在学校党委的正确领导下，以党的十八大精神为指导，按照学校工作部署，积极组织带领所属支部和全体党员，认真学习贯彻执行党的路线方针政策，紧紧围绕学校中心任务，凝聚力量、突出重点，积极推进各项工作，在校区管理、服务、协调等工作方面，做出了积极贡献，充分发挥了党支部的战斗堡垒和党员的先锋模范作用。

（于洪琦）

【党的建设】

（1）本年度校区联合党总支以及所属各党支部严格按照学校党委宣传部下达的学习计划，按时完成了党员学习时数。经过一年延续不断地学习，党总支及所属党支部党员思想认识整体得到提高，取得了良好的学习效果。

（2）自学校开展党的群众路线教育实践活动以来，校区联合党总支针对在党的群众路线教育实践活动中发现的问题，进行认真梳理和研究，统一思想、理清思路，明确整改目标和方向，并请群众监督、批评、指正，积极推进整改落实，使群众都能够分享整改成果，努力取得群众满意的整改成效。

（3）按照学校作风建设工作部署，按照体现师生群众意愿、体现改进作风的要求，校区联合党总支通过群众提、自己找、上级点、集体议等方式，对照典型和突出重点，以“四风”为主题，结合党员自身的实际情况认真、深入地查摆了个人在“四风”方面存在的问题，通过干部与干部之间、干部与群众之间谈心，认真剖析了个人和总支在遵守党的政治纪律、贯彻落实中央八项规定以及转变作风方面的情况，查摆了存在的突出问题及具体表现，分析了产生问题的根本原因，按照整改方案，深入推进各项工作，通过狠抓整改措施的落实，实现党员领导干部在“四风”方面的根本好转。

（4）根据校党代会提出的各项任务，

按照学校党委工作部署和要求，校区联合党总支认真总结好党代会成果，深刻学习领会、宣传贯彻落实党代会精神，围绕学校战略转型，结合学校发展建设的新形势新要求，及时更新自身理念，依据自身条件，以优秀的基层党建为保障，深入分析和准确把握发展建设的切入点和着力点，理清校区发展思路，明确发展目标，增进发展共识，落实发展举措。

（5）以党的十八大精神为指导，按照学校党委宣传部下达的学习计划，校区联合党总支切实加强了处级中心组理论学习，学习以做好校区管理服务工作为实际出发点，坚持学以致用，注重理论联系实际。中心组学习的过程全面规范，学习计划科学系统，学习内容丰富，学习方法实际创新，学习形式多样，在学习实践中努力做到了“个人自学与集体学习相结合、统一组织与自主安排相结合、线上与线下学习相结合、理论与实践相结合”四个结合。通过学习，中心组把理论应用于指导工作实践，使学习的成效转化为实际工作的效果，转化为提高中心组成员的思想水平，转化为中心组成员解决问题的能力，转化为校区管理服务工作的具体行动。

（6）校区联合党总支继续按照“围绕中心抓党建，抓好党建促发展”的工作思路，在认真分析研究学校党建面临新特点、新情况、新要求的基础上，结合工作实际，坚持开展民主生活会和党员民主评议，领导干部过双重组织生活，根据所属各党支部的不同特点，积极开展支部和党员活动。党总支在所属党支部建设中，针对性的把党建工作融入日常具体的实践中去，根据各支部不同特点以“创先争优”为契机，以“五个好”为标准，紧紧围绕学校提出的“十二五”发展目标和实现跨越式发展的决策部署，巩固“争先创优”活动成果，营造出争先进、争一流的良好局面。

（7）校区联合党总支始终把加强自身建设作为党总支工作的重点，始终围绕“高效、务实、廉洁”的目标来建设党支部。为了切实做好本年度的党风廉政工作，年初党总支专门对党风廉政工作进行了安排部署，建立、健全、完善了党风廉政建设责任制相关制度，成立了以总支书记为组长的党风廉政工作领导小组，落实了“一岗双责”，并制定了相应廉政建设学习和工作计划，制定了学习和工作的具体内容，通过坚持支部学习、坚持民主集中、坚持党务公开制度，从思想上筑牢拒腐防线，提高党员领导干部廉政勤政的自觉性，提高普通党员干部遵纪守法的自觉性，杜绝腐败的产生，真正使廉政教育取得应有的效果。

（于洪琦）

【工会工作】

2014年，校区联合工会在学校工会的正确领导下，校区工会和各单位工会小组，按照校工会工作部署认真履行工会的各项职能，积极配合党支部做好党的路线、方针、政策的贯彻落实，积极开展有利于构建和谐劳动关系的活动，积极维护教职工合法权益，全心全意为广大教职员工服务，把表达和维护广大教职工利益作为工会工作的出发点和落脚点，积极倡导公平、公正、公开的理念，营造宽松和谐的民主氛围，促进学校工作的健康开展。

校区党总支积极支持工会独立开展工作，根据校区实际情况积极开展建小家活动，通过加强对会员的宣传教育，提高会员服务教职工的自觉性，通过加强工会自身建设，提高会员服务教职工的能力，关心教职员工生活，以为员工办好事办实事为己任，努力为员工排忧解难，做到既维护学校整体利益又维护个体利益，在教职工接受高质服务的同时找到家的感觉。

校区联合工会负责人经常深入工作第一线，根据需要经常定时到各校区进行工作调研，认真了解教职员工的工作、学习、生活状况，了解基层教职员工工作生活需求，关注家庭困难的教职员工，关心教职员工的身心健康，主动到医院探访患病教职员工，根据教职员工具体实际困难情况努力调动各方面的积极因素给予帮助，帮助教职员工解决困难，使职工度过生活困难时期，让职工感受到工会组织的关怀，达到凝聚人心，形成聚力的成效，促进学校工作的有力进行。

（于洪琦）

教辅单位党总支及工会工作

【概况】教辅单位党总支下设图书馆、信息与网络管理中心、机电实习中心、继续教育学院四个党支部。截至2014年底，教辅单位党总支所属各单位共有教职工110人（含非事业编职工25人），其中党员53人（含非事业编4人）。叶超同志任党总支书记。

（叶超　张金晓）

【党的建设】

（1）组织开展有特色的政治理论学习。①在全体党员中开展《中国共产党发展党员工作细则》集体学习和知识问答活动。中共中央下发《中国共产党发展党员工作细则》后，全党上下迅速学习贯彻执行。教辅单位党总支根据学校党委的统一部署，认真组织全体党员对《细则》进行集体学习和知识问答活动，主要采取观看辅导报告、研读《细则》、现场答题等方式进行，活动取得预期效果。②开展主题为“我们身处的时代”读一本好书活动，为期一个月，为全体党员购买政治理论、人文历史等书籍，鼓励大家认真学习、独立思考，撰写心得体会。③配合党委宣传部开展“党员的故事”组稿工作。组织党员职工观看电影《天河》，了解南水北调工程，学习工程建设者和水源地人民的奉献牺牲精神。④经常检查党员在线的学习情况，督促党员完成学习任务。绝大多数党员都按时或超额完成学习任务，其中有多位同志排名前列。图书馆党支部党员总学时和人均学时数均居学校第一位。⑤利用民主生活会、组织生活会、工作碰头会等时机组织党员和干部进行理论学习，传达贯彻上级精神。⑥组织提示处级干部参加学校的各类报告会。处级干部按照要求完成网上学习任务。干部的政治意识、思想素质、理论修养、法律意识、业务能力得到不同程度的提高。

（2）配合学校党委组织召开第二次党代会工作。组织本党总支代表顺利完成大会各项议程，参与选举产生学校第二届党委和纪委。

（3）配合完成“平安校园”建设评优工作。本总支高宏山、王倪珂、脱建春、王遵刚4位同志被评为校级“平安校园”创建工作先进个人。

（4）支持党支部开展学习活动。机电实习中心党支部组织开展党史知识读书竞赛活动，继续教育学院党支部开展学习习近平重要讲话知识竞赛活动，图书馆党支部开展习近平治国理政思想读书学习活动。

（5）配合完成干部任期届满和晋级的

考察工作。2014 年学校开展干部重新聘任工作，干部的考核考察工作任务比较重，在学校党委组织部门的指导下，均顺利完成。

（叶超　张金晓）

【教辅工会工作】

（1）开展学习《工会法》基础知识答题活动，110 位会员全部参加答题活动，普及了工会法的知识。

（2）完成学校第一届“双代会”第八次和第七次会议议程，并就外聘职工的档案管理问题提交了提案。

（3）完成会员统计、会费收缴、工会经费使用管理等项工作，做到及时无差错，并就经费的使用情况向工会委员会和工会小组长公开报告。

（4）鼓励支持非事业编职工加入工会，全年新加入 6 人，非事业编职工工会会员共计 25 人。

（5）真诚关心情感脆弱期的职工，为职工办实事。

部门工会制定相关规定规范各项慰问金的使用标准和范围。在职工患病住院、父母去世等时刻，工会及时探望慰问，并送上慰问金。全年慰问 4 位职工生病住院、4 位职工父（母）亲去世等情况，表达工会的关心爱护。

对当年退休的职工给予关心和慰问，发放荣誉证书和纪念品。

协助校工会完成妇女体检、三八节活动、独生子女调查、疗休养安排、30 年教龄职工统计、各种职工福利发放、100 余份生日贺卡的填写发放等工作。

（6）组织会员开展文体活动。

5 月 10 日赴凤凰岭开展“拥抱绿色 健康快乐”登山活动，11 月 1 日赴园博园开展“乐享金秋”长走健身活动，两次活动共计 100 余人次参加。积极组织参加春季运动会，教辅单位代表队获得团体总分第三名。

（7）开展树典型学先进工作。

马铭锦、吉莉莉、宋晓娜、曾铮被评为校级“三育人”先进个人。

脱建春、陈莲、刘滨、杜广涛、杜怀斌、李光华、彭春玲、高宏山、伍银、陈利源、李沛、张志等同志被推荐为学校工会工作积极分子。

（叶超　张金晓）

【其他】

完成职工思想状况调查及处级干部年度考核。

完成党务公开的相关工作，党总支应公布可公布事项均上网公布。全年更新 10 余项内容。

开展共产党员献爱心活动，收到捐款 1375 元。慰问看望病重党员，送慰问金 1000 元。

完成党的群众路线教育实践活动阶段总结工作，形成党风廉政自查报告，本总支党员干部未发现违法违纪现象。

完成年度党员情况统计报表工作。完成 2014 年的党统工作。

党费及党员活动经费收缴和使用正常，党费留成有结余。

（叶超　张金晓）

十、教学单位

机电工程学院

【概况】机电工程学院（School of Mechanical and Electrical Engineering，简称机电学院）设有机械设计制造及其自动化、车辆工程、工业设计、工业工程、新能源科学与工程、机械电子工程6个本科专业，其中机械设计制造及其自动化专业为北京市重点建设专业、北京市特色专业，车辆工程专业为国家级特色专业建设点、北京市品牌建设专业。机械工程一级学科硕士学位授权点是北京市重点建设学科，包括机械电子工程、机械设计及理论、机械制造及其自动化、车辆工程4个二级学科硕士学位授权点，其中机械电子工程学科是北京市重点学科；还有自主设置目录外二级学科“先进装备动力学与控制”和“先进制造设备工业设计”2个硕士学位授权点；同时拥有机械工程领域、车辆工程领域2个专业硕士学位授权点。

2014年，学院有教职工83人，其中专任教师78人。专任教师中，正高级职称15人，副高级职称28人，具有博士学位42人，硕士生导师37人。

2014年，学院毕业生376人，其中研究生58人，本科生318人。招生453人，其中研究生69人，本科生384人。在校生1630人，其中研究生205人，本科生1425人。

（权铁汉　安媛）

【学科建设与研究生教育】

2014年完成了学科专项建设任务，加强了北京市重点学科机械电子工程、重点建设一级学科机械工程的建设，学科实力继续得到增强。对自主设置目录外二级学科“先进装备动力学与控制”和“先进制造设备工业设计”两个硕士学位授权点加强了建设，完善了新增学科硕士点的研究方向。新申请车辆工程领域专业硕士学位授权点并获得教育部批准。

进一步加强研究生招生培养工作，圆满完成了研究生的招生录取工作，58人取得硕士学位并顺利毕业，其中5人获得研究生国家奖学金。新增硕士生导师3名，逐步完善了研究生教育和培养的二级管理机制，加强了学院研究生的组织管理和队伍建设，加强了研究生科研实践能力的培养，提高了硕士生培养质量。

（安媛）

【教学工作】

加强北京市机械工程实验教学示范中心建设，进一步完善了面向应用型人才培养的实践教学体系，加强实践教学内涵建设和实验教学方法改革与创新，提升了学生的工程实践能力和创新能力，建设成效显著。组织开展迎接北京市实验教学示范中心验收工作，并以高分圆满通过市级示范中心验收，受到验收专家一致好评。

积极组织开展教育教学改革研究，归纳总结取得的相关教学改革成果，参与学校国家级教学成果奖的申报，获得国家级教学成果二等奖。继续与北京科技大学合作开展机械类专业中央与地方共建试点，选送机械设计制造及其自动化和车辆工程两个专业2012级的10名学生到北京科技大学交流学习。承担校级以上教改项目4项，校级课程建设项目17项，获优秀教材二等奖1项、三等奖1项。

积极组织教师参加教学基本功比赛，获学校第7届青年教师基本功比赛一等奖1项、二等奖1项，获第五届实验教学基本功大赛一等奖 1 项，2 名教师评为校优秀主讲教师。

积极开展大学生科技创新和竞赛活动，举办机械创新设计、三维数字化创新设计等校内学科竞赛 3 项，协助学校举办北京市及华北五省大学生机器人大赛的中型组足球机器人比赛。承担市级以上大学生科技创新项目 39 项，其中国家级 11 项。开设开放性实验 25 项。组织参加 RoboCup 机器人世界杯、首都高校机械创新设计大赛、全国三维数字化创新设计大赛、全国航空航天模型锦标赛等，获世界冠、亚、季军各 1 项，全国冠军 5 项、亚军 4 项，省部级及行业一等奖 3 项、二等奖 4 项、三等奖 6 项。

（1）1 月 18 日，根据校教发〔2014〕10 号文件，经校评审委员会评审、校教学工作委员会审议，学院获第五届实验教学基本功大赛一等奖 1 项。

（2）4 月 3 日，根据校教发〔2014〕50 号文件，经校外专家评审、教学工作委员会审议、主管校长批准，学院获课程建设——教学方式方法改革立项项目 17 项。

（3）4 月 3 日，根据校教发〔2014〕51 号文件，经校外专家组评审、学校教学工作委员会审议、主管校长批准，学院获校级优秀教材二等奖 1 项，三等奖 1 项。

（4）4 月 17 日，根据校教发〔2014〕57 号文件，经学院推荐，“学校教学委员会”评审，学院获教学改革立项项目 4 项。

（5）4 月 30 日，根据校教发〔2014〕63 号文件，经学生申报，学院评审，学校审核，学院获大学生科技创新计划项目立项 39 项，其中国家级 11 项，北京市级 28 项。

（6）6 月 27 日，根据校教发〔2014〕81 号文件，经教学工作委员会审议、网上公示无异议、主管校领导批准，我学院 2 名教师评为优秀主讲教师。

（7）7 月 19—24 日，在巴西举办的第 18 届 RoboCup 机器人世界杯比赛中，学院机器人“Water”足球队勇夺中型组足球机器人世界杯亚军，规定项目冠军，自选项目季军，获奖总数取得历史新突破。

（8）11 月 20 日，由校外 5 位专家组成的北京市教委验收组，对北京信息科技大学机械工程实验教学示范中心建设情况进行了验收。专家组对中心在实验室建设、教学体系建设、教学成果等方面取得的显著成效，给予高度肯定，并一致同意北京信息科技大学机械工程实验教学示范中心通过验收。

（9）12 月 17 日，根据校教发〔2014〕140 号文件，经“学校青年教师教学基本功比赛评委会”评审，学院获第七届青年教师教学基本功比赛一等奖 1 项、二等奖 1 项。

（权铁汉）

【科研工作】

2014 年，科研到款额 690 万元，新增国家科技重大专项子项目 2 项，国家自然科学基金 3 项，北京市自然科学基金项目 1 项，北京市教委科技计划项目 3 项，其他各类项目 30 余项。完成北京市教委科技计划重点项目 2 项，北京市自然科学基金项目 1 项，北京市教委科技计划项目 5 项，并顺利通过验收。获中国机械工业科学技术二等奖 1 项，发表学术论文 145 篇，其中 SCI 检索论文 5 篇，EI 检索论文 14 篇，论文数量质量均有提高。获授权发明专利、实用新型专利、外观设计专利、软件著作权共计 21 项。

（1）新增项目。

国家科技重大专项子项目 2 项：①千

台国产加工中心可靠性提升工程；②中小型航空发动机零件铣车加工单元研制。国家自然科学基金4项：①基于形态改变的多体空间系统动力学建模、运动规划与最优控制；②功能梯度夹层双曲抛物壳非线性动力学研究；③多自由度非线性系统的振动能量传递机理及应用；④直驱磨削过程推力–转矩波动耦合机理与抑制方法研究。北京市自然科学基金项目1项：回转类复杂型线零件高效精密磨削过程力–位耦合控制研究。北京市教委科技计划项目3项：①高维多脉冲Melnikov函数计算方法及其应用；②基于私有云的多智能体协作系统研究；③基于草图行为的合作型设计思维及其过程模型研究。

（2）完成项目。

北京市教委科技计划重点项目2项：①地球静止轨道航天器姿态动力学与控制研究；②基于流形学习的超精密加工主轴回转精度劣化溯源技术研究。北京市自然科学基金项目1项：功能梯度材料圆柱曲板非线性振动建模与分析。北京市教委科技计划项目5项：①双跨转子系统健康运行非平稳动特性研究；②基于符号学的先进制造装备产品识别设计研究；③圆管带式输送机关键部件设计方法研究；④个性化服务型机电产品行为——结构映射算法研究；⑤基于多信息融合技术的刀具故障诊断技术研究。

（安媛）

【学生工作】2014年，机电工程学院坚持以学生为本，服务育人、管理育人为宗旨，以学风建设、队伍建设、机制建设为抓手，丰富校园文化生活，促进学生全面发展，健康成才。

（1）1月18日下午，学校校友会联合机电工程学院和校体育部一起为机械制造工艺及设备专业9632班校友和教工搭建平台，组织了一场别开生面的足球友谊比赛，该活动旨在联络校友感情。

（2）3月7日，机电工程学院举办了机电工程学院第七届女生节。

（3）4月15日中午，在小营小区学生第五公寓楼下，以“规范课堂行为，树立校园新风”为主题的校园新风尚（课堂行为篇）系列教育活动正式拉开序幕，外国语学院和机电工程学院部分领导、老师，两个学院学生会和团总支的同学参加了本次活动。

（4）5月9日，机电工程学院举办了“心理委员沙龙”活动，对学院全体心理委员进行培训，加强心理委员的心理健康知识。

（5）5月10日，机电工程学院举办了“把关爱送给室友行动”活动。

（6）5月13日，机电工程学院通过“心灵涂鸦墙”和“寄托心情　播种爱心的爱心树”心理健康主题宣传活动帮助大学生们充分地表达心情和释放自我。

（7）5月14日下午，机电工程学院硕本“1+1”研究生导学工作启动仪式在小营校区报告厅举行。

（8）6月12日晚，机电工程学院2014年毕业好声音在小营校区报告厅上演。

（9）6月18日下午，机电工程学院2014届优秀毕业生座谈会在学院会议室召开。

（10）10月13日，机电工程学院第十四届篮球联赛开赛。

（11）10月20日至11月24日，机电工程学院工业设计专业先后连续承办四场学生职业规划与发展助力计划讲座。

（12）11月11日，机电工程学院开展以“汇聚青春力量，共筑中国梦想”为主题的团日活动评选工作。

（13）12月7日，机电工程学院邀请中广核风电有限公司人事处处长杨涛杰先生为学生做了商务礼仪、就业创业、职业发展等方面的专题讲座。

（14）12月11日中午，机电工程学院硕本“1+1”之新生“领航”计划导学见面交流会在小营校区二教301教室举行。

（15）12月15日晚，由机电工程学院党委主办的“唱响机电•乐动工程”第三届新生合唱节在小营校区大学生活动中心拉开帷幕。学院党委副书记张艳，学院学生工作办公室老师以及部分新生班主任观看了比赛。

（王晗）

【党建工作】

按照上级和学校党委的要求认真开展党的群众路线教育整改和落实活动，学院领导班子按照要求对提出的整改方案进行了逐一对照落实，完成了整改落实的专题报告，并向学校党的群众路线教育整改落实检查组进行了汇报。组织学院各党支部书记及广大党员学习贯彻《中国共产党发展党员工作细则》，严格发展程序。确保党员发展质量。按计划发展了本科学生预备党员69人，研究生预备党员20人；转正本科预备党员74人，转正研究生预备党员23人。开展学院入党启蒙教育，开设院级党课学习班20学时，216名入党申请人顺利结业。各学生党支部开展“拒绝课堂失范行为”主题党日活动，并分别赴昌平区马池口镇奋奋屯村、平谷区峪口镇蔡坨村、海淀区东升镇残联党支部、密云县杨新庄村党支部开展红色“1+1”活动和党员骨干拓展提升培训活动。组织学生党员干部和骨干进行素质拓展，活动的开展提高了党组织的凝聚力和党员的政治素质。组织开展三育人先进集体、先进个人、师德标兵推选工作，开展北京市教育系统优秀共产党员等的推选工作。制造工程系评为学校三育人先进集体，4人评为学校三育人先进个人，1人评为学校育人标兵并推荐为北京高校三育人先进个人；陈勇同志评为北京教育系统优秀共产党员，机械设计教工党支部评为学校示范党支部。

（1）6月27日下午，由校党委组织部与机电工程学院党总支联合举办的“新党员走进中央组织部”活动在全国组织干部学院举行。

（2）10月17日上午，机电工程学院机械专业学生第二党支部来到了蔡坨村并开展红色“1+1”活动。

（3）10月21日，机电工程学院工业工程专业学生党支部赴东升镇残联温馨家园开展红色“1+1”活动。

（4）10月22日，机电工程学院学生第一党支部与昌平区马池口镇奋奋屯村党支部建立了合作共建关系，以“发挥党员先进性，共建社会主义新农村”为主题，开展了此次 红色“1+1”活动。

（5）10月26日，机电工程学院工设专业学生党支部来到红光村，走进“周日艺术课堂”，发挥自己的专业优势，给当地的孩子们带去了丰富的艺术课程，开展红色“1+1”活动。

（6）11月22日，机电工程学院学生党员赴人众人拓展培训学校开展2014年学生党员骨干拓展提升培训活动。

（侯俊伟　赵洁）

【对外交流】国际学术交流工作继续得到重视和加强。与德国耶拿应用科技大学增加签订“2+2”双学位交流模式。选送12名学生到德国耶拿应用科技大学交流学习，其中10名学生“2+2”模式，2名学生“3+1”模式；选送6名学生到日本福井大学进行“3+1”模式交流学习；选送10名学生到美国奥克兰大学进行“2+2”模式交流学习；选送1名学生到美国鲍灵格林州立大学进行“3+1”模式交流学习。

（贾萌萌）

仪器科学与光电工程学院

【概况】仪器科学与光电工程学院设有测控技术与仪器、光电信息科学与工程两个本科专业，均为北京市品牌建设专业，其中测控技术与仪器专业是北京市特色专业建设点和北京市应用型人才培养试点专业。具有仪器科学与技术（一级学科，含测试计量技术及仪器和精密仪器及机械两个二级学科）、光学工程（一级学科）学科的硕士学位授予权以及仪器仪表工程领域的专业硕士学位授予权，同时与重点高校联合培养博士生。“仪器科学与技术”是本校的特色优势学科，二级学科“精密仪器及机械”是北京市重点学科，“测试计量技术与仪器”是北京市重点建设学科。学院拥有“光电信息与仪器”北京市工程研究中心、“光电测试技术”北京市重点实验室、“生物医学检测技术与仪器”北京实验室等高水平的科学研究基地。拥有仪器与光电工程试验教学中心等本科教学实践基地，教学科研仪器设备总值4000余万元。近年来获得国家科技进步奖、北京市科学技术奖和北京市教学成果奖多项。学院广泛开展国际交流与合作，与美国奥克兰大学以“2+2”和“1+1.5”方式联合培养本科生和硕士研究生，同时还与英国、日本、俄罗斯等国家和地区的高校建立了合作关系。

2014年，学院有教职工51人，其中专任教师41人，教授9人，副教授12人，具有博士学位29人，兼职博士生导师2人，硕士生导师21人。

2014年，学院毕业生174人，其中研究生52人，本科生122人；招生183人，其中研究生58人，本科生125人；在校生724人，其中学术型学位硕士78人，专业型学位硕士84人，本科生562人；与北京邮电大学联合培养博士生2人，与合肥工业大学联合培养博士生4人。

（董明利　陈伟）

【学科建设与研究生教育】

（1）学科队伍建设。学院注重加强学科队伍建设，引进与培养相结合，积极扶持青年教师在科研和教学工作上两条腿走路，快速成长。祝连庆教授入选“科技北京百名领军人才工程”，周哲海副教授参加国家公派高级访问学者项目赴美国华盛顿大学进行访学研究，学院所有青年博士教师均进入研究团队参与科研工作。2014年引进应届博士1人，并顺利完成在校教师职务全员聘任工作。

（2）研究生招生。在做好全日制硕士研究生招生工作的同时，努力开拓非全日制工程硕士招生渠道，10月，学院与中国测试计量学会签订了联合招收非全日制工程硕士协议。

（3）研究生培养。学院积极推进研究生教育质量工程建设，制定并完善了研究生奖助学金评选条例与细则，完成了2014版《硕士研究生培养计划》的修订和教学大纲的编写与修订工作。为更好做好研究生培养工作，学院申请国家及北京市外专局引智项目 2 项，其中重点项目 1 项，引进美国 FLT 公司骆飞教授、美国奥克兰大学杨连祥教授、英国剑桥大学初大平教授以及英国曼彻斯特大学王宏教授，与学校开展合作研究、研究生教学以及研究生指导工作。12 月，学院圆满完成研究生校外产学研联合培养基地的建设工作，并顺利通过了合格验收。

（4）研究生党建工作。研究生党建工作力争做到“三结合”，一要与思想教育相结合，二要与科研创新相结合，三要与导师育人作用结合。研 12 级第三支部书记盛立国同学被评为学校“2014 年学生党员先锋工程实施计划”优秀党支部书记。

（董明利）

【教学工作】坚持教学工作的中心地位，深化教学改革，强化教学管理，加强教学基础建设，组织实施工程教育专业认证，强化实践性教学环节，努力形成学院专业和人才培养特色。以工程教育专业认证为抓手，转变教育教学观念，着力打造专业优势，提升学生应用实践能力。

（1）专业认证。“测控技术与仪器”专业作为全校首个申报工程教育专业认证的专业，于 11 月 12—15 日接受中国工程教育专业认证专家委员会测控技术与仪器专家组对测控技术与仪器专业的现场认证考查。专家组与学校、学院领导及相关职能部门和基础教学单位负责人等进行了座谈，考察了实验室及其他教学设施，查阅了教学管理资料、教学文档资料，对任课教师、管理人员、在校学生、毕业生、用人单位代表等进行了访谈。专家委员会就现场调查结果及其他资料对测控技术与仪器专业形成了考察报告，对学校专业建设与人才培养成效给予了肯定。最终测控技术与仪器专业成为学校首个通过了国家工程教育专业认证的专业，同时也明确了今后学院两个本科专业建设和发展的指导思想和原则并着手持续改进。

（2）实践教学基地建设。全面梳理学院的校外实习基地，与北京兆维电子（集团）有限责任公司通信产品销售服务分公司、大恒新纪元科技股份有限公司、北京创思工贸有限公司、北京精仪集团有限责任公司、北京雪迪龙科技股份有限公司等正式签署了校外实践教学基地协议书，初步构建了行业领域丰富多样，专业对口，布局合理的学院校外实践教学基地体系。

（3）在校生国际联合培养工作。派出第四批 9 名参加“2+2”联合培养的本科生赴美国奥克兰大学学习，1 名大四毕业生参加“4+2”联合培养项目赴美读硕士。

（4）考研情况。2014 年总共考取硕士研究生 11 人，占毕业生总人数的 8.66%。其中有 5 人录取到“985”、“211”类院校。

（5）实验中心建设。全面整合现代电子技术、测控技术与仪器和光信息科学与技术等三个教学实验室，统筹学院本科、研究生实验教学安排，成立了仪器与光电工程实验教学中心，同时将前期滞留在健翔桥校区的主要实验设备已基本回迁到小营校区，并安装到位，投入使用。

（吕勇）

【科研工作】学院利用现有重点实验室和科技领军人才的有利条件，培育出有特色的研究方向和创新团队，提高了科研工作水平。加强外联，争取横向项目资金，拓展科研经费渠道，加强同国内外高校、科研机构和企业等交流合作，开展合作研究，积极推动科研成果转化。

（1）科研经费。2014 年，学院科研到款额1737万元，其中纵向科研经费970万元。获批国家“863”项目1项（300万元），国家自然科学基金项目3项。科研经费比2013年翻了1番，位列全校教学单位之首。

（2）论文及发明专利。2014年，学院共发表论文（不完全统计）60余篇，较2013年有比较大的下降，但论文质量有明显提高，SCI、EI、中文核心期刊等高水平期刊论文数量有较大提高。获授权发明专利16项，其中包括3项美国专利，申请国家发明专利20余项。

（3）科研基地建设。在继续做好光电测试技术北京市重点实验室和光电信息与仪器北京市工程研究中心的建设基础上，重点推进学校与首都医科大学宣武医院、北京大学、北京师范大学、悦康药业集团、广东福地新视野光电技术有限公司联合申请成立“脑血管病国家工程研究中心（北京）”的工作，目前各项工作正在按计划进行中。

（董明利）

【学生工作】

（1）学生获得的各类荣誉。获北京市先锋团支部称号2个，校级优秀团支部2个，校级优秀团干5人，校级优秀团员10人；党员学习标兵4人，校级优秀学生党支部书记1人；入选学校百名时代先锋人物5人，入选学校十大先锋人物1人。2014年学生获得的各类奖学金情况有：国家奖学金1人，国家励志奖学金18人，学校学习优秀奖学金74人次，学校科技创新奖学金31人次，学校文体优秀奖学金10人次，学校社会贡献奖学金43人次。在2014年各类科技竞赛中也取得了优异的成绩。在RoboCup2014中国公开赛中，获得2项冠军及技术挑战赛唯一的可靠性奖；在华北五省（市、自治区）机器人大赛中，获得一等奖3项、二等奖1项、三等奖2项；在北京市电子设计竞赛中，获一等奖1项、二等奖2项、三等奖7项，获奖数超过学校总数的一半；在全国大学生光电设计竞赛中取得历年来最好成绩，获三等奖3项。

（2）校园文化活动及获奖情况。光信1202团支部获校团日活动公开赛三等奖。在校运动会中获最佳组织三等奖。在“北京市优秀基层组织创建展示”活动中测控1102班1214宿舍获北京市优秀宿舍称号。在学校党章党史知识竞赛中，学院代表队获二等奖和最佳组织奖。在市级优秀社会实践项目评选中，获一等奖1名、二等奖1名、三等奖2名。学院特色活动：学院首届创新实践文化节暨课外科技作品展，“全能班级”系列活动，专家报告会，班级学分绩点比拼，团日活动公开赛，趣味运动会，班级微电影大赛，班级创业大赛等，光电新年晚会，考研和英语学习经验交流会等。

（3）本科学生党建工作。截至年底，学生党员比例为11%。完善三个梯队的管理，办好院级党课学习班。组织新党员和积极分子参观航空博物馆，赴卢沟桥抗日战争纪念馆开展宣誓和佩戴党徽仪式，提升党员使命感和向心力。组织各党支部参加“‘中国梦’微电影拍摄”活动。积极开展红色“1+1”活动，与通州官庄村党总支、清华华环电子股份有限公司党支部、首都师范大学化学系党支部和小营村党支部开展多次红色主题共建活动，其中与首都师范大学化学系党支部的共建活动被推荐到北京市。

（4）学生管理工作。组织各班开展了“校园新风尚”主题班会，在各班开展“优良学风班”创建计划，抓好一年级教育工作，组织入学教育工作，召开新生家长会，在新生中开展了团体辅导、新生辩论赛、篮球比赛，羽毛球比赛、消防安全演练等。组织各团支部开展“汇聚青春力量 共筑中国梦想”主题团日活动。建设好新闻中心，继续办好院刊《成长》，推出了“光电之家”微信公众服务平台，推送新闻 49 篇，成为传递正能量的新平台。82 人次获得国家助学金，其中一等助学金 33 人，二等助学金 49 人。26 次参加了学校“家庭经济困难学生综合能力提升计划”项目培训。做好征兵工作，其中 2 名学生光荣入伍，3 名学生光荣复员返校学习。

（5）学生就业工作。2014 届毕业生全口径就业率为 98.43%，就业率保持在学校前列，获学校就业质量奖。

（6）学生科技活动。成功举办了学院首届“科技之光”创新实践文化节暨学生创新实践作品展，在全校范围内充分展现了学院学生的创新思维和实践能力。组织本科生“科技之光”系列讲座，邀请德国耶拿大学的 Frank Wyrowski 教授、浙江大学匡翠方副教授等为本科生作学术报告。2014 年学院共获批 47 项“大学生科技创新计划”项目（其中国家级 8 项、市级 23 项、校级 16 项），经验收，结果为 14 项优秀，28 项合格，5 项延期。同时完成了 2015 年度国家级和市级大创项目（共 32 项）的筛选和评审工作。

（邱明晓）

【对外交流】学院非常重视组织开展学术交流，努力提高仪器科学与技术学科的影响力。

（1)8 月 19 日，协办 ISPEMI2014 会议（第九届精密工程测量与仪器国际学术会议，International Symposium on Precision Engineering Measurements and Instrumentation）。

（2）8 月 21 日，邀请英国剑桥大学先进光子学与电子技术中心（CAPE）主席 Daping Chu 教授访问学校，学校聘其为荣誉教授。期间，Daping Chu 教授代表剑桥大学就成立“剑桥大学—清华大学—北京信息科技大学光电子技术国际合作研究中心”与学校达成了一致意见。

（3）10 月 10—12 日，承办 2014 年中国仪器仪表学会第十六届青年学术会议及北京学者计划——信息与电子专家委员会第一次工作会议，200 余名仪器仪表行业及学科的专家学者汇聚学校，其中包括 24 位两院院士。

（董明利）

【党建工作】学院党总支下属党支部 13 个，其中教工党支部 3 个，学生党支部 10 个。共有党员 192 人，其中教职工党员 32 人，学生党员 160 人。2014 年共发展学生党员 49 人，学生预备党员转正 30 人。

（1）认真贯彻学习党的十八大精神，结合示范党支部建设等活动的开展，促进全院教职工的政治学习及相关活动。认真落实党的群众路线教育实践活动整改措施，坚决纠正“四风”方面存在的问题。围绕校院改革发展和建设目标，结合党的群众路线教育实践活动开展的实际情况，重新明确了党政联席会议制度及其议事规则、院务会议制度、学院级理论中心组学习制度、民主生活会制度等。

（2）加强党支部建设，以师德建设为主线，评选先进典型，发挥示范引导作用。评选出优秀共产党员 3 名，测控系被学校评为 2014 年“三育人”先进集体。

（滕功清）

自动化学院

【概况】自动化学院（School of Automation）于2007年10月在原北京机械工业学院计算机及自动化系的自动化教研室、电气工程教研室、电工电子教研室和原北京信息工程学院信息与通信工程系的自动化教研室、智能科学与技术教研室、电工电子实验教学中心的基础上组建而成。学院设控制工程系、电气工程系、智能科学与技术系等3个专业系，设有控制工程实验室、电气工程实验室、智能科学与技术实验室本科教学实验室3个教学实验室，电子信息与控制国家级实验教学示范中心挂靠自动化学院。学院现有自动化、电气工程及自动化、智能科学与技术本科专业3个，其中自动化专业是教育部国家级特色建设专业、国家“卓学工程师计划”第二批试点专业、教育部“本科教学工程”地方高校第一批本科专业综合改革试点专业，北京市特色专业，也是第一批招生的本科专业。电子信息与控制实验教学中心是国家级实验教学示范中心，电工电子实验教学中心是北京市实验教学示范中心。自动化专业生产实习基地是北京市高等学校市级校外人才培养基地。学院现有控制科学与工程一级学科、电气工程一级学科，控制工程硕士专业学位授权领域1个；控制理论与控制工程、检测技术与自动化装置学科为北京市重点建设学科。

2014年，学院及电子信息与控制实验中心共有教职工70人，其中专任教师62人，教师中教授12人，副教授18人，具有博士学位31人，博士生导师3人，硕士生导师27人。4名教师为北京市教学名师，3名教师北京市优秀教师，1名教师为北京市师德标兵，1名教师为北京市高校育人标兵，1名教师为北京市高校创先争优优秀共产党员，2名教师为北京市师德先进个人，3名教师为校级教学名师。

（刘小河　万咏梅）

【学科建设与研究生教育】2014年，自动化学院在控制科学与工程、电气工程两个一级学科具有硕士学位授予权。控制科学与工程一级学科下设控制理论与控制工程、检测技术与自动化装置、模式识别与智能系统、导航制导与控制等4个二级学科，电气工程一级学科下设电机与电器、电力电子与电力传动2个二级学科。学院在控制工程领域具有专业硕士学位授予权，2014年已招收第4届全日制工程硕士，首届工程硕士毕业。控制理论与控制工程学科现有3个研究方向：非线性系统控制与鲁棒控制，计算机测控系统，复杂系统建模、分析与控制；检测技术与自动化装置学科现有3个研究方向：智能检测技术；自动化装置；多传感器信息融合。模式识别与智能系统学科现有两个研究方向：智能控制与智能系统；图像处理与计算机视觉。导航制导与控制、电机与电器、电力电子与电力传动等新设二级学科也都建立了适合学科发展的研究方向。学院根据研究生院统一规定，按一级学科大类培养了培养计划计划，打通基础，突出特色，争取在部分学术方向上达到国内一流的研究水平和实力。

控制理论与控制工程、检测技术与自动化装置学科是北京市重点建设学科。2014年，学院控制理论与控制工程、检测技术与自动化装置学科顺利完成北京市重点建设学科专项建设计划，在北京市重点学科验收工作中分别取得85分、88分的良好成绩。自动化学院现有两个学术团队（控制理论与控制工程学术团队、模式识别与智能系统学术团队）为北京市学术创新团队。

控制科学与工程学科被学校确定为6个重点发展的引领学科之一，按照博士学位授权点的要求进行建设，建设结束时，本学科应达到北京市重点学科水平。由此，控制科学与工程一级学科作为学校重点建设、重点支撑的学科地位更加明确，也对自动化学院的学科建设提出了新的要求和挑战。2014年，学校投入80万元，购买了仪器设备，改善了学科平台，学科实力进一步增强。2014年，控制理论与控制工程学科教师首次在国内自动化类最高水平的刊物《自动化学报》发表了论文，在高水平论文、课题方面有了新的突破。

2014年10月，学院组织召开学科建设研讨会，刘小河院长作了控制科学与工程学科建设的主题报告，李邓化教授、张奇志教授、李擎教授、白连平教授分别介绍了2014年各二级学科的建设情况，会议还讨论了学科建设、学科团队和科研团队建设、如何适应学院向教学科研型学院转型对教师素质的要求等问题。

学院各学科现有硕士生导师27人，其中，2014年新增硕士生导师2人。

自动化学院控制科学与工程一级学科继续按4个二级学科招收研究生，电气工程一级学科按2个二级学科招收研究生，控制工程领域研究生招生继续稳定增长，共招收研究生55名。招生过程中，学院严格按照上级有关规定，组织相应的复试小组，坚持阳光工程，在笔试、口试、面试过程中严格执行规定，顺利完成了研究生招生工作。

在研究生院指导下，学院继续对控制科学与工程一级学科、控制工程领域的研究生教学培养计划进行了修订，形成2014版研究生培养计划，使研究生培养工作进一步规范化。

学院积极组织研究生教学改革活动，通过研究生教育提高项目，完成了控制工程实践学分课程体系的建立、教学大纲的制定等工作，为完善工程硕士的实践类学分的改革奠定了基础。

在研究生教学中，学院注重提倡创新，利用学科基地开展多种实践活动。例如自适应控制要求学生分为若干组在倒立摆实物上进行自适应控制系统的设计与调试、现场验收，非线性系统分析与稳定性采用研讨式学习的方式，有助于学生科研能力、创新思维的培养。在研究生教学中，学院注重提倡创新，利用学科基地开展多种实践活动。例如自适应控制要求学生分为若干组在倒立摆实物上进行自适应控制系统的设计与调试、现场验收，非线性系统分析与稳定性采用研讨式学习的方式，有助于学生科研能力、创新思维的培养。

在开题、中期考核、答辩过程中，严格要求，充分发挥导师作用，同时以课题组的方式指导研究生，研究生培养质量稳步提高。2014年有4名研究生获优秀论文论文。

2014年研究生科技创新成果情况：共18人次获各类奖项33项，其中冠军4项，亚军4项，季军2项，一等奖3项，二等奖2项，三等奖3项。

（刘小河）

【教学工作】

（1）专业建设工作。

立足学院学科专业优势和人才培养特色，各专业建设按照全国高等学校工程教育专业认证相关标准，本科教学的专业基本定位及目标、课程体系、支持条件、师资队伍、学生、质量评价与持续改进6个方面进行梳理，充分挖掘专业内涵与核心竞争力，着重凝练各自的专业方向与特色。

2014年，就“卓越工程师教育培养”、工程教育、专业认证等进行了大量调研与相关建设工作。6月，学院与北京地铁供电分公司进行了校企合作签约，进行了建立本科生“订单班”的相关准备工作。7—9月，学院组织了相关教师赴燕山大学、东南大学和南京理工大学进行了调研交流。自动化专业参加了学校首批工科类专业评估工作，取得较好的效果。电气工程及其自动化、智能科学与技术专业开展了专业评估的筹备工作。

（2）人才培养工作。

坚持专业教育不断线，以专业负责人为责任人进行专业教育，帮助学生做好职业生涯规划，使学生树立远大的学习目标，增强学习动力。2014年，学院16名同学被录取为研究生，其中自动化专业11人，电气专业1人，智能专业录取人数为4人。学院努力探索人才培养协同创新的途径与方法，大力推进与国外高水平大学联合培养本科生项目和暑期大学生海外交流项目，积极聘请海外学者来访交流和授课，以拓展学生的国际视野。2014年继续实施与中瑞典大学的“3+1”国际交换生计划，6名交换学生8月赴中瑞典大学学习；巩固发展与美国加州圣何塞大学的合作关系，4名同学交换成功。

学院坚持开展专业引领系列活动，促进学风建设。一方面，通过聘请校外名师进行讲座；另一方面，充分发挥朋辈教育的作用，组织学生之间的交流。2014年聘请了中国人工智能学会副理事长韩力群教授、《宇航学报》副主编等一系列专家教授为同学开展主题专业教育。2014年11月特别组织学院学生创新实践团参观访问百度公司，并与百度资深工程师座谈百度产品中的大数据与人工智能。

学院承担了2项校级重点大学生学科竞赛，1项校级一般大学生学科竞赛，积极组织学生参加全国及北京市的全国智能车竞赛、机器人竞赛、电子设计大赛、大学生物理竞赛、数学建模竞赛、英语竞赛等大学生学科竞赛，在机器人竞赛领域取得突出成绩，特别是在FIRA（The 19th FIRA Robo World Cup 2014）国际机器人足球世界杯比赛中获得了季军两项。

2014年5月，学校自动化学院张奇志、周亚丽教授带领的家庭服务机器人代表队Sun@Home在“紫光Erobot”“凌翔”杯中国家庭服务机器人大赛在中，取得了3项冠军、1项亚军，赢得了大赛委员会和众多参赛高校的一致认可及广泛关注。

2014年7月，智能机器人俱乐部团队在“哈工大杯”第十六届全国机器人大赛暨第五届国际仿人机器人奥林匹克大赛上，获得1项冠军、1项亚军和2项季军，共获7个一等奖、6个二等奖和2个三等奖。2014年7月，第九届“飞思卡尔”杯全国大学生智能汽车竞赛，获得4个二等奖，3个二等奖，1个优秀奖。吴迎年，曹荣敏，柏森指导的智能药盒、基于ZigBee的社区远程家庭紧急救助系统的研究，获“博创杯”全国大学生物联网竞赛华北赛区二等奖2项。

2014年8月，“尚和杯”中国机器人大赛暨RoboCup公开赛分项赛在北京航空航天大学隆重举行。自动化学院派出的五个参赛队伍分别荣获机器人武术擂台赛非标准无差别（1 vs 1）项目、标准无差别

（1 vs 1）项目和动作投影对抗（1 vs 1）项目比赛二等奖3项，获机器人武术擂台赛规定动作技术挑战项目和动作投影技术挑战项目三等奖2项。

2014年10月，学校自动化家庭服务机器人代表队在合肥举办的中国机器人大赛暨RoboCup公开赛上获得RoboCup@Home组比赛亚军和技术挑战赛季军。

2014年11月，在FIRA（The 19th FIRA Robo World Cup 2014）机器人足球世界杯比赛上，由陈雯柏、吴细宝、许晓飞指导的FLY队先后战胜了来自国立马来西亚大学的UKM队和来自中国台湾地区的南台科技大学myles队，获得了Androsot（3 vs 3智慧型人形机器人足球）和Mirosot large league（11 vs 11轮式机器人足球）项目两项季军。

2014年11月，学校承办的华北五省市大学生机器人大赛中，学院参与了比赛筹备工作。学院共获得1项一等奖，6个二等奖，4个三等奖。

（3）教学改革工作。

学院围绕培养创新型人才主题，进行了大量教法与考试改革的探索，取得良好效果。全面建立课程组，积极开展专业基础课及专业主干课的课程建设工作。《检测技术与仪表》、《电力电子技术》、《过程控制》与《计算机控制系统》4门课程通过校课程建设结题验收。2014年，刘小河院长主持北京市教改项目面上项目1项，学院教师共承担校级各类教改及课程建设项目16项，其中重点项目2项。2014年，刘小河主编的《自动控制原理》作为教育部自动化教学指导委员会牵头规划的工程应用型自动化专业系列教材出版。在2014年第三届校级优秀教材评选中，《控制工程数学基础》获二等奖，《异步电动机节能原理与技术》与《DSP原理及应用》获三等奖。《智能检测技术及仪表》、《计算机控制系统》获评2013北京高等教育精品教材，本年度我校共5本教材获评精品教材。《计算机控制系统》入选2014年第二批"'十二五'普通高等教育本科国家级规划教材"。

（4）教师发展工作。

为适应应用型人才培养的要求，学院重视教师发展工作，组织青年教师观摩名师课，通过观摩名师讲课，学习名师的教学方法、教学手段，并与名师交流经验，使青年教师进一步提高教学水平。学院积极组织参加学校相关课程教学方式方法改革、"微课""慕课"专题培训，有效提升青年教师教学能力。

2014年，张奇志获青年教师导师制优秀指导教师。2014年度教师教学效果评价工作中，12名教师参加评价，杨秀媛、管萍、李娟、厉虹、刘丽华与吴细宝6人被评为优秀。许晓飞、刘琼获在学校第五届实验教学基本功大赛暨优秀实验项目评选中获二、三等奖。高可、王丽捷积极参加了校青年教师教学比赛。柏森、陈启丽参加了卓越工程师实验教学、机器人教学培训。麦可思第三方测评中，各专业毕业生认为对个人成长最有帮助的教师有智能专业吴细宝老师、电气专业白连平老师。

（陈雯柏）

【科研工作】2014年，学院科研实际到款额657.95万元，其中纵向405.05万元，横向252.9万元，超额完成学校布置科研到款任务；获得国家自然科学基金面上项目立项3项，创历史最高水平；获北京市自然科学基金重点项目（B类）立项1项、北京市教委科技项目立项3项，获国家发明专利6项；获软件著作权3项；

出版学术专著2部，发表学术论文89篇，其中SCI检索论文1篇、EI检索论文29篇、中文核心期刊论文21篇。

（张奇志）

【学生工作】深入贯彻落实十八大以来的重要方针政策，坚持社会主义育人导向，围绕学校党政工作要点和学生处的工作要点，以和谐稳定为基础，以思想政治教育为主线，以学风建设为重点，努力提高学生的综合素质，为学生健康成长、成才服务。

（1）加强教育引导，积极推进大学生思想政治教育工作。坚持思想政治教育与学生日常服务管理相结合，同时将解决学生思想问题与解决生活实际问题相结合，做学生的良师益友，帮助他们缓解思想压力，正确面对学习和生活中的挑战。通过主题、专题教育等形式，帮助学生树立正确的世界观、人生观、价值观，不断提升青年学生的思想觉悟和政治理论水平。

（2）以提升学习动力为重点，大力加强学风建设工作。以学业规划大赛和优良学风班创建为抓手，同时组织开展了“新生学习经验交流会”、“考研经验交流会”、“职业生涯规划会”、“优秀学长报告会”等一系列活动着力提升班级的学习氛围，学院有2个班级分别被评为“北京市先进班集体”。加大对学院学生科技社团的指导，学生翱翔科技协会先后举办了单片机等学术沙龙系列活动以及“与科技先锋零距离”等活动，不断加强学生科技创新氛围和队伍建设，取得了较好效果。

学生研制的机器人参加2014网络春晚，另有3名学生作为学校机器人足球队“Water”的主力成员，在第17届RoboCup机器人世界杯中型组比赛中，获得冠军，为学校赢得了荣誉。

（3）坚持“两个结合”，推进党团建设工作。学院在党团建设工作中，一是坚持党建与团建相结合，加强党组织对共青团工作的统筹规划，发挥团组织的助手和后备军作用。二是学院主导与学生主体相结合。在继续坚持学院主导的同时，努力创造条件发挥学生党员的主体作用。年内，学生党团组织联合发起“一帮一”、学生骨干培训班、学习十八届三中、四中全会精神等活动，取得较好的效果。学生党支部与大兴区旧宫镇德茂社区党支部、与装甲兵工程学院装备指挥与管理系学生党支部分别开展基层党支部共建活动，这两个项目被北京市评为红色“1+1”三等奖、优秀奖。

（4）开展校园文体活动，丰富学生的课余文化生活。学院组织开展班级文化建设月、新生风采展示大赛、篮球赛、主持人大赛等各类文体活动，丰富了学生课余文化生活。同时组织学生积极参加学校举办的各类比赛。年内实现了“先锋杯辩论赛”五连冠、“三球联赛”篮球组第二名，在“党史知识竞赛”获得党史知识竞赛三等奖以及最佳组织奖，运动会团体总分第五名。

（5）精心组织落实，全力做好毕业生就业工作。学院通过就业指导课和请企业相关人员来校讲座，着力加强对毕业生的就业指导，激发学生的主体意识，提升学生的求职技巧。学院制作学生就业情况跟踪表，全程了解学生的就业状况并加以指导，同时开展就业困难群体团体辅导和个体帮扶工作。通过全院师生的共同努力，2014届学生就业率及考研率在各学院中名列前茅，学院获2014年就业工作最佳服务奖。

（彭书华）

【党建工作】自动化学院党委下属党支部15个，其中教工党支部5个，本科学生党支部4个，研究生党支部6个。学院党员258人，其中教职工党员53人，本科学生党员114人，研究生学生党员91人。2014年，学院党委不断加强对入党积极分子的培养，始终坚持成熟一个发展一个的原则，严格预审制度及发展程序，把好党员入口关，年内发展党员66人，其中本科生55名、研究生11名；预备党员转正72人，本科生59名、研究生12名。

（1）思想建设。

学院党委通过学资料、听报告、看录像、观电影、参观学习、讨论交流等多种形式，组织党员干部和教职工深入学习党的基本理论，理解“中国梦”、“践行社会主义核心价值观”的内涵，提升师德水平，推动工作发展。

党委认真制订学习计划，明确学习目标，采取集中、自学等多种形式开展学习，使得党员政治理论学习取得了很好的成效。组织师生各支部书记和支部委员带头学习，集中组织党员观看《天河》大型纪实电影。

在学院党委组织下，师生党员先后去卢沟桥抗日战争纪念以“牢记历史，不忘过去，珍惜和平，开创未来”党日活动馆参观学习。行政学工教工党支部组织党员缅怀先烈去李大钊烈士陵园扫墓活动。党委书记带领各教工党支部书记前往兰州大学信息管理学院党委进行了党建工作交流，进一步拓宽了支部书记视野。

2014年10月研究生日常管理和党建工作下放到各学院，学院克服一切困难按时完成各项工作，并及时做好研究生的思想、日常管理工作，使研究生工作顺利走上正轨。

学生参加学校举办的“党章、党史”知识竞赛，获得三等奖和最佳组织奖。

（2）组织建设。

1）规范党员发展工作，确保党员发展质量。学院党总支始终按照“坚持标准、保证质量、改善结构、慎重发展”的指导方针，注重规范党员发展程序，注重党员教育管理，确保党员发展质量。

2）加强教育，主动引导。党委和支部对申请入党的同学，热诚关心、主动引导，认真开展院级党课培训，加强了日常化、经常化的教育引导工作。在组织发展环节，实行入党答辩制度，细化考察、严格标准、严肃程序，保证了发展质量，完成了年度党员发展计划，目前学院学生党员的比例为16.3%。

3）搭建平台，提高学生干部的工作能力。积极搭建学习和培训平台，开展各类培训和团队拓展活动，增强学生干部的工作能力和团队合作意识，分别有一位研究生党支部书记、一位本科生党支部书记获得校优秀党支部书记称号。2014年11月完成学生党支部的换届工作。

（3）作风建设。

1）巩固和深化党的群众路线教育实践活动成果。按照学校党委关于党的群众路线教育实践活动的统一部署，学院党委从遵守党的政治纪律情况、班子作风基本情况、“四风”存在的主要问题、原因分析和改进措施等方面进行学院班子对照检查，召开领导班子民主生活会，会上每一位党员干部对照个人整改措施逐项进行自查，认真开展批评与自我批评，学院领导班子成员多次进行了专题研究，多次修改，并形成班子自查报告，巩固和深化教育实践活动成果，切实克服“四风”问题。

①在学院党政的支持下班子成员经常与各支部青年教师沟通、交流开展各项工

作，做到政治上关爱，工作上帮助，生活上关心，倾听干部群众的意见建议，利用青年教师导师制平台使教师的成长与学院的建设发展紧密结合，增强团队的凝聚力和个人的归属感，收到了良好的效果。

②在学院党委的指导下，教师党员定期进行与学生的座谈活动，了解学生在学习生活动中存在的问题和困难，以及对教师教学工作的意见和建议，督促教师不断改革创新，钻研业务，倡导优良学风，提高应用型人才的培养质量。

2）强基固本，扎实推进党支部建设，开创基层党建工作新局面。学院党委立足基层党建工作实际，以“学习型、服务型、创新型”三型党支部创建为载体，不断提升党建工作规范化科学化水平，激发基层党组织的活力和战斗力，为推动学院事业科学发展提供了坚强的政治保障。为把创建工作扎实推进，为学院师生成长成材建立完善机制，营造良好教学氛围。

各教工支部，依据自身实际，创造性地开展“固基工程”建设和“创先争优”活动，并结合各支部特点，制定“融入中心、服务发展”为切入点的服务工作法。

行政学工教工党支部和学生第一、第二党支部联手共建到大兴区旧宫镇德茂社区村党支部开展“乡土情、基层行——践行社会主义核心价值观”为主题的红色“1+1+1”支部共建活动，并获得北京市红色共建三等奖。

（4）党风廉政建设。

学院党委高度重视党风廉政建设，积极开展有针对性的廉政教育，落实党风廉政责任制，不断加强领导班子建设，按照上级的统一部署，把党风廉政建设和反腐倡廉工作列入学院党政重要议事日程，纳入年度工作计划，认真落实学校工作布置，及时反馈、汇报工作情况，结合教学、科研、管理等实际工作开展宣传警示教育，加强监督检查。按照“谁主管，谁负责；一级抓一级，层层抓落”的要求，认真履行“一岗双责”，将党风廉政建设和反腐败工作各项任务与党政领导所分管的工作结合起来，围绕学院今年的中心工作，实行目标分解、责任共担的责任连带机制，认真履行党风廉政建设责任制，将党风廉政建设和反腐败工作贯穿于学院各项工作的始终，同时，加强执行党风廉政建设责任制的检查，将其纳入各部门年度目标考核内容，接受群众监督。

年终学院各级领导、各系、各支部结合工作实际，对照“反腐倡廉工作任务分解表”任务及工作要求，逐项进行自查，每个系都向学院党委提交了自查报告，学院汇总并撰写了自查报告。

（5）安全稳定工作。

1）把握思想、加强教育。学院领导班子通过召开教职工大会、学生大会、学生班会等，教育全院师生提高思想认识，及时掌握师生思想动态，强化安全意识。组织消防技能培训、消防演习等，提高大家应急能力。

2）健全组织、完善制度。学院成立了以党政主要负责人担任正、副组长的安全工作领导小组，在和学校签订《推进平安校园建设维护学校安全稳定》责任书的基础上，和系、中心有关部门负责人签订安全工作责任书，落实安全稳定责任制，层层抓好落实。同时，还重视安全工作的制度建设，先后修订完善了《自动化学院突发事件工作预案》《自动化学院学生安全工作规范》《自动化学院学生活动安全管理办法》《自动化学院毕业生文明安全离校预案》等制度。

3）完善预案，加强防范。学院组织各项活动，都制定安全工作预案，学生外出活动，都要签订安全协议书，强调安全责任，提出安全要求。

（6）学院分工会工作。

学院注重结合中心工作发挥工会职能，在教师职务聘任工作中充分发挥工会和教代会的参政议政、民主监督和维护权益的职能及其桥梁纽带作用，拓宽了民主渠道，维护教师权益。学院积极组织大家参加学校的运动会并取得了学校团体总分第四的好成绩。经常组织师生篮球比赛、羽毛球比赛，通过各类文体活动，极大地丰富教职工业余文化生活，同时进一步增强集体的凝聚力，营造团结、和谐、积极向上的学院氛围。

组织全院教师“爱心捐款”为学院不幸患尿毒症的一位同学进行捐款，捐款金额共计 7550 元。

（王鹰）

【其他重要事项】

（1）教师全员职务聘任。

2014 年下半年，学院根据学校安排，进行了同级教师职务聘任第二轮聘任工作。学院根据学校的指导精神，提出了聘任的实施方案，制定了学院岗位说明书。为加强团队建设，学院提出在个人聘任基础上，增加了按团队进行考核的要求，并在岗位说明书中有专项说明，使学科团队建设落到实处。本轮考核自动化学院教师自愿组成 4 个学术团队，按团队进行考核，为学院加强团队建设打下坚实基础。

（2）2014 年教师获校级以上表彰情况。

1）厉虹教授被评为第 10 届北京市教学名师。

2）李擎教授获北京市优秀老师。

3）范军芳副教授荣获北京市科技新星称号，入选北京市青年拔尖人才。

4）张奇志教授获得北京市师德先进个人。

（3）人事。

1）北京地区高校选派一批团干部和青年教师到新疆县级团委开展为期一年的挂职工作，学院辅导员张飞被派往新疆和田挂职。

2）接收 2 名应届博士毕业生。学院有 1 名教师到国外做访问学者，有 4 人在职攻读博士获得博士学位。

3）学院人员变动情况：原自动化学院办公室主任孟育红、教学秘书刘文静办理退休手续。

（刘小河）

电子信息与控制国家级实验教学中心

【概况】电子信息与控制国家级实验教学中心（Experimental Teaching Center of Electronics information and Control）前身是成立于 2001 年的电工电子实验教学中心，是服务全校 16 个本科专业“三电”类专业基础课程和课程设计、电子工艺实习等实践教学任务的教学单位。中心以学科建设为依托，以学生能力培养为中心，以实验教学改革为重点，以优化教学队伍为保障，在实验教学、实验队伍、管理模式、设备与环境等方面建设，构建了面向电子电气信息学科专业人才培养的多学科交融大电类实验教学平台，营造了设备先进、软硬件一体、资源共享、开放服务、网络化管理的实验教学环境，具有教师配备复合化、科研成果课程化、培养模式阶梯化、开放实验制度化、实验室功能多元化等鲜明特色。2007 年中心被评为北京市电工电子实验教学示范中心。2008 年被评为国家级电子信息与控制实验教学示范中心建设单位。2013 年被评为国家级实验教学示范中心。

中心下设教研室和实验室两个二级机构，包括电路、模拟电子技术、数字电子技术、电工、综合实践五个课程组和电工电路、电子技术、EDA 技术、SOPC 技术、综合电子技术、大学生实践创新基地、工程实训等七个功能实验室，实验室占地面积近 1200 平方米，分布在小营和健翔桥校区。

中心有教职工 22 人，其中专任教师 22 人，教授 3 人，副教授及高工 6 人，具有博士学位 6 人，博士生导师 1 人，硕士生导师 4 人。

（高晶敏　柴海莉）

【教学工作】

（1）本科教学工作。

中心共有教师 20 人，2013—2014 学年第二学期，承担了全校 11 个专业 41 门次课程，完成近 5000 学时的理论教学工作和实验教学任务，人均 250 学时 / 学期，超额完成了教学工作量，指导 2010 级自动化专业、智能专业 21 名学生毕业设计。

2013—2014 学年第一学期，承担了全校 13 个专业 33 门次课程，完成 4360 学时的理论和实验教学任务，人均 215 学时 / 学期，超额完成了教学工作量。

（2）发挥课程组长的作用，以课程组为单位开展教学研究工作。

中心有 5 个课程组，每个学期开学初都由课程组长召集任课教师讨论制定教学日历，商讨本学期教学和实验的要求。同一门课的教学日历、作业、考试题目基本相同。在教学过程中，基本每周三下午，任课教师都要进行交流、探讨教学中出现的问题，每位任课教师都能按照课程组的要求完成教学工作。

（3）结合“三电课”的特点，积极开展教学科研活动。

中心定期开展教学科研活动，特别注重先进教学方法的探索与实践。2014 年，中心共承担课程建设校级立项 3 项，院级立项 6 项；教材建设：校级立项 1 项；教改立项：校级立项重点项目 1 项。

其他承担的教育教学特色改革项目包括：核心课程建设：院级立项 3 项；基础课教学方法改革：院级立项 2 项；其他教学保障建设：院级立项 1 项。

依托这些教改和科研项目，2014 年中心共发表教改论文 10 篇，其他的研究成果包括：基于微控制器的实验室教学管理系统原型系统一套;《模拟电子技术》教学方法的探究研究报告一份；电路分析基础解题指导书稿一份；电路分析研究性教学大纲、教学授课计划、研究性教学——学生辅导材料一套；基于网络平台的电子实验报告系统研究报告一份;《模拟电子技术》教学技法案例等相应教学文件和资料一套；声光控制电路系统一套及课件。另外中心教师指导学生开放实验 18 项，大学生创新计划项目 2 项。

（4）课程建设。

目前中心承担《数字电路与逻辑设计》北京市精品课程一项，《电路分析》《模拟电子技术》校级优质课程两项。《数字电路与逻辑设计》《模拟电子技术》两门校级教材建设立项。完成《电路分析基础》教材第二次印刷的校订工作。完成新版北京市精品教材《电工电子实验教程》的出版工作。

（5）交流与辐射。

在校领导的支持下，中心教师积极参加电工电子类教学学术会议，到一流学校参观实验室，及时了解本学科教学研究发展的动态，开阔视野发现差距，激发教师积极参加教学科研的热情。主要交流活动有：

1）11月5—11日组织8名骨干教师参观贵州大学的电工电子实验教学，学习以学生为主体、研究探索性教学改革为主题的高效课堂教学设计与名师教学艺术的成功经验。

2）组织中心教师到西安交通大学电工电子实验教学中心参观和研讨。

（6）教学质量控制。

理论教师与实验教师共同探讨理论教学和实验中存在的问题，实现相互促进，共同发展，认真落实了理论教师承担实验课程的工作。中心督导组认真完成期中教学检查和期末教学文档检查的工作任务。

（7）2014年12月，举办北京信息科技大学电子设计竞赛。本次竞赛共有157个参赛队参赛，最终评选出一等奖32队，二等奖8队，三等奖17队，同时评出优秀组织奖4名、优秀组织工作者奖12名、优秀辅导教师奖11名。

（杨鸿波　柴海莉）

【科研工作】2014年，中心科研实到经费343万元，获“电力建设科学技术进步奖”一等奖1项，获发明专利3项；发表学术论文20篇，其中SCI检索论文4篇、EI检索论文7篇。

（高晶敏　沈文珍）

【队伍建设】中心教师以创新的理念、思维、方法，在中心建设中勇于探索，提出理论与实验结合、教学与科研结合、本科生与硕士生教育结合的实验教师队伍建设思想，从岗位设置、激励措施、师资培养方面进行队伍建设，实验人员复合配置，学科、科研、教学相互促进，建设了一支结构更趋年轻化、高学历化、教学科研创新能力强、实验教学水平高、勇于创新、团结协作的实验教师队伍。中心现有北京市教学名师1人、北京市属市管高等学校拔尖创新人才1人、北京市优秀教师1人、北京市德育工作者先进个人1名、首都劳动奖章获得者1人、北京市电子设计竞赛优秀组织工作者1人，北京市大学生电子竞赛优秀辅导教师4人。

在现有队伍建设基础上，中心坚持接收应届毕业生和引进急需人才与现有教师队伍培养相结合。2014年，接收2名应届博士学位毕业生加入中心团队，改善中心队伍的职称结构、学缘结构；同时重视对现有队伍的培养，鼓励青年教师在职进修和攻读学位，2014年，在职攻读博士学位2人、在职硕士学位2人；累计派出35人次参加教育系统组织的各类培训、交流以及国内外调研。请中心高级职称教师朱嘉林、杨鸿波、寻宪生、李春云向中心其他教师作“如何开展科研”、“初试双语教学”、“实验技能训练教学规范”、“实验教学管理”等专题讲座。以课程团队等形式，开展研发创新性实验项目、研制实验装置、编写教材、编制网络化实验教学资源等工作，为新入职教师配备导师。

（高晶敏）

【获奖情况及其他】2014年完成校内专项“电子信息与控制国家级实验教学中心实验教学资源建设项目”（80万元），并通过专项验收及绩效考核。

2014年5月，组织学校参加北京市大学生电子设计竞赛，共派出24个参赛队，获得一等奖2队，二等奖1队，三等奖13

队。同时，电子信息与控制实验教学中心负责北京市大学生分赛场的组织工作，共接待来自北方工业大学、北京城市学院的84个参赛队。

（张金龙）

信息与通信工程学院

【学院概况】信息与通信工程学院（School of Information and Communication Engineering，简称通信学院）是突出我校信息技术优势的特色学院，设有通信工程、电子信息工程和物联网工程三个本科专业（系），其中电子信息工程专业是教育部和北京市特色专业，通信工程专业是北京市特色专业并入选教育部"卓越工程师教育培养计划"；学院具有信息与通信工程（一级学科）、通信与信息系统（二级学科）、信号与信息处理（二级学科）、智慧感知与信息处理（二级学科）的硕士学位授予权以及"电子与通信工程"领域工程硕士授予权，其中"信号与信息处理"学科是北京市重点建设学科。

学院拥有北京市重点实验室、信息与通信系统部级重点实验室、北京市职工创新工作室及4个院属研究所等高水平研究机构；拥有通信技术、电子信息技术等本科教学实验室，教学科研仪器设备总值3000余万元。

2014年学院有教职工47人，其中专任教师37名，其中教授6名，副教授12人，高级职称占专任教师人数的46%；有博士学位27人、硕士学位10人，硕士及以上学位占专任教师人数的100%；45岁以下中青年教师28人，占专任教师的76%；博士生导师2人、硕士生导师16人。全国优秀教师1人，北京市优秀教师2人，北京市教学名师1人，北京市师德先进个人1人，北京市高校优秀共产党员2人，北京市模范军队转业干部1人，北京市长城学者1人，北京市青年拔尖人才3人，享受政府特贴专家1人，北京市优秀团队1支。

2014年学院毕业生283人，其中研究生26人，本科生257人；招生325人，其中博士研究生1人，研究生37人，本科生287人；在校生1172人，其中博士研究生4人，硕士研究生99人，本科生1069人。

（苏中）

【学科建设与研究生教育】2011级研究生顺利完成学业，100%就业。2014年招收博士研究生1人，硕士研究生37人。

在校博士和硕士研究生103人（2013年91人），增长13.2%。

完成2014版研究生培养方案，提高了研究生培养质量要求。

完成2014年信息与通信工程学科建设水平提高项目1项（152万元）。

（1）学科发展目标。完成引领学科建设目标，整体实力达到一级学科博士点学位授权水平。

（2）人才培养质量。2014年，承担"研究生教育教学改革项目"4项，其中，研究生承担3项，教师承担1项。研究生共发表期刊论文41篇，其中SCI期刊2篇，EI期刊12篇，北大中文核心期刊10篇，研究生培养质量显著提升，2名研究生获学校2014届优秀硕士论文奖。

（3）学科特色。凝练出宽带无线通信技术、射频通信及微纳信息系统、网络通信理论与技术、信号检测与信息处理、智慧感知技术、电磁探测与智能信息处理等六个特色学科方向。

（4）学科建设。根据一级学科博士点学位要求，完成学科方向设置，并确立了学科方向带头人。根据教育部学科评估要求，完成信息与通信工程一级学科自评报告。

（5）重点实验室。高动态导航技术北京市重点实验室超额完成学校下达科研任务。

（6）导师队伍。新增兼职博士生导师1人、硕士生导师4人、协导4人。

（7）学术活动。参加组织海峡两岸信息技术学术会议。积极参加国内外各种学术会议，有2名教师做了大会报告。

（苏中）

【教学工作】

（1）卓越计划实施。与合作企业深入研究2011级、2012级通信卓越计划企业学习系列事宜，落实企业学习阶段的师资、任务、考核以及经费等问题，各项工作开展顺利。

根据实施进展情况，及时修订了2012级及以后的培养方案，更有利于改革的推进。

组建2013级卓越试点班，安排校内导师，组织了认识实习等教学任务。按照卓越班的推出与增补制度，对2012级和2013级不符合条件的学生启动退出机制，并及时增补新的同学进入试点班。

在与中兴通讯联合共建的校外人才培养基地方面，开展了市级基地的验收工作并顺利通过检查。以该基地为依托，组织学生参加中兴通讯LTE认证培训与考试，共15人参加培训，6人通过认证。

（2）数理实验班分流培养。共接收2011级和2012级数理实验班分流的22名学生。2011级、2012级均单独编班，组织集体免修，弥补“2+2”模式中课程衔接的问题，积极解决分流带来的学业问题。

（3）专业建设。完成2013版物联网工程专业培养方案所有的课程大纲（含实验大纲）、中英文课程简介，共计28门次。

（4）专业评估。通信工程和电子信息工程两个专业参加学校的专业评估，后续这两个专业将按照工程教育认证的标准要求进一步加强专业建设。

（5）教材建设。组织教师编写出版适应于卓越计划或应用型人才培养的专业教材，已正式出版5部。

《通信原理简明教程》《通信原理简明教程学习辅导与习题解答》获得国家级“十二五”规划教材，填补学院国家级教材空白。

（6）教学团队建设。大力开展青年教师培养工作。在第五届实验教学基本功比赛中，杨玮、徐湛老师获二等奖，姚彦鑫老师获三等奖。

推荐优秀主讲教师2人，推荐3人参加第七届青年教师教学基本功比赛。

落实青年教师导师制工作，2014年共有4名青年教师完成期满考核工作，还有6名青年教师在培养阶段。

多次组织青年教师参加各种教学观摩活动，引入外部优质师资，全年开展名师和企业教师授课10人次。

（7）实践教学改革与建设。在2014年大学生科技创新计划项目实施中，获准6项国家级项目，21项市级项目，12项校级项目。在校级开放实验项目实施中成功立项10项。完成实物型毕业设计32项。

大学生竞赛获得各类奖项52项，其中市级以上18项。

（8）推进毕业设计全面改革。对2014年毕业设计工作进行改革探索。以“确保质量，分类培养，个性发展”为目标，具体措施为：实行“一个平台”，执行“两个严格”，提供“三类选择”。毕业设计取得良好效果，在2014年的毕业设计中共有31名同学获得优秀毕业设计，较2013年翻了1倍。

（9）教学研究与教学成果奖。获批校级教改项目2项，院级教改项目1项，校级课程建设——教学方式方法改革立项项目5项，院级特色改革项目2项，发表教改论文17篇。

学院参与申报的教学成果奖获得2014年国家教学成果二等奖。

（10）教学质量管理。认真组织新开课/开新课试讲工作，把此项活动与教研活动融为一体，成为帮助青年教师成长的一个有效手段。

学院制订了《关于期末考试试卷要求的说明》，要求教师按照规范完成考试环节，提交试卷文档。2014年进行3次试卷文档检查。

（11）制度建设。修订完善了《教师教学效果评价细则》《转专业细则》《卓越班/交大交流生/北邮交流生遴选》等管理办法。

（李学华）

【科研工作】新增国家自然科学基金青年基金1项、国防探索计划项目1项、核高基配套项目2项、北京市自然基金B类研究项目1项、北京市科技计划子课题1项、教委面上项目3项，1人获北京市长城学者资助，1人获北京市青年拔尖人才资助，横向项目22项。

获吴文俊人工智能科学技术进步奖二等奖1项，排名第1。

到校科研经费1328.8663万元，其中：纵向经费：514.274万元，横向经费：205.0923万元，军工：609.5万元，教师人均经费约36万元。

公开发表学术论文60篇，其中SCI期刊5篇，EI期刊18篇，北大中文核心期刊13篇，获三大检索28篇，论文学术水平和质量显著提升。

获发明专利7项，计算机软件著作权25项。

完成2014年信息与通信工程科研水平提高项目1项（90万元）。

（朱希安）

【教师队伍】完成首次全员聘任的任期考核，新一轮教师职务聘任。

引进教师6人（其中：博士后2人、博士3人、硕士1人）。

全年2人到国外名校访问和交流。2人在职攻读博士学位，对新入职的6名青年教师，全部配备了导师。

1人获北京市长城学者资助，1人获北京市青年拔尖人才资助，1人获国家自然科学基金青年基金资助，多名教师获教学和科技奖励。

新增硕士生导师4人，兼职博士生导师1人。

北京市重点实验室科研团队获“吴文俊奖”1项，精机工程项目通过北京市科委验收。

（苏中）

【学生工作】

（1）加强学院对外宣传力度。出版院报3期，院刊1期，继续优化学院网站，开通微信公共平台“通信之窗”，加强便携式网络媒体宣传，逐步完善学院的宣传阵地建设。

（2）注重队伍建设。学院注重加强专职学工干部队伍以及团总支、学生会、科技协会、新闻中心班级干部队伍建设。明确岗位职责，加强培训指导、进行绩效考核。2014 年完成 2 项大学生思想政治课题研究，获批 2 项 2015 年课题。学生干部参加学生骨干能力提升计划素质拓展 2 次，团队建设 1 次。

（3）加强思想政治教育。社会主义核心价值体系引领学生思想成长。组织学生党支部“观航母，鉴发展，共襄中国梦”天津航母主题实践活动、“心系中国梦，研途攀高峰”凤凰岭绿色出行环保主题党日活动、怀柔燕栖湖“责任与担当”主题党日活动、与密云县不老屯镇兵马营村党支部进行红色“1+1”共建活动、“聚沙成塔，爱播神州”募捐活动、参观北京电信通信博物馆和大唐电信集团无线移动通信国家重点实验室等。充分实现了理论学习与实践体验相结合，感性教育与理念培养相结合，强化社会责任感与增强服务同学意识相结合。

（4）强化学科竞赛，拓宽国际视野。强化学科竞赛在提升学生核心竞争力方面的作用。2014 年共 39 组学生申报“2014 年大学生科技创新计划项目”，其中市级 21 项，国家级 6 项，校级 12 项。组织中兴通信 4G –LTE 助理工程师培训班，6 名同学获得相关认证。成立英国机械工程师学会北京信息科技大学学生分会。

（5）积极开展活动。积极参加学校的文化节、运动会、科技节、宿舍节、心理宣传月系列活动，组织学院的三球联赛、知识竞赛、辩论赛、歌手大赛、新年晚会等各类文娱活动，丰富了学生的业余文化活动，搭建了学生全面发展的活动平台。

取得成绩：“争做时代先锋”学校党章党史知识竞赛荣获一等奖；校运动会最佳组织奖二等奖；学校十佳歌手比赛亚军、第十名；学校三球联赛中，学院荣获足球冠军，排球亚军，篮球第四名；朗读比赛一等奖。心理剧表演学校三等奖。

（6）积极开展大学生社会实践、志愿服务活动。暑期开展了赴井冈山革命根据地以及山东沂蒙山革命老区红色足迹主题实践活动。学院“安翔里社区”志愿服务团队被评为校级优秀志愿者团队，两名志愿者被评为校级优秀志愿者。一年来累计志愿服务达到 200 人次以上。《通信学院江西井冈山暑期实践团队》被评为“2014 年度首都大学生暑期社会实践优秀团队”；“为祖国勤学修德，用立志不断前行”沂蒙山革命老区社会实践报告被评为“2014 年度首都大学生暑期社会实践优秀成果”；赵贤老师被评为“2014 年度首都大学生暑期社会实践先进工作者”。

（7）就业、考研工作。就业工作追求质量与实效，2014 届毕业生共计 257 人，签三方协议 154 人，签劳动合同 54 人，考研 18 人，出国 11 人，灵活就业 18 人，一次性就业率为 99.22%；其中签约、考研、出国三项核心就业率占 92.21%，全校排名第一，学院 2014 届考研率全校排名第二。学院荣获 2014 届本科毕业生就业工作“单位优秀奖”，程立军老师被评为“就业工作先进个人”。

（8）积极做好征兵工作。2014 年夏季征兵，5 名同学光荣入伍，全校排名第一。

（程立军）

【对外交流】积极引入外部资源，鼓励开展跨校、企业项目的毕业设计。2014 年毕业设计在北京邮电大学完成 14 项，在合作企业（悦成）完成 40 项，在其他合作单位完成 7 项，取得了良好效果。

选拔通信工程 2012 级 6 名学生参加北京交通大学短期交流项目。

选拔通信工程和电子信息工程 2013 级

共10名学生参加北京邮电大学“双培计划”交流项目。

（李学华）

【党建工作】2014年，学院党委下设14个党支部，其中4个教工党支部，10个学生党支部。学院共有党员201名，其中教工党员31名，占教工总数的65.96%，学生党员170名，占在校学生总数的14.55%。2013年共发展学生新党员67人，转正69人。

（1）深入学习宣传贯彻党的十八大和十八届三中全会精神。学院制订党员和群众学习计划，深入学习宣传贯彻党的十八大、十八届三中全会精神和习近平总书记一系列重要讲话精神，增强师生政治修养。

（2）认真贯彻落实学校第二次党代会精神。紧紧围绕学校第二次党代会确定的学校今后5年改革发展的主题主线、发展战略和目标任务，组织学院师生学习，全面贯彻落实学校第二次党代会精神。

（3）落实教育实践活动整改方案，构建长效机制。学院扎实开展教育实践活动，紧紧围绕为民务实清廉的要求，抓住整改落实和建章立制两个关键，落实整改方案（5个整改项目），构建长效机制（4个制度）。

（4）加强组织建设，开创基层党建工作新局面。2014年10月20日至11月13日，完成了物联网系教师党支部成立、电子信息工程系教师党支部增选支部委员、行政教工党支部改选支部书记及支部委员、研究生第三党支部改选支部书记及支部委员的相关支部调整选举工作。

12月17日，召开“党支部书记培训暨党支部工作研讨会”。

完善领导干部联系基层制度，落实2014年院领导干部联系基层点。

组织赴卢沟桥抗日战争纪念馆和长城参观，集体观看重大现实题材影片《天河》。

校党委于2014年11月25日发文（校党发〔2014〕28号文），在学院设立中国共产党北京信息科技大学信息与通信工程学院委员会，简称通信学院党委，原学院党总支撤销。

（5）夯实工作基础，持续深化“平安校园”创建工作。巩固“平安校园”创建工作成果，通过多种措施努力为教职工提供安全和谐的育人环境，为学生提供成长的安全空间。

（6）开展廉政教育，落实党风廉政责任制。按照“谁主管，谁负责；一级抓一级，层层抓落”的要求，认真履行“一岗双责”，围绕学院今年的中心工作，实行目标分解、责任共担的责任连带机制，认真履行党风廉政建设责任制，将党风廉政建设和反腐败工作贯穿于学院各项工作的始终。

（7）规范党员发展，确保党员发展质量。宣传学习新实施的《中国共产党发展党员细则》，严格按照程序发展党员。

（8）加强分工会工作，促进学院和谐。学院注重结合中心工作发挥工会职能，积极组织开展各类文体活动，增强集体的凝聚力，营造团结、和谐、积极向上的学院氛围。

（李健）

【其他】2014年，朱希安教授获评北京市高校优秀共产党员，崔英花老师获“北京市模范军队转业干部”荣誉称号，吴韶波、张月霞获评校级“三育人”先进个人，吴韶波获评校级“师德标兵”。电子信息工程系教师党支部获校级首批“示范党支部”（挂牌）。通信专业学生第一党支部获得北京高校红色“1+1”示范活动优秀奖。

（李健）

计算机学院

【概况】计算机学院（Computer School）设有计算机科学与技术系、软件工程系、网络工程系、计算机实验教学中心等教学机构4个；设有网络文化与数字传播北京市重点实验室、计算机开放系统实验室、智能信息处理实验室、虚拟现实与仿真实验室、语音信号处理实验室、软件工程研究中心等研究机构6个。学院现有计算机科学与技术、软件工程、网络工程本科专业3个，其中计算机科学与技术国家级特色专业建设点1个，计算机科学与技术、软件工程北京市级特色专业建设点2个；全部专业实现一批在京大类招生。计算机实验教学北京市实验教学示范中心1个；计算中心、微机与接口技术实验室、EDA/单片机实验室、计算机原理实验室、软件技术实验室、嵌入式系统实验室、集群机实验室、网络原理实验室、网络安全实验室、网络工程实验室、软件工程实验室院级本科教学实验室11个。同华北计算所合作的校外生产实习基地国家级大学生校外实践教育基地和北京市高等学校市级校外人才培养基地1个。学院现有计算机科学与技术（覆盖二级学科5个）、软件工程一级学科硕士点2个；计算机技术工程硕士专业学位授权领域1个；计算机应用技术北京市重点建设学科1个。

2014年，学院有教职工70人，其中专任教师53人。专任教师中，教授9人，副教授22人，具有博士学位24人，占比45.28%，研究生导师18人。

2014年，学院毕业生数379人，其中研究生49人，本科生330人；招生398人，其中研究生56人，本科生342人；在校生1525人，其中硕士研究生161人，本科生1364人。

（李宁　霍颖培）

【学科建设与研究生教育】

1月，完成12级研究生开题，11级研究生的毕业答辩工作，49名应届毕业生顺利毕业。

2月，推荐2013年度优秀研究生导师，2位教师获得优秀导师称号。

3月，完成研究生导师遴选，新增3名研究生导师。

3月，评选优秀硕士论文5篇。

3月，评选2014年研究生科技创新项目（推荐校级3项）以及2014年研究生教育提高项目（推荐3项）。

3月，与武警特警学院、继续教育学院洽谈在职工程硕士培养，前往武警特警学院进行2014级入学在职工程硕士招生答辩。

5月，完成56名2014级硕士生的招生、复试、录取工作。数字文化传播二级学科首次招生。

5—6月，修订《2014版硕士研究生培养方案》、《2014年研究生招生分配方案》、《2015年研究生招生简章》。

5月，召开全院硕士研究生导师工作会议，学习研究生导师管理规定、讨论导师队伍建设、招生相关规定与条件以及研究生培养相关的培养方案、课程大纲和招生简章等问题。

10月，完成2014级全日制硕士导师分配工作。

10月，评选研究生国家奖学金和学业奖学金，学院4名研究生获得国家奖学金。

12月，开展2013级学生的期中考核、2012级研究生的研究成果验收、论文盲审、答辩工作。

12月，组织研究生招生命题工作。

12月，组织2015级工程硕士研究生面试工作。

召开学位分委会会议9次。

（李宁　张仰森）

【教学工作】

1月，我院获学校首届“优秀教学管理单位”荣誉。

1月，16日召开由校领导、校外专家，学院教师参加的2014大类招生人才培养方案论证会。

1月，完成2013—2014第一学期教学文档检查与总结工作。

2月，修订2014年招生简章。

2月，组织申报2014年度校级教学改革项目，获批2项一般项目。

3月，成立大类核心课程组，确定课程组负责人和成员名单，并开展2014大类方案核心课程教学大纲的研讨。

3月，组织申报“校内创新实践基地建设单位”并获批为学校4个建设基地之一。

3月，制定计算机学院2013—2014第二学期工作计划并组织实施。

4月，配合大类招生，酝酿成立大类招生改革学生工作指导中心；成立工程教育认证工作组，参加学校组织的首批工科类专业评估；组织申报学生科技创新基地项目。

4月，大学生创新计划项目申报与确定。

4月，成立学院企业工作实践工作小组，制定企业工作实践流程。

4月，推荐校级教学改革立项项目，2项获批。

5—12月，动员并组织实施学院承办的4项校级重点、校级一般和院级学科竞赛，选拔推荐参加国家级竞赛。

5月，开展2013—2014学年第二学期期中教学检查与总结，召开了2次学生座谈会，探讨改进教学的环节与措施。

5月，组织开新课与新开课教师的课程试讲与评估。

6月，推荐校级课程建设项目9项，获批7项。同时，开展2013校级课程建设项目的中期检查工作。

6月，制定《本科学生转专业实施细则》，确定接收转专业学生5人，这些学生分别来自于理学院、信管学院和机电学院。

3—6月，进行2014届341名学生的毕业设计开题、中期考核、答辩和优秀毕业论文推荐，以及毕业成绩与学分审核等各项工作。其中22名学生获校级优秀论文。

6月，经过学生自主申请，学院综合考评、公示，确立推荐2012级计算机科学与技术专业6名学生到北京交通大学进行为期1年的交换学习。

6月，组织开展“企业工作实践”实施，包括甲骨文（Oracle）、诺基亚（Nokia）、拓尔斯（TRS）等10家公司企业宣讲。

6月，组织落实2014—2015第一学期学期课程与实践教学工作。

7月，梁琦获第六届青年教师教学基本功比赛校级一等奖。组织开展计算机学院青年教师教学基本功比赛与教学交流，共有15名40岁以下青年教师，除6名教师因特殊情况请假之外，共9名教师参赛，范艳芳、夏红科获一等奖，并推荐参加校级青年教师教学基本功比赛。

1—7月，开展实验教学示范中心验收准备工作，包括总结报告和展示墙施工。

7月，组织完成季逸超学期课程的答辩与考核，并申报免试攻读硕士研究生。

7月，开展计算机学院2013—2014学年青年导师制考核。

7—9月，成立计算机学院推荐优秀应届本科毕业生免试攻读研究生工作组，推荐4名本科学生免试攻读硕士学位。

8月，与哈尔姆斯塔德大学交流项目于8月9—23日成功实施，其中2012级20名学生表现优秀。

9月，完成2013—2014第二学期教学文档检查与总结工作。

9月，开展2014计算机大类迎新、新生大类专业教育。

9月，完成2012级北京交通大学交换生选课。

9月，审核、提交2014—2015第一学期学期授课计划。

10月，审核、提交2011级企业工作实践方案。

10月，认定2011级北京交通大学交换生学分。

10—11月，申报2015大学生科技创新计划项目。

11月，完成北京市市级实验教学示范中心验收自评报告，完成北京市高等学校实验教学示范中心“十二五”发展规划。

11月，计算机学院范艳芳、夏红科获学校第七届青年教师教学基本功比赛二等奖，并获首届教学新星称号。

11月20日，“打造面向未来的实验教学中心”，计算机实验教学示范中心通过市级实验教学示范中心专家组验收。

11月，组织开展评选计算机学院优秀主讲教师活动，共有8名教师参赛，推荐施运梅、候霞参加校级优秀主讲教师评选。侯霞获2014年度校级优秀主讲教师。

11月，制定《程序设计基础》研究生助课选拔制度。

12月，完成2014—2015第一学期期中教学文档检查与总结工作，包括教师自查、教师互听课、上学期教学文档检查等。

12月， 召 开 与2012级、2013级、2014级学生座谈会。

12月，申报“计算机大类人才培养模式改革项目”教学专项。

12月，院领导班子成员集体赴外国语学院与2014级新生任课教师座谈，探索讨论大类招生改革形势下英语教学改进工作。

（张伟　陈昕）

【科研工作】

1月，动员申报国家自然基金，对青年教师进行培训。

3月，牟永敏团队获北京市科学技术进步奖三等奖。

3月，组织国家自然基金项目、市教委科技发展项目、校基金项目等的申报，完成科研经费724.37万元，申报国家自然基金5项（其中4项青年国家基金），获批1项。申报北京市自然基金1项。申报市教委科技发展计划项目面上项目6项，获批3项。

3—4月，组织2014年科研水平提高经费等专项申报，开展完成项目的绩效评价。

3月5日，召开了我院首次科研与科技宣传工作会议，组织青年博士编辑出版学院科技前沿通讯，为计算机学院的学术和科研营造良好氛围，目前已出板报3期。

9月，完成“网络文化与数字传播”

北京市重点实验室2012年开放课题的审核和经费拨款。

9月，邀请王子才院士、科技处钟玲副处长来院指导学科建设和科研发展。

9—12月，组织各类专项申报。

10月，学院郑丽伟获国家自然基金青年项目资助。

10月，与北京电子学会计算机委员会联合举办的“大数据时代信息资源建设峰会暨2014绿色数据中心建设与高效运营论坛”在京隆重召开，与会人数超过400人。

11月，与中国计算机学会联合举办的“2014全国文档信息处理学术会议”在京隆重召开。

全年科研总经费1100万元，实到经费724.37万元，新增国家级科研项目1项。发表学术论文110篇，进入三大检索论文50篇。

举办学术讲座8次。

（张仰森）

【学生工作】

2月，推荐季逸超同学参选全国大学生年度人物。

2月，学生科技社团创客空间活动在北京电视台播出，收到广泛好评。

3月，制定《计算机学院学生请销假制度》。

3月，获得学校就业工作服务奖。

4月，组织参加2014年春季运动会，获最佳组织一等奖，竞赛成绩再创历史新高。

4月，评定2013级雨厚新生奖学金。

4月，配合学校开展整顿课堂失范行为活动。

4月，制定《计算机学院学籍异动学生管理办法》。

4月，按照学校统一部署组织并开展2014年招生咨询工作。组织校园开放日，编印了宣传材料。

4月，独立组织大型招聘会，为学生提供了700个就业岗位。

5月，季逸超获北京市五四青年奖章，创学校学生获奖最高纪录。

5月，遴选20名学生暑期赴瑞典Halmstad大学开展20天的交流学习。

5月，学生辅导员带部分学生前往深圳、广州洽谈就业，带学生党员赴延安社会实践。

5月，制定《北京信息科技大学计算机学院关于鼓励本科生报考硕士研究生的规定》。

5月，举办“回眸 愿景”2014届毕业生晚会。

5月，在学校团日活动中荣获优秀奖。

6月，举办毕业座谈会、毕业随心唱等系列毕业生离校教育活动，2010级学生平安离校、文明离校。

6月，评选计算机学院第五届“优良学风班”、第二届“体坛风云人物暨文艺标兵”。

6月，修订《北京信息科技大学计算机学院雨厚奖学金管理办法》，制定《计算机学院毕业班就业工作考核与奖励办法》。

6月，景淇在学校“十佳歌手”大赛中获第三名。学生女子排球队在学校联赛中首次夺冠。足球队荣获季军。

6月，制定《计算机学院先进学生党支部、优秀学生党员评选办法》。

6月，计算机学院学生工作办公室获得学校三育人先进集体。

7月，按照学校暑假期间基础设施改造工作的要求，组织学生完成公寓搬迁。

7月，组织大一新生到丹东、抚顺、沈阳等地开展暑期爱国主义社会实践活动，追溯历史根源，寻访党的足迹。

7月，计算机学院学工队伍赴云南农业大学基础与信息工程学院进行调研考察。

10月，本科生及研究生迎新工作及新生入学教育工作。

10月，对低年级本科生做考研动员。

10月，评选国家奖学金3人，国家励志奖学金43人，国家助学金2017人，本科生校内奖学金319人。认定困难生240名，国家助学贷款44人，勤工助学17人。

10月，邀请北京燕园考研基地张旭老师进行了考研知识讲座。

11月，完成新生初级党课培训工作。

11月，组织2014级全体学生参观天津曙光高性能计算机生产线。

11月，北京信息科技大学国旗班成立十周年之际，成功举办了“国旗班十周年，老班长有话说”校友返校座谈会。

11月，举办第二届思睿杯辩论赛。

11月，举办第三届新锐杯新生篮球赛和排球赛。

11月，举办本科生学生骨干素质拓展活动。

11月，在新星杯比赛中，学院学生荣获一等奖1项，三等奖1项，优秀奖1项。

12月，举办“e动青春”大型元旦文艺晚会。

12月，计算机科技协会成立暨第七届科技文化节开幕。

12月，邀请王新宇老师主讲计算机学院大学生职业生涯规划系列讲座。

12月，举办超级party社团联欢会。

12月，举办饺王争霸赛。

12月，举办第八届团建达标答辩大赛。

12月，在学校新生风采大赛中，计类1411班何梓源同学荣获第三名。

全年组织就业招聘会50余次，实际就业率99.11%，就业质量良好。

全年组织重点学生会商4次，确定重点学生32余人，组织谈话200余人次，联系学生家长40余人次。

全年通报学生考勤抽查20次。

全年处理考试作弊学生2人，退学学生16人。

全年开设初级党课1次，培训学生153人次。

全年召开学生座谈会15次。

召开辅导员例会30次。

（杨菁　胡滔）

【对外交流】

1月，接待爱尔兰阿斯隆理工学院来访。

3月，接待瑞典Halmstad大学校长率团来访，协商学生交流事宜。

3月，接待爱尔兰科克大学Michel教授来访，与学生交流。

3月，组织国际交流学院计算机专业（筹）外语教师培训报名、选拔。

5月，前往北方工业大学交流研究生培养方案，到康邦公司调研，洽谈合作。

8月，5位教师赴加拿大温莎大学进修。

8月，2位教师、20名2012级学生赴瑞典Halmstad大学短期学习。

8—12月，美国西北大学教授Larry Henschen和Julia Lee来学院工作，为研究生专业英语课评判成绩，担任网工2013级专业外语示范性课程工作，并参加科研工作。

9月，参加美国圣何塞大学代表团的合作办学会谈。

10月，为2014级新生举办国际合作办学事项宣讲会。

10月，选拔2015年出国进修教师。

11月，接待瑞典Halmstad大学代表团，总结暑期交流经验，商讨进一步合作办学的方案。

（李宁）

【党建工作】

3月，评选平安校园建设工作先进个人。

4月，组织代表参加校第二次党代会。

5月，评选北京市先进基层党组织、优秀党务工作者、优秀党员，推荐优秀党务工作者候选人1人，优秀共产党员候选人1人。

6月，评选2014年师德标兵、“三育人”先进集体和先进个人。推选出3名教书育人先进个人和1名管理育人先进个人。

12月，推荐上报9名工会积极分子。

12月，学院党风廉政建设自查工作（包括学院党政班子集体和班子成员个人），并向学校纪委进行汇报。

党员发展。全年发展本科生学生党员64名，研究生党员13名，截至年底，本科生党员为125人、占学生总数的9%；研究生党员为90人、占学生总数（162人）的55.6%。

（韩俊彦　赵刚）

【获奖情况】

（1）教师获奖。

1）蔡英被评为2013年度校级优秀主讲教师，蒋玉茹获鼓励奖。

2）侯霞被评为2014年度校级优秀主讲教师。

3）梁琦获第五届实验教学基本功比赛校级一等奖。

4）冯雪获第六届青年教师教学基本功比赛校级三等奖。

5）获得学校2013年度就业工作服务奖。

6）陈昕、张仲森被评为优秀研究生导师。

7）王海龙获北京高校优秀德育工作者、首都大学生暑期社会实践先进工作者。

8）梁琦、霍颖培、胡景凡被评为“三育人”先进个人。

9）李淑琴获师德标兵称号。

10）学生工作办公室获学校“三育人”先进集体。

11）学院获2014年度新闻宣传工作优秀组织单位。

（2）学生获奖。

1）2014年春季运动会，获4项大奖。

2）季逸超获北京市五四青年奖章。

3）女子排球队荣获校级比赛冠军。

4）足球队在校级足球联赛中荣获季军。

5）软工1201班、计科1301班获北京市优秀班集体。

6）学生在各项学科竞赛中取得好成绩。共取得101项国家级、省部级和校级一、二、三等奖。具体情况统计如下表。

级别	国家级			省部级			校级		
	一等	二等	三等	一等	二等	三等	一等	二等	三等
项数	14	7	9	12	6	10	15	11	32
合计	30			28			58		
总计	116								

（杨菁　胡滔　霍颖培）

【其他】

1月，完成2013年教师职务聘任（晋升）工作，3名教师新聘到副高级教师职务岗位。

1月，完成2013年度考核、处级以下党政管理人员过渡性聘期考核及首次教师全员聘任聘期考核工作。

1月，完成2013年终奖励分配初步方案。

1月，召开2013年下半年计算机学院工作总结会，总结2013年下半年工作，布置2014年重点工作。

1月，与学校办公室等单位协商计算中心及重点实验室电力增容问题。

1月，面试4位博士，确定引进3名，最后引进了2位重点大学的应届博士后来院工作。

2月，完成2014年学院经费预算分配，并向全院公布。同时向全院公开2013年学院财务支出明细。

4月，26—27日在北京花水湾温泉度假村召开全院教师大会，开展学术讲座、研讨大类招生和校院两级管理制度改革方案、学术团队工作交流等活动。

5月，向学校提交报告，提出大类招生改革需要学校支持的事项。

5月，为重点实验室人才引进面试1人。

6月，与财务处领导就大类招生改革和校院两级管理制度改革的财务管理办法进行协商。

6月，向学校提交校院两级管理制度改革建议与承诺。

6月，完成管理岗位、工勤技能岗位绩效津贴分档工作。

6月，推选校学术委员会候选人。

7月，为新一轮全员聘任，推荐院聘委会、院考核组以及校聘委会人选。

7月，计算中心完成机房改造，虚拟化设备投入试运行。

8月，起草新一轮全员聘任岗位说明书，向全院征求意见。

9月，韩俊彦接替赵刚任计算机学院党委书记，胡滔调任安稳处处长。

9月，调整学院教师职务聘任委员会、教师职务聘任考核组。

10月，向学校提交“计算机学院关于调整系级机构负责人的请示”并获批准。

10月，向学校申请增加考研教室和大学生创新用房。

10月，响应学校校院二级管理体制改革，开展综合改革试点工作。校长来学院召开院校两级改革调研会，就校院两级管理具体措施进行研讨，学院提出目前学校教学资源分配不平衡，未得到高效利用的问题。

10月，完成第二轮教师职务全员聘任工作。

11月，陈昕调任人事处处长，增补学院教学副院长，进行学院二级机构调整准备工作。

11—12月，面试22位博士，确定引进6名。

12月，杨菁来院任党委副书记。

12月，调整研究生实验室，新增2-205研究生机房，2-202改为大学生创新中心。

12月，张伟任计算机学院教学副院长。

12月，调整学院二级机构负责人。

（李宁）

经济管理学院

【概况】经济管理学院（School of

Economics & Management，以下简称经管学院）于2006年12月在原北京机械工业学院工商管理分院和原北京信息工程学院工商管理系、经济贸易系的基础上组建而成。学院下设会计系、财务与投资系、工商管理系、人力资源管理系、经济与贸易系和营销管理系6个。学院现有会计学、财务管理、市场营销、工商管理、人力资源管理和经济学本科专业6个，其中会计学、财务管理和经济学一批在京招生专业3个；北京市实验教学示范中心1个，校级实验实习中心1个，本科教学实验室5个。学院现有一级学科硕士点3个，二级学科硕士点6个，工商管理硕士（MBA）专业硕士学位授权点1个，工业工程领域专业硕士学位授权点1个；管理科学与工程和企业管理北京市重点建设学科2个，技术经济及管理为北京市重点学科；北京市哲学社会科学社科研究基地——北京知识管理研究基地1个；实验经济学研究中心、知识管理研究所和企业成长研究中心校院级研究机构3个。学院利用北京市专家人才优势，与著名科研机构、政府职能部门和企业，建立了长期稳定的合作关系。这些研究机构和研究团队不仅承担着北京市教委科技创新平台知识管理与技术经济专项建设任务，也为国家科技部、北京市科委等政府相关部门及企业提供决策咨询服务，同时形成产学研用相结合的格局。

学院师资队伍实力雄厚，教师中拥有一批有突出贡献中青年专家、政府津贴专家、跨世纪学科带头人、北京市创新拔尖人才、北京市高层次人才、北京市政府顾问、国家注册审核员、中国注册会计师、中国注册税务师、国家高级职业指导师和证券投资专家等。他们分别在计量经济、科技管理、证券投资、质量管理、资产评估、企业成长、人力资源、并购和财务会计教学与科研领域颇有建树。学院学科建设、科学研究、社会服务的成果直接引入教学，带动学生参与；为培养理论功底扎实、实际动手能力强、适应环境快的应用型人才，奠定良好的育人基础。毕业生广受用人单位的好评。

2014年，学院有教职工124人，其中专任教师104人，教授20人，副教授44人，具有博士学位45人，博士生导师2人，硕士生导师35人。

2014年，学院毕业生686人，其中研究生85人，本科生601人；招生619人，其中研究生72人，本科生547人；在校生2457人，其中学术型学位硕士98人，专业型学位硕士98人，本科生2261；联合培养博士生1人。

2014年，师资队伍建设取得显著成绩：有博士学位教师比重提高到了44%，引进了博士3人，博士后1人，2人考取博士，1人获得博士学位；国内外访问学者4人；1人晋升副教授；2014年度入选北京市属高等学校长城学者培养计划1人，2014年度入选青年拔尖人才培育计划3人；聘请兼职教授20余名，发挥了他们的积极作用。

（郑玮　葛新权）

【学科建设与研究生教育】实施了以学科建设为龙头、凝练了冲击博士学科研究方向，明确树立了一流意识，明确了长远发展目标。

（1）3月26日，学院组织的企业管理学科建设专家咨询会在图书馆楼605室举行，来自北京大学、北京工商大学、华北电力大学的有关专家，对学校企业管理学科建设的科学研究成果、特色研究方向以及科研团队建设提出了宝贵意见。学院院长葛新权教授及相关学科带头人参加了会议。

（何琼　张健）

（2）2014 年 11 月，2012 级研究生洪婕、袁龙霞、刘刚，2013 级 MBA 研究生詹娟获得研究生国家奖学金。“研究生国家奖学金”由国家教育部、财政部设立，自 2012 年 9 月 1 日起开始实施。该奖学金每年评审一次，所有符合规定条件的攻读硕士、博士学位的全日制研究生均有资格申请。

（何琼　张健）

【教学工作】2014 年，学院坚持教学工作的中心地位，以培养应用型人才为目标，深化教学改革，在专业建设、教育教学改革、实验室建设以及日常教学工作都取得明显成绩。

（1）以应用型人才培养为目标，突出特色，开展专业建设。学院工商管理专业作为学校首批应用型人才培养模式改革创新试点专业之一，已经是第四年招生，在总结前几年人才培养改革实践成果基础上，进一步凝练专业特色，以精品课程建设为龙头，继续促进课程群建设。

作为一本招生的会计学和财务管理两个专业根据人才市场需求以及专业发展需要，在学校的大力支持下，继续开展《会计专业国际化》《财务管理专业国际化》以及《创业教育》项目的建设，对提高专业办学水平及教学质量起到重要作用。

从 2013 年开始，新增经济学专业一本招生，生源质量有了较大幅度的提高。该专业以人才培养机制的创新与改革为突破口，以促进理论经济学教学内容、课程体系、实践环节为重点，推进教学理念、机制和体系的创新，使学生掌握现代经济学基本原理和经济分析方法，激发其创新潜能，努力培养一批适应 21 世纪社会经济发展需要的应用型人才。

（孙永平　曲立）

（2）以探索人才培养新模式为契机，组织教师积极开展教育教学研究和教学成果的总结。为提高项目申报、结题质量，学院充分发挥教学工作分委会的作用，对项目逐一进行院级答辩和审核。2014 年度 4 项获得学校本科教育教学奖励，共计 19 人次；2014 年度校级教改立项项目推荐 11 项，获批 3 项；13 项校级教改项目顺利结题，覆盖学院的 6 个专业。

（孙永平　曲立）

（3）以教学内容与教学方式改革为重点，促进课程建设。在申报课程建设项目以及教材建设项目中优先考虑各专业的专业基础课和专业课，并由院教学工作分委会对项目进行院级答辩和审核，2014 年度校级课程建设项目推荐 26 项，获批 21 项；2014 年度校级教材建设项目推荐 5 项，获批 3 项；2014 年出版教材 4 部，发表教改论文 14 篇，其中核心期刊 4 篇，EI 检索 2 篇。同年学院出版了《经管类应用型人才培养模式改革》论文集，收录教学改革论文 49 篇，内容涵盖人才培养模式改革、课程建设、教学方式方法改革、实践教学改革、教学管理以及学风建设等 6 个方面。

（孙永平　曲立）

（4）以提高青年教师教学水平为重点，加强师资队伍建设。关注青年教师成长，2014 年为新入职的 4 名青年教师分别配备了 1 名经验丰富的教师为导师；对参加 2013 年导师制的 2 名教师进行考核，考核结果优秀，并对导师的指导工作进行总结；同时在青年教师开新课和新开课试讲中，开展现场教学研讨，2014 年，参加开新课新开课教师 8 人次；鼓励青年教师参加学校举办的教学基本功大赛和优秀主讲教师评选，2014年，4名教师参加青年教师基本功决赛；2名教师获2013年度校级优秀主讲教师，1名教师获2013年度优秀主讲教师鼓励奖；3名教师参加2014年度优秀主讲教师评选；35名教师参加2014年度教学效果评价，其中优秀17人，良好18人。

（孙永平 曲立）

（5）以入学、毕业两个环节为切入点，重视专业教育的过程管理，保证人才培养质量。从招生宣传入手，组成由学院领导带队，每个专业负责人或系主任参加的招生宣传小组，加强宣传，以便吸引更好生源。在新生入学后，和学工部门一起，组织开展了3场新生入学学籍教育以及6场专业教育，同时将学籍管理内容融入新生选课培训内容中，发挥学籍管理的导向性作用，使学生尽快融入大学学习生活，激发专业渴望。学院还要求各专业，专业教育四年不断线，不断树立学生专业志向。学院还邀请业界成功人士和名校名师为学生开展专业教学。

毕业实习与毕业论文是毕业环节的重要组成部分。毕业实习环节，要求指导教师要引导学生将课堂知识运用到实际工作中，理论联系实际；毕业论文环节，要求各专业组织开题答辩；在毕业论文院级答辩过程中，严格把关，控制论文质量。2014年，2010级共有601名学生参加毕业论文答辩，15篇毕业论文获校级优秀毕业论文。

（孙永平 侯婷 曲立）

（6）实验室建设方面：学院实验室主要承担大量的实践教学课程，同时还负责组织各级各类开放实验和学科竞赛。2014年，完成经济管理类专业实验室建设，总投入43.45万元。

2014年11月20日，由北京大学实验室与设备管理部部长张新祥教授领衔，中国人民大学、对外经济贸易大学、中华女子学院、北京工商大学等单位的5位专家组成的北京市教委验收组，对学校北京信息科技大学文管综合实践教学中心（以下简称“中心”）建设情况进行了验收。许宝杰副校长、教务处王兴芬处长、中心主任葛新权教授以及中心代表教师参加了验收会议。

中心自2009年被批准为北京市实验教学示范中心以来，结合社会对文管类专业学生的能力需求，经过多年实践教学的探索，建立了多专业的跨学科、综合型、现代化、开放共享的实践教学平台，使学生的实践创新能力得到显著提高，逐步形成了文管实践教学的特色，获得了丰硕的科研及教学成果。

验收专家组听取了中心主任葛新权关于中心建设的总结报告，考察了中心多个实验室，详细查阅、询问了相关资料。专家组对“中心”在实验室建设、教学体系建设、教学成果等方面，取得显著成效，给予高度肯定，文管综合实践教学中心以验收指标平均分94.28分、特色项目指标平均分9.6分的优异成绩通过北京市高等学校实验教学示范中心验收。

（陈元凤 曲立 刘青）

（7）学生自主学习及创新能力快速提升。大学生科技创新项目全年新增大学生科技创新项目25项，其中国家级项目1项，市级项目24项，总批复金额110000元。

开放实验项目学院投入大量人力、物力和财力，加强开放性实验项目立项和建设，全年开设开放实验课8门，分别是：实验经济学开放实验、管理基本技能实验、

SAP 国际会计软件拓展训练、鼎新诺审计软件实训、NC 集团软件应用、现代工厂生产管理过程仿真及优化、实验金融投资模拟、零售门市连锁经营模拟。这些开放性实验项目都已形成经管学院学科特色。

结合近年来学校和学院工作实际，借鉴兄弟高校经验，调研和完善了学院各类课外活动的内容及竞赛规则，不断提升学院组织课外竞赛的能力和水平。

（陈元凤 侯婷 刘伟）

【科研工作】2014 年学院获得各类课题 60 项，总经费 579 万元，其中纵向课题 35 项，经费 297 万元；横向课题 25 项，经费 282 万元；发表论文学术 183 篇，其中核心期刊 42 篇，EI、CSSCI 检索 19 篇、专著 5 部、软件著作权 3 项。

（王琪 张健）

（1）3 月 24 日，西安电子科技大学经济管理学院院长王安民教授、书记白旭东教授等一行五人来到我校经济管理学院，对学院管理工作及学科建设工作进行调研。我校负责联系经管学院工作的许宝杰副校长、经济管理学院党政领导以及学科负责人出席调研座谈会。

（何琼 张健）

（2）《中国社会科学报》对学院院长葛新权教授进行了专访，并于 6 月 25 日 B07 版整版刊发。专访中，葛新权教授介绍了学校实验经济学实验室成立的背景和发展历程，实验室的特色与已取得的成绩，以及未来的发展方向。该报在报道中指出："北京信息科技大学实验经济学研究中心所建立的实验经济学实验室，在成立近 9 年多的时间里，围绕博弈论、实验经济学以及相关的经济学前沿领域，积极开展学术活动。在学术研究、教学科研等方面取得了较好的成绩，逐步发展成为我国重要的实验经济学实验室之一。"

（何琼 张健）

（3）12 月 22 日，青海省科技厅组织专家，对学校主持的"十二五"国家科技支撑计划课题"循环经济试验区产业集群服务平台关键技术研究"进行了验收。科技部高新司工发处处长、青海的科技厅相关领导，以及来自机械科学研究总院、中国农业大学、中国循环经济协会、科技部经费监管中心等单位的专家参加了验收会。经过现场提问、答疑，专家组对课题的研究成果、理论价值与实践意义都给予了充分肯定，就课题研究成果的后续推广应用以及项目建设提出了建设性意见建议。专家组经过充分讨论和质疑，一致同意课题通过验收。

（何琼 张健）

【学生工作】

（1）学院"风云杯"篮球赛于 3 月 4 日拉开了帷幕，比赛历时约 20 天，经过 15 场小组赛与半决赛的激烈角逐，2014 年 4 月 2 日成功落下帷幕。12 级经济队与财务队脱颖而出，参与冠军争夺赛，最终 12 级经济队凭借其出色的实力和团队之间默契无间的配合赢得了冠军宝座，财务队获得亚军，工商队在此次比赛中获得季军。

（毋政印 陈曦 崔凯）

（2）2014 年 3 月 5 日，学院邀请到北京石油机械厂人力资源部长马朝辉先生，为人力资源管理系同学们做了题为"人力资源管理法律知识应用"的讲座，教学副院长曲立、系主任梁栩凌及聂铁力等教师参加了讲座。

（毋政印 崔凯）

（3）2014 年学校田径运动会于 4 月 25 日在小营校区操场隆重举行。经济管理学院师生充分发挥了团结友爱、努力拼搏的体育竞技精神，最终荣获了最佳组织奖二等奖，学生女子团体总分第一名，学生男子团体总分第二名和学生团体总分第二名的好成绩。

（毋政印　陈曦　马众）

（4）为进一步培养大学生正确的心理健康观，配合学校“5·25首都大学生心理健康文化节”活动，学院积极响应学校号召，于2014年4月28日至5月12日开展以“把关爱送给室友行动”为主题的系列活动。4月28日，活动开幕式于清河校区正式举行，学院心理辅导员刘瑞和2013级班主任周琦琦老师出席本次开幕式。

（毋政印　刘瑞　崔凯）

（5）2014年5月19日晚，由学院新闻中心举办的第五届“时光你好”新闻风尚节闭幕式暨颁奖典礼在清河校区二大阶成功举办。经济1101班李响获得了最佳摄影奖；市场营销1302班薛瑞琦获得最佳手机摄影奖。

（毋政印　崔凯）

（6）2014年6月17日下午，学院本科毕业生座谈会在小营校区图书馆605举行。院长葛新权、副院长曲立、党总支书记谢瑞峰、副书记崔凯，以及毕业生辅员马众出席了此次座谈会，他们与10届各班优秀毕业生代表进行了亲切座谈。

（毋政印　马翔宇　崔凯）

（7）2014年11月1日晚，学院学生干部就职大会在小营校区报告厅隆重举行

（毋政印　崔凯）

（8）2014年11月26日晚，学院第二届宿舍文化节决赛在清河校区成功举行。党总支副书记崔凯、2014级班主任周琦琦、2012级辅导员刘瑞以及学生会指导老师陈曦出席决赛并担任颁奖嘉宾。来自学院学生会、团总支以及新闻中心的部分干部担任本次比赛的评委。

（毋政印　陈曦　崔凯）

（9）为了增强学校与澳洲维多利亚大学之间的友谊，向外国留学生展示学校学生良好的精神面貌，学院新闻中心于2014年11月26日晚，在小营校区一教409举办了澳洲留学生交流会。

（毋政印　崔凯）

（10）为了让同学们切身体会当前社会就业的具体情况，充分了解就业的本质，学院于2014年11月30日在清河校区举行了模拟招聘大赛初赛。评委由2014届优秀毕业生高思远、秦博文和来自大四经济、人力、会计专业的同学景博勋、郑好媛、马东惠担任。

（毋政印　马众　崔凯）

（11）为强化师生的消防安全意识，提高应急扑救处置能力，学院于2014年12月17日在清河校区开展了消防演习活动。学院2014级全体本科生参加此次演习。为做好此次紧急疏散逃生演习，学院制订了周密细致的演习方案，精心进行了工作部署，增强了学院师生的防灾减灾安全意识，同时提高了学生的逃生技能以及应变能力。

（毋政印　马众　崔凯）

（12）学院“启航杯”辩论赛决赛于2014年12月19日在清河校区成功举行。财务第一代表队荣获一等奖，经济第二代表队荣获二等奖，会计第二代表队荣获三等奖，财务1402班孙雪同学荣获年度最佳辩手奖。

（毋政印　陈曦　崔凯）

（13）为活跃校园文化氛围，迎接新年到来，院学生会于2014年12月24日晚，在清河校区举办了一年一度的“齐聚星辰”迎新年晚会。

（毋政印　陈曦　崔凯）

【对外交流】2014年，学院与爱尔兰科克大学、美国威斯康星大学帕克赛德分校、美国加州大学河滨分校、瑞典哈穆斯塔德大学等4所大学联合培养学生项目持续招生。学院共外派学生13名，其中赴爱尔兰科克大学学习的学生5名；赴美国威斯康星大学帕克赛德分校学习的学生7名，赴瑞典哈穆斯塔德大学学习的学生1名。

学院派出1个教师学术考察团赴澳大利亚、新西兰进行学术交流与合作办学的洽谈，派出1个教师学术考察团赴瑞典哈穆斯塔德大学进行学术交流和合作办学洽谈，学院派出4名教师暑期赴加拿大温莎大学学习一个月，派出1名教授赴美国访学一年。

2014年，学院共接待来自爱尔兰、美国、澳大利亚、英国、瑞典、新西兰、荷兰等国的代表团、学者专家的来访，双方就合作办学、学术交流等问题进行了广泛的交流与磋商。

（1）5月20日，美国慧德学院罗伯特、罗伯特·B·马克思教授一行3人，应邀在图书馆605会议室与经济管理学院院长葛新权教授、国际交流合作处处长卢静教授、经管学院院长助理王斌教授、工商管理系主任金春华教授以及李莉博士进行了合作项目洽谈。双方就学校的城市垃圾循环项目展开交流，并寻求进一步的交流与合作。

（2）6月22日，爱尔兰科克大学（UCC）的迈克尔·墨菲（Michael Murphy）教授前来学校进行学术访问，并在小营校区学术报告厅220室为学校师生作了题为“探寻东西方消费者行为的不同（Exploring Consumer Behavior Differences：the West verse Asia）”的精彩讲座。学校MBA中心领导、老师及2013级MBA全体学员参加了此次讲座。迈克尔·墨菲教授介绍了中西方消费者行为方式的不同，着重阐述了中西方特有文化元素以及文化差别的对消费行为的潜在影响，并针对MBA学员提出的文化对商业销售影响方面等问题进行了重点解答。迈克尔·墨菲教授表示很荣幸得到这次和MBA学生交流的机会，并期待下次来中国时仍能与学校进一步加强交流合作。

（3）11月5日，荷兰代尔夫特理工大学维姆（Wim）教授前来学校进行学术访问，并在小营校区图书馆605会议室为学院师生作了主题为“Innovation & Management：Stakeholder Management（创新与管理：利益相关者管理）”的学术讲座。学院教师、管理科学与工程专业和技术经济及管理专业研究生以及部分MBA研究生参加了此次讲座。

（4）11月6日，荷兰代尔夫特理工大学维姆（Wim）教授应学院的邀请，为学院研究生作了题为“创新与管理：责任创新”的知识讲座。本次讲座，维姆教授主要从全球挑战、可持续发展、责任创新、责任创新的方法等几个方面进行讲解。维姆教授用大量生动翔实的案例分析了国际生态环境建设和经济发展中面临的困难和取得的进展，从政治、人文、教育等角度进行了详细讲解，如荷兰在印度尼西亚的农业项目、鹿特丹港口的建设项目等等，并就自己的研究成果和多年来的经历和同学们进行了深入交流。

（5）11月26日，为了增强学校与澳洲维多利亚大学之间的友谊，向外国留学生展示学校学生良好的精神面貌，学院新闻中心在小营校区一教409室举办了澳洲留学生交流会。交流会上澳洲留学生们介绍了他们的生活环境与个人爱好，学生们也向他们展示了国粹——京剧，同时还一起参与了剪纸、国画、书法等具有中国传统特色的文化活动。

（6）12月1日，由国际交流学院、经济管理学院主办、与澳大利亚维多利亚大学联合组织的包饺子文化体验活动在清河校区食堂顺利举行。澳大利亚维多利亚大学的老师和交流生一行12人与学院研一学生一起体验了如何制作中国传统美食“水饺”，并品尝到了自己亲手制作的美味饺子。活动最后，两国的学生们像熟识的朋友一样互相赠送小礼物，共同合影留念。同时，互动双方相互邀请，期待未来在更多方面有更多的交流和互动。

（何琼　王斌）

【党建工作】2014年，学院党总支下设34个党支部，其中8个教工党支部，26个本科生学生党支部。全年发展党员140人，预备党员转正143人。目前，学院共有党员454人，其中教工党员79人，占教工总数的63.2%；本科生学生党员280人，占学生总数的12.4%；研究生党员95人，占在校研究生总数的48.5%。

（谢瑞峰　贠立新）

（1）为展示学生党员的良好形象和精神风貌，提高学生党员在广大同学中的公信力、影响力，进一步发挥其先锋模范作用，学院党总支及院学生业余党校于2014年4月15日在小营校区开展了学生党员“百名学习标兵”的评选活动。此次活动以“典型引领，共同进步”为主题，院党总支副书记崔凯、团总支书记周宇、党建辅导员马翔宇、各年级辅导员陈曦、胡银枝和刘瑞等出席了此次评选活动。此次活动集中宣传学习标兵的先进事迹，号召广大学生向标兵学习，形成宣传标兵、学习标兵的良好氛围。

（毋政印　马翔宇　崔凯）

（2）为大力宣传党的十八大精神，加深同学们对党章、党史的理解，提高积极分子、预备党员、党员的政治素养和思想觉悟。经济管理学院党总支、学生业余党校于2014年4月20日晚6点在清河校区举行了“同心杯”党史、党章知识竞赛初赛。学院19个学生党支部共114人参加了此次竞赛。

（毋政印　马翔宇　崔凯）

（3）为了加强基层组织建设，增进各团支部之间的交流，传递青春正能量，学院团总支组织部于2014年4月23日晚在清河校区成功举办了“汇聚青春力量，共筑中国梦想”主题团日活动公开赛初赛，2012级、2013级共36个团支部参加了此次比赛。

（毋政印　马众　崔凯）

（4）2014年4月22—23日，学院预备党员发展公开答辩于小营校区顺利进行。党总支副书记崔凯、2014级辅导员马众、辅导员马翔宇、刘瑞、胡银枝、费衍慧、谢司、经贸系支部书记孙玉霞以及党务秘书贠立新出席并担任此次答辩的教师评委。党员发展公开答辩是组织考察与了解候选对象的一种形式，是学生党员发展的重要环节。

（毋政印　马翔宇　崔凯）

（5）2014年5月9日晚，学院团总支在小营校区报告厅举行“2014年‘汇集青春力量，共筑中国梦想’团日活动公开赛”决赛。

（毋政印　马众　崔凯）

（6）2014年5月14日晚，学院“2013感动经管人物颁奖”典礼暨“弘扬勤学笃信精神，凝聚崇德向善力量”主题晚会在清河校区隆重举行。校党委副书记杨军、校党委宣传部部长鲁雷、校学生处副处长马绍辉、校团委副书记郭颖、学院党总支副书记崔凯、学院团总支书记周宇出席了晚会，学院全体辅导员、部分班主任和200余名经管学生参与此次活动。

（毋政印　马众　崔凯）

（7）2014年5月28日，学院“同心杯”党章、党史知识竞赛决赛于在清河校区二大阶教室隆重举行。人力第二学生党支部荣获一等奖，财务第二学生党支部、会计第三学生党支部获二等奖，人力第一学生党支部、工商第一学生党支部和经济第一学生党支部荣获三等奖。

（毋政印　马翔宇　崔凯）

（8）2014年7月1日，在小营校区一教学院党总支为115名新发展党员举行了隆重的入党宣誓仪式。仪式由院学生业余党校丁慧敏同志主持，党总支副书记崔凯、党建辅导员马翔宇老师参加了此次入党宣誓仪式。此次的入党宣誓仪式是预备党员庄严表达自己的信仰和为共产主义理想奋斗终生的仪式，它将成为这115名新党员人生道路的一个新的里程碑。

（毋政印　马翔宇　崔凯）

（9）为了考察拟发展党员对象的政治素质和党性修养，进一步完善学生党员发展程序，保证新党员质量，学院于2014年10月29日，在小营校区一教举行了预备党员发展公开答辩会。

（毋政印　马翔宇　崔凯）

（10）2014年11月22日下午，学院研2014级党支部在圆明园遗址公园组织开展了“勿忘国耻、勇担责任”主题党日活动。在党总支副书记曹晋红老师的带领下，23名学生党员和15名入党积极分子积极参加了本次活动。

（毋政印　马翔宇　曹晋红）

（11）2014年11月22日，学院党总支组织学院党员在大地影院观看了催人泪下的励志影片《天河》，这是为庆祝和纪念南水北调中线工程顺利完成而创作的。学院共有310余名党员观看了影片。

（贠立新　郑玮）

（12）为构建和谐校园，加强学生道德文明意识，学院团总支将举办第二届“道德照我心，文明伴我行”主题宣传月活动。2014年11月26日，启动仪式在小营校区阶一举行。学院团总支学生干部、2014级各班团支书及班委参加了此次开幕式。“改掉坏习惯，养成好习惯”，宣传月启动仪式在主持人的号召中结束。

（毋政印　马众　崔凯）

（13）为引导大学生形成良好的道德品质和价值取向，学院于2014年12月2日在小营校区举办了“百名时代先锋”答辩会。此次答辩会的评委由院党总支副书记崔凯、2011级辅导员马翔宇和陈曦担任。本次“百名时代先锋”评选答辩展现了候选人突出的工作能力和优秀的个人素质。表现出他们在奉献服务、勤奋治学、志愿公益等方面的理想追求。

（毋政印　马翔宇　崔凯）

（14）2014年12月3日，一场别开生面的以“关于入党积极分子如何做好思想汇报、如何提高认识能力、如何实现进步”为主题的座谈会在清河校区教二109室召开。党总支副书记曹晋红、研2014级党支部书记和研2014级入党积极分子陈海涛等14名同学参与了学习交流。这次针对如何写思想汇报的交流活动，对于解决同学们经常存在的思想汇报格式不一，书写不规范的问题具有很大帮助。

（毋政印　马翔宇　崔凯）

【获奖情况】2014年，学院组织学生参加的学科竞赛获得2项国家级奖励，分别是中国大学生就业模拟大赛、全国三网融合互联网人才认证应用工程师认证——全国总决赛等学科竞赛，荣获4项省部级奖励，分别是国际企业管理挑战赛（中国赛区）、全国大学生创业者经营模拟沙盘大赛、北京市大学生创业设计大赛、海峡两岸流通业模拟竞赛。

学院依托实验教学中心组织各类课外竞赛7项，包括：实验经济学公开赛、中国大学生就业模拟大赛、全国三网融合互联网人才认证应用工程师认证、全国大学生“用友杯”创业者经营模拟沙盘大赛、国际企业管理挑战赛、大学生创业大赛、海峡两岸流通业模拟竞赛，参赛学生1400余人，获得一等奖20人、二等奖32人、三等奖17人，学院获评优秀组织单位。

（孙永平　刘伟　曲立）

【其他】

（1）2014年3月24日，西安电子科技大学经济管理学院院长王安民教授、书记白旭东教授等一行5人来学校经济管理学院调研学院管理及学科建设工作。学校许宝杰副校长、学院党政领导以及学科负责人出席调研座谈会。此次调研对于增进两校两院的友谊、促进学院发展意义重大。

（2）9月23—24日，学院召开了本科专业建设研讨会，来自企业界和兄弟院校的与会专家们从多个视角入手，与各系教师充分论证和探讨各专业学科建设和人才培养的问题，为学院学科和专业建设以及长远发展建言献策，提供了诸多宝贵的意见、建议和建设思路。学校副校长许宝杰、教务处处长王兴芬出席会议。会议邀请了北京科技大学东陵经济管理学院院长王文彬教授，教育部工商管理类专业教学指导委员会委员、中央财经大学会计学院院长孟焰教授作专题报告。学院领导班子成员、全体教师、教学管理人员及辅导员代表共107人参加了本次会议。同时还召开了“大学生创业教育研讨会”、“财务会计国际化项目进展汇报会”及“跨专业训练平台教学方案研讨会”等专题研讨。

（孙永平　郑玮　曲立）

信息管理学院

【概况】信息管理学院（School of Information Management，以下简称信管学院）设有5个系、1个研究机构、1个校级实验实习中心、5个本科教学实验室。设有信息管理与信息系统、信息安全、电子商务、审计学（计算机审计方向）和管理科学5个本科专业，其中信息管理与信息系统专业是北京市特色建设专业，信息管理与信息系统、信息安全和审计学（计算机审计方向）专业是本科一批次招生。学院拥有跨学院共建的管理科学与工程北京市重点建设学科和硕士学位授权点。学院现有硕士点3个。

学院有教职工67人，其中专任教师55人，教授8人，副教授21人；具有博士学位28人，硕士生导师15人。

学院毕业生数328人，其中研究生16人、本科生319人；招生346人，其中研究生20人、本科生326人；在校生1294人，其中硕士研究生58人，本科生1236人。

（李忱）

【学科建设与研究生教育】学院拥有跨学院共建的管理科学与工程一级学科硕士

学位点、信息管理与信息安全自主设置二级学科硕士学位点和物流工程专业学位硕士点，开展智能决策系统、物流与供应链管理、信息系统安全等学科方向的科研工作和研究生培养，支撑5个本科专业，初步形成了交叉渗透、协同发展的学科专业建设格局；学院拥有北京信息科技大学信息系统研究所、国家审计署—北京信息科技大学联合实验室、北京信息科技大学—IBM联合人才培养基地等科学研究及人才培养基地，立足北京、面向全国，为国民经济信息化建设培养应用型高级专门人才。

（李忱）

【教学工作】开展专业建设及改革工作。

（1）继续落实与IBM公司签署的合作协议，建立校企联合人才培养基地，为学生增强实践创新能力创造了良好条件。

（2）落实与中国民生银行电子银行部签署了校企合作理解备忘录，积极组织校企联合办学项目，为学生提供金融信息化领域的实习或工作岗位。

（3）进一步修订完成了学院5个本科专业培养计划，明确了专业建设目标和定位，专业特色更加鲜明。

（4）召开各专业课程建设、课程体系建设、实践教学体系建设的专项研讨会，使课程体系及实践教学体系进一步完善。

（5）“信息管理与信息系统”专业试点班工作成效明显，明确了“导师制、国际化、重实践”工作思路，完成制订并顺利实施了专门的培养计划。

（6）继续完善学院“信息系统与信息安全实验教学中心”的条件建设，有效拓展了实验教学空间和实验教学资源，为实验教学的高质量开展提供了保证。

（7）顺利完成了本年度优秀本科生推荐免试攻读研究生以及学生转专业工作；由学院继续承办的五项大学生学科竞赛活动按照计划圆满完成。

（8）邀请北京邮电大学校长助理吕廷杰教授做“移动互联网与移动电商发展趋势”主题报告。校长柳贡慧亲切会见了吕廷杰，回顾了两校在学科建设和博士研究生联合培养工作上的合作，展望了我校与北京邮电大学明年的交流合作项目。

（李忱）

【科研工作】2014年，学院教师继续开展国家科技支撑计划、国家自然科学基金、北京市自然科学基金、教育部人文社科研究等各级科研项目的研究工作；2014年学院纵向、横向项目实际到款金额达到260万元，各项科研工作正在按计划推进，进展顺利。

2014年，学院继续整合院内教授、博士及其他有关教师的科研资源，参与“北京现代服务业科技发展与模式创新协同创新中心”组建工作，该中心由北京工业大学牵头，北京联合大学、北京信息科技大学、中国社会科学院财经战略研究院、北京物资学院等共同参与组建。

（李忱）

【学生工作】

3月9日，信息管理学院团总支对通过初选的本学院2013年寒假社会实践进行了评比展示，学院各团支部书记参加了现场观摩。信管1102班的许晓楠、信管1201班的王春鸣、信管1303班的任小娟等17名同学被评为社会实践先进个人。

3月13日，信息管理学院团总支在小营校区一教E11组织了“创新杯”作品经验分享会。往届竞赛获奖同学陈婷婷、陈浩彦同学在会上与同学们分享了获奖经验，会上同时还展示了部分全国“挑战杯”大赛获奖的优秀作品。信管学院总计参赛作品45份，参赛选手150余人，作品数量与参与人数居所有学院之首。

5月7日，信息管理学院举办模拟面试活动，来自腾讯公司人力资源部的郝女士向大家介绍了群体面试的具体内容和考察方式，并对参与活动的同学进行的点评分析。

5月23日，信息管理学院举办2014年就业、出国、考研经验交流会。来自不同专业的四位优秀毕业生分享了自己的经验。

7月，信息管理学院分别以“追逐梦想的高铁”、“凝聚爱心力量，守护成长天空”为主题，组建两只实践团队，分赴青岛四方机车厂、云南洱源县西坡村中心完小开展实习实践与支教调研活动。

10月中下旬，信管学院党总支师生代表一行32人，先后两次来到昌平区南口村，开展信息技术普及与农业生产实践等多种形式的交流共建活动。

10月30日，信息管理学院举行“2014级新生学业导航活动”。学院领导班子全体成员、各系主任、年级辅导员及学院2014级全体本科生、研究生参与此次活动。

11月5日下午，由信息管理学院团总支主办的学院“勤学·厚德”创新讲坛第15讲在小营校区二教301教室举行，学院2004级校友、新浪微博大数据团队负责人李金奎以《初识大数据》为题，为在场同学奉献了一场精彩讲座。

11月9—11日，信息管理学院2014级研究生及部分本科生学生骨干赴上海宝钢、上海大众及中共“一大”会址开展学习实践活动。

12月8日，由校团委主办，校学术科技联合会承办的第五届“新星杯”新生创业创意大赛决赛中，信息管理学院荣膺冠军。

12月11日晚，信管学院在小营校区报告厅隆重举行了“唱响校园，青春飞扬”新生合唱节。

12月15日，信息管理学院学生江帆、李泽源、陈浩在第二届“北大汇丰—中国银行”全国高校移动金融应用设计大赛中折桂。

12月17日，由信管学院团总支主办的职业发展与规划系列讲座之“年轻人在职场”举行。北京创世威纳科技有限公司的总经理、信息安全系老师王长梗应邀主讲。讲座内容分为三个单元：信誉、能力、人生与职业态度。

12月22日，应信息管理学院团总支之邀，政治理论教育学院舍娜莉老师为信管学院同学们作了“大学生公关礼仪”讲座。

12月23日，信管学院第五届“星空杯”辩论赛决赛在二教201完美收官。信管1401荣获第一名，“最佳辩手”桂冠由赫英楠获得。

（史三军）

【对外交流】

（1）2014年，在“北京信息科技大学—中国民生银行”校企合作协议基础上，学院与民生银行的校企合作进入实质性运作阶段并逐步展开，为信息管理学院五个本科专业的学生提供了一条了解银行信息化业务实践、进入金融领域就业的便利渠道。

继续落实“北京信息科技大学与IBM联合人才培养基地”、“国家审计署计算机技术中心—北京信息科技大学战略合作框架协议”等合作协议的有关内容。本着

“优势互补、资源共享、互惠双赢、共同发展”的原则，开展紧密的合作关系。

（2）继续积极从事与国家审计署联合培训计算机审计高级专业人才的相关工作，受到国家审计署有关职能部门领导的认同和肯定。此项工作提升了学校的知名度，产生了显著的社会效益。同时，也推动了学院学科专业建设和科研教学工作上水平、上层次。

（3）邀请美国埃默瑞大学、中国人民大学、北京邮电大学、首都经贸大学等国内外学者开展系列讲座，师生们拓展了视野，开阔了思路；同时，信息管理学院与国外著名高校就“2+2”“3+1”合作办学等项目正式准备启动。

（4）2014 年 2 月 8—24 日，“信息管理与信息系统”专业试点班寒假美国高校访学团师生一行 15 人，成功出访美国乔治城大学等高校，采取高校课堂授课、外籍教授讲学、深度体验美国高校学习、生活和校园文化等方式，开阔视野，增长见识。

（李忱）

【党建工作】2014 年，在校党委的正确领导下，信息管理学院党委结合工作实际，认真学习贯彻党的十八大和十八届三中、四中全会精神，深入学习领会习近平总书记系列重要讲话精神，以保稳定、促和谐、推发展为主线，紧紧围绕学校 2014 年党政工作要点，进一步加强领导班子和党员教师的组织建设、思想建设和作风建设，切实提高党组织的创造力、凝聚力和战斗力，充分发挥学院党组织的政治核心、战斗堡垒和全体党员的先锋模范作用，不断提高服务教学、服务师生的能力和水平，积极推进学院发展。主要工作及取得的成绩包括：

（1）以学习为抓手，加强思想建设，提高领导干部和教师队伍整体素质。

组织学院党政班子成员先学深学。组织院班子成员参加学校群众路线教育实践活动的继续学习教育，组织集体政治理论学习与研讨。结合工作主动学，做教职工学习的表率，当学习型管理者。

组织师生各支部书记和支部委员带头学习。通过学资料、看电影、拓展训练、交流研讨等多种形式，提高了党员干部的政治素养和合作意识，增强了要干事的使命意识和责任意识。

组织带领教师开展思想政治教育。在教职工坚持开展政治理论学习制度，利用“北京高校教师党员在线”学习平台、“勤·信文化大讲堂”，结合各系业务活动和教研活动，不断加强党的知识学习。

（2）创新工作方法，关爱学生成长。

5 月 21 日，信息管理学院第一学生党支部与第三学生党支部到海清小学进行支教活动。

6 月 12 日，信息管理学院第五学生党支部在小营校区一教 307 教室为大四毕业生举行了毕业生欢送会。第五学生党支部全体党员参加了此次欢送会。

6 月 19 日，信息管理学院在学校工会活动中心召开 2014 届毕业生党员的党日活动，15 名本科毕业生党员代表对学院的人才培养，教学管理，党建、团建等学生工作建言献策。

（张虹）

人文社科党总支

【概况】人文社科党总支是 2011 年在人文社科学院党总支的基础上组建而成，

成立之初延续人文社科学院党总支的职能范畴。2014年11月25日，人文社科党总支委员会正式撤销，分别设立了政教学院党总支和公管传媒学院党总支。截至2014年11月25日，人文社科党总支辖12个党支部，包括政治理论教育学院5个教工党支部、1个研究生党支部和公共管理与传媒学院3个教工党支部、3个本科生党支部。有党员135人，其中教师党员56人，本科生党员66人，研究生党员13人。

（何颖利）

【党建工作】围绕学校及学院发展目标和教育教学中心工作，以加强党的先进性建设为主线，全面推进思想、组织、作风和制度建设，为促进学校及学院发展提供强有力的政治和组织保障。

（1）加强思想建设，组织各种学习活动，提高党员干部的政治理论水平。

1）以教研部为单位，组织进行社会主义核心价值观及党的方针政策的学习，提高党员干部的理论与政策修养。

2）2014年6月，组织党员干部进行了素质拓展培训，以加强沟通交流，培养团队精神。

3）2014年5—7月，开展了党员在线学习竞赛活动。以“北京高校教师党员在线”为平台，以支部为单位，组织进行学习活动。

4）2014年10月，各教工党支部组织参加《中国共产党发展党员工作细则》辅导报告，并进行讨论。

5）2014年10—11月，组织了“名人故居行”活动，组织教师参观宋庆龄等名人故居，缅怀历史。

6）2014年12月，组织全体教师及党员学生观看电影《天河》。

7）2014年12月，组织党员干部、全体学生党员及部分入党积极分子赴首钢工业文化体验园参观学习。

8）组织学生党员参观爱国主义教育基地——平北抗日战争烈士纪念馆、中国长城博物馆，进行入党宣誓，开展校外现场教学活动；请学校党委副书记杨军为学生党员做“周边外交形势”的报告；组织全体学生党员和组织学生党支部书记、学生党员骨干参加学校组织的相关拓展和培训、组织全体学生党员学习贯彻《中国共产党发展党员工作细则》、观看重大现实题材影片《天河》等。

2014年度的党员干部学习基本上做到了全年不断线，且把理论学习与实地考察结合起来，在加强理论修养的同时也强化了实践体验。

（2）加强组织建设，增强党组织的凝聚力、战斗力。

1）调整了研究生党支部。下半年组织进行了研究生党支部的换届选举工作，由具有博士学位的青年教师担任研究生学生党支部书记。

2）对本科生党支部进行了调整补充。按照党委组织部新的规范和要求，指导本科生党支部进行了换届选举工作和补充调整工作。其中行政管理专业第一学生党支部、第二学生党支部进行了换届选举，传播学专业第一学生党支部进行了调整补充工作。

3）进行了提高支部存在感的建设，以充分发挥教师党支部的作用。建立了教师党支部书记例会制度，党支部书记列席重要的教研部主任会议，以加强工作配合。同时，积极开展教师党支部的活动，对支部书记严格要求。

4）积极开展“示范党支部”活动，增强党建工作生机和活力。本年度，公共管理与传媒学院办公室教工党支部“示范党支部”通过学校验收，成为学校教工示范党支部。

5）根据校党发〔2014〕4号中国共产党北京信息科技大学委员会关于印发《北京信息科技大学2014年学生党员先锋工程实施计划》的通知精神，开展了2014年学生党员先锋工程教育活动。

6）在2014级新生党员中开展“四个一”的教育工程。通过一次座谈、一场讲座、一次参观、一次谈心的方式，增强新生（含专升本）党员的身份意识，牢记入党誓词，树立良好的学生党员形象，真正发挥先锋模范作用。

7）在全体学生党员中集中开展“学党章，温党史”活动，并组织党员积极参加学校举办的“党章党史知识竞赛”活动。

8）按照“有实效、可持续”的要求，结合“中国梦”的教育主题和学校的重点工作，组织开展了红色“1+1”志愿服务活动，以奉献服务精神为旗帜，学生党支部和相关村、单位党支部开展了结对子共建活动，为共建单位提供日常信息、文化普及、卫生服务、知识宣讲、文艺演出等服务。行政管理专业第一学生党支部、第二学生党支部被推荐参与北京市评选。

9）在研究生中开展“新生领航”工程，加强对研究生的政治引导。在本科生中开展了向党组织递交入党申请书活动，截至12月初共有69人递交了入党申请书，占新生比例的48.9%，比2013年下降了23.1%。学生的政治诉求在减弱，需要进一步加强引导。

10）开展了2014年院级党课教育培训。2014年共有120余名同学先后参加了学习培训，其中70名学生通过了学习考核，获得了结业证书，其中含2名研究生。

11）全年推荐了35名入党积极分子参加校级党课培训，其中本科生29名，研究生6名。

12）开展了两次对第一梯队入党积极分子的培训，共32名同学参加了培训。其中31人加入了中国共产党，成为预备党员。

13）一年来发展党员31人，按期转正党员20人，15人将于12月份转正。截至2014年底，在校本科生党员将达到66名，占全院学生总数的13.28%，比去年下降了1.72个百分点；研究生党员13人，占学院研究生总数的43.3%，比去年（55.2%）下降了11.9个百分点。研究生党员比例的下降在新生中表现得极为明显。2013级研究生入学时有5名党员，而2014级研究生新生中只有2名党员。

14）开展预备党员教育和培训。针对预备党员，开展了爱国主义教育活动，举行了入党宣誓等，并组织预备党员参加校级课程培训等。

15）协助学校相关部门，在学校第二次党代会召开期间积极履行总支的职责，为党代会的成功召开做好保障。

（3）加强作风建设，尤其是加强党风廉政建设。

1）进行党的群众路线教育实践活动的整改落实工作，加强班子成员作风建设。按照上级单位与学校的统一部署，结合学院实际，扎实开展党的群众路线教育实践活动的整改落实工作。

2）加强师德师风建设，把反腐倡廉宣传教育寓于思想政治教育之中，加强了对学术带头人、科研项目负责人等的教育，年初，学院聘请财务处工作人员对学院全体教师进行了培训，严肃财经纪律。维护学术道德和学术纪律，配合学校，认真查处学术不端行为。

3）加强对学生的廉洁教育。在本年度的思政课教学中，各教研部进行了研讨，将社会主义核心价值观教育引入相关授课章节，贯彻实施廉洁教育进教材、进课堂、进学生头脑工作。学生工作部门结合学生入学、入党、考试、毕业等重要节点，集中开展了廉洁主题教育。

4）配合学校纪委等部门，积极开展校园廉洁文化创建活动，营造风清气正的育人环境。2014年，印制《扬正气·颂清廉——北京信息科技大学廉政文化比赛获奖作品集》，优秀视频作品在学校电视台进行了播映。

5）加强对重点部位和关键环节的管理与监督，加强反腐倡廉建设。根据两个学院的实际情况，本年度将物资采购、科研经费管理以及学生奖助学金发放作为重点关键环节进行管理与监督。

6）进一步强化物资采购的监管。严格遵守学校财务处及国资处的相关规定，将出版印刷费、租车费等纳入政府采购的项目予以执行。日常办公采购责任到人，互相监督，确保支出符合财务规定。

7）对科研经费管理情况进行监督检查。组织相关科研负责人参加学校科研经费管理人员和项目负责人的培训，同时学院也组织对各项目负责人进行财务方面的专门培训，详解学校财务制度要求，严格落实教育部及北京市关于科研经费管理的相关文件。

8）加强对奖助学金发放的管理。在学生奖助学金的评定上，严格遵守相关的程序规定，两个学院均成立了学生奖助学金评定委员会，按照学校相关文件，按程序进行奖助学金的评定与发放。对学生所反映的问题认真进行调查处理，确保专项资金的安全有效使用。

9）制定规章制度，强化班子内部权力运行程序的监督和制约，做到重大决策、安排和大额资金使用，都经过集体讨论做出决定，并征询上级领导意见；在加强对掌管人、财、物等重要岗位权力运行的监督方面，做到领导班子成员相互监督，布置各项工作时多吹风、多提醒。

10）加大了财务信息公开力度，定期在二级机构负责人会议及教师大会上通报支出情况，年度党务工作经费在全体教师大会上进行通报，纸质版进行公示。

11）党总支2014年财务预算的编制、执行情况较好。2014年总支党务工作经费总计48600.00元，全年党务工作支出经费52489.00元，其中3890元从组织部经费支出，党务经费结余1元。另有可结转下一年度使用的党费留成33783.79元。

（4）共青团及学生管理工作。

1）开展学生行为管理和规范教育。从强化课堂行为管理入手，开展学生课堂失范行为专项整治工作。学院召开辅导员、班主任专题工作会议，召开团总支、学生会骨干、非毕业班班长、团支书等专项工作部署会；13个非毕业班全覆盖召开“正心修身”主题班会；举办了“活力校园新气象 勤信青年争先锋”规范课堂行为户外宣传活动；举办“凝聚青春力量 共筑中国梦想”主题团日活动公开赛，其中有10个团支部将课堂专项整治工作作为系列团日活动的内容之一；学院团总支依托传播学、网络与新媒体专业优势和学校网络电视台等资源，策划录制《课堂文明从我做起》节目在学校网络电视台播出。

学院组成联合督导检查组，对各班级开展的专项整治工作及效果进行检查。

2）以班级为单位，以学生良好学习习

惯养成为先导，进一步开展诚信考试教育和考风考纪教育。召开考风考纪动员会，签订诚信考试承诺书，强化诚信意识、责任意识。

3）开展了“百名学习标兵”评选活动。在各学生党支部推选的基础上，经公开答辩以及人文社科党总支评审小组投票，评选出了韩爽等5名同学为学校“百名学习标兵”人选。

4）以“优秀班集体”“优良学风班”“我的班级我的家”创建评选活动为载体，继续开展班风、学风建设。

5）做好2014级迎新和新生入学教育工作。成立院系“2014级迎新工作小组”，制定“2014级新生入学教育活动方案”；召开了新生及新生家长见面会。开展专业教育、学籍管理教育、行为管理及安全教育。班主任主持召开见面班会和主题班会；以班级为单位，开展新生班级入学适应团体辅导。组织新生参加心理健康教育讲座和心理健康测试；组织全体新生参加体检和结核菌接种试验，做好特殊学生的安置和思想教育工作。

6）开展专兼职学生工作队伍培训。以“弘扬革命精神，探访东北革命老区”为主题，组织学生党支部书记、班长等学生骨干开展暑期社会实践活动；开展了2014级新生班主任培训，年终进行学生工作研讨，加强班主任工作培训和交流，拓宽思路，增强履职责任感；组织各级学生骨干参加了学校相关部门组织的各类培训。

7）积极开展学生心理健康教育活动。充分发挥班主任、班级心理委员和辅导员的作用，重点关注了特殊群体。春季、秋季学期分别进行全院学生心理危机大排查，关注重点学生。积极配合校心理咨询中心的安排，由年级辅导员及心理辅导员一起组织开展了2014级新生心理测试。

8）做好2014届毕业生的就业指导、就业教育、文明离校、毕业典礼等工作。2014届毕业生137人，考取研究生6人（含推免1人），考研录取率为4.38%；截至10月31日，宽口径一次性就业率达到了97.81%（就业办提供）。开展了毕业生文明离校教育工作。组织全体毕业生参加毕业典礼。协助招就办开展2014届学生的信息收集工作。对2014届毕业生进行毕业后追踪调查，撰写了《2014届毕业生就业工作分析报告》，为进一步做好下一届毕业生就业工作提供支撑材料。启动2015届毕业生就业工作，开展就业指导，建立沟通渠道和信息发布渠道，并进行初步摸底调查。积极组织2014届、2015届毕业生参加校园招聘会，及时发布需求信息，有针对性地为毕业生和用人单位提供双向选择的机会。在2015届本科毕业生中开展2014年“百名时代先锋”评选活动。

9）积极推动人文社科校友联谊会开展工作。邀请校友王晋福等来学校举办讲座，一些校友所在单位积极为学生提供实习、就业机会。

（5）安全稳定工作。

1）关注教职工及学生思想动态，协助解决好在教师聘任、职称评定等过程中出现的问题，做好教职工的思想工作。组织开展教职工及学生思想动态调查工作。

2）结合学校突发事件和学院学生日常管理工作，做好学生安全教育工作预案，重大节假日和寒暑假对学生去向进行登记造册，分年级及班级召开假期安全教育会，实行假期学院领导待班和学生班、年级负责人制度，确保工作落实。

3）重大活动和毕业生离校期间，坚持辅导员晚上和周末值班制度，贯彻落实学校维稳工作会议精神和要求，维护校园和谐稳定。按照学校要求，今年下半年在周末学生补课时均安排学院领导值班。

4）2014年11月，结合亚太经合组织（APEC）期间的安全教育，以班级为单位召开主题教育班会。

（6）工会工作。

1）组织退休教师欢送会。学院工会为今年退休的甄岳来、悦再两位教师举办退休欢送会。

2）组织教工开展各类文化活动，如观看话剧、电影等。

3）积极参加学校工会举办的各项活动。在2014年的运动会中，人文社科取得了教工组第二名的历史最好成绩。在校工会组织的包饺子活动、趣味运动赛等活动中，人文社科都取得佳绩。另外，组织教师参加奥森公园健步走活动、迎新年教职工扑克牌团体赛等。

4）动员思政课非党员教师积极参与党总支举办的党员活动，如参观名人故居、参观首钢、观看反映重大现实题材的影片等。

（郭春燕　郭严俊　何颖利）

政治理论教育学院

【概况】政治理论教育学院（School of Political Theory Education），简称政教学院，成立于2011年3月；是在北京信息科技大学原人文社科学院史学教研部、哲学教研部、政治经济学教研部及法学教研部的基础上组建而成的。原人文社科党总支于2011年在人文社科学院党总支的基础上组建而成，成立之初延续人文社科学院党总支的职能范畴，工作覆盖政教学院及公管传媒学院。2014年11月25日人文社科党总支委员会正式撤销，分别设立了政教学院党总支和公管传媒学院党总支。政治理论教育学院现有5个教工党支部、1个研究生党支部。

政治理论教育学院现下设马克思主义中国化教研部、哲学教研部、中国近现代史教研部、德育与法学教研部4个二级机构，承担全校思想政治理论课以及马克思主义理论硕士点的教学与学科建设任务。

政治理论教育学院现有专职教师36人，其中教授7人，副教授14人，具有高级职称的教师占全体教师的58%，具有博士学位的教师12人，具有硕士学位的教师20人，双学位1人，硕士以上教师占全体教师的89%。政治理论教育学院下设有资料室等教学辅助机构。

学院设有马克思主义理论硕士点。2011年，获得马克思主义理论一级学科硕士学位授予权。

2014年，学院毕业生数9人，其中研究生9人，本科生0人；招生9人，其中研究生9人，本科生0人；在校生21人，其中硕士研究生21人，本科生0人。

（赵玉静）

【学科建设与研究生教育工作】

（1）按学校要求接管研究生管理工作，实现了研究生管理从研究生院一级管理向学院二级管理的过渡。

（2）完成研究生新生招生、毕业生离校以及各年级研究生培养任务。

（3）完成人才培养项目——一级学科马克思主义理论教育学科建设项目申报。

（4）完成申报“中国传统文化研究所”的工作。

（刘永成）

【教学工作】

（1）完成2014年度教学各环节的组织管理工作，完善实践教学的制度和要求，制定学院教师2014年度教学效果评价工作办法。

（2）积极探索专题式、案例式、翻转式、主题活动式等教学模式；将中国精神、中国传统文化、社会主义核心价值观教育融入思政课教学。

（3）开展2014年课程教学方法改革立项评选工作，完成课程建设课题立项校级4项，院级1项；课程改革课题立项2项；发表教学改革论文10余篇。

（4）完善青年教师导师制，举行“微课”录制评比。

（5）在思政课实践教学中，组织“践行社会主义核心价值观”专题演讲、“我心目中的马克思”演讲大赛。

（6）进一步强化实践教学研究与改革，探索大学生暑期思想政治教育类社会调研形式，有10项课题获得资助。

（7）组织2014年度思想政治理论课社会实践创新大赛活动，个人项目共评出一、二、三等奖13项，集体项目28项；编印《2014年度“思想政治理论课社会实践创新大赛”优秀作品集》。

（刘建华）

【科研工作】本年度科研工作的各项指标取得了较大幅度的提高，纵向科研经费到款额达到53.09万元，大大超过去年科研经费到款额，也是科研经费到款额最高的一年。科研项目的层次也有了较大幅度提高，国家社科基金申报实现了学校零的突破。论文数量24篇，其中核心期刊论文10篇，CSSCI论文6篇。

（刘永成）

【对外交流】

（1）举办北京高校思政课实践教学成果交流会，向上级有关教育部门、北京17所高校的专家学者汇报交流了学校“点、线、面”相结合的思政课实践教学模式。

（2）组织2014年度思政课优秀生赴首钢工业园区和首钢迁安钢铁公司考察学习。

（刘建华）

【获奖情况】

（1）参加学校首届教学新星评选和第七届青年教师基本功大赛，1名青年教师获三等奖；1名教师获校级优秀指导教师。

（2）向北京市推荐学校思政课实践教学成果，有2项成果分获2014年北京高校思想政治理论课学生社会实践优秀论文一等奖和二等奖。

（刘建华）

【其他】

（1）2014年学校对学院领导班子进行了较大的调整，单独成立了政教学院党总支，并增加了1名党总支副书记；学院针对班子成员的调整，重新调整了工作安排，由党总支副书记专门负责研究生的学生工作，为进一步做好学院的工作提供了组织保障。

（2）本年度新引进青年教师1人。对于近几年引进的青年教师，学院按学校规定实行了青年教师导师制，制定了包括教学工作、相关规章制度及科研定位等内容在内的青年教师培养计划，加强对她们的指导。

（3）完成了针对教师聘任工作进行的教师教学质量和效果评价，完成了拟晋升教师的初步审查工作。

（4）作为试点学院参与了学校关于二级管理的改革试点工作。

（5）完成了教师3年一聘的聘期聘任工作。

（刘永成）

公共管理与传媒学院

【概况】公共管理与传媒学院（School of Public Administration and Communication），简称公管传媒学院，下设公共管理系、传播学系、新媒体系、文化艺术教研部4个教学机构和公共管理研究所、跨文化研究所2个科研机构。承担行政管理、传播学、网络与新媒体3个本科专业的教学及建设工作及美术作品欣赏、硬笔书法等全校选修课程。公管传媒学院设有综合实验室，具体包括计算机房及媒体编辑实验室、录音棚、演播室、电脑辅助电话调查实验室等，拥有价值600余万元的专业实验设备。资料室主要有图书资料、期刊资料、音像资料三大类。其中图书资料共计2164册，期刊资料29种，音像资料2套。

截至2014年底，公管传媒学院有教职工44人，其中在校的专职教师26人。专职教师中，教授4人，副教授7人，具有高级职称的教师占全体教师的42%；具有博士学位的教师9人，具有硕士学位的教师9人，共占全体教师的70%。

2014年，公共管理与传媒学院本科毕业生137人，招收2014级新生121人，实际报到116人，报到率为96%，专升本新生22人。在校生500人。

（何颖利）

【学科建设与研究生教育】推进与其他学院共建的“数字文化传播”、“公共决策与社会管理”两个二级学科硕士点建设，其中“数字文化传播”申报学科建设项目，并由计算机学院开始招生。

（梁冬梅）

【教学工作】进一步建立和完善教学规章制度建设，推进学生实习实践基地建设，加强教师教育、教学法的研究和授课基本技能的训练，努力提高学生的理论素养和实践能力，推动教学质量提高，巩固学院的教学成果。

（1）制定了《公共管理与传媒学院推免研究生办法》、《公共管理与传媒学院转专业办法》、《公共管理与传媒学院大学生实践创新项目管理办法》等规章制度。

（2）推进学生实习实践基地建设，先后同中国南车、凤凰网、千龙网、宇际星海国际传媒、大连市政府驻京办等单位签署了校企合作实习基地协议。

（3）开展与实施大学生实践创新项目，其中市级项目立项5项，校级项目立项8项。

（4）完成学院网站建设，同时建设完成以学生实习时间为主体的“信天传媒网站”平台。

（5）组织完成了人文知识大赛、微电影大赛、网络编辑大赛等学科竞赛项目。

（6）组织优秀主讲教师评选、青年教师授课比赛等活动，张笑老师在我校第七届青年教师教学基本功比赛暨首届教学新星评选中获得B组二等奖。

（7）开展教育教学法研究，其中教材项目结题1项，申报教学方法改革2项，申报开放实验室2项，申报教改项目2项，获批1项，发表教改论文2篇，出版教材《组织行为学》1部。

（8）开展青年教师导师制工作，其中3名青年教师完成培养考核工作，还有3名教师正在接受导师制培养。

（伊强）

【科研工作】完成科研立项9项，科

研经费到款额30.5万元，发表论文数量44篇，其中核心期刊论文14篇，一般期刊论文30篇，出版学术著作2部。

（梁冬梅）

【学生工作】

（1）开展学生课堂失范行为专项整治工作。召开辅导员、班主任专题工作会议和团总支、学生会骨干、非毕业班班长、团支书等专项工作部署会，13个非毕业班全覆盖召开“正心修身”主题班会，举办“活力校园新气象勤信青年争先锋”规范课堂行为户外宣传活动，举行“凝聚青春力量共筑中国梦想”主题团日活动公开赛，策划录制了《课堂文明从我做起》节目在学校网络电视台播出。

（2）开展诚信考试教育和考风考纪教育。以“优秀班集体”、“优良学风班”、“我的班级我的家”的创建评选活动为载体，开展班风、学风建设，召开考风考纪动员会，签订诚信考试承诺书。

（3）制定“公共管理与传媒学院校内奖学金评定工作细则”，开展了首次校内奖学金评定。

（4）成立学院“2014级迎新工作小组”，制定“2014级新生入学教育活动方案”，召开新生及新生家长见面会，开展专业教育、学籍管理教育、行为管理及安全教育，班主任主持召开了见面班会和主题班会。以班级为单位，开展新生班级入学适应团体辅导。组织新生参加了心理健康教育讲座和心理健康测试、体检和结核菌接种试验，做好特殊学生的安置和思想教育工作。

（5）开展国防教育，做好应征入伍动员和宣传工作，为4名退伍学生办理了复学等相关手续。

（6）以“弘扬革命精神，探访东北革命老区”为主题，组织学生党支部书记、班长等学生骨干开展了暑期社会实践活动。

（7）关注特殊群体，进行学生心理危机大排查，关注重点学生，组织开展2014级新生心理测试。

（8）2014届毕业生137人，录取研究生6人，考研录取率为4.38%，出国5.11%；截至10月31日，宽口径一次性就业率达到了97.81%（就业办提供）。

（9）开展2014届毕业生的信息收集工作，对2014届毕业生进行毕业后追踪调查，撰写毕业生就业工作分析报告，为进一步做好下一届毕业生就业工作提供支撑材料。启动2015届毕业生就业工作，开展就业指导，建立了沟通渠道和信息发布渠道，进行初步摸底调查。积极组织2014届、2015届毕业生参加校园招聘会，及时发布需求信息，有针对性地为毕业生和用人单位提供双向选择的机会。

（10）召开公管传媒学院第二届学生会换届竞选大会及团总支、学生会干部大会，选举（竞选）产生第二届团总支委员和第二届学生会常务委员会委员。

（11）开展2014级新生班主任培训。年终召开学生工作研讨会，加强班主任工作培训和交流，拓宽思路，增强履职责任感。组织各级学生骨干参加了学校相关部门组织的各类培训。

（郭严俊）

【获奖情况】

（1）公管传媒学院第二学生党支部荣获北京高校红色“1+1”示范活动二等奖，行政管理专业第一学生党支部荣获北京高校红色“1+1”示范活动优秀奖。

（2）评选出市级优秀毕业生8人，校级优秀毕业生8人。

（3）在2015届本科毕业生中开展了

“百名时代先锋”评选活动，有5名同学获得各类荣誉称号。

（4）评选出校级优秀团员8人，院级优秀团员25人；校级优秀团干4人，院级优秀团干18人；校级优秀团支部1个，院级优秀团支部3个。

（5）学生获国家奖学金1人，励志奖学金15人，国家一等助学金28人，二等助学金50人。2014年享受三费补贴58人。享受低保家庭毕业生补助8人，新疆少数民族困难生补助9人。

（6）开展了2013—2014年度班主任辅导员考核工作，评出优秀班主任4名，良好班主任5人，称职班主任9人，校级优秀辅导员1人。

（7）2014年学校运动会学院学生获女子团体第三名，男子团体第六名，团体总分第四名以及最佳组织奖三等奖等荣誉。

（8）学院办公室教工党支部被确立为校级示范党支部。

（9）获得学校运动会教工团体第二名；羽毛球积分赛团体总分第二名。

（郭严俊　何颖利）

【其他】

（1）实验室引进2名应届毕业生。实行青年教师导师制，制定青年教师培养计划，从教学工作、相关规章制度及科研定位等方面加强指导。

（2）调整了学院教师职务岗位聘任聘委会和考核组成员。完成针对教师聘任工作进行的教师教学质量和效果评价。院聘委会及考核组组织了对于拟晋升教师的初步审查工作。

（3）完善了党政联席会和学院党总支临时议决事机构议决事制度。

（4）成立了综合实验室和文化艺术教研部两个二级机构。

（5）演播室完成了学校“每周播报”的工作，为学校相关部门制作完成了“三育人”表彰大会视频、机器人大赛视频等。

（梁冬梅　何颖利）

外国语学院

【概况】外国语学院（School of Foreign Studies，以下简称外语学院）设外语系1个、大学英语教学部2个、研究生外语教学部1个。学院现有英语专业1个（分商务和翻译两个方向）。市级实验教学示范中心建设点1个，校级本科教学实验室1个，院级实验教学中心2个。学院的人才培养目标：“‘立足北京，服务首都、面向全国’，培养适合社会经济发展要求尤其是适应北京市经济发展要求的有较强口笔译翻译能力的高素质外语应用人才。”

2014年，学院有教职工88人，其中专任教师84人，专任教师中教授3人、副教授28人。

2014年，学院继续优化内部管理体制，成立了研究生外语教学部。

2014年，计划招生84人，实际报到84人。

（张日颖　王瑾）

【学科建设】2014年，学院与计算机学院联合申报自主设置目录外二级学科“计算语言学”硕士点获得批准，将于2015年正式招生。根据国务院学位委员会2013年学位〔2013〕37号《关于开展增列硕士专业学位授权点审核工作的通知》中关于“增列硕士专业学位授权点要突出专业学位人才培养要求，不再以学术学位授权点作为增列专业学位授权点的必要条件”

的精神，学院正在积极筹备申报翻译硕士专业学位授权点。

（张日颖）

【教学工作】学院承担校级教改项目3项，校级课改项目5项。学校2012级学生的四级通过率达到57.12%，全校四级通过率稳定在50%以上。本年度学院学生专业英语四级考试通过率达到60.81%，创历史新高，并且首次超过全国理工类大学平均通过率。学院学生的大创项目获批4项，均为市级项目。北京市东部写作联盟组织的网络写作大赛学院5名学生获奖。本年度共承办校级和院级学科竞赛8项。

学院实验室管理和建设团队积极参与北京市示范教学中心验收准备工作，最终我校文管综合实践教学中心顺利通过验收。

第六届青年教师教学基本功比赛学院3名老师获奖，学院陈玲老师获得年度优秀主讲教师称号。学校首届教学新星比赛暨第七届青年教师教学基本功大赛学院获得一等奖1名，二等奖2名，三等奖1名。

2014年学院修订了北京信息科技大学大学英语课程分级管理办法，大学英语学生增加期末口试，通过口语考试促进应用能力的培养。按照学校深化人才培养模式改革的统一要求，大学英语考试于第二学期开始实施考教分离。

（王朝晖　张昱婷）

【科学研究】学院加强申报项目的初期指导工作，积极指导，把握政策，畅通信息，为帮助广大教师更好地申报科研项目，组织各种形式的宣传活动，广大教师申报项目的积极性明显提高。同时，学院鼓励教师积极撰写论文，发表高水平论文，并加强科研项目申报与科研论文写作和科研经费支出的规范化管理及经费使用的指导与培训工作。学院全年发表论文158篇，完成科技处年初下达的30篇论文的指标数，其中核心10篇，CSSCI1篇，其他期刊147篇，出版专著1部。年内实到科研经费43万元。

（张日颖）

【学生工作】2014年度外国语学院共有10名同学获得国家励志奖学金，20名同学获得国家一等助学金，24名同学获国家二等助学金，新增5人申请国家助学贷款，8名家庭经济困难的同学安排了勤工助学岗位，3名同学接受一次性困难补助。

2014年度学院学习奖学金一等8人，二等19人，三等26人；科技创新奖学金一等1人，二等5人，三等11人；社会贡献奖学金21人；文体优秀奖学金一等1人，二等3人。殷晓圣获得国家奖学金。在五四表彰中，院级优秀团员20人，院级优秀团干部22人，院级优秀团支部1个，校级优秀团员6人，校级优秀团干部3人，校级优秀团支部1个，英语1101班团支部获得北京市“先锋杯”优秀团支部，团总支副书记杨银获得北京市“先锋杯”优秀基层团干部；在三好优干评选中，7名校级三好，3名校级优干，1个校先进班集体。5名毕业生获得北京市优秀毕业生，孙礼政获得校园“十大先锋”人物。英语1303班李旭光荣参军入伍，英语1101班王永沛光荣退伍返校。

2014届毕业生共有106人，均为英语专业，其中商务方向70人，翻译方向24人，专升本12人；男生22人，女生84人；外地生源44人，北京生源62人。截至10月31日，2014届毕业生总体就业率99.06%：其中签三方协议52人，占49.06%，签劳动合同15人，占14.15%，共计签约67人，占63.21%；考研5人，占4.72%；申请出国8人，占7.55%；志愿服务西部1人，占0.94%；灵活就业24人，占22.64%。

2014年10月20日，学院与黄城根教育集团正式签订了学生教育实践和就业实习基地。2014届有3名毕业生入职黄城根小学，目前，学院已有15名毕业生在黄小就职，并受到了校方的高度肯定。

（王瑾）

【对外交流】2014年，学院继续大力推动对外交流与合作，目前，外国语学院已经与澳大利亚格里菲斯大学、美国加州大学河滨分校、美国威斯康辛大学帕克赛德分校、美国蒙哥马利奥本大学和英国鲁斯金大学等国外高校建立校级合作项目，开展语言教学类和经济管理类及相关学科的短期交流和本硕连读项目。根据学校与美国威斯康星大学帕克赛德分校签署的合作办学协议，派出1名同学赴美国威斯康星大学帕克赛德分校进行为期1年的学习，并于10月荣获校级学生公派出国（境）学习奖学金中最高等级的A类奖学金。

（张日颖）

【党建工作】学院党总支下属党支部8个，其中教工党支部4个、学生党支部4个。学院党员89人，其中教职工党员41人，学生党员48人。年内学院共计27名同学向党组织递交入党申请书，其中一年级新生27人。一般培养入党积极分子20人，重点培养入党积极分子20人，推荐20人参加校级党课培训；上半年发展预备党员10人，下半年发展预备党员10人。2014届毕业生党员离校28人，2014级新生党员2人，截至12月底，共有学生党员48人，其中正式党员26人，预备党员22人，学生党员数占学院学生总数的13.9%。学生第一党支部党员14人，学生第二党支部14人，学生第三党支部13人，学生第四党支部7人。大四年级学生党员人29人，大三年级学生党员15人，大二年级学生党员4人，非毕业班党员人数19人，占全体学生党员人数的40%。

（张锐）

理学院

【概况】理学院（School of Applied Science）现有信息与计算科学、电子信息科学与技术、统计学3个本科专业及数理实验班。学院下设数学系、统计学系、物理与电子科学系和大学物理实验教学中心四个教学单位。研究机构有传感技术研究中心（传感器实验室）、应用数学研究室、数学物理研究所。其中，传感器实验室是北京市重点实验室。

2014年，学院教职工95人，其中教授15人，副教授33人。兼职博士生导师3人，硕士生导师28人。具有博士学位教师占专任教师比例为52.7%。国家级优秀教学团队1个，北京市属高校学术创新团队1个，北京市优秀教学团队1个；全国劳动模范1人，北京市教学名师1人，教育部跨世纪（新世纪）人才1人，北京市中青年骨干教师7人，北京市师德标兵2人，北京市优秀人才2人。

（戈新生　曲青）

2014年，学院毕业生159人，其中：本科生136人，研究生23人；招生226人，其中：本科生201人，研究生25人；在校生731人，其中：研究生79人，本科生652人，学术型学位硕士79人。

（张景波）

【学科建设】学院拥有数学、电子科学

与技术 2 个一级学科硕士点，其中，二级学科应用数学是北京市重点建设学科。数学一级学科下设 4 个二级学科硕士点，电子科学与技术下设 3 个二级学科硕士点。

（戈新生）

【研究生教育】2014 年，微电子学学科、应用数学学科研究生发表论文 14 篇，其中：核心期刊论文 2 篇；SCI/EI 收录 7 篇，应用数学学科有 1 名研究生的硕士论文获学校优秀论文；校级优秀毕业生 3 人，市级优秀毕业生 1 人。

（黄东英）

【教学工作】2014 年，理学院圆满完成了各项教学任务。为深入推进人才培养全面改革，理学院多次召开会议，在专业建设，优化课程配置、公共基础课教学改革等方面进行了积极探索。完成了数理实验班学生情况的调查，进一步推行学业导师制。为了提高公共基础课教学质量，对全校性公共基础课进行了一系列的改革：《高等数学 A》在健翔桥校区开展分级教学试点工作，取得明显成效;《高等数学》、《线性代数》、《概率论与数理统计》、《大学物理》4 门全校性的公共基础课对教学内容和考核方式进行改革，实行考教分离。加强实践教学环节及毕业设计工作的过程管理，提高人才培养质量。

2014 年，理学院积极组织申报教学类项目，完成各类教学项目的申报工作，完成 2014 年教学各类项目结题验收的初审工作。理学院 2014 年获北京市教学专项 1 项，校内教学专项 3 项：专业建设项目 1 项，实验室建设项目 1 项，创新实践基地建设项目 1 项，获课程建设项目 10 项，学校教改项目 3 项，教材建设项目 1 项，2 名教师获得优秀主讲教师称号；28 名教师参加了 2014 年教学效果评价，14 人获得优秀，14 人获得良好。新入职青年教师 4 名参加学校导师制计划，完成微课教学录制 4 人。完成毕业设计实物 13 项，开放实验 15 项，大学生创新项目 14 项的申报工作。2014 年大学生科技创新计划项目批准 5 项，其中国家级 1 项，北京市级 4 项。撰写教改论文 32 篇，教材 5 部，入选优秀毕业论文 4 篇。

（薛春艳　杨志耘）

【科研工作】学院具有较强的基础理论研究和工程应用研究实力，新增国家“863”高科技项目、国家自然科学基金项目、北京市自然科学基金、北京市教委基金、军工预研和军工配套等多个项目。

2014 年，理学院实到科研经费 800.04 万元，其中，横向：444.81 万元，纵向：355.23 万元，发表论文 123 篇，进入三大检索论文 63 篇，取得发明专利 10 项，编著 2 部，科研二等奖 1 项。

2014 年，理学院获国家自然科学基金 6 项，其中：面上项目 3 项，青年科学基金项目 3 项；获北京市自然科学基金（B 类重点）资助项目 1 项，北京市社会科学基金项目 1 项，北京市委组织部“青年拔尖人才”项目 1 项，北京市优秀人才培养资助 2 项，青年拔尖人才培育计划入选 1 人，校科研基金资助项目 4 项。

（杨毅恒　曲青）

【学生工作】学生在全国及北京市和学校各类学科及科技竞赛中获奖 57 人次，其中，获得全国各类学科科技竞赛奖项 12 人次，获北京市各类学科科技竞赛奖项 20 人，获校级各类学科科技竞赛奖项 25 人次。2014 年，共有 94 人次获得学习优秀奖学金。

理学院积极开展学生校园文化活动。3 月 12 日，学校三球联赛中，理学院足球队获得全校第二名，篮球队获得全校第三名。3月27日，理学院举办了“青春呐喊”优秀歌手大赛。6月17日，理学院开展学生组织换届暨优秀学生表彰大会。2014年10—11月，理学院开展学生宿舍评比活动。11月5日、23日，理学院新生趣味运动会举行。11月26日晚，理学院2014年校园主持人大赛在二教201教室举行。11—12月为期一个月的“理院书声·感悟人生”读书月主题活动圆满完成。12月15日晚，理学院2015年新年联欢晚会在小营校区报告厅隆重举行。

学生团支部建设及团员教育活动。3月5日下午，理学院团总支与机械联合社区居委会联合开展了以“大学生进社区，助力社区文明建设”为主题的学雷锋志愿服务活动。4月10日，理学院团总支开展同心互惠募捐活动。4月20日至5月5日，理学院14个团支部以“汇聚青春力量·实现中国梦想”为主题开展了丰富多彩的团日活动。5月13日中午，学院团总支组织开展了以“友爱于心，善行于微”为主题的心理健康教育活动。5月19日，理学院统计1301团支部获学校主题团日活动公开赛二等奖。

理学院开展学生社会实践活动。7月7—12日，理学院组织学员部分优秀党员和学生骨干赴江苏开展“观江苏经济发展 树青年强国之梦”为主题的2014年暑期社会实践活动。11月9—12日，理学院15名学生骨干到革命圣地延安，开展了以“感悟光辉历程 践行社会主义核心价值观”为主题的社会实践活动。

11月22日，理学院主要学生干部等共46人，来到位于北京市怀柔区的训练基地开展综合素质培训。

（张景波　刘玉威）

2月25日，理学院邀请国奥控股集团公司到学院举行专场校园宣讲会。3月10日上午，宇信易诚科技有限公司来到理学院针对2014届毕业生开展专场宣讲活动。3月26日，华清远见教育集团总裁季久峰来校为毕业生做专题讲座。

理学院荣获2014年就业工作优秀奖，刘玉威获得就业工作先进个人荣誉称号。

（张景波）

【党建工作】2014年，学院党总支下属党支部11个，其中：教工党支部6个，本科学生党支部2个，研究生学生党支部3个。截至2014年底，学院党员共计156人，其中：教职工党员58人，占教工总数的60.42%；本科学生中党员59人，占本科生数的8.98%。研究生学生中党员39人，占研究生数的49.37%。2014年学院发展学生党员41人，转正35人。

6月，理学院党总支组织理学院党员开展“共产党员献爱心”活动。

10月22日，理学院党总支组织全体教职工党员及学生党员观看《北京高校学习贯彻〈中国共产党发展党员工作细则〉专题辅导》录像，进行《中国共产党发展党员工作细则》的学习和培训。

11月18日，理学院党总支组织全体教职工党员进行《中国共产党发展党员工作细则》有奖知识答题，答卷由各支部收齐，并由支部书记及支委进行评阅和评奖。

11月，理学院党总支组织所属学生党员、教工党员和处级以上领导干部到西三旗物美大地影院观看影片《天河》。观看电影的人数总计105人，其中：教工党员45人，学生党员60人，观影后以支部为单位组织座谈讨论。

学院注重学生党员党支部建设先锋模范作用的发挥。4月9日，理学院党总支启动了学生党员“先锋工程”之党员“助学 1+1”行动。

4月17日晚，理学院在二教102举办了“我是党员·榜样力量”党员“学习标兵”评比活动。4月24日，研1214党支部赴奥林匹克公园开展了“立足脚下，放飞梦想”的主题活动。

5—10月，理学院四个学生党支部完成了红色“1+1”活动，其中理学院学生第一党支部到机械学院联合社区开展的红色“1+1”活动被我院推荐为2014年北京信息科技大学红色“1+1”示范活动。

11月29日，卢霖老师带领2014级院级党课优秀学员参观中国人民抗日战争纪念馆、卢沟桥纪念园。

（黄东英　卢霖）

【合作办学】学院努力开拓进取，锐意改革创新，为国家培养并输送优质人才。

（1）2014年8月，理学院根据数理实验班、信息与计算科学专业学生培养目标和要求，与北京普猎创新网络科技有限公司签署“理学院校外人才培养实习基地协议书”。

（2）2014年3月26日，理学院邀请业内知名嵌入式、移动开发及物联网人才培养专家，中国嵌入式系统十大杰出青年季久峰来院进行“嵌入式行业最新技术发展趋势及典型应用案例”讲座。

【对外交流】2014年，学院重视对外交流工作，先后派出2名教师出国进修学习，同时，邀请专家学者来校进行学术交流。

（戈新生　曲青）

国际交流学院

【概况】国际交流学院（College of International Education）于2013年10月正式成立，专门承担来华留学生的教育教学与管理工作，开展对外汉语教学及涉外技能培训等。2014年，学院正式设立了学院办公室、招生及学生管理办公室、教学部和国际教育研究所4个部门，行政人员9人，专职教师3人，外聘教师10余人。学院现已开设经济学（国际贸易）本科专业1个和长短期汉语言培训项目。

2014年，学院共计有留学生173人次，其中攻读经济学（国际贸易专业）的本科学历生为65人次，长短期汉语言留学生为108人次。这些学生分别来自俄罗斯、韩国、吉尔吉斯斯坦、乌兹别克斯坦、哈萨克斯坦、贝宁、塞拉利昂、泰国、坦桑尼亚、南非、乌干达。

（薛虹）

【招生宣传】2014年，学院规范招生管理，扩大招生，制作了全英文宣传册，修订了英文版《留学生入学申请表》、《专家推荐函》和《录取通知书》；修订了中英文对照的《北京市政府留学生奖学金申请表》；重新起草了与国内、国际招生代表的中、英文《合作协议》。

2014年10月，学院接待来自23国的国际院校招生官员及招生代理，与他们建立起良好关系。随后，学院与坦桑尼亚招生机构签订合作协议，对方已经成功为学院2015年招收4名本科学历生。学院与俄罗斯、马来西亚和尼泊尔等招生机构也已签署合作协议，与其他国家招生机构的合作正在洽谈中。

（薛虹）

【学科建设】2014年，学校留学生工作的重点是大力发展本科及以上学历教育。因此，学院修订完善了本科层次经济学（国际贸易专业）人才培养方案，编写了课程教学大纲、教学管理规定等文件，建立了专业教学文档，明确了学分制和灵活学制的管理办法，在专业课程体系中将汉语语言课程与非学历项目贯通，并在国际贸易专业课教学中突出中国元素，努力满足不同国家、不同汉语入学水平求学者的学习需求。为打造适合学校留学生特点的教学材料，填补学校对外汉语教学教材空白，学院申报了学校2014年度《经贸汉语》教材建设立项项目，并获得批准。

（薛虹）

【教学工作】学院加强师资队伍建设，规范教师聘用及管理制度，保证教学质量。目前，学院除了3名专职教师外，还聘有一支兼职教师队伍。学院逐步规范教师聘用制度，建立了外聘教师师资库，做到一用一聘，一学期一聘，实现常态化管理。在教学过程中，定期搜集学生的反馈意见，实时监控外聘教师的教学效果，保证聘用教师的质量和可持续性。

学院制定多语种版本《北京信息科技大学国际交流学院来华留学生考勤管理规定》，加强对留学生的出勤管理。另外，与学校教学管理部门和相关学院密切合作，突破瓶颈，协调并组织留学生跨学院选修课程，持续跟进并掌握留学生学习进展。

学院引入“一对一”语伴交流学习活动，辅助教学创新发展。为使来华留学生融入校园生活，促进日常汉语交流，也为满足中国学生结交国际朋友的愿望，学院与计算机学院密切合作，为双方学生近80人建立了语伴联系，有效地提高了留学生学习中国语言和文化的积极性，加强了学生间跨文化交流，提高了教学效果。

（薛虹）

【学生工作】学院全力配合各相关部门，强化来华留学生信息采集与上报工作机制，密切关注来华留学生思想动态，加强来华留学生安全教育工作，第一时间落实宣传教育活动，严格执行留学生出勤考核制度、住宿管理制度、公寓出入登记制度、访客登记制度、公寓巡查制度等。本年度，学院为留学生开展了4次入学安全教育和多次安全检查，完成了包括亚太经合组织（APEC）期间在内的各项维稳工作和埃博拉传染病排查等安全任务。

学院开展丰富多彩的文化考察与文体活动，让留学生感受浓郁的中国文化，增强凝聚力。本年度，学院组织了各种项目的开学及结业典礼，组织了中秋联欢会、大型新年联欢会等。学院每月组织一次文化考察活动，使留学生实地感受中国传统建筑、自然环境、人文情怀等特色文化，同时也加强了教师与留学生的感情交流。此外，学院组织留学生参与北京市“文化大讲堂”及“中国国情参观体验”活动，体验中国书法、武术、绘画、茶艺、烹饪等传统文化，加强与外校留学生的交流；参加“首都高校第15届传统养生体育比赛”，俄罗斯留学生瓦林廷取得24式太极拳留学生组第一名的好成绩；参与学校“新生风采大赛”等。

（薛虹）

【奖学金发放工作】2014年，北京市政府下拨我校外国留学生奖学金共计60万元。学院严格按照北京市教委相关规定，制定了详细的奖学金评定标准及实施办法，整个评选过程公开、透明，评选结果公正，受到了全体教师和绝大多数学生的肯定，奖学金发放工作平稳有序，圆满完成了 2014 年度留学生奖学金计划。经过学院严格评审，最终获得 2014 年留学生奖学金共计 57 人，其中本科生 16 人，一年期语言生 41 人。本科生获得奖学金 32 万元，语言生获得奖学金 28 万元。

（薛虹）

【校际交流】11 月，国际交流学院接待了来自澳大利亚维多利亚大学的 12 名师生到校交流。学院组织开展了形式多样的文化交流活动，包括与中国学生的联欢交流会、中国传统烹饪体验活动、中国传统体育项目体验活动、名胜古迹考察活动、汉语实践等。

（薛虹）

【其他重要事项】本年度，学院完善了留学生公寓的设备设施；整修了留学生公寓各楼层的地板与窗台；粉刷了各楼层及教室的墙面；为公寓大堂墙面进行了艺术处理；为大堂添置了沙发、期刊架、报夹及自动售货机；为洗衣房添置了置放衣物的水桶和行李搬运车；为厨房添置了冰柜，更换了电饭煲；为各楼层及厨房张贴了各种中英文对照的告示语；重新设计更换了学院标牌，从原来单一的中文标牌改成中英文对照的标牌；为每个办公室门上设计了中英文对照的部门名称及工作人员姓名，方便留学生联系教师；办公室内部配置了留学生来源国家的国旗，使留学生感受到家的温暖；发动学生，在教师的带领下，为公寓每一楼层设计制作了展示各个国家文化的文化展板，营造了相互了解、和谐共处的国际文化氛围。

（薛虹）

体　育　部

【概况】北京信息科技大学体育部（以下简称体育部）于 2006 年 12 月在原北京机械工业学院体育教研室和原北京信息工程学院体育教研室、基础二部体育组的基础上组建而成。体育部下设 2 个教研室、部办公室、场地器材管理室。2014 年，体育部有教职工 35 人，其中专任教师 29 人，行政人员 3 人，场地管理人员 3 人。专任教师中，教授 1 人，副教授 6 人，讲师 20 人，助教 2 人；国家级裁判 1 人，国家一级裁判 11 人，具有研究生学历的教师 6 人，占教师的 20.7%，17 名中级职称教师中 90%以上完成研究生主要课程学习，并取得结业证书。

（郭小兵　保月明）

【教学工作】2014 年，按学校本科教学工作的要求，进一步加强我校体育的教学管理、确保教学质量的不断提升，我们认真组织了教学检查工作，进行了教学观摩，组织了教学评教小组成员听课、教师互听课、学生问卷调查。体育部教学检查领导小组成员克服教学任务重、上课时间冲突等各种困难，挤出时间看（听）课，平均每位成员看（听）课达 2 ～ 3 次，对体育部的教学质量起到了监控作用。为了更公平、合理和真实的考核教师的教学水平效果，体育部对教学评价工作的形式进行了调整和修改，根据往年教学工作中出现的问题和学生关注的方面重新制定了学生教学调查问卷，对体育课涉及的一、二年级进行了广泛的了解。除此之外，体育部还邀请校外专家来学校进行教学质量的监督和检查。在教师之间开展“联教联考”的活动，促进了教学工作改革，取得了良好的效果。全年完成本科教学工作量9583学时。2014年，教育部、北京市教委颁布了新的《国家学生体质健康测试标准》，对体质健康测试工作的标准和设备都有新的要求，测试项目也有较大的调整，虽然在新标准没有颁布之前，体育部按照上级的要求积极筹备和组织申报新设备的购置工作，但由于学校基础建设，学生开学较晚，学生测试的上报数据又比往年提前，体育部需要在一个月的时间要完成新设备的调试、学生信息的采集、学生上机测试和测试数据的上报等工作。在时间紧、任务重的情况下，体育部积极组织，多方协同，按时完成了学生测试数据上报工作。完成体育达标测试工作量为5个年级近500个班。

（张世忠　保月明）

【科研工作】2014年，体育部发表论文多篇，在当年教育部、北京市教委举办的体育科学报告会积极投稿并有5篇论文获奖。高教研究项目立项1项；高教研究项目结题1项；课程建设在研项目1项；教改立项2项。

（张世忠　保月明）

【群体竞技】

（1）在学校的领导下，在有关部门的密切配合及体育部全体教职工的努力下，成功举办了校田径运动会。

（2）体育部在校领导的支持下，与各学院、有关部门密切配合，积极组织群体活动，拓展群体活动的思路，加大群体和竞赛工作的力度，积极在校内外开展各种各样的群体和体育竞赛活动。2014年11月在国奥控股集团股份有限公司董事长、校友企业家联谊会会长张敬东校友的大力促成下，北京国安“老男孩”足球队与校足球队进行了友谊赛。

（3）体育部组织学校代表队参加的北京市大学生体育竞赛活动有：北京市大学生田径运动会、北京市大学生越野攀登比赛、首都高校大学生毽球比赛、首都高等学校乙组足球赛、北京市速度轮滑比赛、北京市大学生定向越野锦标赛、首都高校龙舟锦标赛及跆拳道、游泳、毽绳、滑雪、铁人三项、篮球、排球、台球、五人制足球、网球比赛等17大项市级的比赛活动，今年各项比赛活动获得的名次有：第一名1人次、第二名1人次、第三名2人次、第4名到第8名17人次。其中：首次组队参加“首都高等学校乙组足球赛”荣获了第五名的优异成绩。

（席军　保月明）

【党建工作】2014年，体育部直属党总支部有教职工党员20人。体育部直属党支部开展工作的指导思想是：以构建和谐体育部为主线，以培养高素质人才为目标，以组织建设、制度建设、思想建设为重点，以各种学习、活动为载体，紧紧围绕教育教学，扎实开展党建工作，创新党建工作的形式，丰富党建工作的内涵，拓展党建工作的外延，积极探索新形势下党支部工作的新思路，充分发挥党支部的战斗堡垒作用和党员的先锋模范作用。按照“常规工作抓规范，重点工作求突破，创新工作出特色，整体工作上水平”的工作思路，结合体育部实际，团结奋斗，开拓创新，较好地完成了各项工作任务。

（郭小兵　保月明）

计算中心

【概况】计算中心（Computer and Information Management Center）现设有基础教学部、计算机实验室（清河小营校区机房、清河校区机房）。基础教学部主要承担全校非计算机专业的《计算机基础》、《C语言程序设计》、《VB程序设计》等课程的教学、建设任务。计算机实验室占地面积约1100平方米，现有各类型学生用计算机590台，其中清河小营校区机房300台，清河校区机房290台。计算机实验室主要承担学校各专业本科生计算机上机实践和学生的自由上机任务。中心除承担教学任务外，还提供一些公益性活动场地、设备支持及各种计算机应用能力培训。中心有教职工23人，其中专任教师13人，副教授5人，具有博士学位教师3人，硕士生导师2人。中心计算机实验室有实验技术人员7人，其中高级职称3人，中级职称4人，博士学位2人。

（周长胜）

【教学工作】

（1）计算中心于2014年11月15日成功举办了第五届C语言基本技能比赛，吸引了全校各年级各专业同学的参加，为学校培养和选拔编程优秀人才提供了参考。

（2）计算中心基础教学部组织教师对《C语言程序设计》和《C语言习题与实验指导》教材进行了修订，于2014年10月份在清华大学出版社出版了两本教材的第2版。

（3）在现有网络教学平台（http://cms.bistu.edu.cn）的基础上，为加快推进考试改革，新建了课程考试网络服务器（http://course.bistu.edu.cn），逐步把计算中心各门课的考试系统迁移到该服务器。

（4）全年完成教学上机人时数约为24万（其中上半年约8万多人时数，下半年约16万人时数）。

（5）2014年，中心获批校级课改项目立项2项，发表教改论文4篇。

（6）徐英慧获校第七届青年教师教学基本功比赛三等奖；周淑一获校第五届实验教学基本功大赛三等奖。

（7）召开“计算中心课程建设研讨会”，努力提升中心在服务教学、科研方面的能力和水平。

（李文杰　林乐荣　赵玉双　张红霞）

【科学研究】2014年，中心实到科研经费9万元；中心获科研课题立项3项；在各类学术期刊和会议上发表论文1篇，进入三大检索论文1篇（补检索），获软件著作权3项。

（林乐荣）

【党建工作】计算中心直属党支部有党员14人，占教职工总数的58.33%。2014年，计算中心直属党支部以邓小平理论、“三个代表”重要思想和科学发展观为指导，落实学校“十二五”事业发展规划，深入学习宣传贯彻党的十八大精神，紧紧围绕校党委党建工作要点和学校中心工作，服务学校发展大局，谋划中心发展目标，完善工作机制，创新工作方法，重视对教职工的思想引领，积极发挥组织工作的效能，努力提升中心合力及凝聚力。

（1）加强思想教育，用社会主义价值体系引领教师思想。积极组织教师参加“共产党员献爱心”捐献活动，培养社会责任感，中心所有党员参加了捐献活动。

（2）加强理论学习，不断提高党员干部的政治素质。积极开展《中国共产党党员发展工作细则》学习及知识问答活动；组织全体老师学习习近平总书记教师节讲话及习近平总书记在兰考讲话全文；积极引导教师党员开展形势与政策学习，认真完成党员在线的学习任务。

（3）加强党的组织建设，努力提升组

织工作效能。2014年直属支部立足开展形式多样的教育活动，组织全体教师观看电影《天河》，积极倡导社会主义核心价值观；组织教师瞻仰隐蔽战线烈士陵园，开展献花篮、党员宣誓活动；组织老师参观地道战焦庄户遗址，重温先辈们抗战的事迹。

（4）重视宣传思想工作，2014年在小营及清河校区分别设立宣传橱窗，便于宣传教育工作的开展。

（5）积极推进两级民主管理，注重解决关系教职工切身利益的问题。

（6）加强党风廉政建设，完善党政议事规则和决策程序。逐步建立党政联席会制度和督导组工作制度，制定了《计算中心差旅费使用规定》、《计算中心关于落实教师教研活动的通知》、《计算中心党政联席会制度》、《计算中心领导班子学习制度》等四项制度，并开始执行。

（7）积极组织开展教职工喜闻乐道的业余文化活动，组织了“健步走”、女职工插花、传统包粽子体验等；开展计算中心教职工“休闲区”建设工作；徐英慧老师被评为北京信息科技大学“三育人”先进个人；张红霞老师被评为北京信息科技大学“平安校园”先进个人；姜燕扬、徐英慧、张红霞、李颖老师被评为年度工会积极分子。

（张曼萍）

【其他重要事项】

（1）完成教学系统的升级与改造工作，将原有教学所需软件迁移到Windows7系统下。

（2）圆满完成2014专项的建设及2015年专项的申报工作。完成2014年专项“计算中心实验室系统软件建设”项目，共计34.5409万元。

（3）实验室更新商用台式计算机30台，用于本科生的实践教学。

（赵玉双　张红霞）

机电实习中心

【概况】机电实习中心成立于1993年，是融教学、科研、社会服务于一体的校级实习中心。机电实习中心的主要任务是保证高质量完成面向全校的金工实习、电工电子工艺实习等工程实践教学任务，按照学校“培养高级应用型人才”的办学指导思想，通过对学生进行现代工程实践训练，使学生掌握现代制造工艺知识。机电实习中心以“大工程教育”思想为指导，紧紧围绕北京信息科技大学作为教学研究型大学培养研究型、复合型和创新型工程技术人才这一目标，坚持以学生为主体，坚持传授知识、培养能力、提高素质协调发展，着力培养学生工程实践能力、综合分析与设计能力、科研能力与创新精神。

实习中心场地建筑面积3200平方米，设有8间教室以及实习操作场所。实习中心指导教师共28人，包括在编人员15人，返聘人员4人，合同工人员9人，其中硕士学历5人、本科学历6人、高级实验师5人、实验师4人、工程师1人。金工实习设备有110余台，电工电子实习仪器设备及实训台200余套，其中数控机床48台，包括38台数控车床，5台线切割，1台数控铣床，4台加工中心。机电实习中心下分三个部：冷工部、热工部、电工电子部。冷工实习面积1900平方米，热工实习面积460平方米，电工电子实习面积406平方米。冷工部分车工组、铣工组、钳工组、刨磨组、数控组、维修组。热工部分铸工组、焊工组。电工电子部分电工组、电子组。

（王倪珂）

【实习教学工作】2014年机电实习中心顺利完成学校教务处布置的各项实习教学工作，实习指导范围覆盖机械设计制造及自动化、工业设计、工业工程、新能源科学与工程、测控技术与仪器、机械电子工程、光信息科学与技术、通信工程、自动控制、车辆工程、英语、工商管理、电气工程与自动化、信息科学与技术、电子科学与技术共15个专业。金属工艺学实习教学工作总量为82000人时，电工电子工艺实习教学工作总量为39600人时，共计121600人时。

在完成本校教学工作的同时，机电实习中心还为中国石油大学（129人）、北京农学院（57人）、北京邮电大学（120人）等三所兄弟院校提供了优良的实习教学服务，教学工作量为19760人时，发挥了示范中心的辐射服务作用，达到资源共享，同时，有效地宣传了实习中心，与这些学校建立了良好的联系。

（王倪珂）

【教学改革工作】机电实习中心2014年完成金工实习教材《数控技术实训教程》的编撰与出版工作，教材共30万字，目前已由国防工业出版社正式出版并投入使用，在学生中反响良好。

2014年，机电实习中心共发表教学改革论文6篇，其中EI检索论文1篇，宋晓娜“Research on multi-speed control of variable-frequency drive”，一般期刊5篇，李沛“双面转印机应用与电子工程训练的教学研究与实践”，侯晓霞“电子工艺实习开放性实验教学的探索与实践”，孟玲霞“基于大工程意识的汽车‘安全锤’实践教学改革”，王倪珂“基于自主学习创新能力培养的工程实践平台构建研究”，胡延平“数控机床故障诊断模拟教学实验台的设计与开发”。

（王倪珂）

【科研工作】机电实习中心2014年完成横向课题3项共10万余元、并完成学院高教和教改等课题4项，其中，宋晓娜完成横向课题“风电场运行评估计算及分析”，侯晓霞完成横向课题“智能小区一卡通系统管理开发”，宋晓娜发表核心期刊科研论文“电站余热利用方案的热力学对比分析”，以及国外期刊科研论文*Analysis of Methanol Power Polygeneration System from Natural Gas*。

（王倪珂）

【对外交流】2014年度，机电实习中心进行了两次教学实践的调研活动，分别赴昆明理工大学和大连理工大学的工程训练中心参观，学习借鉴其教学模式和管理模式，通过两次调研活动，教师们受益匪浅，对机电实习中心的教学过程也进行了相应的改进和提高。

（王倪珂）

【党建工作】机电实习中心党支部隶属教辅单位党总支，有正式党员13人。机电实习中心党支部积极配合直属单位党总支和工会工作，按时高效完成党总支布置的各项任务，仔细做好学校党代会各项工作，每次都能够做到全体党员到会，传达学校党委有关精神和具体要求同时，党支部按时定期召开党员学习活动，积极学习最新的政治理论，保证各位党员同志与时俱进，用新的理论武装自己的头脑。

另外，党支部还积极组织及配合党总支开展各类党群活动，如：校运动会、徒步及牌类比赛等，通过这些活动，增强同志们的集体荣誉感，丰富业余生活。为了更好地完成学校的“党员在线学习”工作，中心党支部组织全体党员进行了关于党的知识竞赛活动，取得了良好的效果。

（王倪珂）

【大学生科技创新工作】中心设有大学生科技创新基地，创新基地面积40平方米，提供专用场地、各类设备及专业指导，为大学生参加各类科技创新大赛提供平台。

2014年度机电实习中心共开设的开放性实验14项，分别为：“凌阳61单片机的组装与扩展应用”，“单片机实验电路安装调试实训”，“雕刻机在电子工艺技术中应用的实验”，“改进SMT表面贴装工艺的实验”，“印制板实训——稳压电源与充电器的制作”，“智能双面转印机应用于电子工艺实训的实验开发”，“可编程序控制器（PLC）及组态技术工程应用”，“电子产品安装技能拓展训练”，“模块化机器人控制实验”，“典型传动机构的设计与加工”，“基于Pro/E的数控模型设计”，“国际象棋创意设计”，“机电产品的逆向造型与创新设计及其数控加工”，“三维浮雕的艺术设计与雕刻加工”。并开展了2项大学生科技创新项目，“S形路径低碳小车的设计与制作”，“基于arduino单片机的压力传感器应用设计与制作”。

2014年度机电实习中心科技创新获奖情况如下表所示。

科技创新获奖情况一览表

序号	作品名称	竞赛名称	获奖情况
1	温度监控电路的设计	北京信息科技大学电子设计大赛	一等奖
2	太阳能智能小车的研究与制作	北京市机械创新设计大赛	一等奖
3	多功能便携绘图桌	北京市机械创新设计大赛	一等奖
4	带传动式循环自擦黑板	北京市机械创新设计大赛	一等奖
5	多功能绘图桌设计与制作	北京市机械创新设计大赛	二等奖
6	多功能绘图尺	北京市机械创新设计大赛	三等奖
7	级铣削与磨削加工工艺为一体的小型教具设计与制造	北京市机械创新设计大赛	三等奖
8	多功能黑板	北京市机械创新设计大赛	三等奖
9	防反光可调节黑板	北京市机械创新设计大赛	三等奖
10	多功能绘图教具	北京市机械创新设计大赛	参赛奖
11	抢球博弈	北京市大学生机器人大赛水中机器人全局视觉	一等奖
12	水中救援	北京市大学生机器人大赛水中机器人全局视觉	三等奖
13	水球5V5	北京市大学生机器人大赛水中机器人2D仿真组	三等奖
14	水球斯诺克	北京市大学生机器人大赛水中机器人2D仿真组	三等奖

（王倪珂）

【专项设备购置】2014年，按照教务处、财务处工作安排，中心多次组织人员调研、论证、制定了符合机电实习中心教学实际需求的3年专项库。

（王倪珂）

继续教育学院

【概况】2014年，继续教育学院（The School of Continuing Education，简称继教学院）秉承“规范管理、提高质量、稳定规模、促进发展”的指导思想，以协调发展和提升质量为目标、以加强思想作风建设和工作创新为动力、以落实工作职责和强化目标管理为手段，发挥继续教育的办学职能，进一步拓展办学空间、增强服务功能、提高办学效益，形成了学历教育教学规范有序，非学历教育项目针对性强，保障性措施健全有力，后续发展势头良好的工作局面。

2014年，学院教职工总数10人。其中，管理人员9人、教辅人员1人。具有副高级职称的2人，中级职称3人，初级职称5人。

2014年，学院各类成人学历教育在校生4600余人，各专业毕业生共计1553人，授予成人学士学位29名，其中，管理学学士18名，工学学士11名。评选优秀毕业生7名。

（高宏山）

【学历教育工作】学院的学历教育设有夜大学、函授两种教育形式，招收高中起点本科、专科起点本科和高中起点专科三种教育层次的学生，开设机械、电子、经济、管理等门类，设置有计算机科学与技术、机械设计制造及其自动化、会计学、机电一体化等共24个专业，分别在学校的三个校区、京内三个教学点和全国部分省市的9个函授站开展教育教学工作。

学院坚持规范办学，注重人才培养质量，先后组织召开年度函授站和教学点工作会、学生工作研讨会，认真总结成人教育年度工作情况，研讨成人教育政策及应对措施，听取关于教育教学与管理方面的建议和意见，扎实做好成人教育教学管理与指导服务工作。

（1）注重过程管理，强化教学质量监控。学院的教学团队均为外聘教师，为使教师能全面了解学院对成人教育的相关要求，培养和提升教师的责任意识，2014年学院在原管理制度的基础上，重新修订完善了《继续教育学院教师管理手册》。

坚持期中教学检查，对学期教学计划的执行情况、课程调配、授课进度、考试（补考）安排等教学过程管理进行督查，并组织教学管理人员随堂听课，课后与任课教师、学生座谈，针对课堂教学的内容与实际效果开展交流，对梳理出的问题及时给予改进。

严格成绩管理规定，规范成绩录入程序。按照成绩管理要求，针对多校区办学特点，学院自主开发了电子成绩管理系统，并在各校区及教学点统一安装使用，实现成绩管理信息化。

加强毕业论文（设计）指导和答辩的组织工作。根据学生的实际状况，结合专业发展和社会需求，组织教师有针对性地拟订毕业设计（论文）题目，指导学生选题，定期检查学生设计（论文）进展情况，发现问题及时指导，严格按照要求开展毕业论文（设计）指导和答辩工作。

注重管理过程留痕迹。定期对教学管

理资料、学生档案等原始资料进行核查清理，确保各项管理文档的完整性，并按照学校档案管理工作规定，及时将各项管理资料、数据、文档备案移交存档。

（2）加强专业建设，积极开展教学课程改革与研究。2014年北京市教委向学校下达了“本科生培养－教学改革立项与研究（市级）－继续教育教改”项目。继续教育学院承担了该项目的立项研究，针对成人高等教育“动漫设计与制作”、“计算机信息管理”两个特色专业，进行重点课程数字化、网络化建设，以推动优质教育资源的开发与共享，积极探索开放式教育新模式。

组织“动漫设计与制作”、“计算机信息管理”两个特色专业的主讲教师对核心课程进行课程教学设计，包括：教学目标的制订、教学资源的开发和利用、教学过程的设计、实施与管理、教学效果的评价。

项目已完成素材采集、全部资源数字化等工作，教学视频也已经完成录制，所有资源已经整合完成，公开发表文章2篇，项目进入后期测试完善阶段。

（3）严格学籍管理。组织2014级夜大、函授本专科2100名新生报到，遵照北京市教委的有关规定，开展新生入学资格复查、电子注册工作；严格学生学籍变更、信息核对；完成夜大、函授毕业生的资格审核、电子信息的采集、数据上传；完成毕业证办理、发放等管理与统计等工作；组织成人学位英语报名，严格按照工作程序开展学士学位评定和授予工作。

（4）规范函授教育管理，提升函授办学软实力。2014年，学院召开了以“加强建设、迎接挑战、提升服务、创新发展”为主题的函授教育年度工作会议，总结函授教育年度工作情况；研讨成人教育政策及函授办学的应对措施；交流函授教育教学成功的管理经验。为加强函授站的科学布局，稳定函授办学规模，2014年，学院针对广东省个别侨乡经济发达但专业人力资源稀少的状况，拟在广东省汕头市潮阳设立函授辅导站，经过多方市场调研与论证，建站单位符合相关标准，建站已获广东省教育厅批准，拟于2015年正式招生办学。

（5）加强京内校外教学点的规范化管理。遵照《北京市教育委员会关于对高等学校在京成人高等教育校外教学站进行检查评估的通知》（京教函〔2013〕231号）要求，积极参加北京市教委组织的2014年高校京内校外教学点检查评估工作，检查的三个教学点中，两个评估合格，一个暂缓通过；召开2014年度教学点工作会议，集中学习《北京市教育委员会关于对高等学校在京成人高等教育校外教学站进行检查评估的通知》（京教函〔2013〕231号）精神及高等学校在京成人高等教育校外教学站评估指标体系；总结教学点年度工作情况；研讨教学教务管理工作，积极推进教学点的规范化建设。

（6）创新学生工作理念，注重学生成长成才教育。北京市教委组织北京市首届高校成人计算机应用竞赛，学院选送了6名夜大学学生参加了“视频动画组”、“12306网站建设组”两个组别的比赛，经过初赛和决赛，12306网站建设组获得竞赛“三等奖”，一名教师获得“优秀组织奖”；召开主题班主任工作研讨会，就新时期成教班主任应具备的综合素质、班级管理的角色定位，学生干部的选拔与培养、班主任的工作方法等问题进行了交流与研讨；加强班级管理，健全班级组织，2014年，学院在夜大学中开展了组建班委会工作，并按照学生干部选拔条件和工作程序，正式成立夜大学班委会；继续在夜大学生当中开展入党积极分子培养教育工作，开办院级党课培训班，2014年，确定入党积极分子6名；评选优秀毕业生7名。

（7）坚持“阳光招生”，完成招生计划。根据北京市教育考试院的招生要求和工作流程，学院制定了2014年成人高等学历教育《招生章程》，编制了2014年成人高等学历教育《招生计划》，加大招生信息公开力度，招生与录取实施“阳光工程”。录取2015级新生1980人，其中，函授录取1734人，圆满完成2014年度招生计划。

（高宏山）

【非学历教育工作】2014年，学院根据年度工作计划和发展思路，非学历教育工作稳步开展且层次有所提高，后续发展势头良好。

（1）2014年，学院与相关学院联合，与武警特警学院合作开办的2014级在职“工程硕士”研究生班正式开班，其中“工业工程”专业录取8人，“计算机技术”专业录取21人，为扩大学校研究生教育规模做出了贡献。

（2）开办“全国企业人力资源管理师”培训班，组织承办“全国计算机等级考试”、“全国企业人力资源管理师考试”、“朝阳区民政局事业单位招聘考试”等国家级和北京市级各种考试62场次，全年培训和参考人数达2400余人。

（3）与北京幸星国际教育公司“北信—幸星”校企合作培训项目有所增加，培训人数同比2013年有所增长，并双方已达成进一步扩大培训规模的合作意向。2014年，该项目办学收入48万元。

（4）与北京ITET培训中心合作的培训项目运行平稳，2014年，该项目创收77.6万元。

（高宏山）

【党建工作】

（1）狠抓班子作风建设和能力建设。针对党员干部存在的“四风”问题，党支部按照整改工作目标和相关要求，启动了整改措施，按照时限逐项整改。

（2）积极开展“三育人”建设工作。为推进学院师德师风建设，教育和引导广大教职工树立全心全意为学生服务的思想，落实“教书育人、管理育人、服务育人”，党支部提出了“立师德、正师风、强师能”的工作目标，开展了以育人为根本，以提高教育教学质量及全面提升办学层次为中心的“三育人”、“师德标兵”评选活动，学院吉莉莉同志获得校级“三育人”先进个人。

（3）强化民主监督，推进廉政建设。积极参与学院的管理，坚持全心全意依靠广大教职工的工作理念，发挥党支部的监督保证作用，加强党风廉政建设，坚持和完善院务公开制度，凡关系教职工和学生切身利益的事务一律实行公开，接受群众监督，密切干群关系，定期开展廉政自查工作并撰写学院廉政工作自查报告，学院呈现出稳定和谐的工作氛围。

（4）做好“平安校园”创建工作。遵照学校“平安校园”建设工作的要求，党支部针对酒仙桥校区的培训项目，认真落实《学院平安校园建设工作方案》，积极配合校安稳处、校区办开展安全教育和防控演练，坚持每周开展校区安全卫生检查，定期开展文明宿舍评比活动。

（高宏山）

【综合管理工作】

（1）遵照学校“平安校园”建设工作要求，针对酒仙桥校区的培训项目，落实

《平安校园建设工作方案》，积极配合校安稳处、校区办认真开展安全教育和防控演练，每周对校区的安全卫生检查工作已呈常态化。

（2）按照学校暑期校舍装修工程工期总体安排，做好工程涉及区域的清理搬迁，并指派专人负责协调解决在施工过程中遇到的问题。

（3）按时完成学校2014年度《高基报表》成人高等教育数据统计与填报工作，并为北京市高校继续教育数据管理平台提供基础数据。

（4）继续开展北京高等学校继续教育质量年度报告工作，学院提交的《北京信息科技大学继续教育质量报告（2013）》再度被收录到北京市教委编印的《北京高等学校继续教育质量报告（2013）》摘编目录。

（5）协助学校职能部门和有关学院，认真做好学院待分流专职教师的管理和专业培训工作。最后3名专职教师新的工作岗位已落实，学院的专职教师分流工作圆满完成。

（高宏山）

十一、表彰与奖励

学校获集体奖励与表彰

获奖名称	获奖单位
国家级教学成果二等奖	北京信息科技大学
平安校园示范校	北京信息科技大学
高校党建与思想政治工作优秀成果二等奖	北京信息科技大学
2013 年度党内统计报表优秀单位	北京信息科技大学党委
2013 年决算编报工作先进单位	北京信息科技大学
2014 年综合绩效评价三等奖	北京信息科技大学
BALIS 原文传递服务最佳服务奖	北京信息科技大学图书馆
BALIS 馆际互借中心年度评比先进集体三等奖	北京信息科技大学图书馆
北京高校德育工作先进集体	学生工作部、经济管理学院
北京高校红色“1+1”示范评选活动二等奖	行政管理专业第二学生党支部
北京高校红色“1+1”示范评选活动三等奖	自动化学院党总支第一、第二学生党支部
	自动化学院党总支行政学工党支部
北京高校红色“1+1”示范评选活动优秀奖	计算机学院党总支计算机科学与技术党支部
	信管学院党总支第三学生党支部
	光电学院党总支测控第三学生党支部
	外语学院党总支第二、四学生党支部
	通信学院党总支通信学生第一党支部
	经管学院党总支营销学生党支部
	人文社科党总支行政管理专业第一学生党支部
“我的班级我的家”优秀班集体创建评比三等奖	自控 1205 班
北京高校优秀学生基层组织创建展示	经管学院财务 1103 班
	理学院统计 1301 班
	机电学院能源 1201 班
	通信学院电信 1201 班

（续表）

获奖名称	获奖单位
北京高校优秀学生基层组织创建展示	光电学院学五公寓 1214 宿舍
	经管学院学三公寓 527 宿舍
	信管学院学三公寓 1402 宿舍
北京市教育工会 2013 年度财务工作规范化建设考核先进单位	北京信息科技大学工会
北京市教育工会 2013 年度经审工作规范化建设考核优秀单位	北京信息科技大学工会
北京市教育工会 2013 年度财务竞赛先进单位	北京信息科技大学工会

教职工获奖励与表彰

一、教育教学方面奖励与表彰

获奖名称	获奖人
第十届北京市高等学校教学名师奖	厉虹
北京市 2014 年度万名孝星	吴景荣
北京市模范军队转业干部	崔英花
北京市师德先进个人：	王雪雁 张奇志
北京市离退休干部先进个人	唐树艺
北京市保密工作系统先进个人	郑小博
BALIS 原文传递服务先进个人	马铭锦
BALIS 馆际互借先进个人二等奖	杜广涛
北京高校优秀德育工作者	毛江一　黄小龙　刘云风　张月霞　王海龙
北京高校优秀辅导员	赵洁　赵勇　马众
学校师德标兵	王雪雁　李淑琴　吴韶波　张奇志　赵刚
2014 年度校级优秀主讲教师	王朝晖　史学冬　杭建平　侯霞　倪晓明　高英　焦瑞莉
北京高校校报好新闻一等奖	鲁雷　王蕾　杨静（2 项）
北京高校校报好新闻二等奖	谌　兵
北京高校校报好新闻三等奖	鲁　雷　王蕾　杨静　王肖楠（2 项）

（续表）

获奖名称	获奖人
学校“三育人”先进集体	党委宣传部、招生就业工作处、基建处、机电工程学院机械工程系、仪器科学与光电工程学院测控技术与仪器系
	计算机学院学生工作办公室、经济管理学院实践教学中心、后勤管理处门诊部
学校“三育人”先进个人	马铭锦　王雪雁　王瑛月　卢华明　史学冬　付兴建　白连平　吉莉莉　朴林华　权铁汉
	伊强　刘文涛　刘刚　刘畅　刘悦　许德亮　孙若莹　孙静　负晓哲　李万福　李东雁　李洪海
	李哲　李淑琴　杨洁　吴进　吴秋新　吴韶波　宋芳　宋晓娜　张广奇　张日颖　张月霞　张红春
	张苍山　张奇志　张晓青　陈义平　陈红英　陈洪光　周连跃　郇鹏　孟祥花　赵刚　赵志强
	赵萍　赵雪莹　郝育新　胡景凡　徐英慧　高晶敏　崔凯　梁冬梅　梁琦　董丽萍　韩之怡
	童亮　曾万梅　曾铮　曾毅红　霍颖培　魏元燃
首都大学生暑期社会实践先进个人	毛江一　彭燕　赵贤　王海龙

二、科学研究方面奖励与表彰

中国机械工业科学技术奖二等奖（2 项）

1. 项目名称：新型微机械陀螺原理结构、设计制作与应用

   获奖者：张福学　高国伟　张伟

2. 项目名称：机电设备故障预报及安全保障信息化技术的研发与应用

   获奖者：徐小力　黄民　王红军　吴国新　谷玉海　左云波　徐湛

吴文俊人工智能科学技术奖二等奖（1 项）

项目名称：高频响低噪声大过载新型振动陀螺技术及应用

获奖者：苏中　刘宁（学生）　李擎　范军芳　迟家升（校外）　付国栋（校外）　刘洪（学生）　张月霞　高可　马晓飞（学生）　赵旭（学生）　张双彪（学生）　李海涛（学生）　李振华

电力建设科学技术进步奖一等奖（1 项）

项目名称：基于绝缘状态评估技术的 GIS 设备检测关键技术研究与应用

获奖者： 康均（校外） 张海宁（校外） 朱嘉林 李渊（校外）

中国服务业科技创新奖：一等奖（1 项）

项目名称：制造业产业集群的知识协作模型与服务平台研究

获奖者： 张健 刘宇 孙静

专利授权（147 项）

其中：发明专利（40 项）

一种两栖蛇形子母机器人的桨身融合子模块 李彦文（学生） 李擎 苏中 刘福朝（学生） 付国栋（校外）

利用变压器绕组振动识别发电机定子绕组端部劣化的方法 李娟

一种多运动模式可分体蛇形机器人 李彦文（学生） 李擎 刘福朝（学生） 付国栋（校外）

一种基于捷联探测器的比例导引律设计方法 李擎

一种小型推力待测引擎参数测试系统 侯明 侯英（学生）

Method for Measuring Magnetic Induction Intensity of Magnetic Field Using Short Cavity Fiber Laser 祝连庆 骆飞（校外） 张荫民 何巍（学生） 董明利 娄小平 贾豫东

Method for Measuring Temperature of Object Using Longitudinal Mode Output of Short Cavity Fiber Lase 祝连庆 骆飞（校外） 董明利 张荫民 何巍（学生） 娄小平

一种用于酶联免疫检测的分光系统及分光方法 祝连庆 郭阳宽 那云虓 董明利 娄小平 王君 潘志康

一种摄影测量图像匹配方法 董明利 王君 孙鹏 祝连庆 娄小平 燕必希

一种基于动态阈值的图像匹配方法及系统 董明利 孙鹏 王君 娄小平 燕必希 张倩倩（学生）

一种基于光束平差的三维重建方法 董明利 王君 孙鹏 祝连庆 娄小平 杜叶飞（学生）

小工件视觉测量方法及测量系统 燕必希 刘力双 邓文怡 祝连庆 宗敏（学生）

基于曲率特征加权质心点约束的自适应标志点布局方法 吕乃光 谭启蒙（学生） 娄小平 燕必希 孙鹏

视觉测量系统的相机参数标定优化方法 娄小平 吕乃光 赵烨昕（学生） 孙鹏

特大齿轮姿态控制方法及系统 郭阳宽 祝连庆 董明利 潘志康 娄小平 王君

特大型齿轮的姿态调整方法及设备 祝连庆 郭阳宽 董明利 潘志康 娄小平 张荫民

特大齿轮在位姿态调整系统及方法 祝连庆 郭阳宽 董明利 潘志康 娄小平 那云虓

近场多光学捕获装置及方法 周哲海 谭峭峰（学生） 祝连庆 王晓玲

远场多光学捕获装置及方法 周哲海 谭峭峰（学生） 祝连庆 王晓玲

新的 MZ 外调制器平衡检测偏置控制方法 张晓青 李东 廖磊（学生） 曹文娟（学生） 陈青山 王艳林

一种基于视觉检测的流量监控装置及流量监控方法 刘力双 吕勇 郎晓萍 燕必希 娄小平
一种 WIFI 定位方法及其定位系统 乔道鄂 徐小力
盾构机的激光导向控制系统及方法 李月强 陈青山 潘志康 刘亚克（学生）
无线网络系统资源标签交换方法 周金和 王朝（学生） 方毅翔（学生） 连娜（学生）
一种搜救机器人的躯干分体装置 苏中 蒋工（校外） 刘福朝（学生）
可伸缩轮式蛇形机器人 苏中 李彦文（学生） 刘福朝（学生） 李擎 蒋工（校外） 张承燕（校外）
一种钟形振子式角速率陀螺控制回路仿真方法 苏中 付梦印（校外） 李擎 刘宁（学生） 刘洪（学生） 邓志红（校外）
超小型 GPS/INS/ 磁强计 / 气压计组合导航系统 苏中 李擎 范军芳 赵旭（学生） 刘洪（学生） 刘宁（学生） 马晓飞（学生） 付国栋（校外）
一种机器人分体连接装置 苏中 李擎 范军芳 薛瑞彬（校外） 陈淞（校外）
一种惯性测量单元的外壳结构优化方法 苏中 李擎 范军芳 蒋工（校外） 刘宁（学生） 刘洪（学生）
一种文档互操作度量方法 侯霞 李宁 梁琦
一种仪用氙灯电源 谷玉海 徐小力 王少红
一种基于组合预测模型对机电设备的故障预测方法 王少红 徐小力 马超
一种便携光电式测色仪 徐小力 谷玉海 王少红
面向数控机床故障诊断与故障预报的知识库构建方法 徐小力 吴国新 王少红 任彬（学生）
一种用于精密机电设备中的电机转速测量方法 谷玉海 徐小力 王少红
一种旋转机械故障趋势预测的特征提取方法 徐小力 左云波 吴国新 王红军 蒋章雷（校外）
一种蛇形机器人六向内嵌独立伸缩式轮腿躯干模块 邢济收 李彦文（学生） 苏中 刘福朝（学生） 付国栋（校外）
一种安全舱门锁 黄小龙 黄民 索双富（校外） 马涛（校外） 于尽良（校外） 程海林（校外） 马学祥（校外）
一种车辆电液动力知动系统 林慕义 童亮 王准 曲文峰（学生）

软件著作权（89 项）

远程监护系统软件 艾红
车载设备远程监测系统软件 艾红
基于重构法的多工况故障预测软件 马洁
BISTU VISION 视觉导航系统软件 娄小平
BISTU-DTRS1307 分布式拉曼测温系统 V1.0 张晓青 贾豫东 刘静娓（学生）
关节式坐标测量机参数标定软件 V1.0 潘志康 祝连庆 郭阳宽

变臂关节式坐标测量机数据传输处理软件 V1.0　潘志康　祝连庆　郭阳宽
弱视综合训练软件　张晓青
基于物联网的水域微生物浓度监测系统软件 V1.0　焦瑞莉
Android 手机应用软件——智能家居软件 V1.0　焦瑞莉
基于机器视觉的苹果分级软件 V1.0　焦瑞莉
煤层气地面集输生产作业虚拟在线系统——人机交互软件 V1.0　朱希安　曹林
煤层气地面集输生产作业虚拟在线系统——增压站模拟操作软件 V1.0　朱希安　郭丹丹（学生）
煤层气虚拟仿真系统 – 数据手套虚拟操控软件 V1.0　朱希安　徐宇翔（学生）
标定姿态解算算法简易软件　苏中　李超（学生）
可穿戴式行人多步态姿态解算软件　苏中　李超（学生）
移动机器人基于激光测距仪自主避障监控软件　苏中
捷联惯导数据提取软件　苏中
可变形搜救机器人的三种蜿蜒运动仿真软件　苏中
多功能的蛇形机器人测控软件　苏中
机器人模型参数矫正软件　苏中
激光测距软件　苏中
室内消防救援监控软件　苏中
电动无人车路径规划软件　苏中
RTK 接收机特性测试软件　苏中　时佳斌（学生）
可穿戴式步态检测计步软件　苏中　李超（学生）
非阵列分布电子元件的热布局优化仿真软件 1.0　苏中
煤层气地面集输生产作业虚拟在线系统——3D 虚拟场景软件 V1.0　曹林　朱希安
煤层气虚拟仿真系统——Kinect 人体动作识别软件 V1.0　曹林　朱国刚（学生）
煤层气地面集输生产作业虚拟在线系统——虚拟向导软件 V1.0　曹林　朱希安
Kinect 人体动作识别软件 V1.0　朱国刚（学生）　曹林
灵明人脸检测软件 V1.0　曹林
灵明人脸跟踪软件 V1.0　周汐（学生）　曹林
程序化交易仿真分析系统　蒋文保　夏丙英（学生）
基于关联规则的个性化商品推荐系统 V1.0　车蕾　丁雨婷（学生）
数据库系统基础精品课程网站管理系统 V1.0　车蕾　崔巍　王晓波
经济仿真模拟系统 V1.0　王兴芬
销售与应收循环审计系统 V1.0　张莉
会计信息系统内部控制审计系统 V1.0　张莉
工业企业审计模拟数据仿真系统 V1.0　张莉
汉语概念复合块的分析和标注软件　吕学强
中文微博突发事件及其发布源检测软件　吕学强

城市管理投诉信息挖掘与分析软件	吕学强
互动问答社区中回答可信性分析软件	吕学强
领域本体构建软件	吕学强
中文专利关键词自动标引软件	吕学强
本体概念及概念间关系抽取软件	吕学强
汽车类外观专利图像三维重建软件	吕学强
搜索日志中查询扩展软件	吕学强
视频字幕的识别及浅层语义分析软件	吕学强
句法分析中数据稀疏问题研究软件	吕学强
微博客信息可信度评价软件	吕学强
数据中心管理平台 1.0	杨厚云
信息门户软件系统	杨厚云
FAT 文件系统数据恢复工具软件	张京生
希捷 F3 维修工具软件	张京生
16 进制编辑器软件	汪中夏
基于 Android 系统的个人理财通软件	李涵
基于 Android 平台的私人秘书软件	吴秋新
基于 Android 系统的手机天气预报软件	吴秋新
循环经济网络虚拟实验仿真系统	张健
高技术园区经济预测预警系统	张健
盐湖化工知识检索系统	张健
C 语言自主学习系统 V1.0	张良
多终端进销存管理系统 V1.0	张良
基于 Word 平台上获得文字处理信息及所需时间和操作次数的软件	王伟
智能手机企业拜访管理系统 V1.0	焦健
基于综合方法的主题句抽取系统	张仰森
文本比对系统	张仰森
面向文本校对的专业词汇与搭配关系分析挖掘系统	张仰森
汉语语义相似度计算平台	张仰森
面向政治新闻领域的中文文本校对系统	张仰森
中文微博情感挖掘系统	张仰森
微博用户关系的分析与展示系统	蒋玉茹
社交网络流量识别软件 V1.0	李艳平
分光光度测试分析软件	左云波
振动特征量提取分析与趋势预测软件	左云波
无杆抽油机故障状态模拟分析软件	左云波
多通道振动信息无线数据采集软件	左云波

RBF 运动位移补偿软件 左云波
基于 Hicks-Henne 型函数法的翼型参数化并生成新翼型软件 V2.0 刘丽娜（学生） 吴国新
基于 Hicks-Henne 型函数法的翼型参数化并生成新翼型软件 V1.0 刘丽娜（学生） 吴国新
主轴系统运行状态劣化趋势预测系统 王红军
机电设备故障检测系统 V1.0 陈晓
滚珠丝杠参数化汇图系统 V1.0 闫海峰（学生） 王科社
STEP NC 中性文件程序解释及仿真软件 V1.0 钟建琳
计时收费系统 V1.0 钟建琳
学院网站管理软件 V1.0 高平
学员信息管理系统 V1.0 高平

实用新型（14 项）

基于 STM32、SH79F32 和 Nrf905 芯片的无线传感通讯平台 王宏伟 王明辉（学生） 田谞（学生） 杜改红（学生） 其木苏荣 田杨萌 张文凯 顾耀辉（学生）
集群机实验系统 王铁峰 蔡英 宋平 纪秋 王欣 沈美娥
一种无线遥测光学测试系统 马超 刘令涛 徐小力 赵自强（校外）
光学试验平台 马超 赵自强（校外） 刘令涛 王少红
一种多芯线缆自动测试仪 谷玉海 王立勇 徐小力 左云波
一种玻璃码垛用自动铺纸机 刘泉
一种光伏薄玻璃生产线自动取片码垛设备 刘泉
基于机器视觉的道路路面材质识别装置 祁志生
一种新型滚珠丝杠斜插管反向器 郝大贤（学生） 王科社 杨庆东
双转子轮毂电动汽车电机 童亮 林慕义 王准 王大江（学生） 李竹芳（学生）
管带输送机过渡成型装置 邓春芳
管带输送机成型装置 邓春芳
一种无线血压计 邹小平 郭昌飞（学生） 张荣荣（学生） 庄光涛（学生）
基于 CC2430 单片机的无线传感器网络节点 邹小平 郭昌飞（学生） 张荣荣（学生） 庄光涛（学生）

外观设计（4 项）

节点机箱（廉价集群机） 王铁峰 宋平 蔡英 王欣 沈美娥 纪秋
机柜（廉价集群机） 王铁峰 蔡英 宋平 王欣 沈美娥 纪秋
双工位卧式加工中心 齐兵 戴玉红（学生）
桌面式无线摄像头 李洪海

学生获奖

北京信息科技大学2013—2014年度北京市“三好学生”“优秀学生干部”“先进班集体”名单

（按姓氏笔画排列）

三好学生（19人）

石丽锋　权洪林　乔亚丽　孙泽锋　孙赫阳　李军锋　李　峥　张思铭　陈旭东　陈富权　赵　宁　胡盈悦　侯　露　秦　齐　郭子鸣　桑　丹　曹　慧　韩　钊　韩　爽

优秀学生干部（7人）

刘靖博　李　貌　余　果　张子龙　胡　锐　韩竺峰　景宇晗

先进班集体（7个）

人力1201　计科1301　机械1303　光信1201　英语1301　研1312　通信1201

第九届“挑战杯”中国大学生创业计划竞赛

铜奖，U Voice原味声音　　作者：景博勋

第八届“挑战杯”首都大学生创业计划竞赛

金奖，U Voice原味声音　　作者：景博勋

铜奖（3项）

NO-CO_2自行车绿色出行项目　　作者：陈良华

土家族民俗旅游有限责任公司　　作者：侯　露

全景公益有限责任公司　　作者：袁　慧

2014年首都大学生暑期社会实践先进工作者

杜　祯　朱一凡　王　紫　张东婷　张荣宇

2014年首都大学生暑期社会实践优秀团队

京北新城区、海淀新门户，做文明有礼北京人

京豫牵手献爱心，志愿服务郑州行

“蓝立方”城市志愿者服务队

“天使之翼”失足人员教育帮扶
“阳光计划”暑期志愿团队
与党同行 体会平凡 见证发展
知晓历史沿革，开拓创业之路
己任
梦行
北京皮影艺术保护与传承的困境与对策的研究
研究生“知·行”志愿服务团
农村耕地新用情况调查
承颂团队
革命圣地延安行
好青年服务农村展社会责任，大学生深入基层扬爱国情怀
红色的七月
回族聚居区阿訇社会作用调查队
内蒙古沙尘源治理情况的研究
青舞飞扬
瑞典哈姆斯塔德大学交流实践
通信学院 –2014 年首都大学生暑期社会实践优秀团队 – 江西
通信学院 –2014 年首都大学生暑期社会实践优秀团队 – 山东
追逐梦想的高铁
自然之友

2014 年首都大学生暑期社会实践优秀成果

古都金陵，革命圣地，圆梦青奥，科技先行
“弘扬传统文化，添彩花样年华”宣传活动
京豫牵手献爱心，志愿服务郑州行
“蓝立方”城市志愿服务
“天使之翼”失足人员教育帮扶
与党同行　体会平凡　见证发展
“知青春梦·行研途路”四川凉山支教
知晓历史沿革，开拓创业之路
安全交通　绿色出行
参观长春第一汽车集团公司
好青年服务农村展社会责任，大学生深入基层扬爱国情怀
弘扬社会主义核心价值观　感悟范各庄发展历程
京北新城区、海淀新门户，做文明有礼北京人
理学院“苏行”社会实践

内蒙古沙尘源防护与治理情况的调查研究
浅谈安徽省马鞍山市政府电子政务建设情况及启示
通信学院 –2014 年首都大学生暑期社会实践优秀成果 – 江西
通信学院 –2014 年首都大学生暑期社会实践优秀成果 – 山东
为“新世纪梦想公益图书馆”奉献爱心，点亮孩子读书梦暑期实践活动
优秀成果申报表社区青年汇志愿者活动项目
长江水质及污染治理情况调查
昨日重现

第七届社团文化节十佳社团

校学生合唱团
E.D.S 街舞社
英语联盟
羽毛球社
争鸣演讲辩论社
天残棋社
书画社
低碳新生活社团
热血摄影协会
国旗班

第七届社团文化节十佳社团人

1. 合唱团	郑佳璐
2. 争鸣演讲辩论社	张艳萍
3. E.D.S 街舞社	戴海睿
4. 行者创业协会	付童
5. 学生信息科技协会	吴迪
6. 摄影协会	赵学智
7. 低碳新生活	张珊
8. 英语联盟	贾亚楠
9. 陶行知研讨社	许倩倩
10. 文星考研社	李帅

第七届社团文化节十佳社团精品活动

1. 低碳新生活	图书漂流
2. 爱拍电影社团	微电影《错过》
3. 争鸣演讲辩论社	维护校园安全辩论演讲一体赛

4. 微笑天使志愿者协会 “爱就在身边”爱心支教活动
5. 学生信息科技协会 五号快车
6. E.D.S 街舞社 Cha-Ching Bling
7. 英语联盟 BISTU around 英语角
8. SKY 音乐联盟 万圣节晚会
9. 周恩来学习研究会 诚在当下　廉在未来　廉洁文化宣传活动

文艺类、志愿服务类获奖

1. 第二十一届北京市大学生电影节暨第五届大学生主持人大赛 最佳组织奖
2. 第六届“青春风采”下一代艺术人才展示北京地区钢琴专业青年组第一名 李怡蒙
3.2014 年李斯特香港钢琴公开赛北京地区自由选曲组二等奖 孙珩尧
4. 第四届北京青年艺术节所获奖项西洋器乐单项铜奖 孙珩尧
5.2014 年北京市青年艺术节舞蹈三等奖 《豆蔻逐梦》
6. 北京市第六届首都高校体育舞蹈比赛
（1）最佳团队奖 北京信息科技大学
（2）六人女子集体恰恰舞 第二名
（3）女子单人单项 1 组恰恰 第一名
（4）女子单人单项 2 组恰恰 第一名
（5）女子单人单项伦巴 第一名
（6）桑巴双人单项 第三名

学生竞赛获奖

竞赛名称	获奖项目及等级	获奖人员
首都高校第七届机械创新设计大赛	一等奖	张敏　魏昊　秦栋　程煜　王一　严宇奇
	二等奖	常艳帅　李新　高富强　马杰　孙殿宇
	三等奖	徐嘉玮　文伟松　蒋龙陈　钟浩　张腾飞　杜祯　李子豪　侯浩　罗超　陈炜　奚鹏程　郭奎宇　杨晓龙　马永杰　骆宇文　成佳茜　闵波　李来　郝士光　赵旭　郝燕超　王锋　戈伦　金美艺　郑会
2014 中国机器人大赛暨 RoboCup 公开赛	特等奖	彭媛媛　韩璐
	中型组亚军 中型组技术挑战赛 规定项目冠军 中型组技术挑战赛 自选项目季军	朱棣　张宗义　陈德文　田野　苏易衡
	Robocup 类人组（Kid-Size）项目冠军	任凯科　吕昭阳　张宇彤　王迪　陈硕　章超琰　樊绍桐　鲁超
	Robocup 类人组（Kid-Size）项目可靠性奖	任凯科　吕昭阳　张宇彤　王迪　陈硕　章超琰　樊绍桐　鲁超
	家庭组亚军 1 项 家庭组技术挑战赛季军 1 项	王亚龙　刘伟　蒋璇　闫寒　陈旭东
2014 年华北五省（市、自治区）大学生机器人大赛	中型组冠军	陈涛　王宇昕　石骁　孙东标　徐侨　刘涵　张博豪　郝勇凯
	一等奖	简俊祥　徐杰超　任凯科
	二等奖	吕昭阳　王佳玉　王鑫慧　杨芳芳　丁恬　王浩鑫　王鑫慧　杨芳芳
	三等奖	吕昭阳　王佳玉　张蒙　邓景元　晏蕾芩　董勐　郭春锐　孙果林

（续表）

竞赛名称	获奖项目及等级	获奖人员
第四届全国大学生光电设计竞赛	三等奖	夏嘉斌　高媛　苏慧
2014 年北京市大学生电子设计竞赛	一等奖	张健　张博洋
	三等奖	游冲　高媛　刘俊博　曹征　章超琰　王申　王俊　李许　夏嘉斌　张艳
全国三维数字化创新设计大赛	北京赛区一等奖	刘波　周尹逸　栗征　郭恺仑
	北京赛区二等奖	冯焱楠　刘波　周尹逸
2014 年北京市大学生电子设计竞赛	一等奖	王鑫慧　王龙河
	三等奖	郭儒　黎原
2014 年英特尔杯大学生电子设计竞赛嵌入式系统专题邀请赛	三等奖	梁琰伟　王龙河　周思洋
2014 年华北五省（市、自治区）及港澳台计算机应用大赛	一等奖	王祯　张子妍
	二等奖	张正　唐伟聪　李婉昭　徐范培
	三等奖	王鑫慧　张文慧　马一凡　苏崇宇　马彦周　庄晶　孟令望　程蓓　王浩鑫　戴玥
2014 第二届嵌入式物联网设计大赛	一等奖	王立夫　陈雯　牛婉璐　赵宁　赵俊博　邱焕霞　盖贝贝　李鑫彤
	二等奖	李婉昭　徐范培　唐伟聪　张正　余星星　张天磊　邓玉洁　李焱晖　皮冰冰　刘博　樊宏元　陆玉芳　陈庆波
	三等奖	张雪霏　张宇飞　杨岳男　衣金鑫　张一鸣　于卓立　苏家鹏　刘沙沙　宋文苑　邹晓琳
2014 第二届嵌入式物联网设计大赛智能车单项赛	二等奖	孙士文　孙博宇　王知笑　王旭　王宇昕　乔远
	三等奖	杨晓芬　崔金瓯　刘金英　宋昕昊　龚明其　郑明磊
首届市属三校移动通信工程技术大赛	一等奖	余星星
	二等奖	黎原　邢大博　李军
	三等奖	吴彭磊　张黎　于强伟
首届“信息杯”市属三校移动通信工程技术大赛	三等奖	王立夫　白晓遥

（续表）

竞赛名称	获奖项目及等级	获奖人员
2014年第39届ACM国际大学生程序设计竞赛	铜奖	施尔宁　张赫尧　刘鸿喆
2014年第5届蓝桥杯全国软件专业人才设计与创业大赛总决赛（全国）	一等奖	施尔宁
	二等奖	周言　帅凯严
	三等奖	周文敏　周怡安　高铭　张赫尧
全国大学生计算机博弈大赛	一等奖	张晨光　周新林　庄毅萌　赵学智　薛炜明　苏喆　朱一凡　孙赫
	二等奖	孙赫　崔文骁　刘鸿喆
	三等奖	王辉　朱一凡　高铭
全国高校信息安全技术邀请赛	三等奖	郭旭　马金舟　李传约
2014年第九届"毕昇杯"全国电子创新	一等奖	张宜文　江水青
	二等奖	林威　王萌
	三等奖	马涛
2014中国水中机器人大赛暨国际水中机器人公开赛	一等奖	藤江　韩丽丽　吴海艋　许谦　孙赫　冯一铭　刘海　谯洪　曾柱深　孟繁麒　景淇蒲业禹　郑诗慧
	二等奖	彭媛媛　藤江　韩璐
全国信息技术应用水平大赛	二等奖	孙赫　彭媛媛　藤江
2014年第5届蓝桥杯全国软件专业人才设计与创业大赛（北京地区）	一等奖	施尔宁　许莉鑫　周文敏　周怡安　周言　帅凯严　高铭　张赫尧
	三等奖	何亦伦　索思含　贺依依　冯温迪　翟玥　武晋　谯洪
中国大学生就业模拟大赛	一等奖	韩竺峰
	二等奖	桑丹　马东惠
	三等奖	张静
"创青春"首都大学生创业大赛	北京市金奖	景博勋　韩竺峰　杨康　谭赛　高思远　陈建鹤
	北京市铜奖	侯露　王紫　左欣蕊　刘赫　陈良华　陈浩　程星　丁晨澂　王春鸣　诸萌　袁慧　梁瑞雯　王春鸣　王维　张晓娜　柳建宇

（续表）

竞赛名称	获奖项目及等级	获奖人员
第九届“挑战杯”大学生创业计划竞赛	全国铜奖	景博勋 韩竺峰 杨康 谭赛 高思远 陈建鹤
中国大学生就业模拟大赛	一等奖	张静 桑丹 马东惠 韩竺峰 付雷 张砚 王小龙 周伯宽 周佳敏 张祎铭
	二等奖	吴彩鑫 付帅 吴红德 匡丹丹 王胜 孙芊晓 邹魁 杨京譚 李慧莹 李翔宇 马昊玺 杨佳 卢启欣 杨文帅 刘畅 赵美莹 王朝 石亚征 王嘉伟 齐刚
	三等奖	李瑞婷 洪婧 闫柄亥 吴梦瑶 胡振尧 杨柳 王璠 王超 黄雪迪 严艳 张志强 舒童 徐凯雲 徐彬晴 赵晓东 金淼 金叶 杜豪宸 金秋 张丽洁 库丽扎提 李萌 曹荣堂 高晓鹏 汤杰聪 曹吉盈 谢潇天 刘猛 王杰 王晓娜
2014 国际企业管理挑战赛	三等奖	何泽南 张留丰 程国晖 夏国庆 杨欢妹 邹魁 郭子鸣 李枭立 丁慧敏 江晋锋
2014 第八届 top-boss 企业经营模拟赛	一等奖	刘达伦 张蒙蒙 刘晶晶 杨梦威 向玲 张佳旭 朱思雨
	二等奖	王宁 朱建芸 李晓彤 王宇涵 彭玥 郑北 胡伯森 杨欢妹 邹魁 郭子鸣 李枭立 丁慧敏 罗继涛 郝文杰 何泽南 张留丰 程国晖 夏国庆 江晋锋 石大太
	三等奖	宋树敏 李迪凡 赵晶 高晓璇 李涛 柯源励 李泰龙 屈丹 刘畅 吴逸如
海峡两岸流通业大赛	二等奖	何泽南 程闽晖 夏国庆 张留丰 加治鹏 王鹤 赵玥 彭钰婷 王宇飞 周汇文 郭子鸣 罗树加 王伟杰 郝文杰 邹魁 桑丹 徐征宇 钟新宇 杨欢妹 王伟杰 郝文杰
	三等奖	王睿琳 白易兰 张薇 向玲 张佳旭 杨思琦
实验经济学公开赛	一等奖	张莹莹 马铭 秦曦霖 苗雨彤 鄢晨西 陈安稷 杜博涵 刘婷 李为婕 黄诗正 侯燕妮 郝梦晨 陈擎 刘文鼎 曲辛然 杜梦茹 刘成栋 刘鹏云 张莹莹 张涵 李雨杭 路露 侯小晴 韩媛媛 贾婷玉 彭钰婷

（续表）

竞赛名称	获奖项目及等级	获奖人员
实验经济学公开赛	二等奖	秦曦霖　苗雨彤　鄢晨西　陈安稷　杜博涵　刘婷 李为婕　阿迪娜　陈瑜洁　杜旖格　高瑾雯　谷雪 韩可心　韩璐　余长州　韦融望　秦川　肖东 马梦宏　石鑫　余义　李一龙　周雨旋　张紫琦 武尧　刘洋洋
	三等奖	张青云　赵峰　赵佳玉　张思雨　张旭峰　朱青青 孙艺伟　王雪静　吴岚　张景茜　张楠　张欣 苏家悦　朱佳琦　吕旭宁　刘彤　张思雨　高锦一 叶芝　王玥　张戈　石然　王婕　路泽乾　谭纯纯 朱一丁　高雪　张希劼　王喜
全国大学生经营模拟沙盘大赛	二等奖	高婉祺　马东惠　王凤麟　金叶　李宣佐　王赛楠 谭小贞　刘小明　李枭立　金叶　杨康　王凤麟 李宣佐　马东惠　高婉祺　郭子鸣　杨思琦
	三等奖	李佩君　李萌　赵丹青　邵卓　加治鹏　徐敬男 徐颖菲　赵倩雯　赵媛　许月　张熹　刘一尘 刘梦婕　李然　郭文松
第九届全国信息技术应用水平大赛	全国一等奖	丁晨溦　姚锐　余果
2014年北京市大学生创业设计竞赛	北京市三等奖	丁晨溦　姚锐　余果
	北京市优秀奖	刘谨锐　姜山　赵秀琳
	北京市优秀奖	郭嘉敏　芮安妮　罗泱　高雨　李新平　郭晶晶 沈晨　高阳
2014年（第7届）中国大学生计算机设计大赛	全国二等奖	刘子豪　姬磊　郭嘉敏
	全国二等奖	秦媛媛　尹乔　陈双飞
	全国三等奖	袁慧　常帅　梁瑞雯
第四届全国大学生电子商务"创新、创意及创业"挑战赛	全国二等奖	邵志妍　王晓宇
2014年（第7届）中国大学生计算机设计大赛北京市级"朔日科技杯"决赛	北京市一等奖	刘子豪　姬磊　郭嘉敏　秦媛媛　尹乔　陈双飞
	北京市二等奖	袁慧　常帅　梁瑞雯

（续表）

竞赛名称	获奖项目及等级	获奖人员
第四届全国大学生电子商务“创新、创意及创业”挑战赛北京分赛区比赛	北京市一等奖	邵志妍　王晓宇
	北京市二等奖	邢平　孙雪静　邹伟　张冉　陈扬　马嘉懿　蔡雪丽　陈子月　陈燕
第二届“北大汇丰－中国银行”全国高校移动金融应用设计大赛	全国一等奖（第一名）	江帆　李泽源　陈浩
全国大学生广告设计大赛	广告策划类北京市优秀奖	董博小组
第六届全国大学生广告艺术大赛（北京分赛区）	广播类铜奖	陈腾跃　张奕聪　于静茹
	广播类铜奖	王思静　韩笑　施佳
全国大学生英语竞赛	一等奖	孙孟霖
	二等奖	李格菲　桑丹　刘风颖　王婷　褚旭　杨一　毛易
	三等奖	刘思佳　金叶　郑新薇　付琦　邹贞贞　思捷　刘媛媛　何梦凌　李静　郭建山　刘思含　张钰
北京市大学生英语演讲比赛（市级）	三等奖	郑恬
“外研社杯”大学生英语辩论赛校选赛	冠军组	胡莛冉　刘希涵
	亚军组	葛勤天悦　院茜
	季军组	刘红丽　罗丹　陈洋　鲁娲
	季军组	罗丹
	季军组	陈洋
	季军组	鲁娲
“外研社杯”演讲比赛	北京市三等奖	王京
	校特等奖	王京
	校一等奖	胡莛冉　徐姮薇
	校二等奖	郑恬　张笑薇　刘颖
	校三等奖	常天昊　张思曼　马白雪

（续表）

竞赛名称	获奖项目及等级	获奖人员
北京市大学生英语演讲比赛（校级）	一等奖	郑恬
	二等奖	肖雯丹　张思曼　侯娜　罗丹
	三等奖	刘红丽　杜莎　钟新宇　王鑫　李玎
“外研社杯”全国英语写作大赛	市三等奖	永权　李援援
	校特等奖	永权　李援援
	校一等奖	林樟槟
	校二等奖	李京　杨玉庆　徐妲薇
	校三等奖	罗丹　潘念慈　刘颖　王琳　肖梦楠　陈珂雪
北京市大学生数学建模与计算机应用竞赛	北京市一等奖	高敏　李明志　韦晓斌
	北京市二等奖	李海松　杨康　张砚
北京市大学生数学竞赛乙组	一等奖	王佳玉　刘海
	二等奖	慎孔柱　马文停　王洪磊　王格明　赵晓丽
	三等奖	陈卫亮　胡耀华　王思琪　杨悦
北京市大学生数学竞赛丙组	一等奖	邵玉杰
	二等奖	刘欢　陈健　曹琪彬　耿含星
	三等奖	李枭立
第 31 届全国部分地区大学生物理竞赛	一等奖	王天培　于炳涛　陈宇罡　张明明
	二等奖	杨通香　石骁　王喜
	三等奖	任超　赵磊　汪永青　张伟　李昊檑　孙东标　周帅　陈帮祥　王畅　王革明
北京市大学生电子设计竞赛	一等奖	张健　张博洋　王鑫慧　王龙河
	二等奖	陈飞挺　周平
	三等奖	林雅　胡冰群　郭儒　黎原　游冲　高媛　刘俊博　曹政　盛大德　王镔　章超琰　王申　赵磊　周晓宇　叶晓宇　邓伟壮　王俊　李许夏嘉斌　张艳　杨昭　赵宝森　杨征　时晶晶　陈卫亮　史建飞
第十九届机器人足球世界杯比赛（国际比赛）	季军 2 项	李浩　廖勇　黄至铖　唐一民　谢传良　聂灵伟

（续表）

竞赛名称	获奖项目及等级	获奖人员
2014 中国服务机器人大赛	Who is who 项目冠军 1 项 创新创意项目比赛冠军 1 项 自主主题项目比赛冠军 1 项 Shopping 项目比赛亚军 1 项	王亚龙　刘伟　黄志铖　蒋璇　闫寒　陈旭东　杨一鸣
第十六届全国机器人锦标赛暨第五届国际仿人机器人奥林匹克大赛	7 个一等奖 6 个二等奖 2 个三等奖	李浩　廖勇　黄至铖　唐一民　谢传良　梁海洋
第九届全国大学生“飞思卡尔”杯智能汽车竞赛（华北赛区）	电磁组二等奖 1 项	高明伟　覃亦华　孙亮
	电磁组优胜奖 1 项	游令非　张驰远　邢宇
	光电组二等奖 1 项	罗彪　任磊　方越
	光电组三等奖 1 项	张天仪　柴猛　王伟东
	摄像头组三等奖 1 项	孙宇　彭宇浩　陈妙
	摄像头组二等奖 1 项	史新立　李怡蒙　陈涛

十二、附　录

党政发文目录

序号	题名	分类号	文号	文件日期
1	北京信息科技大学关于同意学生陈晨退学的决定	行政内发文	校教发〔2014〕1号	1.3
2	关于表彰2013年度工会工作积极分子的决定	党委内发文	校工发〔2014〕1号	1.6
3	关于印发《北京信息科技大学2014届本科毕业生就业工作计划》的通知	行政内发文	校就业发〔2014〕1号	1.6
4	中国共产党北京信息科技大学委员会保密委员会关于增补保密委员会委员的通知	党委内发文	校密发〔2014〕1号	1.6
5	中国共产党北京信息科技大学委员会保密委员会关于做好寒假前后保密工作的通知	党委内发文	校密发〔2014〕2号	1.6
6	北京信息科技大学关于开展出版费专项检查的通知	党委内发文	校纪发〔2014〕1号	1.9
7	北京信息科技大学关于同意学生王文佳恢复学籍的决定	行政内发文	校教发〔2014〕2号	1.9
8	北京信息科技大学关于聘任吴进等同志工勤技能岗位的通知	行政内发文	校人发〔2014〕1号	1.9
9	关于调整系主任、实验室主任、党支部书记等有关岗位工作补贴的通知	行政内发文	校人发〔2014〕2号	1.9
10	关于印发《北京信息科技大学思想政治教育自测自评工作实施方案》的通知	行政内发文	校学发〔2014〕1号	1.9
11	北京信息科技大学关于组织申报我校2014年度教学改革项目的通知	行政内发文	校教发〔2014〕3号	1.15
12	北京信息科技大学关于同意学生韩雪娇退学的决定	行政内发文	校教发〔2014〕4号	1.15
13	北京信息科技大学关于同意学生黄杉退学的决定	行政内发文	校教发〔2014〕5号	1.15
14	北京信息科技大学关于同意学生李大伟退学的决定	行政内发文	校教发〔2014〕6号	1.15

（续表）

序号	题名	分类号	文号	文件日期
15	北京信息科技大学关于同意学生林天舒退学的决定	行政内发文	校教发〔2014〕7 号	1.15
16	北京信息科技大学关于公布获得 2013 年优秀教学管理奖名单的通知	行政内发文	校教发〔2014〕8 号	1.17
17	北京信息科技大学关于同意学生闫硕退学的决定	行政内发文	校教发〔2014〕9 号	1.18
18	关于公布北京信息科技大学第五届实验教学基本功大赛暨优秀实验项目评选结果的通知	行政内发文	校教发〔2014〕10 号	1.18
19	关于公布 2009—2012 年部分校级教改项目结题验收结果的通知	行政内发文	校教发〔2014〕11 号	1.18
20	北京信息科技大学关于给予冯建涵记过处分的决定	行政内发文	校学发〔2014〕2 号	1.18
21	北京信息科技大学关于给予梁萌记过处分的决定	行政内发文	校学发〔2014〕3 号	1.18
22	北京信息科技大学关于同意学生杨昊鸥退学的决定	行政内发文	校教发〔2014〕12 号	1.19
23	关于印发北京信息科技大学本科教育教学奖励办法的通知	行政内发文	校教发〔2014〕13 号	1.19
24	北京信息科技大学关于确认鲁雷同志教育管理研究员职务任职资格的通知	行政内发文	校人发〔2014〕3 号	1.19
25	北京信息科技大学关于确认郭祥云同志中级专业技术职务的通知	行政内发文	校人发〔2014〕4 号	1.19
26	北京信息科技大学关于公布 2012—2013 学年辅导员考核结果的通知	行政内发文	校学发〔2014〕4 号	1.19
27	北京信息科技大学关于公布 2012—2013 学年班主任考核结果的通知	行政内发文	校学发〔2014〕5 号	1.19
28	北京信息科技大学关于申请延长新校区建设项目财政专项结余资金使用时间的请示	行政外发文	信息科大财文〔2014〕1 号	1.23
29	关于呈送《2013 年北京信息科技大学因公出国（境）出访总结》的报告	行政外发文	信息科大外文〔2014〕1 号	1.23

（续表）

序号	题名	分类号	文号	文件日期
30	北京信息科技大学关于筹建北京电视艺术家协会新媒体文号志愿者协会的商洽函	党委外发文	信息科大党宣函〔2014〕1号	1.27
31	北京信息科技大学关于调整我校2014年度各考核期用水指标的函	行政外发文	信息科大勤函〔2014〕1号	2.21
32	北京信息科技大学关于同意学生陈颖退学的决定	行政内发文	校教发〔2014〕14号	2.26
33	北京信息科技大学关于同意学生王必霄退学的决定	行政内发文	校教发〔2014〕15号	2.26
34	北京信息科技大学关于成立对接沙河高教园区工作组的通知	行政内发文	校办发〔2014〕1号	2.27
35	北京信息科技大学关于聘任姜可等同志教师职务岗位的通知	行政内发文	校人发〔2014〕5号	3.3
36	北京信息科技大学关于公布2013年处级以下教职工年度考核结果的通知	行政内发文	校人发〔2014〕6号	3.3
37	北京信息科技大学关于划转企业产权的请示	行政外发文	信息科大技文〔2014〕1号	3.4
38	北京信息科技大学关于出售部分公有住房的请示	行政外发文	信息科大勤文〔2014〕1号	3.4
39	北京信息科技大学关于推荐申报2014年国家级高等教育教学成果奖的报告	行政外发文	信息科大教文〔2014〕1号	3.5
40	关于印发《北京信息科技大学处级干部2013年度工作及聘期满考核工作方案》的通知	党委内发文	校党发〔2014〕2号	3.6
41	北京信息科技大学关于同意学生杜浩楠退学的决定	行政内发文	校教发〔2014〕16号	3.6
42	北京信息科技大学关于同意学生高深退学的决定	行政内发文	校教发〔2014〕17号	3.6
43	北京信息科技大学关于同意学生李英楠退学的决定	行政内发文	校教发〔2014〕18号	3.6
44	北京信息科技大学关于同意学生聂宗岫退学的决定	行政内发文	校教发〔2014〕19号	3.6

（续表）

序号	题名	分类号	文号	文件日期
45	北京信息科技大学关于同意学生章文博退学的决定	行政内发文	校教发〔2014〕20 号	3.6
46	北京信息科技大学关于确认卓智海等同志讲师职务的通知	行政内发文	校人发〔2014〕7 号	3.6
47	北京信息科技大学关于给予陈伟伦记过处分的决定	行政内发文	校学发〔2014〕6 号	3.6
48	北京信息科技大学关于给予巩晨记过处分的决定	行政内发文	校学发〔2014〕7 号	3.6
49	北京信息科技大学关于给予何泽南记过处分的决定	行政内发文	校学发〔2014〕8 号	3.6
50	北京信息科技大学关于给予黄飞瑜记过处分的决定	行政内发文	校学发〔2014〕9 号	3.6
51	北京信息科技大学关于给予焦洋记过处分的决定	行政内发文	校学发〔2014〕10 号	3.6
52	北京信息科技大学关于给予梁雨桥记过处分的决定	行政内发文	校学发〔2014〕11 号	3.6
53	北京信息科技大学关于给予刘奇记过处分的决定	行政内发文	校学发〔2014〕12 号	3.6
54	北京信息科技大学关于给予路梦然记过处分的决定	行政内发文	校学发〔2014〕13 号	3.6
55	北京信息科技大学关于给予孙蕾记过处分的决定	行政内发文	校学发〔2014〕14 号	3.6
56	北京信息科技大学关于给予王贺翔记过处分的决定	行政内发文	校学发〔2014〕15 号	3.6
57	北京信息科技大学关于给予王嵇明记过处分的决定	行政内发文	校学发〔2014〕16 号	3.6
58	北京信息科技大学关于给予王玥记过处分的决定	行政内发文	校学发〔2014〕17 号	3.6
59	北京信息科技大学关于给予翁秋英记过处分的决定	行政内发文	校学发〔2014〕18 号	3.6

（续表）

序号	题名	分类号	文号	文件日期
60	北京信息科技大学关于给予杨天姿记过处分的决定	行政内发文	校学发〔2014〕19号	3.6
61	北京信息科技大学关于给予于小川记过处分的决定	行政内发文	校学发〔2014〕20号	3.6
62	北京信息科技大学关于给予袁野记过处分的决定	行政内发文	校学发〔2014〕21号	3.6
63	北京信息科技大学关于给予张旭峰记过处分的决定	行政内发文	校学发〔2014〕22号	3.6
64	北京信息科技大学关于给予赵丹琪记过处分的决定	行政内发文	校学发〔2014〕23号	3.6
65	北京信息科技大学关于给予周楠记过处分的决定	行政内发文	校学发〔2014〕24号	3.6
66	北京信息科技大学2013年会议执行情况的请示	党委外发文	信息科大党文〔2014〕2号	3.10
67	北京信息科技大学关于2014年会议计划的请示	党委外发文	信息科大党文〔2014〕3号	3.10
68	关于印发《北京信息科技大学差旅费管理办法》（试行）的通知	行政内发文	校财发〔2014〕1号	3.11
69	中共北京信息科技大学委员会北京信息科技大学关于评选表彰“平安校园”创建工作先进个人的通知	党委内发文	校党发〔2014〕3号	3.12
70	北京信息科技大学关于同意学生胡云飞退学的决定	行政内发文	校教发〔2014〕21号	3.12
71	北京信息科技大学关于同意学生刘嘉轩退学的决定	行政内发文	校教发〔2014〕22号	3.12
72	北京信息科技大学关于同意学生马瑞凯退学的决定	行政内发文	校教发〔2014〕23号	3.12
73	北京信息科技大学关于同意学生马子序退学的决定	行政内发文	校教发〔2014〕24号	3.12
74	北京信息科技大学关于同意学生朱雁彬退学的决定	行政内发文	校教发〔2014〕25号	3.12

（续表）

序号	题名	分类号	文号	文件日期
75	北京信息科技大学关于同意学生初昱昊退学的决定	行政内发文	校教发〔2014〕26号	3.12
76	北京信息科技大学关于同意学生刁英基退学的决定	行政内发文	校教发〔2014〕27号	3.12
77	北京信息科技大学关于同意学生郭斌退学的决定	行政内发文	校教发〔2014〕28号	3.12
78	北京信息科技大学关于同意学生李博退学的决定	行政内发文	校教发〔2014〕29号	3.12
79	北京信息科技大学关于同意学生潘汉伟退学的决定	行政内发文	校教发〔2014〕30号	3.12
80	北京信息科技大学关于同意学生魏加盟退学的决定	行政内发文	校教发〔2014〕31号	3.12
81	北京信息科技大学关于同意学生谢梦雅退学的决定	行政内发文	校教发〔2014〕32号	3.12
82	中国共产党北京信息科技大学委员会关于中国共产党北京信息科技大学第二届委员会和第二届纪律检查委员会组成人员候选人预备人选的请示	党委外发文	信息科大党文〔2014〕4号	3.13
83	北京信息科技大学关于表彰2013届本科毕业生就业工作先进集体和先进个人的决定	行政内发文	校就业发〔2014〕2号	3.14
84	北京信息科技大学关于2014年度培训计划的请示	党委外发文	信息科大党文〔2014〕5号	3.14
85	关于呈送《北京信息大学2013年度北京市外国留学生奖学金项目执行情况报告》的报告	行政外发文	信息科大外文〔2014〕2号	3.17
86	北京信息科技大学关于同意学生李京退学的决定	行政内发文	校教发〔2014〕33号	3.18
87	北京信息科技大学关于同意学生李源峥退学的决定	行政内发文	校教发〔2014〕34号	3.18
88	北京信息科技大学关于同意学生潘骞退学的决定	行政内发文	校教发〔2014〕35号	3.18

（续表）

序号	题名	分类号	文号	文件日期
89	北京信息科技大学关于同意学生王剑退学的决定	行政内发文	校教发〔2014〕36 号	3.18
90	北京信息科技大学关于同意学生张超退学的决定	行政内发文	校教发〔2014〕37 号	3.18
91	北京信息科技大学关于同意学生赵婧欣退学的决定	行政内发文	校教发〔2014〕38 号	3.18
92	北京信息科技大学关于同意学生甘雨退学的决定	行政内发文	校教发〔2014〕39 号	3.18
93	北京信息科技大学关于申请贷款额度的请示	行政外发文	信息科大财文〔2014〕2 号	3.19
94	关于呈送《北京信息科技大学 2014 年度审计工作要点》的报告	行政外发文	信息科大审文〔2014〕1 号	3.19
95	北京信息科技大学关于同意学生白羽退学的决定	行政内发文	校教发〔2014〕40 号	3.24
96	北京信息科技大学关于同意学生许壮退学的决定	行政内发文	校教发〔2014〕41 号	3.24
97	北京信息科技大学关于同意学生张申宁退学的决定	行政内发文	校教发〔2014〕42 号	3.24
98	北京信息科技大学学校办公室关于清明节放假安排的通知	行政处级发文	办发〔2014〕1 号	3.25
99	北京信息科技大学关于同意学生宋显芳退学的决定	行政内发文	校教发〔2014〕43 号	3.25
100	北京信息科技大学关于对学生崔凯迪作退学处理的决定	行政内发文	校教发〔2014〕44 号	3.25
101	北京信息科技大学关于对学生路璐作退学处理的决定	行政内发文	校教发〔2014〕45 号	3.25
102	关于印发《北京信息科技大学冬季供暖费报销办法》的通知	行政内发文	校勤发〔2014〕1 号	3.25
103	北京信息科技大学关于回购公有住房的请示	行政外发文	信息科大勤文〔2014〕2 号	3.25

（续表）

序号	题名	分类号	文号	文件日期
104	关于召开北京信息科技大学第一届教职工代表大会第八次会议暨第一届工会会员代表大会第七次会议的通知	党委内发文	校工发〔2014〕2 号	3.26
105	关于做好北京信息科技大学第一届教职工代表大会第八次会议提案征集工作的通知	党委内发文	校工发〔2014〕3 号	3.26
106	关于印发《北京信息科技大学少数民族预科班和内地新疆、西藏高中班学生学籍管理规定》的通知	行政内发文	校教发〔2014〕46 号	3.27
107	北京信息科技大学关于同意学生郭子天退学的决定	行政内发文	校教发〔2014〕48 号	3.27
108	关于印发《北京信息科技大学校外名师讲学计划实施办法》的通知	行政内发文	校教发〔2014〕47 号	3.31
109	北京信息科技大学关于同意学生郝兴超退学的决定	行政内发文	校教发〔2014〕49 号	3.31
110	北京信息科技大学关于确认唐斌等同志助教职务的通知	行政内发文	校人发〔2014〕8 号	3.31
111	北京信息科技大学关于确认高俊同志研究实习员职务任职资格的通知	行政内发文	校人发〔2014〕9 号	3.31
112	北京信息科技大学关于仪器科学与光电工程学院聘任实验教学中心副主任的批复	行政内发文	校人任〔2014〕1 号	3.31
113	北京信息科技大学关于机电工程学院聘任二级机构负责人的批复	行政内发文	校人任〔2014〕2 号	3.31
114	关于印发《北京信息科技大学本科生校内奖学金管理办法》的通知	行政内发文	校学发〔2014〕25 号	3.31
115	北京信息科技大学关于锅炉等设备报废的请示	行政外发文	信息科大资文〔2014〕1 号	3.31
116	北京信息科技大学关于电梯报废的请示	行政外发文	信息科大资文〔2014〕13 号	3.31
117	中共北京信息科技大学委员会 北京信息科技大学关于印发《北京信息科技大学教师职务岗位聘任实施办法》的通知	党委内发文	校党发〔2014〕1 号	4.1

（续表）

序号	题名	分类号	文号	文件日期
118	中共北京信息科技大学委员会 北京信息科技大学关于印发《北京信息科技大学2014年学生党员先锋工程实施计划》的通知	党委内发文	校党发〔2014〕4号	4.1
119	关于印发《北京信息科技大学第25次学位评定委员会决议》的通知	行政内发文	校学位发〔2014〕1号	4.1
120	北京信息科技大学学校办公室关于做好《北京信息科技大学年鉴（2014）》编纂工作的通知	行政处级发文	办发〔2014〕2号	4.3
121	北京信息科技大学关于批准2014年度课程建设——教学方式方法改革立项项目的通知	行政内发文	校教发〔2014〕50号	4.3
122	关于公布北京信息科技大学第三届校级优秀教材评选结果的通知	行政内发文	校教发〔2014〕51号	4.3
123	北京信息科技大学关于同意学生于新健退学的决定	行政内发文	校教发〔2014〕52号	4.3
124	关于成立北京信息科技大学研究生奖助工作评审领导小组的通知	行政内发文	校研发〔2014〕1号	4.3
125	关于印发《北京信息科技大学研究生国家助学金管理办法（暂行）》的通知	行政内发文	校研发〔2014〕2号	4.3
126	关于印发《北京信息科技大学研究生学业奖学金评审及管理办法（暂行）》的通知	行政内发文	校研发〔2014〕3号	4.3
127	关于印发《北京信息科技大学研究生科技成果专项奖学金实施办法（暂行）》的通知	行政内发文	校研发〔2014〕4号	4.3
128	关于印发《北京信息科技大学研究生科技创新项目及其经费管理办法（暂行）》的通知	行政内发文	校研发〔2014〕5号	4.3
129	中共北京信息科技大学委员会 北京信息科技大学关于印发2013年工作总结的通知	党委内发文	校党发〔2014〕9号	4.8
130	中共北京信息科技大学委员会保密委员会关于表彰我校2012—2013年度保密工作先进集体和先进个人的决定	党委内发文	校密发〔2014〕3号	4.8
131	北京信息科技大学关于公布首次全员聘任聘期考核结果的通知	行政内发文	校人发〔2014〕10号	4.9

（续表）

序号	题名	分类号	文号	文件日期
132	北京信息科技大学关于开展学生课堂失范行为专项整治工作的通知	行政内发文	校学发〔2014〕26 号	4.9
133	北京信息科技大学关于申请延长新校区建设项目财政专项结余资金使用时间的请示	行政外发文	信息科大财文〔2014〕3 号	4.9
134	中国共产党北京信息科技大学委员会保密委员会关于开展涉密文件保密管理专项检查情况的报告	党委外发文	信息科大密文〔2014〕1 号	4.9
135	北京信息科技大学关于 2014 年政府采购进口产品的请示	行政外发文	信息科大资文〔2014〕2 号	4.9
136	中共北京信息科技大学委员会北京信息科技大学关于印发 2014 年工作要点的通知	党委内发文	校党发〔2014〕10 号	4.10
137	北京信息科技大学关于同意学生张佳煜转学的决定	行政内发文	校教发〔2014〕53 号	4.10
138	中国共产党北京信息科技大学委员会保密委员会关于印发《2014 年保密工作要点》的通知	党委内发文	校密发〔2014〕4 号	4.10
139	北京信息科技大学关于给予曹帅记过处分的决定	行政内发文	校学发〔2014〕27 号	4.10
140	北京信息科技大学关于给予陈彬记过处分的决定	行政内发文	校学发〔2014〕28 号	4.10
141	北京信息科技大学关于给予陈雅迪严重警告处分的决定	行政内发文	校学发〔2014〕29 号	4.10
142	北京信息科技大学关于给予胡大胆留校察看处分的决定	行政内发文	校学发〔2014〕30 号	4.10
143	北京信息科技大学关于给予黄晨记过处分的决定	行政内发文	校学发〔2014〕31 号	4.10
144	北京信息科技大学关于给予金子昂记过处分的决定	行政内发文	校学发〔2014〕32 号	4.10
145	北京信息科技大学关于给予李梦晗记过处分的决定	行政内发文	校学发〔2014〕33 号	4.10
146	北京信息科技大学关于给予穆标严重警告处分的决定	行政内发文	校学发〔2014〕34 号	4.10

（续表）

序号	题名	分类号	文号	文件日期
147	北京信息科技大学关于给予潘婷婷记过处分的决定	行政内发文	校学发〔2014〕35 号	4.10
148	北京信息科技大学关于给予辛硕记过处分的决定	行政内发文	校学发〔2014〕36 号	4.10
149	北京信息科技大学关于给予杨瑶记过处分的决定	行政内发文	校学发〔2014〕37 号	4.10
150	北京信息科技大学关于给予张子良记过处分的决定	行政内发文	校学发〔2014〕38 号	4.10
151	北京信息科技大学关于给予赵美红记过处分的决定	行政内发文	校学发〔2014〕39 号	4.10
152	北京信息科技大学关于给予朱卓严重警告处分的决定	行政内发文	校学发〔2014〕40 号	4.10
153	中国共产党北京信息科技大学委员会关于中共北京信息科技大学第二次代表大会筹备工作情况的报告	党委外发文	信息科大党文〔2014〕6 号	4.10
154	关于召开中国共产党北京信息科技大学第二次代表大会的通知	党委内发文	校党发〔2014〕8 号	4.11
155	北京信息科技大学关于同意学生张娟转学的决定	行政内发文	校教发〔2014〕54 号	4.11
156	北京信息科技大学学校办公室关于召开全校运动会及“五一”“五四”放假安排的通知	行政处级发文	办发〔2014〕3 号	4.15
157	北京信息科技大学关于同意学生王箕转学的决定	行政内发文	校教发〔2014〕56 号	4.15
158	中共北京信息科技大学委员会北京信息科技大学关于表彰“平安校园”创建工作先进个人的决定	党委内发文	校党发〔2014〕5 号	4.16
159	北京信息科技大学关于开展 2013—2014 学年第二学期期中教学检查的通知	行政内发文	校教发〔2014〕55 号	4.16
160	北京信息科技大学关于确认史洁等同志中级专业技术职务的通知	行政内发文	校人发〔2014〕11 号	4.16

（续表）

序号	题名	分类号	文号	文件日期
161	北京信息科技大学关于表彰2014届优秀硕士学位论文获得者的决定	行政内发文	校学位发〔2014〕2号	4.16
162	关于印发《北京信息科技大学校园开放日实施方案》的通知	行政内发文	校招生发〔2014〕1号	4.16
163	关于印发《北京信息科技大学新接收军队转业干部工资待遇暂行规定》的通知	行政内发文	校人发〔2014〕12号	4.17
164	北京信息科技大学关于给予柳融飞严重警告处分的决定	行政内发文	校学发〔2014〕41号	4.17
165	北京信息科技大学关于给予张天宁严重警告的决定	行政内发文	校学发〔2014〕42号	4.17
166	北京信息科技大学关于给予赵轩严重警告的决定	行政内发文	校学发〔2014〕43号	4.17
167	北京信息科技大学关于给予张晓龙警告处分的决定	行政内发文	校学发〔2014〕44号	4.17
168	北京信息科技大学关于批准2014年教学改革立项项目的通知	行政内发文	校教发〔2014〕57号	4.18
169	关于印发《北京信息科技大学〈大学英语〉分级教学管理办法》的通知	行政内发文	校教发〔2014〕58号	4.19
170	关于印发《北京信息科技大学本科学生成绩管理办法》的通知	行政内发文	校教发〔2014〕59号	4.19
171	北京信息科技大学关于同意学生卢灿退学的决定	行政内发文	校教发〔2014〕60号	4.21
172	关于中共北京信息科技大学第二次代表大会和第二届委员会第一次全体会议、第二届纪律检查委员会第一次全体会议选举结果的请示	党委外发文	信息科大党文〔2014〕7号	4.21
173	中国共产党北京信息科技大学委员会关于开展2014年红色“1＋1”活动的通知	党委内发文	校党发〔2014〕11号	4.24
174	关于印发2014年度党务公开工作例行公开事项的通知	党委处级发文	党办发〔2014〕1号	4.28
175	北京信息科技大学关于同意学生周璨退学的决定	行政内发文	校教发〔2014〕61号	4.28

（续表）

序号	题名	分类号	文号	文件日期
176	关于印发《北京信息科技大学本科课程考试管理规定》的通知	行政内发文	校教发〔2014〕62号	4.29
177	关于报送《2012—2013年北京信息科技大学因公出国（境）工作总结和重点出访成果》的报告	行政外发文	信息科大外文〔2014〕3号	4.29
178	关于批准2014年大学生科技创新计划项目立项的通知	行政内发文	校教发〔2014〕63号	4.30
179	关于做好2013—2014学年第二学期期末考试工作的通知	行政内发文	校教发〔2014〕64号	5.4
180	北京信息科技大学关于开展2014年国有资产产权登记工作的通知	行政内发文	校资发〔2014〕1号	5.4
181	北京信息科技大学关于开展2014年春季教育收费检查工作的报告	行政外发文	信息科大监文〔2014〕1号	5.4
182	北京信息科技大学关于申请调整用水指标的函	行政外发文	信息科大勤函〔2014〕2号	5.6
183	北京信息科技大学关于回购公有住房的请示	行政外发文	信息科大勤文〔2014〕3号	5.6
184	北京信息科技大学关于同意学生杨睿退学的决定	行政内发文	校教发〔2014〕65号	5.8
185	关于呈送《中国共产党北京信息科技大学委员会领导干部出国（境）管理自查工作报告》的报告	党委外发文	信息科大党文〔2014〕8号	5.8
186	关于做好2014届家庭经济困难毕业生求职补贴申请发放工作的通知	行政内发文	校就业发〔2014〕3号	5.12
187	北京信息科技大学关于同意学生袁铭转学的决定	行政内发文	校教发〔2014〕66号	5.13
188	北京信息科技大学关于延长我校《新校区建设工程环境影响报告书的批复》有效期的函	行政外发文	信息科大建函〔2014〕1号	5.14
189	北京信息科技大学学校办公室关于端午节放假安排的通知	行政处级发文	办发〔2014〕4号	5.15

（续表）

序号	题名	分类号	文号	文件日期
190	中共北京信息科技大学委员会 北京信息科技大学关于印发《2014 年党风廉政建设和反腐败工作主要任务分工》的通知	党委内发文	校党发〔2014〕12 号	5.15
191	中共北京信息科技大学委员会关于王鹰等同志职务任免的通知	党委内发文	校党干〔2014〕1 号	5.15
192	北京信息科技大学关于刘永成不再兼任公共管理与传媒学院院长的通知	行政内发文	校干〔2014〕1 号	5.15
193	北京信息科技大学关于牛健任职的通知	行政内发文	校干〔2014〕2 号	5.15
194	北京信息科技大学关于聘请汪良担任公共管理与传媒学院兼职院长的通知	行政内发文	校聘〔2014〕1 号	5.15
195	关于印发《北京信息科技大学硕士生导师管理规定》的通知	行政内发文	校研发〔2014〕6 号	5.20
196	北京信息科技大学关于加强硕士生导师队伍建设的意见	行政内发文	校研发〔2014〕7 号	5.20
197	关于印发《北京信息科技大学硕士研究生导师招生条件与名额分配实施办法》的通知	行政内发文	校研发〔2014〕8 号	5.20
198	关于印发《北京信息科技大学学科建设与研究生教育奖励办法》的通知	行政内发文	校研发〔2014〕9 号	5.20
199	关于印发《北京信息科技大学关于硕士生导师缴纳硕士研究生助研补贴的规定》的通知	行政内发文	校研发〔2014〕10 号	5.20
200	北京信息科技大学《关于我校新校区建设有关情况》的报告	行政外发文	信息科大建文〔2014〕1 号	5.20
201	北京信息科技大学关于同意学生张镱潇退学的决定	行政内发文	校教发〔2014〕67 号	5.26
202	北京信息科技大学关于机电系统测控北京市重点实验室聘任副主任的通知	行政内发文	校人任〔2014〕3 号	5.26
203	北京信息科技大学关于申报 2014 年度校级高教研究课题的通知	行政内发文	校高教发〔2014〕1 号	5.27
204	中国共产党北京信息科技大学委员会关于评选 2014 年师德标兵和“三育人”先进集体 先进个人的通知	党委内发文	校党发〔2014〕13 号	5.28

（续表）

序号	题名	分类号	文号	文件日期
205	中共北京信息科技大学委员会关于李相豸同志职务任免的通知	党委内发文	校党干〔2014〕2号	5.28
206	关于印发《北京信息科技大学学术委员会章程》的通知	行政内发文	校技发〔2014〕1号	5.28
207	北京信息科技大学关于同意学生陈博退学的决定	行政内发文	校教发〔2014〕68号	5.28
208	北京信息科技大学关于批准张君华等27位教师为我校硕士研究生指导教师的决定	行政内发文	校学位发〔2014〕3号	5.28
209	北京信息科技大学关于清河校区学生食堂危房改造工程有关情况的报告	行政外发文	信息科大建文〔2014〕2号	5.28
210	关于《北京信息科技大学学报》第二届编委会组成人员的通知	行政内发文	校技发〔2014〕2号	5.29
211	北京信息科技大学贷款资金偿还承诺书	行政外发文	信息科大财文〔2014〕4号	5.29
212	北京信息科技大学关于新校区学生宿舍A组团项目申请报告的请示	行政外发文	信息科大建文〔2014〕3号	5.29
213	北京信息科技大学关于张福学同志提高退休费计发比例的请示	行政外发文	信息科大人文〔2014〕1号	5.29
214	北京信息科技大学关于同意学生张涵琳退学的决定	行政内发文	校教发〔2014〕69号	5.30
215	北京信息科技大学关于印发《北京信息科技大学建设工程项目全过程审计实施办法》的通知	行政内发文	校审发〔2014〕1号	6.3
216	关于印发《北京信息科技大学管理岗位、工勤技能岗位绩效津贴分档设置实施办法》的通知	行政内发文	校人发〔2014〕13号	6.5
217	北京信息科技大学关于大学英语四 六级考试工作安排的通知	行政内发文	校教发〔2014〕70号	6.6
218	北京信息科技大学关于表彰2014届优秀毕业生的决定	行政内发文	校学发〔2014〕45号	6.6
219	北京信息科技大学关于赴台湾铭传大学等高校访问交流的请示	行政外发文	信息科大外文〔2014〕4号	6.6

（续表）

序号	题名	分类号	文号	文件日期
220	关于印发《北京信息科技大学工会财务管理办法》的通知	党委内发文	校工发〔2014〕4 号	6.9
221	关于印发《北京信息科技大学工会固定资产管理实施办法》的通知	党委内发文	校工发〔2014〕5 号	6.9
222	关于呈送《北京信息科技大学校务公开工作自查报告》的报告	行政外发文	信息科大办文〔2014〕1 号	6.9
223	关于北京信息科技大学校内博客问题的报告	党委外发文	信息科大党办文〔2014〕1 号	6.9
224	北京信息科技大学关于 2014 年政府采购进口产品的请示	行政外发文	信息科大资文〔2014〕3 号	6.9
225	北京信息科技大学关于同意学生张雪蕊退学的决定	行政内发文	校教发〔2014〕71 号	6.10
226	北京信息科技大学关于批准王晓菲同学提前毕业的决定	行政内发文	校研发〔2014〕11 号	6.10
227	关于公布 2011 年度课程建设项目结题验收结果的通知	行政内发文	校教发〔2014〕72 号	6.11
228	北京信息科技大学关于给予马东琪严重警告处分的决定	行政内发文	校学发〔2014〕46 号	6.11
229	北京信息科技大学关于给予田越严重警告处分的决定	行政内发文	校学发〔2014〕47 号	6.11
230	北京信息科技大学关于给予王鹏飞严重警告处分的决定	行政内发文	校学发〔2014〕48 号	6.11
231	北京信息科技大学关于给予张洪武警告处分的决定	行政内发文	校学发〔2014〕49 号	6.11
232	北京信息科技大学关于给予张杰警告处分的决定	行政内发文	校学发〔2014〕50 号	6.11
233	北京信息科技大学关于给予张烁严重警告处分的决定	行政内发文	校学发〔2014〕51 号	6.11
234	北京信息科技大学关于给予赵旭警告处分的决定	行政内发文	校学发〔2014〕52 号	6.11

（续表）

序号	题名	分类号	文号	文件日期
235	北京信息科技大学关于做好2014届本科生毕业典礼工作的通知	行政内发文	校学发〔2014〕53号	6.11
236	关于报送《北京信息科技大学产权登记工作报告》的报告	行政外发文	信息科大资文〔2014〕4号	6.11
237	关于报送《北京信息科技大学北京信息科技大学房改房会计差错调整的说明》的报告	行政外发文	信息科大资文〔2014〕5号	6.11
238	关于报送《北京信息科技大学对外投资情况说明》的报告	行政外发文	信息科大资文〔2014〕6号	6.11
239	关于报送《北京信息科技大学资产盘亏情况说明》的报告	行政外发文	信息科大资文〔2014〕7号	6.11
240	关于报送《北京信息科技大学资产盘盈情况说明》的报告	行政外发文	信息科大资文〔2014〕8号	6.11
241	关于印发《北京信息科技大学校园机动车管理办法（试行）》的通知	行政内发文	校发〔2014〕1号	6.13
242	北京信息科技大学关于申请开立银行贷款专用核算账户的请示	行政外发文	信息科大财文〔2014〕5号	6.13
243	关于印发《北京信息科技大学2014届本科毕业生离校工作实施方案》的通知	行政内发文	校办发〔2014〕2号	6.16
244	北京信息科技大学关于同意学生谷思聪退学的决定	行政内发文	校教发〔2014〕73号	6.16
245	北京信息科技大学关于同意学生黄拓退学的决定	行政内发文	校教发〔2014〕74号	6.16
246	北京信息科技大学关于表彰2014年“十大先锋人物”的决定	行政内发文	校学发〔2014〕54号	6.16
247	中共北京信息科技大学委员会关于公布处级干部2013年度工作及聘期满考核结果的通知	党委内发文	校党发〔2014〕15号	6.17
248	中共北京信息科技大学委员会关于谭胜国同志岗位调整的通知	党委内发文	校党干〔2014〕3号	6.17
249	北京信息科技大学学校办公室关于2014年暑假假期安排及相关工作的通知	行政处级发文	办发〔2014〕5号	6.18

（续表）

序号	题名	分类号	文号	文件日期
250	关于推选2013—2014年度北京高校优秀德育工作者 德育工作先进集体和优秀 十佳辅导员的通知	党委内发文	校党发〔2014〕14号	6.18
251	北京信息科技大学学校办公室关于申报2015年全校基础设施修缮改造项目的通知	行政处级发文	办发〔2014〕6号	6.23
252	中共北京信息科技大学委员会关于印发《北京信息科技大学2014—2018年党的建设五年规划》的通知	党委内发文	校党发〔2014〕16号	6.23
253	北京信息科技大学关于举办第七届青年教师教学基本功比赛暨首届教学新星评选的通知	行政内发文	校教发〔2014〕75号	6.23
254	北京信息科技大学关于同意学生任杰退学的决定	行政内发文	校教发〔2014〕76号	6.23
255	北京信息科技大学关于同意学生宋贺文退学的决定	行政内发文	校教发〔2014〕77号	6.23
256	北京信息科技大学关于同意学生孙柳悦退学的决定	行政内发文	校教发〔2014〕78号	6.23
257	中共北京信息科技大学委员会关于樊石生同志任职的通知	党委内发文	校党干〔2014〕4号	6.24
258	北京信息科技大学关于表彰服务北京基层毕业生的决定	行政内发文	校学发〔2014〕55号	6.24
259	关于印发《北京信息科技大学深入开展在职党员到社区报到为群众服务工作活动方案》的通知	党委内发文	校党组〔2014〕1号	6.25
260	北京信息科技大学关于同意学生邱靖退学的决定	行政内发文	校教发〔2014〕79号	6.26
261	关于印发《北京信息科技大学中层干部年度考核办法（试行）》的通知	党委内发文	校党发〔2014〕17号	6.27
262	关于印发《中国共产党北京信息科技大学委员会中层干部谈心谈话的制度（试行）》的通知	党委内发文	校党发〔2014〕18号	6.27
263	关于印发《北京信息科技大学二级非教学科研机构年度综合考核管理办法（试行）》的通知	党委内发文	校党发〔2014〕19号	6.27

（续表）

序号	题名	分类号	文号	文件日期
264	关于印发《北京信息科技大学党费收缴 使用及管理规定（试行）》的通知	党委内发文	校党组〔2014〕2 号	6.27
265	关于印发《北京信息科技大学党支部工作和活动经费使用及管理规定（试行）》的通知	党委内发文	校党组〔2014〕3 号	6.27
266	关于印发《北京信息科技大学党员教育培训经费使用及管理规定（试行）》的通知	党委内发文	校党组〔2014〕4 号	6.27
267	关于印发《北京信息科技大学党总支工作考评办法（试行）》的通知	党委内发文	校党组〔2014〕5 号	6.27
268	关于印发《组织系统干部与中层干部、党支部书记经常性沟通交流制度（试行）》的通知	党委内发文	校党组〔2014〕6 号	6.27
269	关于印发《北京信息科技大学学生评教实施办法（试行）》的通知	行政内发文	校教发〔2014〕80 号	6.27
270	北京信息科技大学关于公布 2013 年度优秀主讲教师评选结果的通知	行政内发文	校教发〔2014〕81 号	6.27
271	中国共产党北京信息科技大学委员会关于表彰 2014 年师德标兵和“三育人”先进集体 先进个人的决定	党委内发文	校党发〔2014〕21 号	7.1
272	关于对从事教育工作满三十年教职工进行表彰的决定	党委内发文	校工发〔2014〕6 号	7.1
273	北京信息科技大学《关于马利兴等三人赴建国科技大学参加交流项目》的请示	行政外发文	信息科大外文〔2014〕5 号	7.1
274	中国共产党北京信息科技大学委员会关于批准设立首批示范党支部的决定	党委内发文	校党发〔2014〕20 号	7.2
275	北京信息科技大学关于结束宋林蓬留校察看期的决定	行政内发文	校学发〔2014〕56 号	7.2
276	北京信息科技大学关于解除李天罡记过处分的决定	行政内发文	校学发〔2014〕57 号	7.2
277	北京信息科技大学关于解除刘思洋记过处分的决定	行政内发文	校学发〔2014〕58 号	7.2
278	北京信息科技大学关于解除李辰记过处分的决定	行政内发文	校学发〔2014〕59 号	7.2

（续表）

序号	题名	分类号	文号	文件日期
279	北京信息科技大学关于解除王梓丞记过处分的决定	行政内发文	校学发〔2014〕60号	7.2
280	北京信息科技大学关于解除李勐记过处分的决定	行政内发文	校学发〔2014〕61号	7.2
281	北京信息科技大学关于解除王荣伟记过处分的决定	行政内发文	校学发〔2014〕62号	7.2
282	北京信息科技大学关于解除宋林篷留校察看处分的决定	行政内发文	校学发〔2014〕63号	7.2
283	北京信息科技大学关于解除刘长启记过处分的决定	行政内发文	校学发〔2014〕64号	7.2
284	关于呈送《北京信息科技大学2015年学生公派境外学习奖学金项目执行计划》的报告	行政外发文	信息科大外文〔2014〕6号	7.3
285	北京信息科技大学关于同意学生戴梦珂退学的决定	行政内发文	校教发〔2014〕82号	7.4
286	北京信息科技大学关于同意学生杨雷退学的决定	行政内发文	校教发〔2014〕83号	7.4
287	北京信息科技大学关于同意学生孙鑫磊退学的决定	行政内发文	校教发〔2014〕84号	7.4
288	北京信息科技大学关于同意学生许绍君退学的决定	行政内发文	校教发〔2014〕85号	7.4
289	北京信息科技大学关于同意学生薛伟汉退学的决定	行政内发文	校教发〔2014〕86号	7.4
290	北京信息科技大学关于开展违反学术规范行为检查和处理工作的通知	行政内发文	校人发〔2014〕14号	7.7
291	北京信息科技大学关于给予陈芊颖记过处分的决定	行政内发文	校学发〔2014〕65号	7.7
292	北京信息科技大学关于给予贾转玲记过处分的决定	行政内发文	校学发〔2014〕66号	7.7
293	北京信息科技大学关于给予李星月警告处分的决定	行政内发文	校学发〔2014〕67号	7.7

（续表）

序号	题名	分类号	文号	文件日期
294	北京信息科技大学关于给予李友东记过处分的决定	行政内发文	校学发〔2014〕68 号	7.7
295	北京信息科技大学关于给予刘帅记过处分的决定	行政内发文	校学发〔2014〕69 号	7.7
296	北京信息科技大学关于给予刘雄阳警告处分的决定	行政内发文	校学发〔2014〕70 号	7.7
297	北京信息科技大学关于给予杨祎记过处分的决定	行政内发文	校学发〔2014〕71 号	7.7
298	关于同意成立北京信息科技大学辽宁省校友联谊会的批复	行政内发文	校友会发〔2014〕1 号	7.7
299	关于聘任邵冰心等 126 名 2014 届毕业生为北京信息科技大学校友工作联络员的通知	行政内发文	校友会发〔2014〕2 号	7.7
300	北京信息科技大学关于恢复学生郭宇入学资格的决定	行政内发文	校招生发〔2014〕2 号	7.8
301	北京信息科技大学关于恢复学生赵颖超入学资格的决定	行政内发文	校招生发〔2014〕3 号	7.8
302	北京信息科技大学关于恢复学生张弋灿入学资格的决定	行政内发文	校招生发〔2014〕4 号	7.8
303	关于 2013 届毕业研究生庄希勍留京派遣的请示	行政外发文	信息科大研文〔2014〕1 号	7.8
304	北京信息科技大学关于成立 2014 年本科招生委员会的通知	行政内发文	校发〔2014〕2 号	7.9
305	北京信息科技大学关于给予杨成虎同志行政记过处分的决定	行政内发文	校人发〔2014〕15 号	7.9
306	北京信息科技大学关于解除曹晓龙严重警告处分的决定	行政内发文	校学发〔2014〕72 号	7.9
307	北京信息科技大学关于解除耿彧姝严重警告处分的决定	行政内发文	校学发〔2014〕73 号	7.9
308	北京信息科技大学关于解除贾永涛严重警告处分的决定	行政内发文	校学发〔2014〕74 号	7.9

（续表）

序号	题名	分类号	文号	文件日期
309	北京信息科技大学关于解除贾永涛严重警告处分的决定	行政内发文	校学发〔2014〕74 号	7.9
310	北京信息科技大学关于解除罗特警告处分的决定	行政内发文	校学发〔2014〕75 号	7.9
311	北京信息科技大学关于解除潘鑫雨警告处分的决定	行政内发文	校学发〔2014〕76 号	7.9
312	北京信息科技大学关于解除彭为警告处分的决定	行政内发文	校学发〔2014〕77 号	7.9
313	北京信息科技大学关于解除王新冉严重警告处分的决定	行政内发文	校学发〔2014〕78 号	7.9
314	北京信息科技大学关于解除王一秀严重警告处分的决定	行政内发文	校学发〔2014〕79 号	7.9
315	北京信息科技大学关于解除周昕阳严重警告处分的决定	行政内发文	校学发〔2014〕80 号	7.9
316	北京信息科技大学关于 2014 年政府采购进口产品的请示	行政外发文	信息科大资文〔2014〕9 号	7.9
317	北京信息科技大学关于核准《北京信息科技大学章程》的请示	行政外发文	信息科大文〔2014〕1 号	7.10
318	关于北京信息科技大学国际交流学院留学生奖学金使用存在问题的说明及整改报告	行政外发文	信息科大外文〔2014〕7 号	8.13
319	北京信息科技大学关于开展严肃财经纪律并对“三公”经费、会议费、培训费、小金库等情况进行自查自纠的情况报告	行政外发文	信息科大财文〔2014〕6 号	8.26
320	北京信息科技大学关于申请贷款贴息额度的请示	行政外发文	信息科大财文〔2014〕7 号	9.4
321	中国共产党北京信息科技大学委员会关于韩俊彦等同志职务任免的通知	党委内发文	校党干〔2014〕5 号	9.10
322	北京信息科技大学关于胡滔等职务任免的通知	行政内发文	校干〔2014〕3 号	9.10
323	北京信息科技大学学校办公室关于国庆节放假安排的通知	行政处级发文	办发〔2014〕7 号	9.15

（续表）

序号	题名	分类号	文号	文件日期
324	北京信息科技大学关于同意学生张晓鹏退学的决定	行政内发文	校教发〔2014〕87号	9.15
325	北京信息科技大学关于管理岗位 工勤技能岗位绩效津贴分档的通知	行政内发文	校人发〔2014〕16号	9.15
326	北京信息科技大学关于周欣挂职的通知	行政内发文	校干〔2014〕4号	9.16
327	北京信息科技大学关于恢复学生李应来入学资格的决定	行政内发文	校招生发〔2014〕5号	9.16
328	北京信息科技大学关于取消学生景孟儒入学资格的决定	行政内发文	校招生发〔2014〕6号	9.16
329	北京信息科技大学关于取消学生孙兆耕入学资格的决定	行政内发文	校招生发〔2014〕7号	9.16
330	北京信息科技大学关于同意学生李建京退学的决定	行政内发文	校教发〔2014〕88号	9.18
331	北京信息科技大学关于同意学生孙海洋退学的决定	行政内发文	校教发〔2014〕89号	9.18
332	北京信息科技大学关于成立第六届学校教师职务聘任委员会的通知	行政内发文	校发〔2014〕3号	9.19
333	北京信息科技大学关于调整学术委员会的通知	行政内发文	校技发〔2014〕3号	9.19
334	关于印发《北京信息科技大学大学生创新创业基地管理办法（试行）》的通知	行政内发文	校教发〔2014〕90号	9.22
335	关于做好2014级新生入学资格审查工作的通知	行政内发文	校招生发〔2014〕8号	9.22
336	北京信息科技大学关于印发《迎接2014年新生入学工作实施方案》的通知	行政内发文	校办发〔2014〕3号	9.23
337	关于成立北京信息科技大学研究生教育教学专家组的通知	行政内发文	校研发〔2014〕12号	9.23
338	北京信息科技大学关于2014年政府采购进口产品的请示	行政外发文	信息科大资文〔2014〕10号	9.23
339	北京信息科技大学关于开展2014年本科生国家奖学金评审与材料填报工作的通知	行政内发文	校学发〔2014〕81号	9.24

（续表）

序号	题名	分类号	文号	文件日期
340	北京信息科技大学关于开展2014年本科生国家励志奖学金和北京市国家助学金评审与材料填报工作的通知	行政内发文	校学发〔2014〕82号	9.24
341	北京信息科技大学关于对董术反映我校推荐2014年北京市哲学社会科学优秀成果奖存在问题一事信访的调查处理情况报告	行政外发文	信息科大办文〔2014〕2号	9.25
342	关于呈送《北京信息科技大学资产管理工作调研报告》的报告	行政外发文	信息科大资文〔2014〕11号	9.25
343	北京信息科技大学关于印发《研究生国家奖学金评审及管理办法》的通知	行政内发文	校研发〔2014〕13号	9.26
344	北京信息科技大学关于2014届毕业研究生汲庆鹏改派留京的请示	行政外发文	信息科大研文〔2014〕2号	9.28
345	北京信息科技大学关于同意学生谢宇佳退学的决定	行政内发文	校教发〔2014〕91号	9.30
346	北京信息科技大学关于同意学生杨赛退学的决定	行政内发文	校教发〔2014〕92号	9.30
347	中国共产党北京信息科技大学委员会保密委员会关于信息与通信工程学院动态导航项目保密室更名的通知	党委内发文	校密发〔2014〕5号	9.30
348	关于呈送《北京信息科技大学2014年招生监察工作总结》的报告	行政外发文	信息科大监文〔2014〕2号	9.30
349	北京信息科技大学关于开展2014年秋季教育收费检查工作的报告	行政外发文	信息科大监文〔2014〕3号	9.30
350	北京信息科技大学关于印发《（全日制）硕士学位论文评阅及答辩工作的规定（试行）》的通知	行政内发文	校研发〔2014〕14号	10.11
351	北京信息科技大学关于印发《研究生学籍管理规定》的通知	行政内发文	校研发〔2014〕15号	10.11
352	北京信息科技大学关于同意学生刘兆麟退学的决定	行政内发文	校教发〔2014〕93号	10.13

（续表）

序号	题名	分类号	文号	文件日期
353	北京信息科技大学关于同意学生王新蕊退学的决定	行政内发文	校教发〔2014〕94号	10.13
354	北京信息科技大学关于同意学生吴汉强退学的决定	行政内发文	校教发〔2014〕95号	10.13
355	中共北京信息科技大学委员会北京信息科技大学关于印发2014年下半年重点工作的通知	党委内发文	校党发〔2014〕23号	10.16
356	北京信息科技大学关于同意学生亢佳鑫退学的决定	行政内发文	校教发〔2014〕96号	10.16
357	北京信息科技大学关于同意学生汤鹏退学的决定	行政内发文	校教发〔2014〕97号	10.16
358	北京信息科技大学关于后勤管理处门诊部聘任二级机构负责人的批复	行政内发文	校人任〔2014〕4号	10.16
359	北京信息科技大学关于2014年政府采购进口产品的请示	行政外发文	信息科大资文〔2014〕12号	10.16
360	北京信息科技大学学位评定委员会第二十七次会议决议	行政内发文	校学位发〔2014〕4号	10.20
361	北京信息科技大学学校办公室关于2014年亚太经济合作组织会议期间调休放假及本学期有关加班工作的通知	行政处级发文	办发〔2014〕8号	10.22
362	中国共产党北京信息科技大学委员北京信息科技大学会关于印发北京信息科技大学2014年党政管理部门 直属机构 群团组织处级机构设置调整方案的通知	党委内发文	校党发〔2014〕24号	10.22
363	中国共产党北京信息科技大学委员会 北京信息科技大学关于印发北京信息科技大学2014年党政管理部门 直属机构 群团组织处职岗位聘任工作实施方案的通知	党委内发文	校党发〔2014〕25号	10.22
364	中国共产党北京信息科技大学委员会关于严肃干部换届纪律的通知	党委内发文	校党发〔2014〕26号	10.22
365	北京信息科技大学关于公布大学生创新创业基地建设领导小组名单的通知	行政内发文	校教发〔2014〕98号	10.22

（续表）

序号	题名	分类号	文号	文件日期
366	北京信息科技大学关于公布大学生创新创业基地管理工作小组名单的通知	行政内发文	校教发〔2014〕99号	10.22
367	北京信息科技大学关于同意学生胡凯然退学的决定	行政内发文	校教发〔2014〕100号	10.22
368	北京信息科技大学关于同意学生张鹤退学的决定	行政内发文	校教发〔2014〕101号	10.22
369	北京信息科技大学关于同意研究生高嵩退学的决定	行政内发文	校研发〔2014〕16号	10.22
370	北京信息科技大学关于同意学生闫皓东退学的决定	行政内发文	校教发〔2014〕102号	10.23
371	北京信息科技大学关于申请银行贷款利息归垫的请示	行政外发文	信息科大财文〔2014〕8号	10.23
372	北京信息科技大学关于《基建三年规划项目——北京信息科技大学新校区建设》项目资金结余上交财政的请示	行政外发文	信息科大财文〔2014〕9号	10.27
373	北京信息科技大学关于2014年度高教研究立项审批结果的通知	行政内发文	校高教发〔2014〕2号	10.28
374	北京信息科技大学关于公布2012年度部分教材建设项目结题验收结果的通知	行政内发文	校教发〔2014〕103号	10.28
375	北京信息科技大学关于给予高宇轩记过处分的决定	行政内发文	校学发〔2014〕83号	10.28
376	北京信息科技大学关于给予李长帅记过处分的决定	行政内发文	校学发〔2014〕84号	10.28
377	北京信息科技大学关于给予吕雅洁记过处分的决定	行政内发文	校学发〔2014〕85号	10.28
378	北京信息科技大学关于给予王继盟记过处分的决定	行政内发文	校学发〔2014〕86号	10.28
379	北京信息科技大学关于给予王梓晴记过处分的决定	行政内发文	校学发〔2014〕87号	10.28
380	北京信息科技大学关于给予吴若琳记过处分的决定	行政内发文	校学发〔2014〕88号	10.28

（续表）

序号	题名	分类号	文号	文件日期
381	北京信息科技大学关于给予谢嘉琦记过处分的决定	行政内发文	校学发〔2014〕89号	10.28
382	北京信息科技大学关于给予尹硕记过处分的决定	行政内发文	校学发〔2014〕90号	10.28
383	北京信息科技大学关于给予周祥严重警告处分的决定	行政内发文	校学发〔2014〕91号	10.28
384	北京信息科技大学关于印发《研究生课程教学管理规程》的通知	行政内发文	校研发〔2014〕17号	10.28
385	北京信息科技大学关于印发《研究生课程学习及考核规定》的通知	行政内发文	校研发〔2014〕18号	10.28
386	北京信息科技大学关于印发《硕士研究生中期考核办法》的通知	行政内发文	校研发〔2014〕19号	10.28
387	北京信息科技大学关于印发《研究生请假规定》的通知	行政内发文	校研发〔2014〕20号	10.28
388	中共北京信息科技大学委员会北京信息科技大学关于学校领导班子成员工作分工的通知	党委内发文	校党发〔2014〕27号	10.29
389	北京信息科技大学关于印发《其他专业技术职务聘任实施办法》的通知	行政内发文	校发〔2014〕4号	10.29
390	北京信息科技大学关于印发《其他专业技术职务岗位基本职责的规定》的通知	行政内发文	校发〔2014〕5号	10.29
391	北京信息科技大学关于印发《其他专业技术职务岗位聘任各系列各级岗位基本条件的规定》的通知	行政内发文	校发〔2014〕6号	10.29
392	北京信息科技大学关于印发《第二轮工勤技能岗位设置与聘任实施办法》的通知	行政内发文	校发〔2014〕7号	10.29
393	北京信息科技大学关于开展2014年本科生校内奖学金评审工作的通知	行政内发文	校学发〔2014〕92号	10.30
394	北京信息科技大学关于同意研究生苏苗退学的决定	行政内发文	校研发〔2014〕21号	10.30
395	北京信息科技大学关于保留学生邬君逸入学资格的决定	行政内发文	校招生发〔2014〕9号	10.30

（续表）

序号	题名	分类号	文号	文件日期
396	北京信息科技大学关于保留学生唐含芝入学资格的决定	行政内发文	校招生发〔2014〕10 号	10.30
397	北京信息科技大学关于保留学生常欢入学资格的决定	行政内发文	校招生发〔2014〕11 号	10.30
398	北京信息科技大学关于保留学生李嘉伟入学资格的决定	行政内发文	校招生发〔2014〕12 号	10.30
399	北京信息科技大学关于同意学生陈钰卉退学的决定	行政内发文	校教发〔2014〕104 号	10.31
400	北京信息科技大学关于同意学生胡思成退学的决定	行政内发文	校教发〔2014〕105 号	10.31
401	北京信息科技大学关于同意学生蔺昊退学的决定	行政内发文	校教发〔2014〕106 号	10.31
402	北京信息科技大学关于同意学生王信退学的决定	行政内发文	校教发〔2014〕107 号	10.31
403	北京信息科技大学关于呈送《2013 年度预算执行与决算审计整改情况报告》的报告	行政外发文	信息科大文〔2014〕2 号	10.31
404	北京信息科技大学关于同意学生林伟建退学的决定	行政内发文	校教发〔2014〕108 号	11.2
405	北京信息科技大学关于同意学生杨子乔退学的决定	行政内发文	校教发〔2014〕109 号	11.2
406	北京信息科技大学关于申报 2014 年教材建设项目的通知	行政内发文	校教发〔2014〕120 号	11.2
407	北京信息科技大学关于房屋变更权利人申请减免契税的请示	行政外发文	信息科大资文〔2014〕14 号	11.2
408	北京信息科技大学关于同意本单位所办企业办理占有产权登记的请示	行政外发文	信息科大技文〔2014〕2 号	11.3
409	北京信息科技大学关于外国语学院增设二级机构的批复	行政内发文	校人任〔2014〕6 号	11.5
410	北京信息科技大学关于印发《工商管理硕士（MBA）研究生课程教学管理规定》的通知	行政内发文	校研发〔2014〕22 号	11.5

（续表）

序号	题名	分类号	文号	文件日期
411	北京信息科技大学关于印发《工商管理硕士（MBA）研究生导师管理规定》的通知	行政内发文	校研发〔2014〕23 号	11.5
412	北京信息科技大学关于公共管理与传媒学院增设二级机构的批复	行政内发文	校人任〔2014〕5 号	11.6
413	北京信息科技大学关于董明利主持仪器科学与光电工程学院行政工作的通知	行政内发文	校干〔2014〕5 号	11.13
414	北京信息科技大学关于同意学生曹曲退学的决定	行政内发文	校教发〔2014〕121 号	11.14
415	北京信息科技大学关于同意学生李启凡退学的决定	行政内发文	校教发〔2014〕122 号	11.14
416	北京信息科技大学关于同意学生梁创强退学的决定	行政内发文	校教发〔2014〕123 号	11.14
417	北京信息科技大学关于同意学生孙晨旭退学的决定	行政内发文	校教发〔2014〕124 号	11.14
418	北京信息科技大学关于同意学生徐家辉退学的决定	行政内发文	校教发〔2014〕125 号	11.14
419	北京信息科技大学关于同意学生张慕良退学的决定	行政内发文	校教发〔2014〕126 号	11.14
420	北京信息科技大学关于保留学生阿依旦娜·吾孜别克入学资格的决定	行政内发文	校招生发〔2014〕13 号	11.14
421	中国共产党北京信息科技大学委员会关于鲁雷同志拟任党委组织部部长的请示	党委外发文	信息科大党文〔2014〕9 号	11.14
422	北京信息科技大学关于呈送新校区学生宿舍 A 组团项目资金申请报告的请示	行政外发文	信息科大建文〔2014〕4 号	11.16
423	北京信息科技大学关于筹建国防科技研究院的通知	行政内发文	校发〔2014〕8 号	11.17
424	北京信息科技大学关于公布 2011 年度课程建设项目结题验收结果的通知	行政内发文	校教发〔2014〕127 号	11.18
425	北京信息科技大学关于做好 2014—2015 学年第一学期期末考试工作的通知	行政内发文	校教发〔2014〕128 号	11.18

（续表）

序号	题名	分类号	文号	文件日期
426	北京信息科技大学关于开展2014—2015学年第一学期期中教学检查的通知	行政内发文	校教发〔2014〕129号	11.18
427	北京信息科技大学关于评选2014年度优秀主讲教师的通知	行政内发文	校教发〔2014〕130号	11.18
428	北京信息科技大学关于同意学生胡婕妤转学的决定	行政内发文	校教发〔2014〕131号	11.20
429	中共北京信息科技大学委员会关于李华涛等同志任职的通知	党委内发文	校党干〔2014〕6号	11.21
430	中共北京信息科技大学委员会关于贺芳同志职务任免的通知	党委内发文	校党干〔2014〕7号	11.21
431	中国共产党北京信息科技大学委员会关于戈新生等同志职务任免的通知	党委内发文	校党干〔2014〕8号	11.21
432	北京信息科技大学关于王兴芬等职务任免的通知	行政内发文	校干〔2014〕6号	11.21
433	北京信息科技大学关于戈新生等职务任免的通知	行政内发文	校干〔2014〕7号	11.21
434	北京信息科技大学关于田杨萌任职的通知	行政内发文	校干〔2014〕8号	11.21
435	中国共产党北京信息科技大学委员会关于张景波同志任职的通知	党委内发文	校党干〔2014〕9号	11.24
436	中国共产党北京信息科技大学委员会关于对部分学院党组织设置进行调整的通知	党委内发文	校党发〔2014〕28号	11.25
437	北京信息科技大学关于给予崔世贤记过处分的决定	行政内发文	校学发〔2014〕93号	11.25
438	北京信息科技大学关于给予董裕琼记过处分的决定	行政内发文	校学发〔2014〕94号	11.25
439	北京信息科技大学关于给予何超记过处分的决定	行政内发文	校学发〔2014〕95号	11.25
440	北京信息科技大学关于给予李冬金记过处分的决定	行政内发文	校学发〔2014〕96号	11.25
441	北京信息科技大学关于给予李国玺记过处分的决定	行政内发文	校学发〔2014〕97号	11.25

（续表）

序号	题名	分类号	文号	文件日期
442	北京信息科技大学关于给予刘佳昊记过处分的决定	行政内发文	校学发〔2014〕98号	11.25
443	北京信息科技大学关于给予刘婕记过处分的决定	行政内发文	校学发〔2014〕99号	11.25
444	北京信息科技大学关于给予刘千昂记过处分的决定	行政内发文	校学发〔2014〕100号	11.25
445	北京信息科技大学关于给予时晶晶严重警告处分的决定	行政内发文	校学发〔2014〕101号	11.25
446	北京信息科技大学关于给予史晓明记过处分的决定	行政内发文	校学发〔2014〕102号	11.25
447	北京信息科技大学关于给予汪瀚记过处分的决定	行政内发文	校学发〔2014〕103号	11.25
448	北京信息科技大学关于给予王欢记过处分的决定	行政内发文	校学发〔2014〕104号	11.25
449	北京信息科技大学关于给予吴媛媛记过处分的决定	行政内发文	校学发〔2014〕105号	11.25
450	北京信息科技大学关于给予杨亚林记过处分的决定	行政内发文	校学发〔2014〕106号	11.25
451	北京信息科技大学关于保留学生朱凯宁入学资格的决定	行政内发文	校招生发〔2014〕14号	11.25
452	中国共产党北京信息科技大学委员会关于张怀存等同志任职的通知	党委内发文	校党干〔2014〕10号	11.26
453	北京信息科技大学关于我校2013届毕业生罗义童办理在京就业手续的请示	行政外发文	信息科大就业文〔2014〕1号	12.1
454	关于呈送《2014年北京信息科技大学因公出国培训团组出访总结》的报告	行政外发文	信息科大外文〔2014〕8号	12.1
455	关于做好2014年工作总结和2015年工作计划的通知	党委处级发文	党办发〔2014〕2号	12.3
456	北京信息科技大学关于同意学生孙国欣退学的决定	行政内发文	校教发〔2014〕132号	12.3

（续表）

序号	题名	分类号	文号	文件日期
457	北京信息科技大学关于同意学生汪洋退学的决定	行政内发文	校教发〔2014〕133号	12.3
458	北京信息科技大学关于同意学生张源真退学的决定	行政内发文	校教发〔2014〕134号	12.3
459	北京信息科技大学关于同意学生宗昊奇退学的决定	行政内发文	校教发〔2014〕135号	12.3
460	关于开展2015年度北京信息科技大学课程建设——教学方式方法改革项目申报工作的通知	行政内发文	校教发〔2014〕136号	12.3
461	中国共产党北京信息科技大学委员会关于王智勇等同志任职的通知	党委内发文	校党干〔2014〕11号	12.4
462	中国共产党北京信息科技大学委员会关于张艳等同志职务任免的通知	党委内发文	校党干〔2014〕12号	12.4
463	北京信息科技大学关于金春华等任职的通知	行政内发文	校干〔2014〕9号	12.4
464	北京信息科技大学关于牛健等任职的通知	行政内发文	校干〔2014〕10号	12.4
465	北京信息科技大学关于2014年12月大学英语四六级考试管理工作领导小组的通知	行政内发文	校教发〔2014〕137号	12.5
466	北京信息科技大学关于给予卜晓令记过处分的决定	行政内发文	校学发〔2014〕107号	12.7
467	北京信息科技大学关于给予陈玉立记过处分的决定	行政内发文	校学发〔2014〕108号	12.7
468	北京信息科技大学关于给予董宁记过处分的决定	行政内发文	校学发〔2014〕109号	12.7
469	北京信息科技大学关于给予冯静记过处分的决定	行政内发文	校学发〔2014〕110号	12.7
470	北京信息科技大学关于给予富静珊记过处分的决定	行政内发文	校学发〔2014〕111号	12.7
471	北京信息科技大学关于给予高原留校察看处分的决定	行政内发文	校学发〔2014〕112号	12.7
472	北京信息科技大学关于给予李晓彤留校察看处分的决定	行政内发文	校学发〔2014〕113号	12.7

（续表）

序号	题名	分类号	文号	文件日期
473	北京信息科技大学关于给予倪兰思留校察看处分的决定	行政内发文	校学发〔2014〕114号	12.7
474	北京信息科技大学关于给予王博泓记过处分的决定	行政内发文	校学发〔2014〕115号	12.7
475	北京信息科技大学关于给予王靓记过处分的决定	行政内发文	校学发〔2014〕116号	12.7
476	北京信息科技大学关于给予王梦寒留校察看处分的决定	行政内发文	校学发〔2014〕117号	12.7
477	北京信息科技大学关于给予吴玉元记过处分的决定	行政内发文	校学发〔2014〕118号	12.7
478	北京信息科技大学关于给予肖阳留校察看处分的决定	行政内发文	校学发〔2014〕119号	12.7
479	北京信息科技大学关于给予张瑾严重警告处分的决定	行政内发文	校学发〔2014〕120号	12.7
480	北京信息科技大学关于2014届毕业研究生张素凯改派留京的请示	行政外发文	信息科大研文〔2014〕3号	12.7
481	北京信息科技大学关于政治理论教育学院聘任二级机构负责人的批复	行政内发文	校人任〔2014〕7号	12.8
482	北京信息科技大学关于聘任戈新生等同志正高级教师职务岗位的通知	行政内发文	校人发〔2014〕17号	12.10
483	北京信息科技大学关于聘任张怀存等同志副高级教师职务岗位的通知	行政内发文	校人发〔2014〕18号	12.10
484	北京信息科技大学关于聘任王会香等同志中级及以下教师职务岗位的通知	行政内发文	校人发〔2014〕19号	12.10
485	北京信息科技大学关于聘任王弘蔚等同志其他专业技术职务岗位的通知	行政内发文	校人发〔2014〕20号	12.10
486	北京信息科技大学关于聘任刘建国等同志工勤技能岗位的通知	行政内发文	校人发〔2014〕21号	12.10
487	北京信息科技大学关于同意学生索日钦退学的决定	行政内发文	校教发〔2014〕138号	12.12

（续表）

序号	题名	分类号	文号	文件日期
488	北京信息科技大学关于大学英语四 六级考试工作安排的通知	行政内发文	校教发〔2014〕139 号	12.15
489	北京信息科技大学关于张伟任职的通知	行政内发文	校干〔2014〕11 号	12.17
490	北京信息科技大学关于公布第七届青年教师教学基本功比赛暨首届教学新星评选结果的通知	行政内发文	校教发〔2014〕140 号	12.17
491	关于公布 2010—2012 年部分校级教改项目结题验收结果的通知	行政内发文	校教发〔2014〕141 号	12.17
492	北京信息科技大学关于组织申报我校 2015 年度教学改革项目的通知	行政内发文	校教发〔2014〕142 号	12.17
493	北京信息科技大学关于申请银行贷款利息归垫的请示	行政外发文	信息科大财文〔2014〕10 号	12.17
494	北京信息科技大学关于印发《违反学术规范行为的认定细则（试行）》的通知	行政内发文	校技发〔2014〕4 号	12.19
495	北京信息科技大学关于印发《违反学术规范行为处理的规定（试行）》的通知	行政内发文	校人发〔2014〕22 号	12.19
496	北京信息科技大学关于外国语学院聘任二级机构负责人的批复	行政内发文	校人任〔2014〕8 号	12.19
497	北京信息科技大学关于给予曹金帅记过处分的决定	行政内发文	校学发〔2014〕121 号	12.19
498	北京信息科技大学关于给予陈天依记过处分的决定	行政内发文	校学发〔2014〕122 号	12.19
499	北京信息科技大学关于给予滕松洋记过处分的决定	行政内发文	校学发〔2014〕123 号	12.19
500	北京信息科技大学关于给予吴帅记过处分的决定	行政内发文	校学发〔2014〕124 号	12.19
501	北京信息科技大学关于给予夏力哈尔·海拉提记过处分的决定	行政内发文	校学发〔2014〕125 号	12.19
502	北京信息科技大学关于给予张子鹏记过处分的决定	行政内发文	校学发〔2014〕126 号	12.19
503	北京信息科技大学关于同意研究生张聪聪退学的决定	行政内发文	校研发〔2014〕24 号	12.19

（续表）

序号	题名	分类号	文号	文件日期
504	北京信息科技大学关于同意学生闫雪蛟退学的决定	行政内发文	校教发〔2014〕143号	12.22
505	北京信息科技大学关于同意学生张子涵退学的决定	行政内发文	校教发〔2014〕144号	12.22
506	北京信息科技大学学校办公室关于2015年元旦 寒假假期安排的通知	行政处级发文	办发〔2014〕9号	12.23
507	关于印发《北京信息科技大学校园机动车管理办法（试行）》的通知	行政内发文	校发〔2014〕9号	12.23
508	北京信息科技大学关于印发《2014年高级教师职务岗位晋升聘任岗位下达情况表》的通知	行政内发文	校人发〔2014〕23号	12.23
509	关于成立学校高级教师职务岗位晋升聘任学科评议组的通知	行政内发文	校人发〔2014〕24号	12.23
510	中国共产党北京信息科技大学委员会北京信息科技大学关于召开北京信息科技大学新校区建设项目推进会有关事项的请示	党委外发文	信息科大党文〔2014〕10号	12.23
511	关于表彰2014年度工会工作积极分子的决定	党委内发文	校工发〔2014〕7号	12.24
512	中国共产党北京信息科技大学委员会保密委员会关于呈送《学校保密工作自查自评情况报告》的报告	党委外发文	信息科大密文〔2014〕2号	12.24
513	北京信息科技大学关于调整学校成人高等学历教育学位评定分委员会成员的通知	行政内发文	校继教发〔2014〕1号	12.25
514	北京信息科技大学关于对学生叶雅诗作退学处理的决定	行政内发文	校教发〔2014〕145号	12.25
515	北京信息科技大学关于刘勇等3人赴台湾地区铭传大学访问的请示	行政外发文	信息科大外文〔2014〕9号	12.26
516	北京信息科技大学关于吉萍同志提高退休费计发比例的请示	行政外发文	信息科大人文〔2014〕2号	12.29
517	中共北京信息科技大学委员会北京信息科技大学关于调整校务公开工作组织机构组成人员的通知	党委内发文	校党发〔2014〕29号	12.30

（续表）

序号	题名	分类号	文号	文件日期
518	中共北京信息科技大学委员会北京信息科技大学关于印发学校及校内各单位规范简称的通知	党委内发文	校党发〔2014〕30号	12.30
519	北京信息科技大学关于同意学生贺蓉芝退学的决定	行政内发文	校教发〔2014〕146号	12.30
520	北京信息科技大学关于同意学生马亚龙退学的决定	行政内发文	校教发〔2014〕147号	12.30
521	北京信息科技大学关于同意学生朱一丹退学的决定	行政内发文	校教发〔2014〕148号	12.30
522	北京信息科技大学关于同意学生李超退学的决定	行政内发文	校教发〔2014〕149号	12.30
523	北京信息科技大学关于同意学生王瀚退学的决定	行政内发文	校教发〔2014〕150号	12.30
524	北京信息科技大学关于同意学生王一川退学的决定	行政内发文	校教发〔2014〕151号	12.30
525	北京信息科技大学关于同意学生肖毅退学的决定	行政内发文	校教发〔2014〕152号	12.30
526	北京信息科技大学关于解除周健警告处分的决定	行政内发文	校研发〔2014〕25号	12.30
527	北京信息科技大学关于上报《北京信息科技大学新校区建设工程可行性研究报告》的请示	行政外发文	信息科大建文〔2014〕5号	12.30
528	北京信息科技大学关于印发《处级以下教职工2014年年度考核实施办法》的通知	行政内发文	校人发〔2014〕25号	12.30
529	北京信息科技大学关于印发《信息公开实施细则（试行）》的通知	行政内发文	校发〔2014〕10号	12.31

2014届硕士毕业生、结业生名单

毕业生

马克思主义中国化研究（8人）

崔 媛 杨文龙 单出凡 马铁键 任兵兵 刘 琪 张 梦 马东辉

企业管理（8人）

金 鑫 卢云锋 宋 扬 王丽丽 张冬冬 赵晓露 郑 晗 种 元

工商管理（30人）

张 超 杨燕华 王伟辉 袁艳梅 祁雪燕 李春艳 胡海洋 刘雷明 李冬明 李 楠
何淑英 邱晓静 赵智杰 王凤楠 李 芃 周 慧 吴春宁 宋 宇 何浩泉 陈志勇
金 勐 康剑丽 刘丽平 王建冉 郑 玮 王芒芒 陈 燕 江继生 王 雪

会计学（5人）

闫文秀 周方圆 徐 楠 郑 洁 毛 珂

数量经济学（5人）

李园园 杨济平 刘宝凤 魏 港 赵 芳

国民经济学（5人）

杜 佳 秦林方 王 莉 曹 丽 徐 凡

管理科学与工程（19人）

刘 换 汪 政 汪秋云 魏宗洋 颜宏城 邢晓辉 张伊彤 张艳丽 郝江培 赵京晶
耿在英 王 楠 陈 瀛 刘春晓 张 辉 李广霞 郝兆凯 刘培欣 李胜杰

技术经济及管理（7人）

王 敏 徐 聪 张梦梦 张婷婷 刘海苹 王 展 李真真

物流工程（11人）

毕玉婷 王 恩 冯建国 张苗苗 刘长娥 赵聆江 马强胜 刘媛媛 邵小景 王 鸿
王佩佩

工业工程（14人）

崔卫丽 史春晓 方 砚 翁 蕊 冯 飞 吴彦丽 付 佳 徐晓莉 高 静 张明玉
蒋欣然 张小琼 马洁琳 马 众

仪器仪表工程（9人）

蔡　光　李丹丹　刘慧芬　顾彩霞　李丽丽　刘晓宇　黄亚楠　李　睿　马　彬

精密仪器及机械（6人）

杜新杰　赵文俊　李云强　庄　炜　刘　贺　赵　猛

测试计量技术及仪器（16人）

毕俊熹　刘　浩　张旭艳　程　德　宋刘凯　费学灿　王帅帅　张晗旭　董建晶　王少琼
高新亚　徐永恒　郭　莽　许梦泽　徐　亮　杨万华

信号与信息处理（10人）

霍佳琦　李亚辉　卞欢欢　周宝星　贾宗辰　王皓维　王菊荣　李　萌　叶　铿　王甜甜

电子与通信工程（16人）

刘　岩　王　彬　胡　佳　谢　莹　马　玉　庄光涛　宁建业　姚雅婷　汪汀岚　陈翠英
吴祥龙　冯文军　耿立飞　李　敏　李　超　刘　丹

计算机技术（12人）

蔡　俊　刘　鹏　高　鹏　裘晨曦　胡伟奇　唐静笑　蒋　琳　王序虎　刘陆光　王玉敬
安永跃　周　优

计算机应用技术（36人）

董　源　杜振雷　高瑜蔚　关晓炟　桂丽娟　郭�秀　贺　刚　李慧丽　李佳媛　李钦瑞
李秋玲　刘梦婷　刘　寅　龙海楠　任慧玲　任晓蓓　文　鼎　吴　岳　许振伟　张　丹
张雷瀚　张亚楠　张泽伟　周绍钧　安智超　郭富荣　矫　健　李　坤　刘　昂　刘宗奇
吕非非　汤　青　王　玥　吴瑞红　苑晓姣　张玉洁

机械工程（22人）

陈　松　潘亚磊　姚艳春　赵　雪　高合朋　王洪根　岳宇宾　赵彦秋　郝大贤　王军见
张振辉　谢松汕　胡庆辉　王　亚　赵　峻　张　婷　贾银良　王　紫　赵鹏飞　赵　震
孟　静　徐振中

车辆工程（7人）

段卫洁　王秀杰　王想亭　杨海苗　卢铁军　郑　鑫　吴　哲

机械设计及理论（5人）

董秀丽　闫海峰　易源霖　王　震　张　永

机械电子工程（17人）

侯佳健　陕梅辰　王永龙　谭　笑　冀　欣　邵占帅　吴　迪　许道金　李　恒　王晶晶
张海涛　于传洋　李阳龙　王夏伟　李慧浩　车希国　高鹏

机械制造及其自动化（8 人）

沈山山　徐一闯　胡　宾　陆正春　徐晏军　衣　杰　刘　艳　王鹏清

应用数学（10 人）

李国建　王　丹　谢　维　李思琦　王静涛　赵宇婷　刘学敏　吴龙刚　丁亚莉　苏世兰

微电子学与固体电子学（13 人）

程雷鸣　林建华　陈敬波　赵　川　高彦艳　彭欣荣　何　胜　仲　超　高银娟　向北海　马　彧　周晶晶　兰柏阳

结业生

工商管理（1 人）

魏晓松

2014 年授予硕士学位名单

机电学院

机械制造及其自动化专业（8 人）

李玉龙　沈山山　徐晏军　徐一闯　衣　杰　胡　斌　刘　艳　陆正春　王鹏清

机械电子工程专业（17 人）

车希国　高　鹏　侯佳健　冀　欣　李　恒　李阳龙　陕梅辰　邵占帅　王晶晶　王夏伟　王永龙　吴　迪　张海涛　李慧浩　谭　笑　许道金　于传洋

机械设计及理论专业（5 人）

董秀丽　王　震　闫海峰　张　永　易源霖

车辆工程（7 人）

段卫洁　卢铁军　王秀杰　郑　鑫　王想亭　吴　哲　杨海苗

工程硕士专业学位

机械工程（21 人）

陈　松　高合朋　郝大贤　胡庆辉　贾银良　孟　静　潘亚磊　王洪根　王军见　王　亚　王　紫　姚艳春　岳宇宾　张振辉　赵　峻　赵鹏飞　赵　雪　赵彦秋　谢松汕　张　婷　赵　震

光电学院

精密仪器及机械专业（6 人）

杜新杰　李云强　刘　贺　赵文俊　庄　炜　赵　猛

测试计量技术及仪器专业（17 人）

毕俊熹　程　德　董建晶　高新亚　郭　漭　刘　浩　宋刘凯　王少琼　徐永恒　许梦泽　张旭艳　费学灿　王帅帅　徐　亮　杨万华　张晗旭　李玉龙

工程硕士专业学位

仪器仪表工程（30 人）

徐维维　蔡　光　顾彩霞　黄亚楠　李丹丹　李丽丽　李　睿　刘慧芬　刘晓宇　马　彬
谭石坚　王佩欣　王润兰　王　涛　王英枝　王　宇　文　超　赵　双　赵子任　郝雯霞
何海蛟　何剑锋　李文峰　刘金涛　牛延召　王晨光　王世前　张　晶　张俊娟　张晓林

通信学院

信号与信息处理专业（10 人）

霍佳琦　贾宗辰　李　萌　王甜甜　卞欢欢　王菊荣　叶　铿　周宝星　李亚辉　王皓维

工程硕士专业学位

电子与通信工程（16 人）

冯文军　耿立飞　李　超　李　敏　刘　丹　刘　岩　马　玉　汪汀岚　王　彬　庄光涛
陈翠英　胡　佳　宁建业　谢　莹　姚雅婷　吴祥龙

自动化学院

控制理论与控制工程专业（12 人）

董婷婷　冯兆磊　高　燕　李彦文　刘兆阳　刘宗明　马先芹　杨宇航　高月召　郭天天
张　斌　张　震

检测技术与自动化装置专业（14 人）

季　林　解连鑫　刘爱华　刘　婧　牟森林　宋艳敏　宋　振　孙顺顺　张科备　贾中华
李玉涛　刘世贞　王　丹　甄凡凡

模式识别与智能系统专业（6 人）

陈明轩　刘倩兰　王　蕾　边　珺　王　丰　张健丽

工程硕士专业学位

控制工程（15 人）

陈飞　崔方伟　汲庆鹏　李勇　吕东　王超亮　王平　王啸飞　武阿明　闫志龙　燕青浩
张素凯　刘福朝　吴雪黎　徐嘉楠

计算机学院

计算机系统结构专业（1 人）

王晓菲

计算机应用技术专业（36 人）

董　源　杜振雷　高瑜蔚　关晓炟　桂丽娟　郭踋秀　贺　刚　李慧丽　李佳媛　李钦瑞
李秋玲　刘梦婷　刘　寅　龙海楠　任慧玲　任晓蓓　文　鼎　吴　岳　许振伟　张　丹
张雷瀚　张亚楠　张泽伟　周绍钧　安智超　郭富荣　娇　健　李　坤　刘　昂　刘宗奇
吕非非　汤　青　王　玥　吴瑞红　苑晓姣　张玉洁

工程硕士专业学位

计算机技术（13 人）

安永跃　蔡　俊　高　鹏　胡伟奇　蒋　琳　刘陆光　刘　鹏　裘晨曦　唐静笑　王序虎
王玉敬　周　优　刘茂朕

经管学院

国民经济学专业（5人）
杜 佳 秦林方 王 莉 曹 丽 徐 凡
数量经济学专业（5人）
李园园 刘宝凤 杨济平 魏 港 赵 芳
管理科学与工程专业（14人）
陈 瀛 耿在英 郝江培 郝兆凯 李胜杰 刘培欣 汪 政 魏宗洋 邢晓辉 张艳丽
李广霞 刘春晓 王 楠 赵京晶
会计学专业（5人）
毛 珂 闫文秀 周方圆 徐 楠 郑 洁
企业管理专业（8人）
卢云锋 宋 扬 王丽丽 张冬冬 赵晓露 郑 晗 种 元 金 鑫
技术经济及管理专业（7人）
王 敏 徐 聪 张梦梦 张婷婷 刘海苹 王 展 李真真
工程硕士专业学位
工业工程（14人）
崔卫丽 方 砚 冯 飞 付 佳 高 静 蒋欣然 马洁琳 史春晓 翁 蕊 吴彦丽
徐晓莉 张明玉 张小琼 马 众
工商管理（27人）
王建冉 陈 燕 刘丽平 郑 玮 江继生 康剑丽 王芒芒 王 雪 金 勐 张 超
何淑英 周 慧 何浩泉 李 芃 杨燕华 祁雪燕 李冬明 吴春宁 刘雷明 陈志勇
胡海洋 王凤楠 王伟辉 李春艳 李 楠 赵智杰 宋 宇

信管学院

管理科学与工程专业（5人）
刘 换 汪秋云 颜宏城 张伊彤 张 辉
工程硕士专业学位
物流工程（11人）
毕玉婷 冯建国 刘长娥 马强胜 邵小景 王 恩 张苗苗 赵聆江 刘媛媛 王 鸿
王佩佩

理学院

应用数学专业（10人）
李国建 李思琦 刘学敏 王 丹 王静涛 吴龙刚 谢 维 赵宇婷 丁亚莉 苏世兰
微电子学与固体电子学专业（13人）
程雷鸣 高彦艳 高银娟 兰柏阳 林建华 彭欣荣 向北海 赵 川 仲 超 周晶晶
陈敬波 何 胜 马 弢

政教学院

马克思主义中国化研究专业（8 人）

崔　媛　刘　琪　马铁键　杨文龙　张　梦　单出凡　马东辉　任兵兵

2014 年授予同等学力人员硕士学位名单

工学（2 人）

李　沛　王　勇

管理学（1 人）

龙　天

2014 年授予在职人员工程硕士专业学位名单

工业工程（3 人）

程　鸣　孙建华　王运方

2014 届本科毕业生、结业生名单

公共管理与传媒学院

传播学（网络传播）

毕业生（59 人）

张路桥　刘铁柱　张如心　高　宇　马思琦　陈霈然　王琪琛　锁　慧　张　峥　郭梓钰
张　旭　陈　曲　任　洋　邢　辰　梁梦凡　田　宇　刘建争　温雅楠　冯思宇　李树桐
王笑予　张　申　黄玲俊　王　云　陈睿峰　李　霞　李丽蕊　方　莹　贾紫彤　范　亮
王玉晴　刘　玥　张源洁　于术佳　吴燕萍　蔡红娟　王玉娇　刘咏夕　王晓晖　胡闪闪
王　檬　韩　煦　耿　玥　冯　跃　郭　彤　陈　佳　赵铖轩　安　烁　袁姝雅　张芃玥
张　莹　卫大为　尹相涛　王　莹　刘　震　高国汝　王梦凡　罗时雨　付雅笛

结业生（0 人）

行政管理

毕业生（21 人）

赵　睿　周赫然　赵紫蝶　刘　芳　贾思思　周梅芳　刘卫云　闫迎春　王景双　刘晓琴
程思远　李　佳　张　爽　柳　荣　粘　华　原玉良　黄蔚然　毋亚琛　孙元华　李　云
李　俐

结业生（0 人）

行政管理（办公自动化）

毕业生（25 人）

麦尔哈巴·艾尔肯　马克友　任玉娜　陆传英　于　纛　岳帅　李　婵　张　晴　王　培

徐　魏　陈　龙　严亚洁　刘宏亮　陈若思　肖梦晨　武杉杉　徐　伟　代俊丽　陈　童
王元仓　温泽昆　黄　山　吕　嫚　王馨悦　郭　强
结业生（0 人）

行政管理（电子政务）

毕业生（31 人）
赵玉伍　马瑞轩　闫雪飞　郭景瑄　吕　铮　姚萍婷　袁　静　杨素君　尚　旭　王少丰
马　麟　吴向东　杨　鑫　李福森　田　密　赵一荻　戴　月　何莎莎　孙颖雯　李　成
李明轩　蒋　朗　崔　雨　余　泳　聂丽媛　陈丽娜　赵美诗　李申奥　夭子华　黄　午
李　塔
结业生（0 人）

机电工程学院

车辆工程

毕业生（48 人）
王　君　吕思杭　林玮峰　王肇维　李浩然　李　震　刘晓春　刘全攀　丑富民　侯秋梦
韩可心　刘　尚　林纯梁　徐　鑫　王坤龙　杨学静　高月强　赵　轩　郑　阳　翟　强
韩雨伯　梁书铭　罗　鹏　郭少波　宋丽冉　赵　柠　王增辉　张　旭　赵　冲　窦伟杰
孙旭光　赵亚伦　张利刚　孙聪昊　马燕翔　刘　帅　安子昂　张　帆　郭建飞　丁冠捷
唐　宇　宋子豪　王　猛　李金城　马四伟　李　响　马伯龙　李天同
结业生（2 人）
徐亦聪　宣　枭

工业工程

毕业生（42 人）
王思丝　王梓丞　芦博文　李　勐　冯　梅　张亚文　吴　淼　热汗古·阿布喀迪尔
杨斯琪　李天罡　刘思洋　朱文腾　巨　星　冯　巍　刘文丰　刘长启　周　扬　邵冰心
袁新宇　曾超敏　张　明　王俊杰　薛继颖　房元军　王荣伟　王海鹏　窦亚丽　李亚伟
胡海洲　李　辰　王　羽　曲　双　陈　旭　田　硕　张　贺　骆艳东　朱伟华　宋林蓬
王　翔　齐　乐　蔡伊君　张绍峰
结业生（1 人）
魏来

工业设计

毕业生（48 人）
孟　晴　张寒煦　张振东　路佳昌　彭思阳　孙晓倩　刘　烨　李嘉文　高　岩　齐艳丽
张童心　涂育豪　岳维明　耿海朋　吴思宇　刘　斌　崔佳鑫　周治国　魏思加　陈　博
汪子渊　张欣欢　郭泽楷　谭傲楠　李续明　赵　杰　徐亦林　宋欣宇　王凯琳　曹一博
李　超　邹　鹏　林　孟　常　磊　闫　俊　海　洋　郭　欢　孙一泽　马天宇　王润清

李　治　刘晨阳　黄京京　管少辰　何昌骏　韩　征　周鹏鑫　乔　亮

结业生（2 人）

范相国　汤　萍

机械设计制造及其自动化

毕业生（163 人）

马　锐　海得尔旦·麦麦提　晁　曦　李光耀　辛仕达　张　鹏　苗馥宇　孙加林
王　迪　许瑶瑶　赵文娣　杨飞潺　卢其森　杨　达　李　勇　余文涛　张　骏　孙艳颜
肖　峰　张　帅　林锦阳　赵　波　闫文飞　李　阳　王海波　代普金　张逸云　吕　建
陈　凯　李慧青　吕子钊　杨翼仙　王荣欣　菅士凯　张　健　周　翔　马成龙　巩秋明
周　鹏　李泽龙　姚茂娇　梁呈文　洪灿松　王　莹　周建波　朱　彪　于明瀚　苏　超
陈天亮　许晓晨　谢　凯　李　民　张桢莉　刘伯龙　马　磊　陈冠英　聂　荣　吴　爽
程　煜　安外尔·赛麦提　陈　婉　金　鑫　王伟龙　赵启明　陈鹏成　赵西霖　聂建超
王志文　张　宇　邓　雨　郭　健　刘恩甫　高若飞　于中前　许海洋　王　振　王立洋
侯佳怡　石东岳　王小保　杨明生　谢　扬　王远哲　苏禹龙　朱小明　高玉忠　单海青
薛彦博　路　金　李超颖　王健伟　徐　龙　成　顺　王　一　热苏力·阿不力孜
徐振征　赵淳溪　徐腾飞　李非凡　刘　娟　靳　跃　韩凯奇　郭云坡　王　硕　关承威
杨春汉　牛锴林　王梦实　李东阳　王　彬　王柳杨　田　野　蓝文超　王　昊　冉国文
陈少峰　田宏志　刘　攀　李　洁　张婷婷　李　丹　盛泰斌　胡祎明　韩海城　金俞晨
李　浩　徐伟强　胡学佳　王　晨　李成才　曹凯利　刘世杰　吴羿儒　姚红远　洪博文
高　尚　王　岐　任雪梅　严晓瑾　赵新鑫　梁治斌　郭泽楠　段佳佳　佟　伟　范　兴
钱　铖　美丽曼　杨君佑　王仕杰　郭海州　杨冰楠　王亚飞　向子豪　黄佳音　高建龙
纵华星　陈佳琦　王佳俊　雷纯威　范金桂　林　霖　杨　云　李　露

结业生（5 人）

曾维理　宋　鹏　黄安滨　王仁鹏　谭东林

计算机学院

计算机科学与技术

毕业生（169 人）

张　洋　赵一臣　邢　畔　司红岩　顾　翔　王　晓　庄毅萌　邓超涌　陈　曦　张芳星
闫鸿杰　闫　妍　骆　程　贺　阳　张旭初　杨小森　曹　凯　翟　铎　张宜文　韦　星
李　望　张玉贺　吴　帅　林　威　武　宸　谭杨兵　刘　强　孙晓娇　张琪淼　张宇宸
毛　可　林紫璇　毛昕帅　张　迪　刘　闯　彭　妍　胥莹莹　吴翠苹　王　研　刘利超
吴　蔚　许东梅　吴　淼　刘春霞　刘晓楠　江水青　王晨阳　张东升　董　博　彭　丹
蔡丽娜　王　萌　刘　根　薛碧晗　孙　浩　黄禹萌　宋雅馨　董燃燃　余　阳　刘　欣
张梦楠　韩旭臻　韩爱佳　陈　熙　高　朗　罗　特　冉振林　陆迪迪　李紫霄　王伟丽
陈晶晶　魏彩霞　高　申　汤　谦　罗佳兵　何升恒　米　成　李紫燕　李梓炎　刘蓓蓓
刘　芸　张蜀男　王宏涛　马明跃　刘　畅　麻　力　彭雨荷　郑　鹏　赵　悦　韩子军

杜佳霖 李智轩 张 晏 冯 涛 郑 祺 吴凡晰 王宇翔 常世杰 李家冉 常 健
徐晓征 支昕雨 吴 楠 张梓航 张美玲 苏心宇 辛 凯 范 斌 王 宇 刘恩炙
纪佳兴 郭子博 李博嘉 蒋怡宁 柏 杨 王 宁 贺泽宇 崔紫光 赵士杰 李昌俊
王乃平 高学信 顾 磊 邢国斌 任 磊 金振波 李 浩 陈 桢 乔 璐 刘丹阳
王 拙 韩 冲 李淼森 闭志鑫 陈 斌 赵金滔 王海阔 田小艳 段 合 颜培圣
寇京珅 姜正周 欧阳腾飞 刘 峰 虞浩亮 李志超 周海义 陈 璐 郭绍璞
邢秋硕 汪俊成 钟 勋 孙泽朝 吕环宇 尹瑞林 江 砥 孟新颖 管嘉炜 孙圻旻
姜文峥 李彦鸿 黄 来 刘 帅 姬 硕 黄 河 屈齐光 付亚男 刘大伟 宋文辉

结业生（3 人）

郑晓驰 巴晓龙 杜昊旻

软件工程

毕业生（77 人）

刘文肖 马腾飞 王珍龙 关 毅 蔡连欢 唐 磊 郝 智 金 言 高敬言 刘雨薇
王化强 刘卫彬 林 达 赵沚胤 贾云鹿 刘 垠 柴 净 王心天力 王 丹
李振雨 王 涛 王 磊 张 迎 邓 键 王立斌 李帅臣 高昕亮 曹贵荣 温 晨
何 洋 殷 岳 焦 帅 卢柏江 张宏伟 闫 冉 刘 斌 董颖博 李安其 文春鹏
刘 洋 关殿清 于秀亮 蔡 威 韩妙文 龙家作 殷智博 梁宇辰 龚虹宇 黄海笑
王少石 崔怿文 罗家奇 苏 楠 陈俊兵 苏 喆 尹世豪 李耀光 陈衍良 阮思奇
祖峰瑞 王 鹏 张 晨 周文敏 李占宇 赵 争 潘小龙 史玉峰 张鸿洋 王维杰
王 帆 张 进 崔锦灏 王晓辰 张屹堃 孟 宇 李 俊 田雨峰

结业生（2 人）

孙 彦 刘 远

网络工程

毕业生（65 人）

赵雨晴 张 磊 史 磊 邵天树 徐 丰 赵 童 刘正鹏 罗 锐 李擎宇 鲍 淼
哈远辰 陶鹏军 曹承宇 张航航 刘 丽 陈 铭 谢思思 黄 超 刘 爽 姜 伦
仇光明 王 翀 王宇峰 曹翠翠 李 辰 谭琦丽 莫新宇 李挺婷 曲江枫 周海宽
范重天 廖子炎 董 秋 郭晓敏 于亚宁 赖敏龙 王 哲 田 雨 黄 岳 王 萌
黄 鑫 姜一岚 王 胤 徐 良 董 研 郑燕铭 孙兴禄 王云瑞 刘 坤 谢 婷
赵 冬 侯雷杰 司 旸 张佳男 徐兴玉 吴国辉 石天旭 李国瑞 李雨濛 杨 翼
程 玲 李剑东 许旭阳 于 洋 霍雨佳

结业生（1 人）

哈 乐

经济管理学院

财务管理（公司理财）

毕业生（60 人）

鲍晓娟 张 博 曹晓龙 张燕萍 郭菲菲 马思蕊 杨 帆 黄美霞 古金花 张馨尔
郭心玥 刘 帅 王璇萱 周恒志 焦 月 郑 喆 成 鑫 安 莉 席 媛 张 昊
胡世荣 张 曦 王 婧 易 懿 任旭阳 古丽夏提·迪力夏提 王一秀 虞景瑶
方 亮 秦 雪 李佳芮 蔡 萌 刘 一 张树娟 于 悦 王新冉 赵 默 王 军
周天宇 郭陈迪 王冬芯 龚 勋 甘 钰 王肖霄 雍 南 郝崇堡 王宏胜 高思远
袁 玥 李思洁 王 硕 杨 坤 洪惠塘 尹 佳 陈天成 邓丽叶 李 义 林莉莉
陈媛睿 张 怡
结业生（1 人）
杨 光

财务管理（证券与投资）
毕业生（27 人）
王 然 刘杨鹏飞 赵国岚 杜灵杰 马世元 纪晨浩 杨 博 李梦飞 周 茉
白 旭 元婉玲 李俊霖 王薪龙 张棣堃 王兆远 张剑兰 曹 宇 梁 爽 文 竞
李雨思 杨曜华 李 程 张建申 赵 军 刘丛宇 张婉秋 张志会
结业生（0 人）

工商管理

毕业生（70 人）
黄斯然 张 健 李保晋 臧薇薇 段自奇 陈 阳 薛 圆 于 雷 许 杨 宋 新
王明瀚 于 健 韩 旭 杨 冬 崔华扬 张静宇 王宇飞 宋艳珠 丁利琼 胡清海
李玲杰 程晓倩 叶晓敏 张 佳 李 莹 张维佳 张 翔 叶秋芳 陈一鸣 陈 龙
张永丽 储 颖 孙忆北 宋 馨 韩 蒙 张宇驰 梁亚楠 贾晨杰 陈绍洵 张嘉元
李 欢 荣 昊 崔婧瑶 李 贺 孙 超 苏宝静 郭华迪 韩经财 石 慧 曹雪梅
魏 坡 马 丹 赵 可 李明哲 李 乔 秦 晋 刘有祥 彭 翔 李胜男 李 爽
马海芳 徐竹天 贾永涛 刘 洋 李梦琦 李虹金 张龙伟 王晨冉 牛云鹏 彭泽勤
结业生（1 人）
岳 晨

工商管理（服务运营管理）

毕业生（53 人）
王 爽 仲 绅 魏厥灵 黄建玲 刘春燕 范逸轩 张志强 何蒙巧 刘 莹 曲 娇
陈 博 姜 祎 石 珺 文 静 燕 扬 林 坤 马雯莎 张朋飞 樊 莹 赵博远
国 恒 崔 妍 王宇晗 蒋思晗 洪 韬 杨天培 李 欣 解迎超 晏童雪 陈哲韵
刘晓莎 杨 倩 于 淼 邱俊文 孙纪禹 王 芳 姜一帆 刘 骏 管华品 郭 鹏
王 璐 赵海玲 信 实 赵希贤 林桂萍 陈 淼 张心悦 华志雄 李 亮 杨 凡
安倩倩 曾 俊 舒 华
结业生（0 人）

会计学

毕业生（38 人）

韩慧欣 姜裕强 孙学佳 赵晨明 张 璇 罗湘怡 张 冉 柏 慧 仝 悦 胡晓晨
高 松 魏学伟 石钧钰 杨晓玉 雷烨霓 韩晓梅 杜玮娜 陆 梦 刚 晓 秦 羽
李皓男 张双杰 郭淑霞 李倩楠 贾聪蕾 刘 彧 李巧雅 郭仕芳 臧云飞 孙 柏
黄萧玮 邵 丽 宋梦婷 王兴华 宛丹冉 曹玲玲 李博楠 周 森

结业生（0 人）

会计学（注册会计师）

毕业生（111 人）

张 阳 任 蕊 牟冰涵 马芳琳 冉 月 米 妍 陈建鹤 王正文 王 迪 杨 椿
徐 强 赵 旭 何 翔 那 潇 马鑫跃 李静婷 韩 泳 梅 钰 冯 月 赵 丹
陈大俊 陈少军 闫 冬 闫肇涵 贾梦宇 赵 炜 祝松梅 张思迪 张雯晴 匡冠华
刘金晔 李 云 王丁琛 连 畅 孙玄远 牛易凡 陈 依 潘鑫雨 林亚智 韩爱娜
于 晓 阚英晋 郭 畅 张力允 李秋露 魏思辰 娄雪阳 王 滕 朱鑫琳 邹 怡
贾国栋 王一茉 姜卓成 石世洋 张毓卿 王天文 常馨蔚 闫可心 张浩然 宋 丹
刘艳波 张 晔 朱天意 刘 婧 赵启蒙 田 苗 郭 青 闫 红 周丽萍 马巧云
余泳海 刘 帆 蒋林竹 侯 状 张亚信 李博娜 纪新宇 赵莹莹 齐 曼 侯梦逸
马 超 郭琳瑛 陆斯禹 王宇辉 耿 欢 张凤娇 邱晓昱 李怡然 周 越 雷 野
郭 易 刘晓飞 李腾飞 冯大森 杨 晖 方 楠 王 卓 王晓彤 马晨方 李梦洁
赵雪亮 陈世蔓 石 界 张晓龙 张 晴 姚卓秀 刘春雨 张凌譞 王皓琦 赵元戎
王 帅

结业生（1 人）

刘 堉

经济学

毕业生（52 人）

张 琦 高通达 丛 然 付 莉 吴秋萍 张 祎 吴一楠 张瑞倪 王彩芳 戴辰菲
田京男 李怡然 尹立立 万冬雪 宋婷萍 杨琴儒 沙吾列·塔里哈提 关 帅
薄一帆 马承君 韦晓波 兰 慧 王紫珊 范伟邦 高亚楠 陈宇薇 赵 菁 徐 伟
熊伟奇 徐 放 王 峥 戴 薇 丘晨丹 康 丽 章莉莉 连 笑 朱诗葳 陆瑞虎
谢 昆 奴比彦·达吾提 王通政 张亚青 董 泽 党 扬 何禹锋 徐 昊 徐仪丰
明 月 陈雨姿 张 颖 陈艳萍 卢 婷

结业生（0 人）

经济学（国际贸易）

毕业生（63 人）

陈紫恒 李元烨 朱 永 吴群中 赵 梦 彭 松 张宇帆 严 冰 何嵩萌 杨 飞

耿硕航　王冠楠　李牧歌　梁修祁　崔成燕　何仁君　郭子莹　张　影　薛　丹　张羽宁
穆　晟　何　令　柯晓蒙　路　雅　祝　鑫　戴　濛　李　川　陈佳妮　支　铭　赵　亮
袁　蔚　尚梦溪　史苗苗　史明昕　陈　露　韩璐平　吕琪晓昭　刘帅飞　陈　超
柴诗卉　李　玥　高　琪　张泽旭　尹　玲　施　焦　王雅琦　金　秋　周万奎　张　钊
张可祎　刘　侨　阮哲洋　贺　娜　李　航　付凌燕　冯端阳　许昊翔　周昕阳　王　晨
王立云　翟五星　王烁星　刘一凡

结业生（0 人）

人力资源管理

毕业生（59 人）

高原一　胡天麒　李道远　彭雨晴　李冬琳　辛　欣　张雪原　周　瑾　李珍怡　余文雅
任　妍　高景谦　吴虹静　应　茗　李　芳　唐　银　姜雨霏　韩　佳　郃　丝
买买提·艾比不拉　耿彧姝　赵欣萌　付梦婕　张克阳　姚淑萍　孙欣语　江予斐
邵方琪　高炫博　尚　宁　李新鑫　郑佳雨　倪梓淞　胡亦婷　王　璐　乔雨辰　师笑仙
樊孝勇　范丽君　林祺晔　宗　硕　高一鸣　康　清　董冬冬　马思宇　田　渊　潘弈卉
李　欢　梁　瑶　赵　盼　罗国东　安筱优　娇诺亚　李　静　苏比努尔·阿布列孜
毛岸婷　连晓征　冯　祎　陈　伟

结业生（2 人）

马东琪　张于天

市场营销

毕业生（47 人）

张　超　史默豪　庞小强　赵　玥　滑　蕊　顾　然　吴　辉　张超君　宋　霜　褚茜宇
石川奇　司晨阳　付逸博　王　婷　李　征　刘宗华　杨　蒙　赵梦圆　魏　淼　李　翔
张泽国　陶　晨　王　芳　李旭媛　杜增炜　赵海洋　王　琦　石莫楠　芦　熙　刘增援
曹　禹　杨仕玲　安盈英　阎相怡　江兴东　刘　帅　邸超琪　庞　丹　马苗苗　翁方炜
徐雪莹　孙维琳　赵　盼　杨隆杰　李　回　郭佳羽　李逸洲

结业生（2 人）

焦佳男　徐　伟

理学院

电子信息科学与技术

毕业生（53 人）

倪昌祥　杨　振　张萌磊　李　岩　刘金玲　陈国栋　于　浩　张斯洋　闫红利　邢　繁
刘　康　扈　鑫　郭禹杉　温霄霞　马秋月　曾鹏飞　龙雨健　黄　颖　胡浩慧　黄天依
魏经邦　乔　瑞　邢龙胜　王　茺　韦　程　周进松　李晓萌　董纹君　王　硕　张　派
张洋洋　漆　永　何　爽　刘坤鹏　曹　欢　赵　龙　穆晨阳　蔡　旭　王志良　郑冬麟
彭　渤　王红堰　黄　旭　唐　金　商燕飚　王盼盼　刘　贺　龙　川　刘晓小　王虹琳

秦思佳　杜　伟　李云龙
结业生（0人）

统计学

毕业生（28人）
郭　娇　柯　帅　李定森　胡明朗　于泓博　孟庆芳　杨方雯迪　谷　睿　魏　静
梁　晨　林　炯　邵京良　吴　淏　赵泊龙　王　洁　姜梅梅　李　玲　黄忆文　任雅楠
陈　宇　王龑海　杨文强　孟　钰　骆阳青　丛　聪　宋雅彤　贾晶晶　李小萌
结业生（0人）

信息与计算科学

毕业生（52人）
李泓磊　张健哲　崔传奇　富　爽　张　静　张雨杭　邹宛初　郝　帅　何　娜　韩明皓
梁学思　常　磊　刘智宾　单青梅　孙欣伟　王　凯　李宗禹　陈　洁　裘　璐　陆云霄
李　阳　孙仡炜　王　迪　李　然　林　臻　宋　赫　何建梅　谢文劼　王忆竹　庄建楚
刘俊强　程　盼　崔　琪　马志强　张宁馨　李惠敏　刘芸洁　齐春晓　张晓彬　刘　伟
杨晓超　赵梦楠　魏　翔　崔宗艺　王欣欣　徐　赟　吉　喆　刘　铮　柳治江　李新伟
吴博晔　王曹帅
结业生（0人）

外国语学院

英语

毕业生（12人）
安肖洛　尤金锋　杨　洋　任　蕊　王文婷　武娟娟　战晴华　董淑敏　刘玉姣　李　安
王洁琼　邢龙龙
结业生（0人）

英语（翻译方向）

毕业生（24人）
刘梦文　李月秀　刘　烨　赵　祥　贾　静　杨　琴　李虹伊　曹　硕　高　嘉　刘晓蒙
王耀婵　孙佳利　朱宏烨　吴成鑫　胡清清　陈依依　董赛男　曹　爽　郑涵迪　兰　君
窦　琦　王艾晨　宋　航　范伊然
结业生（0人）

英语（商务方向）

毕业生（68人）
姜　珊　唐德海　梁英瑛　孙晓红　何冰津　罗琳耀　宋澳博　李姝晗　宋　洋　解　蕾
王思蕊　孙礼政　张凝宇　马欣然　刘玉妍　陈梦雨　关诗逸　高林彤　徐曼鸽　马子原
何　晴　庄冰如　郑　晔　赵晓桐　叶碧云　吕　渠　廖丽红　段　冉　安　阳　赵金鑫

郝朝红 王露希 刘伊铎 闻泽汉 李彤玥 薛　裕 董梦楠 田羽钦 杨　朔 张楷苓
李伟祎 沈思雨 李和鸿 常皓月 肖王文君 李婧妍 王　潇 苏相权 贾　雁
侯静怡 陈　冉 朱少龙 田　天 王鑫缘 刘婧妍 袁　硕 姜鑫尧 廖利红 付玲玲
段　倩 孙　鹏 方逦祺 王楚瑜 邓可晴 徐浩洋 曹明伟 胡　珊 田　瑶
结业生（0人）

信息管理学院

电子商务

毕业生（21人）
范新颖 王丹阳 李　锋 任　伟 张宝昆 刘　浩 朱　丹 李悦颖 刘杰雄 杨炜涛
许　奇 杨启飞 刘　坤 果　山 杨子姜盼 方筱芸 李佩璇 陈皓延 吕　隽
陈凯西 尚崇浩
结业生（0人）

管理科学

毕业生（23人）
许　畅 古丽再尔·艾尼瓦尔 金玉泽 白　娜 白　洁 徐　璐 杨　扬 乔宇珅
马　杨 侯凯焘 卢嘉乐 王永文 李耀龙 乔　霄 郭不凡 金　薇 徐佳园 高星月
甄劭宇 阿依夏木汗·吐尔送尼亚孜 刘细叶 肖建春 李佳星
结业生（1人）
毛　樱

审计学（计算机审计）

毕业生（33人）
陈婷婷 李琳峰 秦岫清 杨　帆 杨　芳 杨　彬 王春歌 张　盼 赵珊珊 马　峥
郭　靖 刘　尧 姚　远 霍新雯 刘冰初 李路遥 王晓琬 蔡　硕 白子晨 刘晓彤
赵明超 郑　磊 丁山桂 陈曼岫 殷嘉艺 刘东艳 倪　冉 闫　晨 卫　星 许　珂
王　澈 李心悦 黄薛蓁
结业生（0人）

信息安全

毕业生（67人）
熊佳琦 徐振宇 肖昱雪 唐维圣 沈继坤 陈芙蕾 朱万祥 沈鹏翔 戴欣然 王　迪
管庚午 蒋　磊 陈浩彦 张晨辉 徐　静 周梦杰 左思远 罗　娇 王盟盟 崔　岩
雷晓通 郑书军 祁　鑫 刘　歌 赵峰光 李照祥 葛会强 黄浩然 蔡昊鸣 邵　楠
李玉乐 吉鸿文 李　彤 葛　彬 朱舒阳 赵　昊 李申申 刘辰麟 刘天智 李继文
赵旭昆 张婧妍 王泊骁 徐　帅 潘　诚 荣　拓 朱宇翔 朱可可 彭　为 张　鑫
李思思 黄　圳 姚兴仁 于　涛 吕　莹 陈楚凡 樊　军 李雪阳 屈明超 谢　青

靳博越　张保成　张赋巍　金梦瑶　何　宇　李　晨　李皓阳

结业生（0人）

信息管理与信息系统

毕业生（163人）

滑　骄　何兆航　郑丽敏　任　硕　周　欢　郭冬丽　白仁杰　王超凡　郭静冉　张夏菲
孙佳琦　江丽丽　蔡海雨　田　丹　刘梦晨　孙嘉康　高鸿剑　安雪晴　史跃娇　尤　凯
陈　浮　米　逸　邬　丹　陈　欣　孙泽华　卞宝亮　张安祺　张慧婷　马　鑫　张　宾
陈郭昊　李伦月　付仁露　朱佳朕　李　杭　李　雪　张　宁　李星原　和　宇　张　营
沙　悦　郝瑞霞　王　鼎　帅　凯　姜　月　刘　立　梁　恒　吴翔龙　张　芳　程　玉
马天宇　朱国库　杨　帆　吕　俍　张静慈　蔡　蕾　沈嘉猷　王昊茗　乔伊纳　关　晟
殷博娟　王晓彤　曹　蕊　赵建欣　关翔宇　章星宇　季芳菲　芦　茜　隋冬瑞　杨　濛
高　静　单晓迪　吴萌萌　曾昊天　李元坤　王梦潇　郭洪卫　姜　阳　刘丽云　王仁婧
孙　莹　车思雨　郝晨烨　杨鹏飞　党春莹　马梅兰　贺路路　赵　岩　李　月　郑月新
张琪琪　李思奇　王　祎　许琳婧　张媛媛　高　航　王　然　董　屾　王小玫　牟　瑶
季　森　刘克辛　陈丹丹　向春春　凌　肖　刘伟利　李　瑶　丁甜甜　蒋贝贝　张思远
马　婕　王立园　段雅丽　岳　佳　任　冉　贾　伊　李　阳　王振东　徐　佳　王思达
丁雨婷　邢　雷　刘晓宇　宛　鑫　曹美晨　张欣然　崔凌志　毛丽营　朱博伟　王子文
李思宇　宋稀萌　魏雅楠　赵天娇　郭　欣　匡伟林　徐爱然　甄　鑫　秦敬彧　恩　擎
韩素荣　蔡　葵　董然然　王远航　尚宇鹏　王　旭　王正阳　孙建伟　管希鸣　罗　莎
吕莎莎　夏诗雪　杨振雄　余云权　牛　磊　罗　鹏　王　翘　吴振乾　杨倩雯　张春禹
刘奇峰　顾振兴　陈明达

结业生（1人）

姚　玉

信息与通信工程学院

电子信息工程

毕业生（132人）

邱忠晟　沈中先　谢君则　武　帅　陈梦娴　王　毅　周　琪　王　冲　曾俊烨　杨婷婷
赵梓楠　陈治羽　丁可鑫　潘佳宁　李思然　陈　松　李佳慧　严斌彬　邱　蕊　李博康
曹恩传　沈子钰　刘　亮　白　静　卢冰洁　王兆璇　吴润雪　邓玉玲　徐　洋　冯　轩
吴明宾　张春雷　李文婷　梁　雪　李　昂　万雅璇　靳哲维　杨　杨　李大亨　张振楠
公　安　周雨濛　孙尔京　董　燚　工　倩　张　茂　常文涛　郑一雄　赵思航　张照斌
高　骕　韩　露　李洪涛　王思遥　王泽宇　王　星　李光浩　韩　征　任勃宇　雷天翼
王艺强　慕子豪　王　丹　刘思雨　罗　瀛　罗茜尹　赵成龙　罗　伟　叶峻峰　黄　金
曾　玮　李昂泽　赵　松　杜子健　曹逸文　夏雨飞　田莽荻　项　伟　郭　旭　柯文超
张晨旭　赵　坤　李一丁　许博宁　王传强　李　啸　王柏程　杨立源　袁有励　周淞韬

司　宇　于晓航　曹君宇　孙逸麟　赵凯文　黄　睿　廖文森　赵延庆　王培尧　李思潮
郑　玉　薛　铮　张致远　孙　煜　杨满浚　张　申　袁　涛　严俊栋　谢泽华　孙瑾珅
王　鹏　张　洋　刘长江　刘红响　赵康辉　曾　汪　陈　宇　刘湘黔　李金元　张　诚
陈　琳　常国帅　王晓露　李文健　寇镇玺　陈　旭　白　哲　姚冰洁　李梦婵　陈　阳
李　科　许　菁

结业生（0 人）

通信工程

毕业生（116 人）

闫　戈　杜　帅　徐德科　周庭宇　周　忻　葛　萌　杨天明　马　骏　高志新　郝聪岳
王　鹤　蔡昕南　杨茜媛　张　云　姜濛洋　王志宪　崔宏伟　韦开元　熊翼丰　姚静远
刘博然　巴雪艳　段肖洋　王　静　朱春阳　赵原君　赵鹏飞　韩冬梅　郑　毅　杨　飞
刘佳庆　德力胡玛　李叶林　付孟征　王　慧　施连鑫　邓　鑫　倪晓东　李智信
张　迪　苏　茂　苏文苑　田　航　郝晓云　高　金　王黛兮　胡嘉彦　罗晓唯　连　铮
王欣宇　苏　萌　杨　硕　郝　萌　王昕航　雷　晴　张文艺　麦提玉苏普·麦麦提敏
赵宏基　张锡鹏　李海楠　刘　畅　赵宇静　姜穆元　郭珂琪　孟庆洋　杨　帆　龚骁猷
尹木涵　胡文娟　于泳波　黄苗苗　贾静怡　赵佳园　郭　燊　刘一楠　刘泫辰
热伊莱姆·阿卜杜克热木　张雨菲　唐云红　李　珅　安博辰　邢　睿　陈　山　董　航
孟韩梦　张鹏飞　陈小北　袁　野　冷　冶　刘潇微　闫珺路　兰　青　张　婷　郑　鑫
戴子纬　惠孟杰　勘　诚　郭　琦　林晖明　范天园　张　振　穆怀颖　邓春雪　李　盖
张　晨　孟繁奇　铁铁尘　刘跃康　李春艳　田　凯　窦韫萱　张　敏　于　琳　席晓慧
仇治东　木日德力·艾孜木江

结业生（0 人）

仪器科学与光电工程学院

测控技术与仪器

毕业生（75 人）

华晨惠　王子键　洪奕峰　张亚军　田书榕　陈子鸣　杨建妍　吴　龙　代　斌　赵紫薇
邢向明　王玺钦　刘　洋　张达飞　孙毅男　肖芦洋　郭春江　王　俊　梁思萌　沈蕙质
赖笑辰　印　娟　陈　宇　牛　杰　任雪伦　莫小龙　张　健　黄筱茜　苏文彧　郑　学
刘静雯　魏文强　石玮琛　刘　畅　张雄豹　张　岨　刘　燕　姜　南　折延栋　杨　征
郭　然　陈良宇　刘佳惠　唐　欢　郭一桥　耿　冉　李雪静　张　雪　张　皓　韩　晴
陈志伟　郭晓梅　张博洋　张文硕　刘　瑾　帕尔哈提·多力坤　吴高旭　郭佳珣
李　许　顾　悦　刘露露　马晨旭　马闪闪　罗　欢　喻　晨　王恒凯　徐　可　谢　宁
郭宏骏　周　翔　李　昕　裴文华　欧阳钧　邢春旺　张天宇

结业生（0 人）

光信息科学与技术

毕业生（51 人）

赵冬雪 何家麟 职 亮 严子嘉 韩英慧 刘 祥 满 艺 李延阔 曹 峥 高 润 王 凯 林 晨 苑浩然 彭思雨 陈继辉 王信俊 孙元奕 鹿 洋 代宏宇 陈一珲 刘雪建 刘伟男 白 杰 高恺泽 崔春旺 闫可旸 闫 锐 姚 瑞 刘少彬 赵 振 王 鹏 王 琦 李 颖 侯伟成 温鹏飞 王志杰 郑 鹏 吴晨星 闫 超 刘 昊 方星泽 李怡媛 张 炜 梁雪健 刘轩铭 张 晨 黄橙红 刘佳继 王政熹 于 点 王青利

结业生（1 人）

王新生

自动化学院

电气工程及其自动化

毕业生（53 人）

杨红涛 夏仲阳 于德鳌 王 哲 张栋梁 孟凡迪 郝嘉骐 彭成龙 姬春森 董 理 张奕男 葛明雪 田 野 韩 晔 侯鹏鸣 刘慧德 张留斌 王海峰

萨巴海提·穆再排尔 刘 沛 谢建强 何 川 李智超 高睿哲 蔡华南 张 祺 穆晨光 麦麦提图尔荪·库德来提 杨兴宇 金鑫城 马 顺 黄恩祥 赵 博 李 斌 张 昊 檀晓铭 李 超 吴雄杰 王 选 李唯玮 康久林 聂叔君 王程伟 于中奇 刘建章 叶健伟 于 浩 徐 威 孙朝晖 赵秦川 乔爱强 赵 煦 付 强

结业生（0 人）

智能科学与技术

毕业生（58 人）

李坤隆 孟 骏 麦麦提图尔荪·纳麦提 李 猛 孙嘉晓 谷 梦 崔旭阳 侯雪燕 刘子阳 胡庆恺 张 旭 胡程翔 刘超博 安晓倩 龙瑞婷 侯宇轩 李玥琪 李泽钧 王玉琦 欧阳怡平 范英楠 李 鑫 迪力努尔·阿布力克木 刘书平 罗 丹 徐佳楠 张 翔 芦 潇 赵 辉 董怀威 蔡逸伦 赵馥强 周艳红 吴爱熙 李 勇 于 浩 齐彦超 孙辛子 李 旸 潘安宇 王书玲 陈之阳 莫朗锋 谢 天 孙伟帅 陈树业 郭忠伟 耿啟翔 刘琳竹 杨 翔 赵晗宇 刘诗岩 任 逸 段 征 张亚昆 王 赛 果皓狄 李永波

结业生（1 人）

岳玮晨

自动化（信息与控制系统）

毕业生（132 人）

史桂茹 蔡承祐 高树磊 叶宏梅 买晓然 马宇航 高连雪 雩子君 朱 铭 孙婉璐

王　绅　邓易安　倪　凡　杨蒙昭　张天仪　王　靓　赵纪元　王传鹏　徐　爽　陈佳硕
李　岛　刘　昊　刘洪斌　罗　彪　曹艳慧　郎儒民　郑天翔　石　蕊　袁　庚　袁自翔
耿　超　郑　忱　胡海滨　王　帅　许致远　陈彦玮　李　丹　岳　征　徐可心　赵　磊
洪祺斌　欧林佼　万媛媛　陈　硕　刘文硕　王　宁　冯宇靖　杨宇辰　刁竟宇　刘兆丰
李润姿　张　琦　杨　磊　闵　敢　任　磊　王　铮　王杰明　杜朝阳　于　滨　李　冰
于　雷　孙穆赫　吴钟岳　陈　萌　张子豪　陈子奇　葛　建　陆芝杨　魏雪婷　王　琦
覃亦华　张　靓　刘飞宇　滕　芸　崔　博　王缘峰　章静松　杨　欣　刘　乐　方　越
李炜晔　程智斌　张申傲　陈天宇　谷　宇　安仲凯　顾　洋　游令非　段锦钢　王　颖
庞　添　纪兰怡　石博凡　徐　亮　张晨晖　张　蕾　周佳奥　白　瑞　陈　晨　李秋锴
任云虎　郭怀文　魏建勇　刘宏凡　王　帆　李　渴　焦金龙　安　玲　张清羽　杨嘉蕙
周博俊　白　晓　王子舟　韩　东　吕鹏程　李晓卓　李　丹　罗　帆　王　旭　张凌峰
汲星曈　潘　玥　赵　宁　苏　峥　王静娴　于飞飞　陈跃飞　赵欣豪　李冠学　王　贺
王冰玉　韩啸晨

结业生（0人）

学校事业发展统计数据

教职工情况（2014/2015学年初）　　单位：人

	合计	校本部教职工数					科研机构人员	校办企业职工	其他附设机构人员	另有其他人员			
		合计	专任教师	行政人员	教辅人员	工勤人员				聘请校外教师	离退休人员	附属中小学幼儿园教职工	集体所有制人员
合　计	1369	1311	832	243	131	105	30	13	15	25	1046	0	0
其中：女	736	717	491	130	77	19	11	0	8	10	489	0	0
正高级	130	122	116	4	2	0	8	0	0	5	86	0	0
副高级	343	328	278	33	17	0	12	2	1	11	210	0	0
中　级	584	565	386	105	74	0	8	4	7	6	*	0	0
初　级	84	81	11	43	27	0	0	1	2	0	*	0	0
无职称	228	215	41	58	11	105	2	6	5	3	*	0	0

专任教师学历情况（2014/2015 学年初）

单位：人

	合计	博士研究生			硕士研究生			本科			专科及以下		
		合计	其中：获学位		合计	其中：获学位		合计	其中：获学位		合计	其中：获学位	
			博士	硕士		博士	硕士		博士	硕士		博士	硕士
1. 专任教师	832	294	293	1	310	1	309	222	0	67	6	0	0
其中：女	491	143	142	1	205	0	205	142	0	51	1	0	0
正高级	116	83	83	0	23	1	22	10	0	4	0	0	0
副高级	278	108	108	0	91	0	91	77	0	28	2	0	0
中　级	386	92	91	1	169	0	169	122	0	35	3	0	0
初　级	11	0	0	0	0	0	0	10	0	0	1	0	0
无职称	41	11	11	0	27	0	27	3	0	0	0	0	0
2. 聘请校外教师	25	3	3	0	5	0	5	8	0	0	9	0	0
其中：女	10	1	1	0	4	0	4	1	0	0	4	0	0
外籍教师	6	3	3	0	0	0	0	3	0	0	0	0	0
其他高校教师	1	0	0	0	0	0	0	1	0	0	0	0	0
正高级	5	3	3	0	1	0	1	1	0	0	0	0	0
副高级	11	0	0	0	2	0	2	2	0	0	7	0	0
中　级	6	0	0	0	2	0	2	2	0	0	2	0	0
初　级	0	0	0	0	0	0	0	0	0	0	0	0	0
无职称	3	0	0	0	0	0	0	3	0	0	0	0	0

资产情况一览表（2014/2015 学年初）

	占地面积（平方米）			图书（万册）		计算机数（台）		多媒体教室数	固定资产总值（万元）				
										教学、科研仪器设备资产		信息化设备资产	
	合计	其中：绿化用地面积	其中：运动场地面积	合计	当年新增	合计	教学用（台）		合计	合计	当年新增	合计	软件
学校产权	333178	96132	52094	111.8	3.9	7646	6639	137	97275.78	45115.35	3660.94	15470.41	3099.07
非学校产权	6300	0	5350	0	0	0	0	0	0	0	0	—	—
独立使用	5350	0	5350	0	0	0	0	0	0	0	0	—	—
共同使用	950	0	0	0	0	0	0	0	0	0	0	—	—

校舍情况一览表（2014/2015 学年初）

单位：平方米

	学校产权校舍建筑面积				正在施工面积	非学校产权校舍建筑面积		
	合计	其中				合计	独立使用	共同使用
		危房	当年新增	被外单位借用				
总　计	314684	0	0	15672	0	6599	6599	6599
一、教学及辅住用房	84800	0	0	0	0	4517	4517	4517
教　室	33884	0	0	0	0	0	0	0
图书馆	9661	0	0	0	0	0	0	0
实验室、实习场所	29811	0	0	0	0	606	606	606
专用科研用房	4873	0	0	0	0	3911	3911	3911
体育馆	1351	0	0	0	0	0	0	0
会　堂	5220	0	0	0	0	0	0	0
二、行政办公用房	31183	0	0	0	0	2082	2082	2082
三、生活用房	94691	0	0	0	0	0	0	0
学生宿舍	75758	0	0	0	0	0	0	0
学生食堂	12757	0	0	0	0	0	0	0
教工单身宿舍	4337	0	0	0	0	0	0	0
教工食堂	0	0	0	0	0	0	0	0
生活福利及附属用房	18379	0	0	0	0	0	0	0
四、教工住宅	104010	0	0	15672	0	0	0	0

硕士研究生情况（2014/2015 学年初）

名称	毕业生数	授予学位	招生数		在校生数				预计毕业生数
			合计	其中应届生	合计	一年级	二年级	三年级	
总计	369	368	404	258	1154	404	394	356	395
国家任务学术型学位硕士	150	152	200	137	578	200	188	190	190
自筹经费学术型学位硕士	68	68	0	0	32	0	11	21	21
国家任务专业学位硕士	93	93	204	121	470	204	141	125	125
自筹经费专业学位硕士	58	55	0	0	74	0	54	20	59

普通本科学生情况（2014/2015学年初）

名称	毕业生数	授予学位数	招生数		在校生数					预计毕业生数
			合计	其中应届生	合计	一年级	二年级	三年级	四年级	
总计	2378	2301	2747	2709	10556	2810	2661	2553	2532	2627
高中起点本科	2274	2197	2650	2612	10364	2713	2566	2553	2532	2532
专科起点本科	104	104	97	97	191	97	94	0	0	94
第二学士学位	0	0	0	0	1	0	1	0	0	1

成人本专科学生情况（2014/2015学年初）

名称	毕业生数	授予学位数	招生数	在校生数					预计毕业生数
				合计	一年级	二年级	三年级	四年级	
成人本科生	429	43	723	1400	723	625	35	17	540
函授本科	352	7	562	1057	562	455	23	17	370
高中起点本科	0	0	169	294	169	85	23	17	0
专科起点本科	352	7	393	763	393	370	0	0	370
业余本科	77	36	161	343	161	170	12	0	170
高中起点本科	13	2	1	13	1	0	12	0	0
专科起点本科	64	34	160	330	160	170	0	0	170
成人专科生	1124	0	1380	2368	1380	988	0	0	988
函授专科	830	0	1164	1938	1164	774	0	0	774
高中起点专科	830	0	1164	1938	1164	774	0	0	774
业余专科	108	0	62	137	62	75	0	0	75
高中起点专科	294	0	216	430	216	214	0	0	214

媒体报道

报 纸

18 城市近万岗位招聘高校毕业生 计算机类吃香——《新京报》（3月24日）
创新乃审计事业发展的源动力——《福建日报》（3月31日）
北京青年五四奖章评选揭晓 5 名非京籍青年获奖——《法制晚报》（5月4日）
2014 年高考北京有百个专业按大类招生——《法制晚报》（5月4日）
北京青年五四奖章评选结果揭晓——《北京青年报》（5月4日）
回应热点 解疑释惑 构建舆论“定盘针”——《成都商报》（5月23日）
高校劲刮足球风暴——《北京青年报》（6月20日）
北京市大学生排球赛落幕 中农北工商分获男女冠军——《北京青年报》（6月21日）
努力建设国内一流的实验经济学实验室——访北京信息科技大学经济管理学院院长葛新权教授——《中国社会科学报》（6月25日）
200 家大连企业倡议残障者融合就业——《中国企业报》（8月18日）
清华：支付宝不能交学费——《法制晚报》（8月22日）
东巴象形文字将实现数字传承——《北京日报》（9月25日）
秀青海之美——《京华时报》（10月12日）
青海美景 搬进校园——《法制晚报》（10月13日）
节能环保 传统与颠覆如何完美融合——《中国青年报》（10月23日）
银泰资源股份有限公司——《中国证券报》（10月23日）
华北五省市区机器人大赛在京举行 增 DOTA 对抗——《北京晚报》（11月15日）
机器人大赛学生打 Dota 赢学分——《北京日报》（11月17日）
机器人大战 京大学生狂揽奖——《法制晚报》（11月17日）

网 络

机器人与世界杯——央视网络春晚（2月24日）
视频：北京信息科技大学计算机专业按大类招生——新浪教育（4月23日）
多所高校新校区锁定北京郊区 专家：外迁不易实现——中国广播网（5月8日）
专题：北京回龙观医院大学生心理健康节活动——新浪教育（5月8日）
大学 2013 年录取分数排行 top20：安徽地区——新浪教育（5月15日）
2014 北京市大学学科专业排行榜——新浪教育（5月28日）
北工大举办 2014 年 E 级方程式国际设计锦标赛——新浪教育（7月29日）
IT 就业平台：搭建毕业生与企业之间的桥梁——新浪教育（9月26日）
2015 年研究生招生单位列表之北京（169 所）——新浪教育（10月10日）
“切糕王子”现身 2014FSC 为参赛车队增送友谊切糕——荆楚网（10月14日）

无 i5 不英雄！英特尔 iNB 游戏联盟城市联赛北京站收官——新浪游戏（10 月 29 日）

2014 中国大学研究生院排行榜 301 ～ 400 强——新浪教育（10 月 29 日）

电视广播

专访北京信息科技大学柳贡慧校长——北京人民广播电台（11 月 16 日）

华北五省（市、区）机器人大赛在京举行——北京电视台《晚间新闻》（11 月 24 日）

（薛涛）